揭開民國史的眞相 卷五

蔣介石真相之二

奮起：抗戰及戰後

◎蔣介石建議國共兩黨合併

◎汪精衛出逃與蔣介石的對策

◎蔣介石親自掌控的對日秘密談判

◎抗戰期間日華秘密談判中的「姜豪工作」

◎關於宋美齡與美國總統特使威爾基的緋聞

◎宋美齡的巴西之行與蔣介石的「婚外情」傳說

楊天石◎著

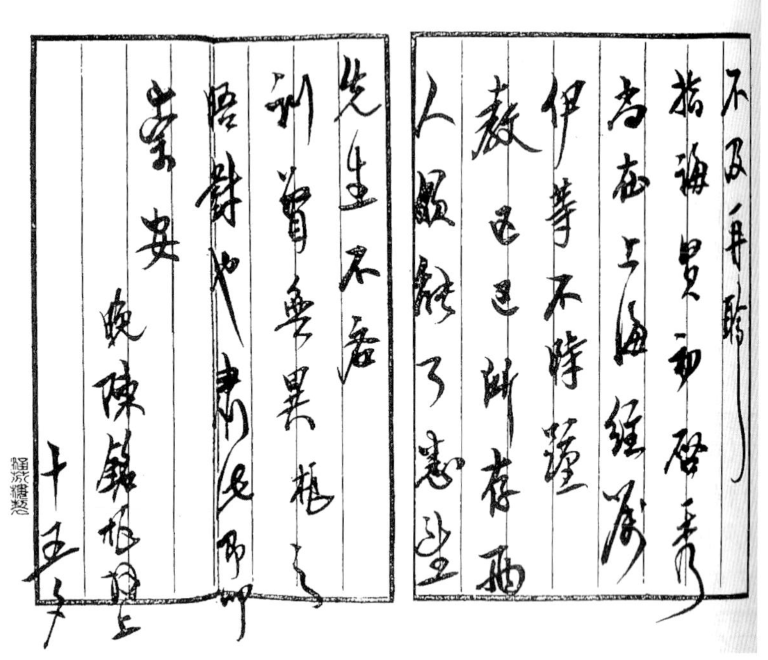

陳銘樞致胡漢民函手跡（作者楊天石提供）

Strictly personal

JUN 7 1943

Chungking
April 17, 1943

My dear Miss Pruitt,

Dr. Joseph Needham gave me your note from which I was glad to learn something about your activities in N.Y. Last week I was at the U.S. Embassy & one of the friends mentioned he heard you were trying to "dominate" the UC committee in N.Y. I laughed & remarked: "it must have come from a U.C.R. agent!" He nodded & we both laughed heartily — Then I related to him also about CDL's experiences with this interlocking directorate organization and our present impasse.

As I write these lines I am wondering whether you people have tried to interview Mme. Chiang &

宋慶齡致普律德小姐函手跡（作者楊天石提供）

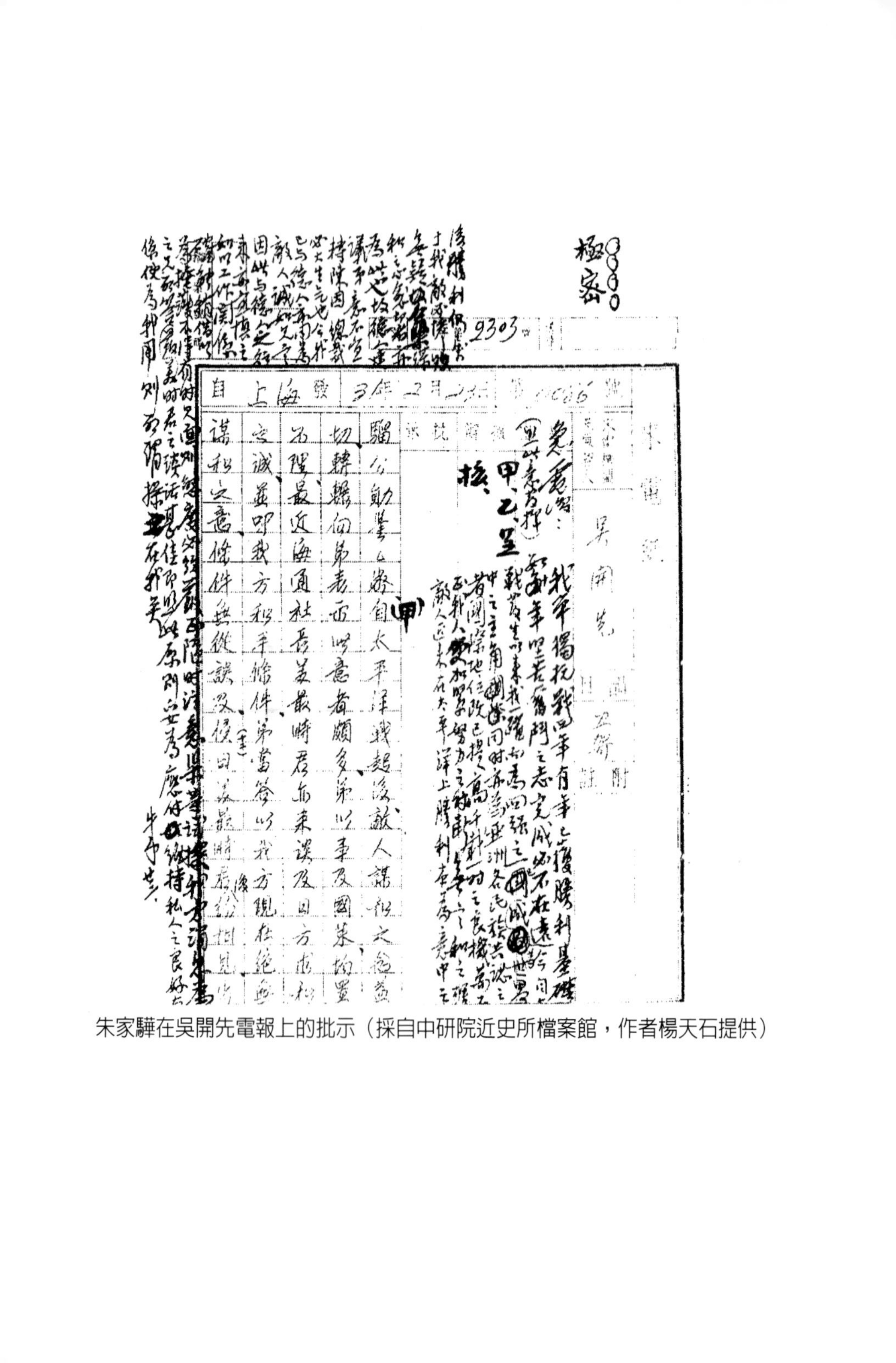

朱家驊在吳開先電報上的批示（採自中研院近史所檔案館，作者楊天石提供）

端納和宋美齡

1937年蔣介石在廬山發表談話

蔣介石、宋美齡舉行外籍記者招待會，發表抗戰的宣言

抗戰期間，宋氏姐妹在孤兒院與院童的合影

抗戰期間蔣介石在成都檢閱軍校學生

蔣介石與宋美齡的家常照

蔣介石、宋美齡與陳納德的合影

抗戰期間蔣介石與宋氏三姐妹的合影

蔣氏夫婦高興迎接美國總統特使威爾基

蔣氏夫婦與史迪威

1942年，蔣介石出任中國戰區盟軍最高統帥，於就任書上簽字

宋慶齡與史迪威的合影

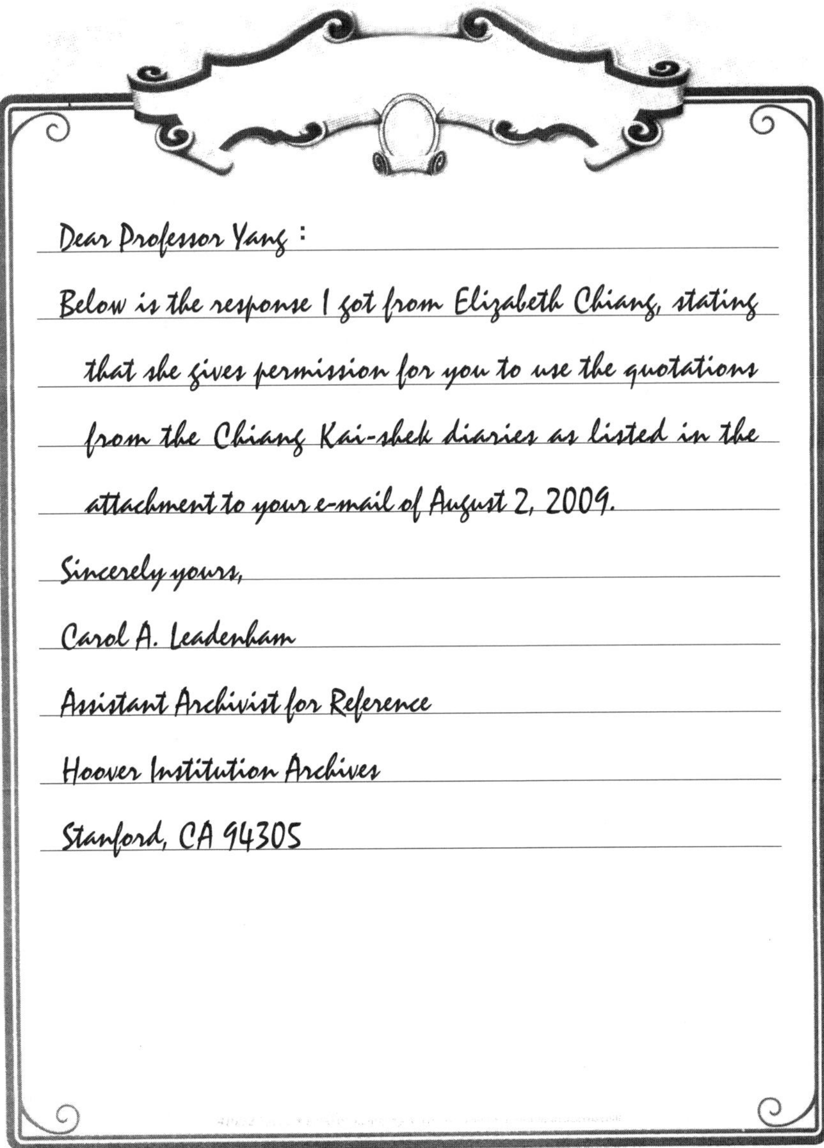
Dear Professor Yang :

Below is the response I got from Elizabeth Chiang, stating that she gives permission for you to use the quotations from the Chiang Kai-shek diaries as listed in the attachment to your e-mail of August 2, 2009.

Sincerely yours,

Carol A. Leadenham

Assistant Archivist for Reference

Hoover Institution Archives

Stanford, CA 94305

本書所引述之蔣介石日記，均已由作者取得美國史丹福大學胡佛檔案館及蔣氏家族代表蔣方智怡女士之書面授權

目錄

蔣介石與中國抗戰

——在中國現代文學館的演講

各位女士，各位先生，各位同志：很高興今天我能到這裏來做一個關於蔣介石和抗日戰爭的報告。我想這是歷史的進步。

蔣是一九七五年去世的，到今年已經三十年了。中國有句古話叫「蓋棺論定」。蔣的棺早就蓋上了，但直到現在，對蔣並沒有論定，分歧很大。蔣在抗戰時期有幾個身分。一個身分是國民政府的軍事委員會的委員長，是領導軍事的。一個身分是國民黨的總裁，是領導整個國民黨的。在抗戰後期，他是國民政府主席，是領導當時的中國政府的。他還有個身分，中國戰區最高統帥，是指揮國際反法西斯戰爭的東方戰場的。對此人如何評價？特別是他在抗戰過程中的作用應該如何評價？這是認識中國近代史，認識抗日戰爭史一個必須解決的問題。今年以來，連戰、宋楚瑜、郁慕明相繼訪問大陸，兩岸關係、國民黨和共產黨的關係進入了一個新的歷史階段。在這個時候，我們來重新認識、重新討論蔣介石的評價問題，是應該的，必須的。

大家都知道，對一個問題的正確認識，不可能一次完成，也不可能由一個人或少數幾個人完成。對蔣介石這樣複雜的歷史人物的認識，應該是一個長期的百家爭鳴的過程。所以我今天的報告只能算是一家之言，是提供一家看法，請諸位思考、討論、研究，如有講錯的地方，歡迎大家批評。

我想講四個問題。第一個問題，講蔣介石在抗戰時期正確地執行了「聯共抗日」的對內政策。第二個問題，講蔣介石領導國民黨和國民政府抗戰，堅持到底，直到最後勝利。第三個問題，講蔣介石實行聯蘇、聯美、聯英的正確的外交方針，參加國際反法西斯戰線。第四個問題，講蔣介石在抗戰過程中的功與過。

一

先說第一個問題。大家知道，在中國近代史上，國共兩黨有過兩次合作。第一次合作是從一九二四至一九二七年。蔣是第一次國共合作的參加者，在一九二六至一九二七年之間，蔣領導了北伐戰爭，推翻了北洋軍閥的統治。一九二七年，蔣介石在上海發動清黨反共，從此開始了中國近代史上所謂的「十年剿共」時期，或者說「十年內戰」時期。從一九二七至一九三七年，國共兩黨生死搏鬥。同時，也正是日本帝國主義不斷侵略中國的時期，在這十年裏，蔣介石提出了一個方針，就是「攘外必先安內」。

我曾經寫過一篇文章，對這個政策提出了新看法。要攘外，要反對日本侵略，當然內部要團結，要統一，要穩定。如果內部不團結，不統一，怎麼可能攘外？從這個意義上說，這六個字有它合理的因素。蔣的錯誤在什麼地方呢？錯就錯在他安內的辦法，怎樣造成一個國內穩定、團結、統一的局面，是用武力消滅異己，消滅共產黨？還是採取談判的辦法、雙方讓步的辦法來求得統一呢？我覺得，蔣的錯誤就在於，他是採用武力鎮壓的辦法，採取剿共的辦法，來取得國內的統一。

蔣在貫徹「攘外必先安內」政策的時候，他不是沒有矛盾，其內心也不是始終平靜的，例如一九三三年一月二十日，蔣有段日記說：最近我想了一下，一個是倭寇，這是日本強盜；一個是赤匪（這是他對中共的誣衊）。必須要丟下一個，專門對付一個。「二者必捨其一而對其一」。蔣說，如果我專門對付「倭寇」，那麼國民黨、國民政府將來就有被推翻的危險；但是，「以天理與人情推之，今日之事應先倭寇而後赤匪也。」這就是說，從「天理」和「人情」兩個角度衡量，蔣認爲還是應該首先對付日本侵略者。正因爲他有了這樣的認識，所以從一九三五年底，他準備解決兩個問題，一個是對蘇，一個是對共，特別是對付共產黨的問題。正好此時，一九三五年八月一日，中共和蘇維埃政府發表了一個宣言，這個宣言簡稱「八一宣言」。

「八一宣言」是在莫斯科起草的，是受了共產國際第七次全會的影響。「八一宣言」主要內容是號召停止內戰，集中國力，召集一切願意參加抗戰的黨派、團體、政治家來談判，成立國防政府。一九三五年的「八一宣言」，是中國共產黨提出抗日統一戰線最初的一個文件。蔣介石當時有位駐莫斯科使館的武官叫做鄧文儀。他看到了「八一宣言」，看到了當時中共駐莫斯科代表團團長王明的講話，迅速把這些資訊通知了在國內的蔣介石。蔣介石認爲這是一個可以抓住的時機，馬上召集高級幹部會議，決定要統一全國的力量來抗日。

此後，蔣介石通過幾個管道找尋和中共的關係，其中一條管道，也是最重要的管道，是通過宋慶齡。宋慶齡當時在上海找到了一個牧師叫董健吾。他的公開身分是宗教人員，實際上是共產黨員。宋慶齡派董建吾直接到陝北，會見了當時在陝北的周恩來，周又迅速把這個資訊轉達給毛澤東和張聞天。張聞天和毛澤東決定抓住這個機會，和國民黨進行談判，所以在一九三六年三月，毛澤東和張聞天給董健吾回了一個電報，表示願意和國民黨談判。這是一九三六年國共兩黨聯繫的一個開端。有了這個開端，就有了一九三六年十一月陳立夫作爲國民黨代表，潘漢年作爲共產黨代表之間的談判。

陳、潘談判期間，一九三六年十二月十二日發生西安事變。在此之前，蔣介石正集中大軍進攻陝甘寧蘇區。這是蔣當時採取的兩手政策。一面企圖用談判的辦法來解決中共和中共領導的武裝，但同時又圍攻陝北蘇區。他認爲，只要再堅持五分鐘，就可以消滅蘇區。那時，也確實是中共歷史上比較困難的時期。但就在此時，發生了西安事變，在西安事變中，蔣通過宋子文、宋美齡向周恩來提出，只要中共同意三個條件，國共就可以再次聯合。一個條件是取消中華蘇維埃政府，一個是取消紅軍的名義，一個是放棄階級鬥爭。只要中共接受這三條，同時服從委員長的領導，蔣認爲就可以停止內戰，共同抗日。

「西安事變」和平解決，蔣介石被放出來了，他背棄了自己的一些諾言，但他表示停止剿共，實行抗日，這點他做到了。「西安事變」後，一九三七年，談判就從原來的陳立夫和潘漢年之間轉移到了蔣介石和周恩來之間。一九三七年全年，他們先在杭州談判，又在廬山進行了兩次談判。

在這些談判裏，共產黨所要求的是一種雙方平等的談判，而蔣是採取一種收編、收容和給出路的不平等辦法。例如，一九三七年一月五日，蔣介石在日記中表示：「應與共黨以出路，而以相當條件收容之，但須令其嚴守範圍。」二月十六日日記稱：「對內則編共而不容共。」所謂「編共」，其內容主要有以下幾條：

第一，蔣介石要求把中共的武裝納入國民黨掌握下的軍隊系統，不讓共產黨成立軍部或總部。

第二，對毛澤東這樣的共產黨高級幹部資送出洋。

第三，蔣介石要求中共承認國民黨的領導地位和其本人的領袖地位。

第四，要求共產黨取消黨名，絕對服從，絕對一致，不能任意組織與活動。

在一九三七年談判中，焦點是軍隊問題。一九三七年六月八日，蔣介石和周恩來談話之後，在日記中說：「共黨必欲將收編部隊設一總機關，自爲統率，此決不能允許，應嚴拒之。」

七月十六日日記云：「爲收編共軍事，憤怒甚盛，惟能忍而未發耳。戒之。」

一九三七年「盧溝橋事變」之前的談判，蔣要收編中共的軍隊，要共產黨服從國民黨的領導，這自然是談不成的。「盧溝橋事變」爆發以後，八月一號，蔣介石採取了一項具有重大意義的行動，他邀請毛澤東、朱德、葉劍英來南京討論國防問題。應該說，這是蔣介石跨出的非常重要的一步。中共中央收到邀請以後，毛澤東沒有離開陝北，而是派了三人去南京，即周恩來、朱德、葉劍英。他們到了南京後，主要討論兩個問題。一個是紅軍的改編，一個是陝甘寧蘇維埃政府的問題。應該說在這兩個問題上，中共做了讓步，蔣介石也做了讓步。這個讓步表現在中共所領導的紅軍決定接受改編，稱爲八路軍，後來稱爲第十八集團軍。中共把自己領導的紅軍歸到了國民政府軍事委員會領導底下，稱爲第八路軍，這是中共作出的巨大讓步。

第二個讓步，中共決定把陝甘寧蘇區改稱爲陝甘寧邊區，作爲國民政府行政院領導下的一個特殊地區。在決定改稱過程中，蔣介石也做了讓步。最初，他準備派一個國民黨員去做這個邊區的政府主席，但中共堅決拒絕。最後蔣介石做出讓步，同意中共的林伯渠擔任邊區政府主席。九月廿二日，國民黨中央社播發中共的一個文件，即《中共中央爲公布國共合作宣言》。宣言裏，中共表示了四條。第一條，孫中山先生的三民主義爲中國今日之所必需，本黨願爲其徹底實現而奮鬥。第二條，取消一切推翻國民黨政權的暴動政策、赤化運動，停止以暴力沒收地主的政策。第三條。取消現在的蘇維埃政府，實行民權政治。第四條，取消紅軍的名義和番號，改編爲國民革命軍，受國民政府軍事委員會之統轄，並且待命而動，擔任抗日前線之職責。

九月廿三日，蔣介石發表談話，肯定了中共的這個宣言。由於中共的這個合作宣言的發表和蔣介石的談話，標誌著抗日統一戰線的形成。由於兩黨合作，因此就形成了我們大家所知道的抗日戰爭的兩個戰場：一個是國民黨所領導的正面戰場，一個是共產黨所領導的敵後戰場。這兩個戰場在抗戰過程中起到了互相照應，互相支持，缺一不可的作用。

在抗日統一戰線形成以後，蔣介石就開始調整國內政策。第一個表現是，蔣介石接受周恩來的建議，成立國共兩黨關係委員會。第二個是，國民黨中央監察委員會宣布恢復毛澤東、周恩來等廿六位同志的國民黨黨籍。眾所周知，在第一次國共合作時，共產黨員是以個人身分加入國民黨的。所以毛澤東、周恩來在上一世紀二〇年代都是國民黨人，而且毛澤東還擔任過國民黨中央的代理宣傳部長。在一九二七年「清共」的時候，國民黨把毛澤東、周恩來都開除了。現在，國民黨宣布恢復他們廿六人的國民黨黨籍。第三是，蔣於一九三八年在武漢召開了國民黨的臨時全國代表大會，制定了一個抗戰建國綱領。第四，蔣在武漢成立了國民參政會，在一定的意義上，開放了政權。第五，蔣想找尋一個新的國共合作形式。當時，他想把國共兩黨合併成一個大黨，名爲「國民革命同盟會」。中共對此提出，合併不好，希望採取新的辦法，即共產黨可以參加國民黨，而且可以參加國民黨當時剛剛組織的三民主義青年團。

蔣介石要求兩黨合併，一方面表現了他想取消共產黨這一意圖，但至少此時，他也希望兩黨有一個更密切的合作關係。所以說，從一九三七年「盧溝橋事變」開始，到一九三八年的十月中共中央召開六屆六中全會，這個時期，是國共兩黨在抗戰中關係最密切的時期。因此國外有人說，這是兩黨的「蜜月期」。此時兩黨比較一致，矛盾較少，糾紛較少。這一點，我們可以從毛澤東一九三八年在延安召開的六屆六中全會的講話看出來。

毛澤東在這篇名爲《論新階段》的文章中說：

「假如沒有國民黨政策的轉變，要建立抗日民族統一戰線，是不可能的。」

他在講話中給了國民黨和蔣介石以前所未有的高度評價。例如毛稱蔣是民族領袖，是最高統帥。他說，在國共兩黨裏面，國民黨是第一大黨，是居於領導和基幹的地位。而且還說，國民黨有三民主義的歷史傳統，有孫中山和蔣介石前後這兩位偉大的領袖。這個評價應該說是空前絕後的。這篇文章，大家在《毛選》裏找不到，但可以在中央檔案館出版的《中共中央文件選集》裏找到。

毛澤東之所以會講這段話，是因爲這個時候，兩黨合作比較好，國民黨、蔣介石比較努力地抗戰，中共中央，包括毛澤東是比較滿意的，所以才給了這麼高的評價。這是我講的第一個問題，就是蔣介石執行了一條正確的對內政策——聯共抗日。後來，國共兩黨之間雖然也有限制和反限制的鬥爭，磨擦和反摩擦的鬥爭，但是，一直到抗戰勝利，兩黨之間的統一戰線關係始終維繫著。

二

下面講第二個問題，蔣介石領導國民黨和國民政府抗戰，堅持到底，直至最後勝利。

大家知道，從一九三一年「九一八事變」以後，蔣介石對日本長期採取妥協、退讓政策。蔣之所以採取妥協退讓政策，一個是因爲他要剿共，貫徹「攘外必先安內」的政策。另外一個更大的原因，是因爲蔣害怕日本的武力。他認爲中國的國力和軍事力量都比不上日本。他有個思想，後來我們概括其爲「三天亡國論」。他說，中國軍隊要和日本打起來，只能是有敗無勝。日軍在三天內就可以佔領中國沿江、沿海的要害地區。可以截斷軍事、交通、金融等命脈，從而滅亡中國。這就是蔣介石的恐日症。

國民黨內部患有「恐日症」的人不少。「盧溝橋事變」爆發以後，國民黨的內部一片主和聲。例如，當時軍事委員會有一個常委叫徐永昌，還有國民政府軍政部長叫何應欽，他們都認爲，儘管「盧溝橋事變」爆發了，但中國要抗戰至少還要有六個月的準備。當時的一部分學者，比如北京大學的校長蔣夢麟，著名教授胡適，他們也認爲不能打。他們說，中國一和日本打，中國的精華、元氣就全毀了。胡適表示他要再做最後一次努力，他要給中國，給中日之間再爭取五十年的和平。此時，胡適做了個非常大的舉動，他找到蔣介石的秘書陳布雷，通過陳布雷給蔣介石寫了一封信。這封信的內容，大家是絕對想像不到的。我曾經跟我們研究所的一位專家耿雲志教授開過一個玩笑。我說這封信，幸虧是最近兩三年才發現的。如果它在上一世紀五〇年代全國批胡適的時候被發現，那胡適肯定要被戴上一頂帽子——「賣國賊」。爲什麼？胡適給蔣介石的信裏提了一個意見，說我們現在打不過日本，怎麼辦？胡適說，我建議放棄東三省，承認「滿洲國」，用這個辦法和日本一刀兩斷，保持彼此之間的和平。可以肯定地說，這是個餿主意！在國民黨的國防會議上，有人就罵，就是程潛——一九四五年起義的那位國民黨將領，他罵胡適是漢奸。另外一個國民黨元老居正說，應該逮捕胡適。

「盧溝橋事變」爆發的時候，中共很快發表聲明，表示紅軍可以開赴前線作戰。但是，像我們上面談到的，當時國民黨內部許多人士都認爲抗戰條件還不成熟，部分學者和社會名流也認爲還不是時候。在這個形勢下，蔣介石認爲已經到了「最後關頭」，在盧山發表談話，發出抗戰的號召，其中有些話大家都很熟悉。他說：「現在衝突地點已經到了北平門口的盧溝橋。如果盧溝橋可以受人壓迫強佔，那末我們百年古都，北方政治文化的中心與軍事重鎮的北平，就要變成瀋陽第二（**瀋陽是在「九一八事變」被敵人佔領的**）！今日的北平，若果變成昔日的瀋陽，今日的冀察，亦將變成昔日的東四省（**東三省加上熱河**）。北平若果變成瀋陽，南京又何嘗不可變成北平！所以盧溝橋事變的推演，是關係中國整個國家的問題。此事能否結束，就是最後關頭的境界。」蔣提出：「如果戰端一開，那就是地無分南北，年無分老幼，無論何人，皆有守土抗戰之責任，皆應抱定犧牲一切之決心。」因此，「盧山談話」是蔣介石改變妥協政策，號召抗戰的一個談話。

蔣發表「盧山談話」的時候，國民黨內部不是沒有人反對。參加「盧山會議」的國民黨中有很多人士反對這個談話。最初，它不叫「盧山談話」，叫「盧山宣言」。爲何改成「盧山談話」？就是因爲有不少人反對在這個時候和日本人打。所以蔣做了個妥協，就是既要表明中國政府的態度，但又要減弱它的衝擊力量。所以改「廬山宣言」為「廬山談話」。

是不是抗戰的國策就此決定了呢？沒有！蔣發表「廬山談話」，作出抗戰號召以後，他對於和平解決中日矛盾還存有一線希望。將抗戰作為國策的標誌是淞滬之戰。「盧溝橋事變」是日本挑釁，淞滬抗戰的特點是中國政府、中國軍隊首先向日本軍隊進攻。當時蔣介石和國民政府的目標是，把日本在上海的海軍陸戰隊統統趕下海去。淞滬之戰是蔣介石在華北戰場之外開闢的第二戰場。淞滬抗戰，在真正意義上表明了國民政府已經把抗戰定為國策，標誌著中國人民全面抗戰的爆發。

淞滬抗戰失敗以後，蔣介石遷都重慶，做了長期抗戰的準備。淞滬之戰中，蔣介石調集了全國七十多萬精銳部隊，打了三個月，應該說這場戰鬥打得很激烈。中國軍隊表現得很英勇，犧牲很巨大，七十多萬軍隊傷亡三十萬。但淞滬之戰給了國內外一個良好的印象，讓國際上看到中國軍隊是能打的。由於淞滬抗戰，胡適也轉變了觀點。淞滬抗戰結束，胡適就對汪精衛等人說，中國軍隊還是能打的，我們還是把和平主張暫時放一邊。正是由於胡適這個轉變，蔣介石後來很快就派胡適去美國作駐美大使，讓他對美國人做宣傳，幫助中國抗戰。所以，淞滬抗戰儘管傷亡慘重，但是對國內外的影響是巨大的。

淞滬抗戰失敗後，接著就是南京淪陷，南京淪陷後，國民黨內部更是一片主和之聲。汪精衛的叛變出逃在一九三八年年底，但實際上在南京淪陷後，他就已經產生了叛國的想法，產生了要另外組織一個政府的想法。此時，汪精衛找到蔣介石說，形勢很緊張，乾脆我來組織第三政府，挽救這個局面。另外，原來主張要逮捕胡適的居正此時也說，仗不能再打下去了。他說，如果沒有人敢出來同日本人談判，敢和日本人簽字的話，我居正可以出來。大家知道，國民黨裏還有個左派，叫做于右任，他也表示不能打，要和。而且在會議上批評蔣介石，說蔣太優柔寡斷。

南京淪陷助長了國民政府內部主張妥協的氣氛。在這個時候，德國駐華大使陶德曼出來調停。此時，中國的抗戰已經到了最艱難的時候。大家知道，南京的失陷就是國都的失陷，國都的失陷在中國歷史上都是代表著一個國家，一個政權的滅亡。在這個情況下，蔣介石表示：與其屈服而亡，不如戰敗而亡。應該說，此時蔣表現了一種不屈不撓的戰鬥意志。蔣還講了一句話，如果我們和日本人談和的話，外戰可止，但內亂必起，國家內部一定會產生矛盾。所以蔣介石批評了包括孔祥熙、汪精衛在內的主和派。另外，他拒絕了德國大使陶德曼的調停。此後，中日的秘密談判並沒有停止。從一九三七年年底，南京淪陷開始，到一九四〇年十二月期間，中日的秘密談判一直在進行著。

過去有些歷史學家，把中日的這些秘密談判看成是蔣介石準備妥協、準備投降的政策，但根據現在我們所能看到的資料，這些談判有兩種類型。一種類型是孔祥熙所主持的談判，確實有對日妥協的傾向，但蔣介石對孔祥熙主持的談判都是批評和制止的。蔣甚至對孔講了重話：說不能再談了，再談就是漢奸。蔣本人也指揮過幾次談判，這些談判具有策略上的意義，其目的或在於阻撓日本扶植汪精衛在南京成立僞政府，或具有試探，掌握情報的目的，最後都是蔣本人踩了剎車。蔣介石有個顧問叫端納，他在一九四五年有個講話，說蔣在一九三八年至一九四〇年間，至少曾經憤然拒絕過日本方面的「和平」要求達十二次之多，這是事實。過去我們都以爲，中日秘密談判都是蔣介石主動找日本人談的，現在史料證明，所有談判都是日本人提出來的。因爲日本人佔領武漢、廣州以後，就陷入戰爭的泥潭當中，其財政、軍事力量嚴重不足，故日本人採取政治上誘降的策略。這方面我就不詳細闡述了。

蔣介石指揮的正面戰場的對日作戰大致分爲三個階段：第一階段是從一九三七年七月七日「盧溝橋事變」到一九三八年十月武漢撤退。此階段著名戰役有平津作戰、華北作戰、淞滬抗戰、南京保衛戰、徐州會戰，包括台兒莊大捷、武漢會戰。第二階段是從一九三八年十月武漢撤退到一九四一年十二月太平洋戰爭爆發。此階段重要戰役有：南昌會戰、第一和第二次長沙會戰、南寧會戰、中條山會戰等。第三階段從一九四一年十二月太平洋戰爭爆發，到一九四五年日本投降，其中的重要戰役有：長沙會戰、緬北滇西之戰等等。

這裏，我要著重闡述一九四二年一月的第三次長沙會戰。這次會戰是由國民黨將軍薛岳指揮，殲滅日寇五萬六千餘人。這是日本侵華以來最大的慘敗，被美國稱爲自美國捲入太平洋戰爭以來，同盟國在遠東戰場之大勝。當時中國共產黨領導下的《新華日報》也肯定這是一次輝煌的勝利。

另外一次重要的戰鬥是緬北、滇西之戰，這次戰爭從一九四三年十月一直打到一九四五年三月。前後十七個月，中國軍隊挺進二千四百公里，收復了緬北大小城鎮五十餘座，解放了緬甸領土八萬平方公里，收復了雲南西部失去的土地八萬平方公里，殲滅日寇四點八萬餘人，中國軍隊傷亡六點七萬餘人。中國軍人在這場戰爭中的表現，讓美國記者非常感嘆，稱之爲世界上最優秀的軍隊，是世界上其他國家軍隊所望塵莫及的。我講這兩次戰役的目的，是希望大家不要只知道一個台兒莊大捷，在台兒莊之外，中國軍隊的勝利還有好多。

在整個抗戰中，有幾組數字向大家介紹一下。中國政府動員的正規軍和游擊隊是五百五十萬人，一般的戰鬥有三萬八千九百三十一次，主要的戰役是一百一十一次，大的會戰有廿二次，中國軍隊傷亡三百三十八萬。正面戰場上國民黨犧牲上將八人，中將四十一人，少將七十一人。在正面戰場上，中國軍隊消滅的日軍是一百三十三萬，占日軍在二戰中傷亡總數一百九十五萬的百分之七十，這是日方的統計。正面戰場上，共殲滅日軍少將以上官員四十四人。

三

下面，我講第三個問題，即蔣介石實行聯蘇、聯美、聯英的正確的外交方針，參加國際反法西斯戰線。

首先講聯蘇，在蔣介石實行反共清黨以後，中蘇兩國在一九二九年斷絕了外交關係。日本對中國的侵略迫使蔣介石思考，要恢復中蘇邦交。當時，日本人也在拉攏蔣介石，企圖讓中國和日本聯合起來，共同反對蘇聯。蔣面臨著兩種選擇，他的決定是聯蘇制日。一九三二年，即九一八事變後的第二年，蔣介石就派人和蘇聯談判，要恢復邦交。他認爲，中蘇恢復邦交可以讓日本人膽怯，可以奠定中國雪恥復國的基礎。他把和蘇聯恢復邦交視爲對日本的第一打擊。一九三五年，蔣介石在著手解決和中共的關係的同時，著手解決和蘇聯的關係。當時蔣介石提出，在中蘇兩國間訂立中蘇互助條約。他的這一建議，蘇聯不感興趣。蘇聯認爲，如果訂立中蘇互助條約，就會得罪日本人，因此不贊成蔣的建議，但是，蘇聯又希望中國軍隊能在中國戰場上拖住日本。

長期以來，日本一直有侵略蘇聯的計畫，就是所謂北進派。蘇聯提出的建議是，訂立中蘇互不侵犯條約。雙方長期爭執，互不相讓，最後蔣做了妥協。「盧溝橋事變」以後不久，即一九三七年八月廿一日，中國政府和蘇聯簽訂了《中蘇互不侵犯條約》。此後，蘇聯給了中國軍事上有力的支援。例如，給中國提供飛機、大炮、彈藥，而且提供了空軍志願人員。大家知道，中國曾經和日本在武漢上空進行過多次激烈的空戰，其中有若干空戰，中國是勝利的。當時在武漢上空與日本作戰的中國空軍裏，就有蘇聯的志願參戰人員。除了空軍，蘇聯從兩個管道向中國提供武器、彈藥。一條是通過外蒙古、內蒙古、山西大同、太原到華中地區；另一條是從新疆、陝西、河南到中國的中部，當時蘇聯的運輸線就是這兩條。

（中場休息）

剛才休息時，有聽眾問我，淞滬戰場開始的主戰場是在華北，後來蔣介石在上海發動淞滬會戰，主戰場從華北轉移到了華東，什麼原因？其中一個原因就是蔣介石要吸引日軍主力，保衛中蘇的這條運輸線。在華北作戰過程中，第一條運輸線由於大同的失守而廢棄，所以蘇聯的運輸線只有一條隴海鐵路。大同的失陷令蔣介石非常惱火，曾在日記中大罵閻錫山。

戰爭初期，蘇聯除支援中國大量武器、彈藥外，還派出了軍事顧問。因此，蔣介石聯蘇制日的選擇是正確的。除了聯蘇，蔣介石還聯美、聯英。在我們今天看來，聯美、聯英好像是個必然的選擇。其實，並非如此。當時國民政府的內部有兩派，一派主張聯德，另外一派主張聯合英美。主張聯德的以白崇禧和孫科爲代表。

聯德派爲何能夠存在而且一度曾佔優勢？懂得世界史的人都知道，上一世紀三〇年代，在抗戰之前，中德關係是相當密切的：蔣介石的軍事顧問就是德國的軍事顧問；當時中國取得軍火的重要來源是德國。孔祥熙在一九三六年到歐洲轉了一圈，最大的成果是德國答應給中國提供軍火，在蘇聯給中國提供軍火之前，當時世界上唯一給中國提供軍火的是德國。所以國民黨內有一部分人主張聯德。

二戰中，英美主要有兩個戰場，一個是歐洲戰場，一個是亞洲戰場。英美是先歐後亞，打算在消滅德國後，再解決亞洲問題。蔣介石要爭取英美的支持，就必須反對他們先歐後亞的政策。經過長期的努力，特別是一九四一年十二月日本人偷襲美國珍珠港，太平洋戰爭爆發之後，英美對日宣戰，中國政府很快宣布對日宣戰，這樣，世界上廿六個國家，中、美、英、蘇發表廿六國宣言，表示要用最大的財力、物力來和法西斯戰鬥，世界反法西斯陣營成立。此後，一九四二年六月，中美簽訂抵抗侵略的互助協定。一九四三年十月，中、英、蘇簽訂了一個關於普遍安全的宣言。此後，英美對中國的抗戰進行了經濟和軍事的支援。這兩天媒體報導的「飛虎隊」就是這時產生的。所以說，蔣介石聯蘇、聯合英美是正確的。

此外，還有一些不爲人知的事。抗戰中，蔣介石還支持亞洲國家的獨立運動。亞洲有幾個國家長期處於帝國主義的殖民統治下。第一個大國就是印度，它是英國的殖民地，印度有個政黨叫國大黨，領袖叫尼赫魯。國大黨是要求擺脫英國殖民統治，實現印度獨立。印度還有一個提倡不合作主義的人物，叫作甘地。蔣介石支持國大黨，支持尼赫魯，他爲了支持印度自治和獨立的要求，曾經在一九四二年和宋美齡一起訪問過印度。

這在我們今天看來也很簡單，當時卻會激怒英國。蔣介石不顧英國反對，訪問印度，會見了尼赫魯和甘地。另外，蔣還支持韓國的獨立。眾所周知，中韓一直有著長期的友誼關係。一九一〇年後，日本吞併韓國，大量的韓國流亡者、愛國者來到中國，將中國作爲其反日的基地，蔣介石和國民政府幫助了他們。韓國人在中國組織了光復軍和義勇隊，他們的領袖金九，是中國政府在抗戰勝利後用飛機送回漢城的。而且，蔣介石把韓國獨立看作是中國抗戰的一個目標。越南，很長時期是法國的殖民地，蔣介石支持越南獨立，通過人向羅斯福表示，中國不想獨佔安南，對此，邱吉爾不相信，史達林也覺得很奇怪。東南亞國家中的泰國，當時和日本結成泰日同盟，參加法西斯陣營，但蔣介石支持泰國的愛國者，同意他們在重慶設立自由委員會，主張「無條件協助其獨立」。

由於時間關係，第三個問題，我簡單講這幾點。

四

現在講最後一個問題，蔣介石在抗日戰爭期間的功與過。

今天我們應當承認，蔣介石在抗戰中有功也有過。首先講他的功，在說這個問題前，我要首先介紹《中國共產黨的七十年》這本書中的一段話，該書是前些年出版的，主編是胡繩。胡繩同志有三個頭銜，一個是中國科學院的院長，是我的上司。一個是全國政協副主席，另一個最重要的頭銜是中共中央黨史領導小組的副組長。這本書其中有段話是這樣的：

「國民黨最高領導人（蔣介石）承認第二次國共合作，實行抗日戰爭，是對國家民族立了一個大功。國民黨當時是執政黨，擁有二百萬軍隊，國民黨當時政策的轉變，對抗日戰爭的全面展開有著重要意義。」

本書除了由胡繩主編外，還經由胡喬木同志從頭至尾每一個字的審查，最後胡喬木同志給它寫了個前言，高度評價了此書。我很坦率地說，我今天敢於在此做這個報告，有這段話作爲支持（掌聲）。我前面說過，二〇〇二年，我出過一本寫蔣介石的書，就有幾位「極左派」給中央領導寫信，控告我，要求嚴肅處理我，開除我的黨籍。後來我在網上發表了一個聲明，說鄙人還不是中共黨員。這些人是糊塗蛋，他們不知道我是否是黨員，也不知道我的書是在海外出版的，還是在國內出版的。他們甚至要求治我以叛國罪。所以說，胡喬木同志審查過的這段話，給了我很大力量。前幾天我在成都開會，碰到了這段話的執筆者金冲及同志，我說，我同意你的觀點，但你的這段話直到現在都還是超前的，有些人也許現在還不會同意。

所以，我們應該承認，蔣介石對抗戰勝利是有功的，對世界反法西斯戰爭的勝利也有功。抗戰勝利的結果：

第一，**是促進了不平等條約的廢除**。太平洋戰爭爆發以後，蔣介石就認為，廢除帝國主義給中國的不平等條約的時機到了，他首先跟羅斯福派來中國的代表談話，要求美國首先、單獨、自動廢除對華條約中的不平等條款，而且指示宋子文，進一步要求美國政府取消諸如租界、內河航行、關稅等方面的不平等條約。正是在蔣介石的要求下，一九四三年一月，中美、中英簽訂《中美新約》、《中英新約》。

第二，**是促進了中國國際地位的提高**。在抗戰後期，中國成為國際上的四強之一。蔣在日記中說到：國家的聲譽和地位實在是有史以來空前未有的提高。

第三，**是收復失地，洗雪國恥**。經過抗戰，鴉片戰爭以來的國恥洗雪了，東北、臺灣、澎湖列島收回了，丟掉的這些土地，隨著抗戰的勝利，通通收回了。所以說，抗日戰爭是中國近代歷史上第一次取得的完全勝利的戰爭。

第四，**促進了國際反法西斯戰爭的勝利**。在一九四一年太平洋戰爭爆發之前，中國是抗擊日本法西斯的唯一戰場，而且中國戰場是世界反法西斯戰爭的東方主戰場。從一九三七年冬到一九四〇年冬，日本在中國的陸軍占其陸軍總數的百分之七十八，最高是百分之九十四。二戰的戰區是二千二百萬平方公里，中國戰區是六百萬平方公里。德、日、意的法西斯軍隊是一千一百萬人，中國抗擊了其中的二百四十萬人。從抗戰時間上看，美國是三年九個月，英國是六個月，但中國的抗戰長達十四年。

由於中國戰場的存在，拖住了日本北進的腳步，使得蘇聯避免兩面作戰，從而能夠集中力量對付德國。從一九四一年春到一九四四年秋，蘇聯先後從遠東地區調集了五十四萬人，五千門大炮，三萬三千多輛坦克到歐洲戰場。而且，中國戰場延遲了日本向東南亞前進的計畫，牽制了日本南進的兵力，爲英美——特別是美國贏得了時間，也爲美國空軍轟炸日本提供了後方基地。

由於中國戰場的存在，粉碎了德、意、日在中東會師的計畫。美國總統羅斯福曾經說過，假如沒有中國，假如中國被打垮了，你想一想，有多少師團的日本兵可以調到其他戰場作戰，他們可以馬上打下澳洲，打下印度，並且一直衝向中東，日本可以和德國配合起來，舉行一次大規模的反攻，在近東會師，把俄國完全隔離開，吞併埃及，斬斷通向地中海的一切交通線。所以說，中國戰場的存在，有力地保證了世界反法西斯戰爭的勝利。因此說，蔣介石對世界反法西斯戰爭的勝利也做出了貢獻。當然，上述成績，自然不是蔣介石一人之功，但是，他順應

「天理」和「人情」，領導國民黨和國民政府抗戰，堅持到底，這些成績，自然也和他個人密不可分。

下面，我要講蔣介石的過錯。

第一，**片面抗戰與戰略上的失誤**。淞滬會戰、南京會戰——特別是淞滬會戰——在幾十平方公里的地區聚集了七十萬軍隊，和日軍打消耗戰。蔣介石錯誤地把希望寄託在《九國公約》簽字國在比利時開的會。後來，在南京保衛戰期間，又幻想蘇聯可以出兵，致使中國軍隊遭到沉重的損失。蔣當時的戰略思想，是持久消耗戰。但在實際上，他強調的是敵攻我守，要求固守陣地，這樣就消耗了自己。他提出要發動游擊戰，發動民眾，但始終發動不起來，所以他的抗戰被稱爲是片面抗戰。他只懂得用國民黨的正規軍隊去抗日，不懂得像毛澤東在《論持久戰》中說的：戰爭的最深厚的偉力存在於民眾之中，也不懂得陣地戰之外還有運動戰、麻雀戰、游擊戰等戰術。

第二，**抗戰中期與後期的反共活動**。蔣跟美國人說，他有兩個任務，一是要驅逐日寇出中國，二是阻止共產主義在國境內的蔓延。因此在抗戰過程中，蔣介石雖然和中共組成了抗日統一戰線，但他始終有反共活動，主要表現在：一、制定了一個「限制異黨」活動的辦法，對中共的活動進行許多限制。二，他對陝甘寧邊區進行軍事和經濟封鎖，在整個的八年抗戰期間，他始終把胡宗南的軍隊佈置在陝甘寧邊區周圍，不管抗戰形勢如何艱難險惡，胡宗南的軍隊始終用來對付中共。三，發動皖南事變。在抗戰中，蔣介石一方面要限共、反共。但另一方面，他又不能全面反共，因爲抗日的大局在前。

第三，**蔣在抗戰期間，始終堅持一黨專政，拒絕改革，頑固腐敗**。當時，中國有幾種力量，都要求國民黨結束一黨專政的局面。民主黨派，如張瀾、黃炎培，都提出要結束國民黨的黨治局面，但遭到蔣介石拒絕。中國共產黨除要求堅持抗戰外，還要求實行民主政治，實行憲政，提出要成立聯合政府，各黨派平等，但蔣介石也都拒絕了。

此外，當時的美國爲了爭取反法西斯戰爭的勝利，出面調解國共矛盾，也要求蔣介石改變一黨專政的局面。抗戰後期，美國非常看好中共，對中共的抗戰活動，特別是游擊戰爭給了很高評價，對中共在陝甘寧建立的民主政府也給了很高評價。美國要求國民黨開放政權，成立國共聯合政府。一九四四年十一月，美國人赫爾利訪問延安，從延安帶回了毛澤東親筆簽字的「五項協定」，其中的第二條就是改組現在的國民政府爲聯合國民政府，改組國民政府的軍事委員會爲聯合的國民軍事委員會。但蔣介石都拒絕了。正是由於蔣介石在抗戰過程中，堅持反共，堅持一黨專政，這就埋下了他在抗戰勝利以後，又一次發動內戰的伏筆。正是由於他在抗戰中拒絕改革，並且包庇孔祥熙等大官僚。抗戰勝利後，他的名聲達到了極點，但很快，不過三、四年，他就在大陸失敗，退到臺灣去了。

（演講時間：二〇〇五年八月廿一日。錄音整理：程麗仙）

一九三七：中國軍隊對日作戰的第一年

——從盧溝橋事變至南京陷落

一九三七年七月七日，駐紮中國北平近郊的日軍在盧溝橋附近演習，托詞失蹤士兵一名，要求進入橋畔的宛平縣城搜查，遭到拒絕。不久，失蹤士兵歸隊，但日軍仍於次日清晨發起攻擊，守城部隊奮起抵抗。這一事件成爲中國人民艱苦卓絕的八年抗日戰爭的開端。

最初，中國軍隊以華北爲主戰場，蔣介石自任這一戰區的司令長官，同時將他所信任的德國軍事顧問法爾肯豪森（Alexander von Falkenhausen）派到北方前線。①但是，戰爭開始後不久，蔣介石決定首先消滅上海地區的日軍。這樣，中國軍隊就同時在華北、華東兩個戰場上與日軍作戰，而主戰場則逐漸轉移到上海地區。中國方面出動兵力約七十五萬人，日方出動兵力約廿五萬人，時間延續三個月，成爲中國抗日戰爭史上規模龐大，作戰最烈的一次戰役。

一、蔣介石決定拒和、應戰

九一八事變後，蔣介石長期對日本採取妥協退讓政策；盧溝橋事變後，蔣介石摸不清日方底細，方針難定，當日日記云：「彼將乘我準備未完之時，逼我屈服乎？抑將與宋哲元爲難乎？迫使華北獨立乎？我之應戰此其時乎？」②次日，他一面派遣中央軍北上，支持第二十九軍軍長宋哲元等「守土抗戰」，同時電覆北平市長秦德純等，「應先具必戰與犧牲之決心，及繼續準備，積極不懈，而後可以不喪主權之原則與之交涉」。③

當時，中日兩國國力、軍力相差懸殊，因此，在國民政府內外，都有一部分人積極主和，或者設法推遲大戰時間。在國民政府內部，以軍事委員會常務委員徐永昌爲代表。他認爲，中日空軍力量之比尚不足一比三，抗戰準備至少尚須六個月。爲此，他致函軍政部部長何應欽等人，主張「和平仍須努力求之」。④十八日，又托人轉告外交部長王寵惠，「在能容忍的情勢下，總向和平途徑爲上計」。⑤何應欽同意徐永昌的意見，建議徐向時在廬山的蔣介石陳述。⑥廿一日，徐永昌致函蔣介石稱：「對日如能容忍，總以努力容忍爲是。蓋大戰一開，無論有無第三國加入，最好的結果是兩敗俱傷，但其後日本係工業國，容易恢復，我則反是，實有分崩不可收拾之危險。」⑦廿四日，他又向蔣介石建言，「勿忘忍是一件很難挨的事。」⑧

在知識階層中，北京大學校長蔣孟麟和教授胡適等都主張「忍痛求和」，認爲與其戰敗求和，不如在大戰發生之前「作一次最大的和平努力」。八月六日，胡適向蔣介石提出書面建議：一、近衛內閣可以與談，機會不可失；二、日本財政有基本困難，有和平希望；三、國家今日之雛形，實建築在新式中央軍力之上，不可輕易毀壞。將來國家解體，更無和平希望。⑨胡適希望經過努力，能在中日間維持五十年的和平。

和戰是攸關國家命運、前途的大計，蔣介石不能沒有矛盾。七月十二日，蔣介石決定在永定河與滄州、保定一線作持久戰，同時嚴令制止與日方的妥協行為。十六日，蔣介石邀集各界人士一百五十八人在廬山舉行談話會，討論「應戰宣言」。該《宣言》空前堅決地聲稱：「如果戰端一開，就是地無分南北，年無分老幼，無論何人，皆有守土抗戰之責任。」⑩但是，對於這份宣言應否發表，何時發表，眾議不一，蔣介石自己也猶豫不定。十六日日記云：「此宣言發表，其影響究為利為害？」⑪十七日日記云：「倭寇使用不戰而屈之慣技暴露無餘，我必以戰而不屈之決心待之，或可制彼兇暴，消弭戰禍乎？」十九日，蔣介石決定排除阻力，公開發表「應戰宣言」。日記云：「人人以為可危，阻不欲發，我則以為轉危為安，獨在此舉，但當一意應戰，核發戰鬥序列，不當再作迴旋之想矣。」為了減少這份《宣言》的衝擊力，他將之改稱為「談話」。

廬山談話的措辭空前激烈，但是，蔣介石並沒有下決心關閉「和平解決」的大門，所以同時表示：「在和平根本絕望之前一秒鐘，我們還是希望由和平的外交方法，求得盧事的解決。」此後，隨著日本軍事行動的擴展，蔣介石的抗戰決心逐漸堅決。廿七日，日軍全面進攻北平附近的城鎮，蔣介石日記云：「遭必不能免之戰禍，當一意作戰，勿再作避戰之想。」「預備應戰與決戰之責任，願由余一身負之，毋愧領袖。」廿八日，第廿九軍副軍長佟麟閣在防守北平南郊的戰鬥中陣亡，中國軍隊撤出北平。次日凌晨，天津守軍主動進攻當地日軍，日軍調兵增援，中國軍隊因傷亡嚴重，於三十日撤離天津。中國北方兩個最大城市的喪失使蔣介石感到，再不抗戰，必將遭致全國反對。八月四日日記云：「平津既陷，人民荼毒至此，雖欲不戰，亦不可得，否則國內必起分崩之禍。與其國內分崩，不如抗倭作戰。」蔣介石認為：中國方面雖多弱點，例如組織不健全，準備未完全等，在此情況下抗戰，存在很大危險，但日本「外表橫暴」，而「內部虛弱」，「以理度之，不難制勝」，「為我民族之人格計，苟能振起民族精神，未始不可轉危為安，因禍得福也」。

七日，蔣介石召開國防會議，會上，何應欽將軍報告軍事準備情形，提出第一期擬動員一百萬人投入作戰，其中，冀、魯、豫方面約六十萬人，熱、察、綏方面約十五萬人，閩粵方面約十五萬人，江浙方面約十萬人。何陳述的困難有財政開支擴大，槍械、子彈勉強可供六個月之需，防禦工事未完成，空軍機械不足等。蔣介石在談話中對胡適主張頗有譏刺，參謀總長程潛甚至指責胡適為「漢奸」。會議決定「積極抗戰與備戰」。⑫通過此次會議，抗戰遂被正式確定為國策。

當時，蔣介石估計中日戰爭將是一場「持久」戰，戰期大約一年。他決定「以戰術補正武器之不足，以戰略補正戰術之缺點，使倭敵處處陷於被動地位」，從而爭取戰爭的勝利。⑬八月十三日，淞滬之戰爆發。

二、中國軍隊力圖「先發制人」，但缺乏重武器，上海攻堅戰未能取勝

上海處於東海之濱，距當時的中國首都南京不過三百公里。一九三二年五月的中日《淞

滬停戰協定》規定，中國在上海只能由「保安隊」維持秩序，而日軍則可在上海公共租界及吳淞、江灣、閘北等地駐兵，建立據點。爲防止日軍自上海入侵，南京國民政府根據法爾肯豪森等人的建議，於一九三四年起密令修築上海周邊工事，在吳縣、常熟等地，利用陽澄湖、澱山湖構築主陣地——吳福（蘇州—福山）線，在江陰、無錫之間構築後方陣地——錫澄線，同時在乍浦與嘉興之間興建乍嘉線，以與吳福線相連。⑭其後，又在龍華、徐家匯、江灣、大場等地構築包圍攻擊陣地，並且擬有《掃蕩上海日軍據點計畫》。⑮盧溝橋事變發生，蔣介石爲加強上海防務，任命張治中上將爲京滬警備司令。張受命後，即命所部化裝爲保安隊入駐上海虹橋機場等處。七月三十日，張治中將軍向南京國民政府提出，一旦上海情況異常，「似宜立於主動地位，首先發動」。蔣介石同意張治中的設想，覆電稱：「應由我先發制敵，但時機應待命令。」⑯

日本海軍積極主張向華中地區擴張。七月十六日，日本海軍第三艦隊司令長谷川清中將向日本海軍軍令部報告：局限戰將有利於中國兵力集中，造成日方作戰困難，「爲制中國於死命，須以控制上海、南京爲要著」。⑰八月七日，米內海軍大臣建議杉山元陸軍大臣向內閣提出，爲保護青島和上海日僑，應迅速準備派遣陸軍赴華。⑱次日，長谷川清得到指示，爲因應事態擴大，實施新的兵力部署。九日，上海日本海軍特別陸戰隊西部派遣隊長大山勇夫中尉攜帶士兵齋藤要藏，以汽車衝入虹橋機場，開槍射擊中國保安部隊，中國保安隊當即還擊，將大山等二人擊斃。⑲日軍乘機在上海集中兵艦，以陸戰隊登陸，要求中國方面撤退保安隊，拆除防禦工事。海軍中央部通知第三艦隊稱，除武力外，別無解決辦法，將在陸軍動員之後二十天開始攻擊。十日，日本內閣會議同意派遣陸軍。長谷川清命在佐世保待命的艦隊開赴上海。十二日，陸軍省決定動員三十萬兵力分赴上海與青島。

保安隊是上海地區僅有的中國部隊。蔣介石認爲，撤退保安隊，上海將與北平一樣，爲日軍佔領，決定拒絕日方要求，同時下令準備作戰。十一日，蔣介石得悉日艦集中滬濱，決定封鎖吳淞口。同日，命張治中將所屬八十七師師長王敬久所部、八十八師師長孫元良所部兩師自蘇州等地推進至上海圍攻線，準備掃蕩在吳淞和上海的日軍，拔除其據點。⑳當時，日本在上海的海軍特別陸戰隊總兵力不超過五千人。㉑十二日，國民黨中常會秘密決定，自本日起，全國進入戰時狀態。㉒何應欽將軍在會上表示：「和平已經絕望」，「如果他稍有動作，就要打他，否則，等他兵力集中，更困難了。」㉓

張治中原定於十三日拂曉前開始攻擊，但蔣介石因英、美、法、意四國駐華使節等方面正在調停，要張「等候命令，並須避免小部隊之衝突」。㉔同日上午九時十五分，日本陸戰隊水兵衝出租界，射擊中國保安隊，中國軍隊還擊。㉕十點半，商務印書館附近的中國軍隊與日軍發生小衝突。㉖同日黃昏，日軍炮擊中國軍隊，中國軍隊以迫擊炮還擊。㉗日軍並以坦克掩護步兵攻擊八十七師陣地，日艦連續炮擊上海市中心。㉘十四日拂曉，張治中奉蔣介石令，發起總攻。同日，中國空軍出動，轟炸日第三艦隊旗艦及在虹口的海軍陸戰隊本部。淞滬之戰爆發，意味著中國在華北之外，又開闢了第二戰場，名副其實地進入「全面抗戰」。

戰爭初起，中國方面以優勢兵力進攻日軍在滬各據點，雙方在上海虹口、楊樹浦等處進行巷戰。二十日夜，將日軍壓迫至黃浦江左岸狹隘地區，同時包圍日海軍陸戰隊司令部等據點。但是，日軍在上海的據點大都以鋼筋、水泥建成，異常堅固。八月十七日，張治中將軍向蔣介石報告說：「最初目的原求遇隙突入，不在攻堅，但因每一通路，皆爲敵軍堅固障礙物阻塞，並以戰車爲活動堡壘，終至不得不對各點目標施行強攻。」這種攻堅戰，中國軍隊必須配備相應的重武器。張治中報告說：「本日我炮兵射擊甚爲進步，命中頗佳，但因目標堅固，未得預期成果。如對日司令部一帶各目標命中甚多，因無燒夷彈，終不能毀壞。」㉙僅有的三門榴彈炮，一門因射擊激烈，膛線受損；一門膛炸；一門不能射擊。這種情況，自然無法克敵制勝。

中國軍隊當時是否完全缺乏攻堅武器呢？並非。關鍵在於何應欽將軍沒有想到，蔣介石也沒有想到。十一月二十日，蔣介石檢討說：「緒戰第一星期，不能用全力消滅滬上敵軍。何部長未將所以巷戰及攻擊武器發給使用，待余想到催發戰車與平射炮，已過其時，敵之正式敵軍，已在虬江碼頭與吳淞登陸矣。敬之（**指何應欽——筆者**）誤事誤國，亦余想到太遲之過也。」㉚

蔣介石對張治中將軍的指揮不滿意。八月二十日，廬山軍官訓練團教育長陳誠將軍向蔣介石提出，華北戰事擴大已無可避免，敵如在華北得勢，必將利用其快速裝備南下直撲武漢，於我不利，不如擴大滬事以牽制之。㉛同日，軍事委員會決定將主力集中華東，迅速掃蕩淞滬日本海陸軍根據地，阻止或乘機消滅後續日軍。軍事委員會同時決定將江蘇南部及浙江劃爲第三戰區，蔣介石兼任司令長官，顧祝同將軍爲副司令長官，陳誠將軍爲前敵總司令。張治中將軍被任命爲淞滬圍攻區第九集團軍總司令，張發奎將軍被任命爲杭州灣北岸守備區第八集團軍總司令，守衛上海左翼浦東。

這些舉措，說明蔣介石開始重視上海戰場，但是，蔣當時還沒有在上海長期作戰的思想準備，對這次戰爭的艱難與嚴酷也還缺乏認識。當日日記云：「滬戰頗有進展，倭軍恐慌萬分，其國內陸海軍意見分歧，政府內部不能一致，已陷於進退維谷之勢，英提議調解，可運用之，使倭得轉圜離滬，以恢復我經濟策源地乎？」㉜次日，日本拒絕英國調停，蔣介石感到事態嚴重，「憂心倍增」。㉝廿二日，蔣介石下令成立第十五集團軍，以陳誠將軍爲總司令，守衛上海右翼長江江岸。

三、日本陸、海、空軍協同，中國反登陸戰失利

日軍在上海的兵力有限，要持續進攻，必須通過海上的遠距離運輸，將軍隊源源不斷地送到中國戰場。中國海軍的軍力本極有限，艦艇在戰爭開始時或被炸沉，或奉令自沉長江，封鎖航道，已經沒有和日艦進行海上作戰的能力；空軍能作戰的飛機不過一百八十餘架，不足以從空中遏制日本運兵艦艇的航行。㉞中國軍隊所能進行的只有反登陸，在海岸及相關縱深據點佈置軍隊，阻遏日軍，但是，中國方面又未予以足夠重視，守衛江岸、海岸的兵力都很薄弱。

八月十三日夜，日本內閣會議決定出兵。十五日，日本政府發表聲明，「爲討伐中國之暴戾，以促使南京政府之反省，如今已到了不得不採取斷然措施之地步。」㉟同日，日本政府下令，以松井石根大將爲司令官，率領第三、第十一師團組成上海派遣軍，協助海軍，掃蕩、殲滅上海附近的中國軍隊，佔領上海。十七日，日本閣議決定：「放棄以往所採取之不擴大方針，採取戰時態勢上所需要之各種準備對策」。㊱廿二日，日本上海派遣軍司令松井石根率第三、第十一師團到達上海東南的馬鞍群島。廿三日，日軍第十一師團在三十餘艘軍艦密集炮火的掩護下，於長江南岸川沙口強行登陸，佔領川沙鎮，第三師團在吳淞鐵路碼頭登陸，進攻上海北部的吳淞、寶山等地。據中國方面第九集團軍司令部作戰科長史說回憶：「在廿三日拂曉以後，日空軍開始猛烈轟炸，使我援軍不能接近，日海軍也以猛烈炮火支援日軍登陸。我沿長江岸守備的第五十六師和沿黃浦江口守備的上海市保安總團，兵力薄弱，日陸軍登陸成功。」㊲

日軍登陸後，中國方面力圖阻止敵人向縱深發展。張治中將軍在敵機猛炸下騎自行車趕赴前線，一面任命王敬久師長爲淞滬前敵指揮官，指揮部隊固守原陣地，一面抽調第十一師彭善在部、第九十八師夏楚中部北上，拒止登陸之敵。雙方在羅店等地激戰。中國軍隊向日軍發動數次猛攻，雖有進展，但均未奏效。廿八日，守衛羅店的中國軍隊傷亡過半，日軍第十一師團佔領羅店。三十一日，日軍第三師團攻佔吳淞鎮。九月一日，日軍精銳部隊久留米第十二師團等三個師團到達上海，實力大增，向中國軍隊發動全線攻擊。九月五日，日軍以優勢兵力及戰車、炮艦、飛機聯合進攻，中國第十八軍第九十八師姚子青營奮力抗戰，激戰至第二日，全營官兵壯烈犧牲。㊳蘊藻濱沿河之戰，「雙方死亡俱奇重，濱水皆赤，所謂流血成河，顯係實在景況。」㊴據陳誠報告，該部自八月廿二日參戰，至九月七日，僅第十一、第十四、第六十七、第九十八、第五十六五個師即傷亡官兵九千零三十九名，第六師吳淞一役，即傷亡過半。「大部受敵飛機、大炮轟炸，人槍並毀。」其三十六團第二連守衛火藥庫，「死守不退，致全部轟埋土中。」㊵

由於江岸地形有利於日本陸海空軍協同作戰，日軍又源源增援，中國軍隊爲減少損失，只能主動退守。參謀史說後來回憶說：「日軍在長江沿岸及黃浦江沿岸繼續登陸，與我軍一個點一個點地爭奪，往往日軍白晝占去，夜間我又奪回。」「在日軍艦炮火下，傷亡慘重，往往一個部隊，不到幾天就傷亡殆盡地換下來了。我親眼看見教導總隊那個團，整整齊齊地上去，下來時，只剩下幾付伙食擔子。」㊶九月十日，第十五集團軍右翼陣地被突破。十一日，第九集團軍奉命向北站、江灣等地轉移。

反登陸戰爭失利，日軍後續部隊源源增加。九月十一日，自青島調來的日軍天谷支隊進入月浦鎮。十二日，由華北方面軍轉調的後備步兵十個大隊陸續抵達上海戰場。十四日，自臺灣調來的重藤支隊登陸。中國軍隊的處境越來越困難了。

四、為維護中蘇交通線，蔣介石決定吸引日軍改變主戰場；為配合外交鬥爭，蔣介石決定堅守

上海

九月十一日以後，中國軍隊轉入頑強的守衛戰。

作爲淞滬戰場的最高統帥，蔣介石最先感到了中國軍隊的不利態勢。八月廿八日，羅店失陷，蔣介石日記云：「近日戰局，漸轉劣勢，人心乃動搖矣。」三十一日，吳淞失守，蔣介石再次在日記中表示：「我軍轉入被動地位矣。」在這一形勢下，蔣介石不得不重新思考，仗將如何打下去。九月二日日記云：「敵之戰略，其弱點乃以支戰場爲主戰場，其戰爭全在消極，且立於被動地位，故我之戰略，應盡其全力貫注一點，使彼愈進愈窮，進退維谷，不難曠日持久，以達我持久抗戰之目的。」這則日記說明，儘管上海戰場形勢不利，但蔣介石決定「全力貫注一點」，在上海長期拖住日軍。

其後，副參謀總長白崇禧將軍、作戰組長劉斐等向蔣提出，淞滬會戰應「適可而止」，部隊應及時向吳福線國防工事轉移。蔣介石一度接受這一意見，下令執行，但第二天又決定收回命令。㊷同月十四日蔣介石日記云：「我今集中兵力，在上海決戰乎？抑縱深配備，以爲長期抗戰乎？」兩種方案，前者意味著在上海和日軍決出勝負，後者意味著向吳福線轉移。這則日記，說明蔣對自己的戰略決定有過猶疑。但是，這一時期，蔣從全國各地抽調的部隊正陸續到達淞滬戰場，因此，蔣仍然決定長期堅守上海。其日記云：「各部雖死傷大半，然不支撐到底，何以懾服倭寇？」㊸

十六、十七日，日軍發動總攻擊，中方陣地動搖，前線指揮官向蔣要求撤退，蔣嚴令死守，並親往崑山督師。㊹廿一日，蔣介石調整部署，將中國軍隊分爲右翼、中央、左翼三個作戰軍。右翼軍以張發奎將軍爲總司令，下轄第八、第十兩個集團軍；中央軍以朱紹良將軍代替張治中爲總司令，下轄第九集團軍；左翼軍總司令陳誠將軍，下轄第十五、第十九兩個集團軍。當時，中蘇之間的槍械、彈藥有兩條運輸線。一條是經外蒙古、內蒙古、山西大同至內地，一條經新疆、甘肅、山西，連接隴海路。九月十一日，大同失陷，蔣介石極爲震痛，在日記中激烈地批評第二戰區司令長官閻錫山，指責他未能守住大同等地，「使蘇俄運械交通更爲困難，其罪甚於宋哲元之失平津，可痛之至」！㊺

廿六日，蔣介石得悉平漢線中國軍隊潰退，河北滄州不守，估計日軍將進攻河南鄭州，中俄之間的第二條聯絡線有可能截斷，決定加強上海戰場，吸引日軍主力。廿七日，蔣介石決定四項抗敵策略：「一、引其在南方戰場爲主戰場；二、擊其一點；三、持久；四、（沿太行山脈側面陣地）由晉出擊。」㊻十月八日，蔣介石決定調驍勇善戰的桂軍加入上海戰場。十月十五日日記云：「相持半年，遲至明年三月，倭國若無內亂，必有外患，須忍之。」十七日，蔣介石到蘇州督師。次日，中國軍隊在上海戰場發動總反攻。

蔣介石之所以決定堅守上海，一是爲了減輕華北戰場的壓力，維護中蘇交通線，同時也是爲了配合外交鬥爭，爭取對即將召開的《九國公約》會議有較好的影響。《九國公約》簽署於一九二二年二月，其簽字國爲美、英、日、法、意、比、荷、葡、中等九國。該條約表示尊重中國之主權與獨立暨領土與行政之完整，強調各國在華機會均等與中國的門戶開放。盧溝橋事變後，南京國民政府即向國聯申訴，要求「譴責日本是侵略者」。國聯沒有採納中國的要求，提議召開《九國公約》簽字國會議討論。

十月十六日，比利時向有關十九國發出邀請，初定同月三十日在布魯塞爾召開。蔣介石希望通過該次會議，「使各國怒敵而作經濟制裁，並促使美、英允俄參戰」。㊼因此，蔣希望在該會召開之前，上海戰場能有較好的戰績，至少，要能堅守上海。據唐生智回憶，蔣介石曾向他表示：「上海這一仗，要打給外國人看看。」㊽同月廿二日，蔣介石通電全軍將士，說明九國公約會議即將舉行，全體將士「尤當特別努力，加倍奮勵」，「於此時機表示我精神力量，以增加國際地位與友邦同情」。㊾為此，蔣介石向全國各地普遍調兵。廿四日，蔣致電雲南省主席龍雲，詢問滇軍出發各部到達何處，要龍命令該軍「兼程急進，望能於九國公約會議之初到滬參戰」，急圖在會前有所表現的企圖躍然欲出。㊿

日本政府採取對應措施，不斷從華北、東北及國內向上海戰場增兵。十月一日，日首相近衛、陸相杉山、海相米內、外相廣田會議，通過《中日戰爭處理綱要》，決定發動十月攻勢，擴大華北和華中戰局，將中國軍隊分別驅逐至河北省及原上海停戰協定規定區域以外，迫使南京政府議和，結束戰爭。此後，上海戰場日軍參戰兵力超過華北，達九個師團，二十萬人以上。十七日，日本陸軍省限令上海作戰部隊在《九國公約》簽字國會前攻克閘北、南翔、嘉定一帶。51

雙方既在國際政治舞臺上較量，戰場上的拚殺自然更加激烈。十月廿一日，廣西增援部隊第二十一集團軍軍長廖磊率部到滬，向蘊藻濱沿河之敵發起全線反攻。桂軍作戰勇敢，但武器落後，缺乏與現代化武裝的日軍作戰經驗，未能挽救危局。廿二日蔣介石日記云：「滿擬以桂軍加入戰線，爲持久之計，不料反因桂軍挫敗，而退至走馬塘之線，戰局頓形動搖，殊所失望。」㊷次日，桂軍因傷亡過大，撤至京滬鐵路以南地區整理。㊸其他部隊也傷亡慘重，第三十三師打到官兵僅剩十分之一，師長負傷，旅長失蹤。㊹

廿五日，中央軍第七十八軍第十八師師長朱耀華部防地爲日軍突破，朱軍放棄位於上海西北的戰略要地大場。至此，蔣介石才覺得「不能不變換陣地」，決定命中國軍隊作有限度的撤退，轉移至蘇州河南岸。但是爲了給世人留下仍在堅守蘇州河北岸的印象，他決定在閘北「留一團死守，以感動中外人心」。㊺廿七日夜，第八十八師第五二四團團副謝晉元奉命率部留守閘北四行倉庫，演出了八百壯士（實只四百人）孤軍抗敵的悲壯一幕。三十一日，該團退入上海公共租界，堅持至一九四一年十二月十八日。

蔣介石認識到，中國的對日戰爭只能是持久戰、消耗戰，但是，他提出的戰略原則卻是防守戰。八月十八日，他發表《告抗戰將士第二書》，主張「敵攻我守，待其氣衰力竭，我即乘勝出擊。」「要固守陣地，堅忍不退，以深溝高壘厚壁，粉碎敵人進攻。」㊻九月十三日，蔣介石手擬《告各戰區全軍將士文》，再次強調固守，「雖至最後之一兵一彈，亦必在陣中抗戰到底」。㊼十月廿八日，他在松江召開軍事會議，仍然表示：「要嚴密縱深配備，強固陣地工事」，「要不怕陣地毀滅，不怕犧牲一切」，「我們已移至滬戰最後一線，大家應抱定犧牲的決心，抵死固守，誓與上海共存亡。」58

要殺敵衛國，自然需要強調犧牲精神，但敵人擁有海、空優勢，配備重武器，呆板的防守戰必然帶來巨大的傷亡，最終也難以守住陣地。當時，日方有各種飛機一千五百架，而中國僅有戰鬥機、轟炸機三百架。59八月廿四日，張治中致蔣介石、何應欽密電云：「連日敵機甚爲活躍，全日在各處轟炸，毫無間斷，我軍日間幾無活動餘地，威脅甚大。」60白崇禧也表示：「無制空權，仗無法打。我官兵日間因飛機不能動，夜間因探照燈亦不能動。長期抵抗，須另有打算。」61淞滬之戰，中國軍隊士氣旺盛，英勇抗敵，但蔣介石單純防禦，將幾十萬精銳密集於長江南岸狹長地區內，層層設防，硬打死拚，大量消耗中國軍隊的有生力量，是很愚蠢的作戰方法。第二年，蔣介石回顧淞滬戰役，就曾自我檢討，認爲自己沒有在九國公約會議之前，及早退兵於吳福線、乍嘉線陣地，「而於精疲力盡時，反再增兵堅持，竟使一敗塗地，不可收拾」，「此余太堅強之過也」。62

「堅強」是好事，但不顧條件，「堅強」太過，沒有任何靈活性，就是執拗了。

五、中國軍方的大失誤，忽視杭州灣防務

日軍最初制訂的作戰計畫是：在上海西北的白茆口和西南的杭州灣登陸，佔有上海、南

京、杭州三角地帶。爲此，日軍早就對杭州灣實施偵察，收集地志資料。㊸金山衛水深，可停艦艇，又有利於登陸的沙灘，明代倭寇擾浙時，即在此登陸。八月二十日，蔣介石得報，金山衛有日本水兵登陸偵察，指令「嚴防」。㊹十月十八日，軍事委員會第一部作戰組情報提出，日軍有在杭州灣登陸企圖，但估計登陸部隊最多一個師，不會對上海戰局有什麼影響。㊺倒是張發奎將軍有警覺，親到當地巡察，並配置了兵力：以第六十三師擔任乍浦、澉浦防務，以第六十二師擔任全公亭、金山嘴防務。十月廿六日，中央軍撤到蘇州河南岸後，浦東防務緊張，張發奎遂將第六十二師主力調防浦東，當地僅餘該師少數兵員，實力空虛。㊻

十一月五日，日軍第十軍司令官柳川平助以三個半師團的兵力，在艦炮掩護下，於杭州灣北岸的金山衛登陸。中國軍隊因兵力懸殊，無法阻擋。中國統帥部急令已調浦東第六十二師的主力回兵，會同新到楓涇的第七十九師合力反擊，並令從河南調來、新到青浦的第六十七軍向松江推進。蔣介石希望借此穩住陣地。六日，蔣介石日記云：「如我軍能站穩現有陣地，三日以後當無危險矣。」㊼但是，由於天雨泥濘，加上日機轟炸，中國部隊行動遲緩，日軍後續部隊源源登陸。第六十七軍從河南調來，尚未集中，即遭敵各個擊破。八日，松江失陷，這樣，退守蘇州河南岸的中國軍隊側背受敵，有被圍殲危險。

日軍在金山衛登陸，上海戰場中國軍隊的側背受到嚴重威脅，有可能陷入包圍，使退卻無路，全軍覆沒。有鑒於此，白崇禧將軍再次向蔣介石提議，中國軍隊向吳福線後撤。十一月七日，朱紹良將軍、何應欽將軍等也提出，「已到不能不後撤之時會」。㊽蔣介石權衡利害，這才認識到保存有生力量的重要，日記云：「保持戰鬥力以圖持久抗戰，與消失戰鬥力以維持一時體面相較，則當以前者爲重。」同日，蔣下令中國軍隊自上海蘇州河南岸撤退。⑲但是，他仍然擔心此舉會對《九國公約》會議造成不良影響，痛苦地寫道：「借此戰略關係而撤退，使敵知我非爲力盡而退，則不敢窮追與再攻，是於將來之戰局有利，然於九國公約會議之影響，其不良必甚大，使此心苦痛不已。」⑳

忽視杭州灣北岸防務是重大的戰略錯誤。後來蔣介石總結說：「由大場撤退至蘇州河南岸以後，以張發奎爲指揮官，使金山衛、乍浦一帶負責無人，不注重側背之重要，只注意浦東之兵力不足，調金山、乍浦大部移防浦東，乃使敵軍得乘虛而入，此余戰略最大之失敗也。」㉑一個優秀的軍事家必須既善於組織進攻，又善於組織撤退。蔣介石下令在蘇州河南岸撤退後，中國軍隊爭相奪路，秩序混亂，作戰能力喪失殆盡。郭汝瑰將軍後來說：「淞滬戰役我始終在第一線，深知三個月硬頂硬拚，傷亡雖大，士氣並不低落，戰鬥紀律良好，只要撤下來稍事整理補充，即可再戰。唯有大潰退，數日之間精銳喪盡，軍紀蕩然。如在敵攻佔大場時，就有計劃地撤退，必不致數十萬大軍一潰千里。」㉒十一月十一日，中國軍隊撤出上海南市，上海市長發表告市民書，沉痛宣告上海淪陷。

淞滬之戰雙方都付出了很大代價。據日方統計，至十一月八日止，日軍在上海戰場陣亡九千一百一十五名，負傷三萬一千二百五十七名，合計四萬零六百七十二名。㉓但是，中國方面損失更大。據何應欽將軍十一月五日報告，淞滬戰場中國軍隊死傷十八萬七千二百人，約爲日軍的四倍半。⑭

六、南京：守乎？棄乎？

日軍攻佔上海後，軍方出現兩種意見，一種認爲軍隊已經非常疲勞，必須休整，一種意見認爲，軍隊雖然疲勞，但仍應攻佔南京。十一月七日，日軍編組華中方面軍，以松井石根兼任司令官，規定以蘇州、嘉興連結線爲「統制線」，在此以東作戰。但是，第二天，日軍就兵分兩路。一路以上海派遣軍爲主力，沿滬寧鐵路線西進，一路以第十軍和國崎支隊爲主力，沿太湖南岸向湖州集結。十三日，日軍一部在常熟白茆口登陸，聲勢更盛。十五日，第十軍幕僚會議認爲，中國軍隊已處於潰散狀態，如果把握戰機，斷然實施追擊，二十天即可佔領南京。華中方面軍贊同佔領南京的意見，認爲「現在敵軍的抵抗，各陣地均極微弱」，如不繼續進攻，「不僅錯失戰機，且令敵軍恢復其士氣，造成重整其軍備的結果，恐難於徹底挫折其戰鬥意志」。⑮

日軍自太湖南北同時西進，威脅南京。十一月十三日，蔣介石決計遷都，長期抗戰。日記云：「抗倭之最後地區與基本線乃在粵漢、平漢兩路以西，而抗倭之最大困難，乃在最後五分鐘，此時應決心遷都於重慶，以實施長期抗戰之計，且可不受敵軍威脅，以打破敵人迫訂城下之盟之妄念。」⑯但是，南京是戰是守，意見不一。高級將領中普遍反對「固守」。有人明確表示，不應在南京作沒有「軍略價值之犧牲」，白崇禧將軍主張改取游擊戰，劉斐將軍主張適當抵抗之後主動撤退，只作象徵性防守。⑦蔣介石一時也拿不定主意。十一月十七日日記云：「南京應固守乎？放棄乎？殊令人躊躇難決。」⑱不過，蔣介石和唐生智上將都認為，南京為首都所在，總理陵墓所在，不可不作重大犧牲。蔣並表示，願自負死守之責。將領們認為統帥不宜守城，時在病中的唐生智將軍遂自動請纓。⑲十九日，蔣介石任命唐生智為南京衛戍司令長官，劉興中將為副司令長官，負責守衛南京，時間為三個月至一年。⑳不過，蔣介石也確知南京難守。十一月廿七日，蔣介石巡視南京城防工事，嘆惜道：「南京孤城不能守，然不能不守也。」㉑這聲嘆惜，正是蔣內心矛盾的表現。

淞滬之戰打響後，主和之議一直未歇。九月八日，蔣介石日記云：「時至今日，只有抗戰到底之一法。主和派應竭力制止之。」㉒次日日記云：「除犧牲到底外，再無其他出路。主和之見，乃書生誤國之尤者，試思此時尚能議和乎！」㉓及至淞滬戰敗，主和之議再盛。司法院院長居正原來堅決反對和議，力主逮捕胡適，此時轉而力主向日方求和，並稱：「如無人敢簽字，彼願為之！」㉔十一月廿一日，蔣介石處理南京戰守事畢，慨嘆道：「文人老朽，以軍事失利，皆倡和議，而高級將領，亦有喪膽落魄而望和者。嗚呼！若輩竟無革命精神若此，究不知其昔日倡言抗戰之為何也。」㉕

為了守衛南京，中國統帥部的第三期作戰計畫規定：京滬線方面，以最小限之兵力，利用既設工事，節節抵抗，同時抽調兵力，以一部轉入滬杭線，抵禦向太湖南岸進軍的日軍，一部增強南京防禦能力。計畫稱，在後續援軍到達時，將以皖南的廣德爲中心，與敵決戰，在錢塘江附近殲滅日軍。⑧⑥當時，中國軍隊已退至第一道國防線——吳福線，但是，這道被譽爲中國興登堡防線的國防工程卻「無圖可按，無鑰開門，無人指示」。⑧⑦

十九日，日軍進佔蘇州。俗話云：「兵敗如山倒。」吳福線不守，中國軍隊主力繼續向錫澄線及太湖西南的安吉（浙江）、寧國（安徽）等地潰退，蔣介石原來以爲「有良好地形，堅固陣地，可資扼守」的錫澄線同樣沒有發揮作用。十一月二十日，蔣介石調集第二十三集團軍川軍劉湘部五個師、兩個獨立旅，由四川趕到皖南廣德、浙西北的泗安、長興一線。不過，川軍作戰能力很低，紀律很壞，「聞敵即走」，並未發揮多大作用。⑧⑧

十一月廿三日，蔣介石到常州，召集前方將領訓話，局勢也並無改變。十一月廿五日，無錫失守。廿六日，位於太湖南岸的吳興失陷。蔣介石得悉撤退秩序不良，日記云：「竟不分步驟，全線盡撤，絕無規律，痛心盍極！」⑧⑨廿九日，日軍侵佔宜興。三十日，日軍攻陷廣德，從東南、西南兩個方面對南京形成包圍之勢。十二月一日，江防要塞江陰失守。同日，日方下達「華中方面軍司令官應與海軍聯合進攻中國首都南京」的皇命，日軍分三路進攻南京。

蔣介石反對與日本議和，但不反對國際調停。早在日軍金山衛登陸之際，德國大使陶德曼（Oskar P.Trautmann）即受日方委託，向蔣轉達日方媾和條件，蔣介石認爲，這些條件「仍以防共協定爲主」，「乃嚴詞拒絕之」。⑨⓪廿四日，蔣介石曾經寄以希望的九國公約會議閉會，沒有取得任何積極性成果。十二月二日，蔣介石爲行「緩兵計」，再次會見陶德曼，表示願以日方所提條件爲談判基礎，但要求先停戰後談判。六日，蔣介石得悉句容危急，決定離開南京，日記云：「敵以德大使所提調停辦法，不能迫我屈服，乃已決絕乎！」[91]七日，蔣介石飛離南京。日記云：「對倭政策，惟有抗戰到底，余個人亦只有硬撐到底。」[92]到廬山後，蔣介石即研究、制訂全國總動員計畫，準備在「全國被敵佔領」的最壞情況下仍然堅持奮鬥。[93]

南京的防禦工事分「周邊陣地」與以城牆爲主要依託的「複廓陣地」兩種。十二月五日，日軍進攻「周邊陣地」。八日，湯山失守，唐生智將軍下令中國軍隊進入「複廓陣地」。九日，日軍逼近南京城牆，兩軍在光華門、雨花臺、紫金山、中山門等處激戰，光華門幾度被突破。松井石根限令唐生智在十日午前交出南京城，遭到唐的堅決拒絕。十二月十一日，松井石根下令總攻。

淞滬之戰中，中國軍隊消耗過大；戰後，武器、彈藥、糧食都嚴重缺乏，士氣極端低落。蔣介石百方拼湊，守城兵力僅得十二個師，約十二萬人，其中新補士兵約三萬人，未受訓練，匆促上陣，官兵間尚不相識。這種情況，本已不能再用守衛戰、陣地戰一類的作戰形式。蔣介石之所以堅守南京，一是如上述，南京輕易失守，攸關體面；二是對蘇聯出兵有所期待。當時在國際列強中，蘇聯是唯一表示願積極支持中國的國家。八月廿一日，中國與蘇聯簽訂久議未決的互不侵犯條約，蘇方允諾中國可不以現款購買蘇聯軍火。九月一日，蔣介石就在國防最高會議上預言，蘇聯終將加入對日戰爭。[94]

廿八日，蘇聯駐華大使鮑格莫洛夫奉召返國，曾和中國外交部長王寵惠談及蘇聯參戰的必要條件。95十月廿二日，蔣致電時在莫斯科的中國軍事代表團團長楊杰，詢問如《九國公約》簽字國會議失敗，中國決心軍事抵抗到底，蘇俄是否有參戰之決心與其日期。十一月十日，蘇聯黨和國家重要領導人伏羅希洛夫元帥在宴別中國代表張沖時，要張歸國轉告：在中國抗戰到達生死關頭時，蘇俄當出兵，決不坐視。

三十日，蔣介石致電伏羅希洛夫及史達林表示感謝，電稱：「中國今爲民族生存與國際義務已竭盡其最後、最大之力量矣，且已至不得已退守南京，惟待友邦蘇俄實力之應援，甚望先生當機立斷，仗義興師。」96當時，蔣介石將蘇聯出兵看成挽救危局的唯一希望。十二月五日，史達林、伏羅希洛夫回電稱，必須在九國公約簽字國或其中大部份國家同意「共同應付日本侵略時」，蘇聯才可以出兵，同時還必須經過最高蘇維埃會議批准，該會議將在一個半月或兩個月後舉行。97

此電與楊杰、張沖的報告不同，蔣介石內心感到蘇俄「出兵已絕望」，98但他仍然再次致電史達林，表示「尙望貴國蘇維埃能予中國以實力援助」。99不僅如此，他還繼續以之鼓舞身邊的高級將領，聲稱「俟之兩個月，必有變動」。100十二月六日，蔣致電第五戰區司令長官李宗仁及閻錫山稱：「南京決守城抗戰，圖挽戰局。一月以後，國際形勢必大變，中國必可轉危爲安。」101這裏所說的「國際形勢必大變」，乃指蘇聯出兵。

十二月十一日，蔣已經指示唐生智等，「如情勢不能久持時，可相機撤退，以圖整理而期反攻」。102但第二天卻又改變主意，致電唐生智將軍等稱：「經此激戰後，若敵不敢猛攻，則只要我城中無恙，我軍仍以在京持久堅守爲要。當不惜任何犧牲，以提高我國家與軍隊之地位與聲譽，亦惟我革命轉敗爲勝唯一之樞紐。」蔣指示：「如能多守一日，即民族多加一層光彩。如能再守半月以上，則內外形勢必一大變，而我野戰軍亦可如期來應，不患敵軍之合圍矣！」⑩³不難看出，蔣所說的「內外形勢必一大變」的「外」，仍然包含蘇聯出兵在內。「蘇俄無望而又不能絕望」，⑩⁴這正是蔣介石當時的無奈心理。蘇聯與中國同受日本侵略威脅，因此支持中國抗戰，但是，蘇聯更擔心德國入侵，日蘇之間的矛盾又尚未發展到必須干戈相見地步，蘇聯自然不可能輕易在遠東有所動作。

十二月十二日，日軍繼續猛攻，中華門、中山門、雨花門、光華門等多處城門被突破，南京衛戍司令長官部決定大部突圍，一部渡江撤退。但是，由於情況混亂，撤退命令無法正常下達。除少數部隊突圍外，大部分軍隊擁至長江邊，形成極度混亂的局面。挹江門外，「被踏死者堆積如山」。⑩⁵「僅有之少數船舶，至此人人爭渡，任意鳴槍。船至中流被岸上未渡部隊以槍擊毀，沉沒者有之，裝運過重沉沒者亦有之。」⑩⁶十二月十三日，日軍攻陷南京，旋即開始慘絕人寰的大屠殺。

在淞滬戰敗之後，南京失陷有其必然性，但是突圍與撤退時的嚴重混亂及其損失，仍然是可以避免的。

七、在極端困難的狀況下堅持抗戰國策

首都失陷，常常和國家淪亡相聯繫，在中國歷史上是很少有的現象。一時間，日軍驕橫氣焰達於極點，中國政府、中國軍隊、蔣介石個人都處於極端困難的境地。怎麼辦？中國的路應該怎樣走下去？

十二月十五日，蔣介石召集高級幹部會議討論，會議情況是：「主和、主戰，意見雜出，而主和者尤多。」⑩國防最高會議副主席汪精衛本來對抗戰就信心不足，這時更加缺乏信心。次日，他向蔣介石提出，「想以第三者出而組織，以爲掩護」。⑩顯然，汪企圖拋棄抗戰國策，在國民政府之外另樹一幟。行政院副院長孔祥熙這時也從「傾向和議」發展爲「主和至力」。⑩十八日，蔣介石日記云：「近日各方人士，皆以爲軍事失敗，非速求和不可，幾乎衆口一詞。」⑪當時，陶德曼的調停還在繼續，蔣介石擔心日方有可能提出比較「和緩」的條件，誘使中國內部發生爭執與動搖。廿六日，蔣介石得悉日方提出的新議和條件，發現較前「苛刻」，心頭爲之一安，決心「置之不理」。⑪

廿七日，蔣介石召集國防最高會議常務會議討論，主和意見仍占多數，監察院院長于右任甚至當面批評蔣介石「優柔」。⑫會上，蔣介石堅持拒和。廿八日，蔣與汪精衛、孔祥熙及軍事委員會秘書長張群談話，聲稱「國民黨革命精神與三民主義，只有爲中國求自由與平等，而不能降服於敵人，訂立不堪忍受之條件，以增加國家、民族永遠之束縛。」⑬次日，再與于右任、居正談話，表示「抗戰方略不可變更。此種大難大節所關之事，必須以主義與本黨立場爲前提。今日最危之點，在停戰言和耳！」⑭蔣介石認爲，與日本議和，外戰可停，而內戰必起，國家定將出現大亂局面。一九三八年一月二日，蔣介石下定破釜沉舟的決心：「與其屈服而亡，不如戰敗而亡。」⑮他最終決定，拒絕德國方面的斡旋，堅持既定的抗戰國策。

八、華北戰場失利與平型關之捷

日軍佔領北平和天津後，決定進行華北會戰，擴大戰果，佔領華北要地。其主決戰方向爲沿平漢、津浦兩條鐵路線南下，打擊在河北省境內的中國軍隊主力，同時沿平綏路西進，進攻察哈爾、山西北部及綏遠。八月三十一日，日本編成華北方面軍，以寺內壽一上將爲司令官，兵力約三十七萬人。中國方面爲保衛華北，將平漢、津浦兩條鐵路線的北段劃爲第一戰區，以之作爲與日軍作戰的正面戰場，同時將山西、察哈爾、綏遠三省劃爲第二戰區，作爲「側背」。兩個戰區共轄六個集團軍，約六十萬人。爲了就近指導河北方面的作戰，軍事委員會在保定設立行營，以徐永昌爲主任。

自八月十一日至十月十六日，沿平綏路進攻的日軍先後佔領南口、張家口、大同、包頭等地，控制北平西北的廣大地區，解除其南下威脅。自九月中旬至十二月下旬，沿平漢、津浦線進攻的日軍，先後佔領石家莊及河南北部的安陽等地。中國軍隊雖然作戰頑強，但未能遏阻敵人的進攻。只是由於中國共產黨所領導的第八路軍的參戰，中國方面才在山西平型關取得了一次規模不大，但振奮人心的勝利。

九月中旬，日軍進攻山西北部。第二戰區司令長官閻錫山決定以內長城線爲依托，把守平型關、雁門關一線，阻止日軍對山西中部的進攻。九月廿四日，第八路軍第一一五師師長林彪和副師長聶榮臻決定利用平型關附近的山地，集中兵力設伏。廿五日，日軍阪垣征四郎所屬第五師第廿一旅的後續部隊行經該地，中國軍隊出其不意地發動攻擊。雙方短兵相接，日本空軍無法發揮作用。此役中國軍隊殲滅日軍一千餘人，繳獲輜重馬車二百餘輛及大量軍用物資。在日軍長驅直入，國民黨軍隊節節敗退的狀況下，第八路軍打破了「皇軍」不可戰勝的神話，無疑極大地鼓舞了中國人民的抗戰信心；此役也昭示，對優勢日軍作戰，必須有特殊的戰略、戰術。

平型關戰後，閻錫山以第十四集團軍總司令衛立煌爲前敵總指揮，集中主力，在山西省會太原以北的忻口抗擊日軍。十月中旬，第九軍軍長郝夢齡中將指揮的中央兵團等部曾重創來犯日軍，郝壯烈犧牲。同時，中共所領導的第八路軍則進軍敵後，展開游擊戰，切斷日軍交通線。蔣介石曾致電第八路軍總司令朱德和彭德懷，讚揚該部「屢建奇功」。⑯但是，小型的局部性的勝利一時還無法影響戰爭全局。十月廿六日，日軍攻陷山西東部門戶娘子關，太原危急。閻錫山爲固守太原省會，下令中國軍隊撤離忻口。十一月九日，日軍攻入太原，守城中國軍隊突圍而出。同月，日軍攻陷山東省會濟南。

九、結語

自七月七日至十二月十三日五個多月時間內，中國軍隊同時在華北、華東兩個戰場英勇作戰，打擊了日本的侵略氣焰和在短時期內速勝的美夢，顯示出中國軍隊、中國政府、中國人民的堅強不屈的精神。日軍雖在華北地區先後佔領河北、察哈爾、綏遠、山西、山東等省的許多城市，在華東則攻佔上海、南京，威脅皖浙，但是，這也使它在中國戰場上愈陷愈深，難以自拔。

敵強我弱，在兩國軍事實力相差過於懸殊的情況下，失去部分城市和領土乃是一種無法避免的歷史必然。蔣介石和國民黨軍隊領導者的最大問題是：戰略、戰術呆板，過於看重一城一地的得失，只懂得陣地戰、防禦戰，單純和敵人硬碰硬，拚力量，拚消耗，而不懂得運用其他作戰形式，以求更多地殲滅敵人的有生力量；在淞滬、南京之戰中，又對國際力量共同制裁和蘇聯出兵存有不切實際的幻想和期待，未能及時組織戰略撤退，造成中國軍隊空前巨大的損失。

從戰爭學習戰爭。這一時期的戰場失利使蔣介石和部份國民黨高級將領認識到，中國對日抗戰是持久戰，必須以空間換時間，必須懂得保存自己的有生力量，懂得運用運動戰、游擊戰。十一月七日，蔣介石日記云：「此時應令各戰區發動游擊戰，使敵所佔領各地不能安定，且分散其兵力，使之防不勝防也。」⑪⑦十二月一日日記云：「抗倭制勝之道，在時間上作長期抗戰，以消耗敵力；在空間上謀國際之干涉，又使敵軍在廣大區域留駐多數兵力，欲罷不能，進退維谷，此我之基本主張，萬不可稍有動搖。」⑱同月十六日，南京失守後的第三日，蔣介石發表《告全國國民書》，稱：「中國持久抗戰，其最後決勝之中心，不但不在南京，抑且不在各大都市，而實寄於全國之鄉村與廣大強固之民心；我全國同胞誠能曉然於敵人之鯨吞無可倖免，父告其子，兄勉其弟，人人敵愾，步步設防，則四千萬方里國土以內，到處皆可造成有形、無形之堅強堡壘，以制敵之死命。」⑲這些地方都說明，通過挫折和失敗，蔣介石和國民黨人的戰略思想有了某些長進。

還在淞滬之戰的緊張關頭，蔣介石曾經在日記中寫道：「凡我中國之寸土失地皆灑滿吾中華民族黃帝子孫之血跡，使我世世子孫皆踏此血跡而前進，永久不忘倭寇侵佔與慘殺之歷史，必使倭寇侵略之武力摧毀滅絕，期達我民族鬥爭最後勝利之目的。」⑳淞滬之戰雖然失敗了，但是中國軍人所表現出來的浴血苦戰、視死如歸的愛國精神與犧牲精神，必將長留在中華民族的史冊上。

（原載《中國社會科學院學術委員會集刊》第一輯，社會科學文獻出版社，二〇〇五年三月。）

【附記】

當華北戰場危急之際，蔣介石主動開闢淞滬戰場。舊說之一以為，這是蔣介石為了將日軍的進攻矛頭由自北而南引向由東而西，以免日軍過早地攻佔武漢，截斷國民政府自南京西遷的道路，是一項很高明的戰略決策云云。此說曾引起激烈爭論。一派主張蔣在事前即有明確意識，一派主張蔣在事前並無明確意識。兩說長期相持不下。

關於開闢淞滬戰場的原因，蔣一九三八年五月五日曾在《雜錄》中寫道：「敵軍戰略本以黃河北岸為限，如不能逼其過河，則不能打破其戰略，果爾，則其固守北岸之兵力綽綽有餘，是其先侵華北之毒計乃得完成，此於我最大之不利。我欲打破其安占華北之戰略，一則逼其軍隊不得不用於江南，二則欲其軍隊分略黃河南岸，使其兵力不敷分配，更不能使其集中兵力安駐華北。中倭之戰必先打破其侵佔華北之政策，而後乃可毀滅其侵略全華之野心。總之，倭寇進佔京滬，其外交政策已陷於不可自拔之境，而其進佔魯南，則其整個軍略亦陷於不可收拾之地也。」[121]據此可知，當時蔣介石開闢淞滬戰場的目的，在於分散日軍兵力，粉碎其首先佔領華北的侵略計畫。

①辛達謨：《法爾肯豪森將軍回憶中的蔣委員長與中國》，臺灣《傳記文學》第廿一卷第六期。

②《困勉記》（稿本），《蔣中正總統檔案》，臺北國史館藏。該稿本據蔣介石日記摘錄，詞句與日記原本小有不同。

③《總統蔣公大事長編初稿》卷四（上），總第一一二〇頁，臺北，一九七八。

④《徐永昌日記》，一九三七年七月十四日、十六日。中央研究院近代史研究所，臺北，一九九一。

⑤《徐永昌日記》，一九三七年七月十八日。

⑥《徐永昌日記》，一九三七年七月十九日。

⑦《徐永昌日記》，一九三七年七月二十日。本函所述，徐已在十九日的會上作過口頭陳說。

⑧《徐永昌日記》，一九三七年七月廿四日。

⑨胡頌平編《胡適之先生年譜長編初稿》，第五冊，第一五九八至一六一二頁。聯經出版事業公司，臺北，一九八四。

⑩《對盧溝橋事件之嚴正表示》，《總統蔣公大事長編初稿》卷四（上），總第一一三一頁。

⑪《困勉記》。

⑫《王世杰日記》，一九三七年八月七日。中央研究院近代史研究所，臺北，一九九〇。

⑬《困勉記》，一九三七年八月十三日。

⑭黃德馨《京滬國防工事的設想、構築和作用》，《八一三淞滬抗戰》，第四十至四十一頁。中國文史出版社，北京，一九八七。參見Liang His-huey:*Alexander von Falkenhausen* (1934-1938) ,Bernd Martin:*Die Deutsche Beraterschaft in China* 1927-1938,Dusseldorf 1981,Droste Verlag,pp.141-142.

⑮《八一三淞滬抗戰》，第四十頁。中國文史出版社，北京，一九八七。

⑯張治中《揭開八一三淞滬抗戰的序幕》，《八一三淞滬抗戰》，第十七頁，中國文史出版社，北京，一九八七。參見余湛邦《張治中——張治中機要秘書的回憶》，第廿七頁。吉林文史出版社，長春，一九九二。

⑰《蔣介石秘錄》第四卷第廿四頁。湖南人民出版社，長沙，一九八八。
⑱日本防衛廳防衛研究所戰史室：《中國事變陸軍作戰史》第一卷第二分冊，第一頁。中華書局，北京，一九八一。
⑲《中央日報》，一九三七年八月十日。
⑳《上海作戰日記》，《抗日戰爭正面戰場》，第二六三頁。江蘇古籍出版社，南京，一九八七年。
㉑當時日本在上海的兵力說法不一，此據《中國事變陸軍作戰史》第一卷第二分冊，第四頁。
㉒《王世杰日記》，一九三七年八月十二日。
㉓《中常會第五十次會議速記錄》，一九三七年八月十二日。臺北中國國民黨黨史館藏。
㉔《抗日戰爭正面戰場》，第二六五頁。
㉕《抗日戰爭正面戰場》，第三三五頁。
㉖《抗日戰爭正面戰場》，第三三五頁。
㉗《抗日戰爭正面戰場》，第三三五至三三六頁。參見《日軍對華作戰紀要》。
㉘《抗日戰爭正面戰場》，第三三六頁。
㉙《抗日戰爭正面戰場》，第三四二頁。
㉚《省克記》。原稿。該稿摘抄自蔣介石日記，臺北國史館藏。
㉛《陳誠私人回憶資料》，《民國檔案》一九八七年第一期。
㉜《困勉記》。

㉝《困勉記》。
㉞《王世杰日記》，一九三七年十月十二日。
㉟林石江譯《從盧溝橋事變到南京戰役》，第三七三頁。國防部史政編譯局，臺北，一九八七。
㊱同上，第三七四頁。
㊲《八一三淞滬抗戰》，第九十五頁。
㊳《抗日戰爭正面戰場》，第三五四頁。
㊴《王世杰日記》，一九三七年九月六日。
㊵《抗日戰爭正面戰場》，第三五六頁。
㊶《八一三淞滬抗戰》，第九十六頁。
㊷劉斐：《抗戰初期的南京保衛戰》，全國政協編：《文史資料選輯》第十二輯，第三至四頁。
㊸《困勉記》。
㊹《王世杰日記》，一九三七年九月廿一日。此際，李宗仁也曾勸蔣，「淞滬不設防三角地帶，不宜死守；為避免不必要的犧牲，我軍在滬作戰應適可而止」。見《李宗仁回憶錄》（下），第六九二至六九三頁。政協廣西壯族自治區文史資料研究委員會，一九八〇。
㊺《困勉記》。
㊻《困勉記》。
㊼《困勉記》。

㊽《南京保衛戰》，第四頁。

㊾《中華民國重要史料初編》第二編，《作戰經過》（一），第五十五頁。臺北，一九八一。

㊿《蔣委員長致龍雲十月敬電》，《革命文獻．淞滬會戰與南京撤守》，《蔣中正總統檔案》，臺北藏。

(51)《抗日戰爭正面戰場》，第二八一頁。

(52)《困勉記》。

(53)《陳誠致蔣介石密電》，《抗日戰爭正面戰場》，第三七二頁。

(54)《顧祝同致何應欽密電》，《抗日戰爭正面戰場》，第三七三至三七四頁。

(55)《困勉記》。

(56)《總統蔣公大事長編初稿》卷四（上），總第一一四八頁。

(57)《總統蔣公大事長編初稿》卷四（上），總第一一六七頁。

(58)《總統蔣公大事長編初稿》卷四（上），總第一一七九頁。

(59)《蔣介石秘錄》第四卷，湖南人民出版社一九八八年版，第廿八頁。

(60)《抗日戰爭的正面戰場》，第二九四頁。

(61)《徐永昌日記》，一九三七年十一月十二日。

(62)《困勉記》，一九三八年二月二日。

(63)《從盧溝橋事變到南京戰役》，第五五四至五五五頁。

64 《困勉記》。

65 《抗日戰爭正面戰場》，第二八二頁。

66 《第三戰區淞滬會戰經過概要》，《抗日戰爭正面戰場》，第三八一頁。

67 《困勉記》。

68 《徐永昌日記》，一九三七年十一月七日。

69 參見《徐永昌日記》，一九三七年十一月六日。

70 《困勉記》。

71 《省克記》。

72 《八一三淞滬抗戰》，第二五二頁。

73 《從盧溝橋事變到南京戰役》，第五五五頁。

74 《徐永昌日記》，一九三七年十一月五日。

75 《從盧溝橋事變到南京作戰》，第六〇一頁。

76 《困勉記》。

77 《王世杰日記》，一九三七年十一月十九日；劉斐：《抗戰初期的南京保衛戰》，《南京保衛戰》，第八至九頁。

78 《困勉記》。

79 《王世杰日記》，一九三七年十一月十九日；參見唐生智《衛戍南京之經過》，《南京保衛戰》，第三至四頁。

⑧⓪《徐永昌日記》，一九三七年十一月六日。

⑧①《困勉記》。

⑧②《困勉記》。

⑧③《困勉記》。

⑧④《王世杰日記》，一九三七年十一月廿一日。

⑧⑤《困勉記》。

⑧⑥《淞滬作戰第三期作戰計畫》，《抗日戰爭正面戰場》，第三三一頁。

⑧⑦《抗日戰爭正面戰場》，第三三三至三三四頁。

⑧⑧《徐永昌日記》，一九三七年十二月三日。

⑧⑨《困勉記》。

⑨⓪《困勉記》。

⑨①《困勉記》。

⑨②《困勉記》。

⑨③蔣介石一九三七年十二月九日日記云：「此次抗戰，即使全國被敵佔領，只可視為革命第二期一時之失敗，而不能視為國家被敵征服，更不能視為滅亡，當動員全國精神力自圖之。」見《困勉記》。

⑨④《王世杰日記》，一九三七年九月一日。

(95)《王世杰日記》，一九三七年九月廿八日。
(96)《蔣委員長致蔣廷黻、楊杰（請伏元帥轉史達林先生）電》，《革命文獻・對蘇外交》，《蔣中正總統檔案》。
(97)《斯達林、伏羅希洛夫致蔣委員長十二月電電》，《革命文獻・對蘇外交》，《蔣中正總統檔案》。原電無日期，此據《徐永昌日記》考訂。
(98)《困勉記》，一九三七年十二月五日。
(99)《中華民國重要史料初編》，第三編（二），第三四〇頁。
(100)《徐永昌日記》，一九三七年十二月六日。
(101)《蔣委員長致李宗仁、閻錫山等魚電》，《革命文獻・淞滬會戰與南京撤守》，《蔣中正總統檔案》。
(102)《南京保衛戰戰鬥詳報》，《抗日戰爭正面戰場》，第四一三頁。
(103)《蔣委員長致唐生智、劉興、羅卓英電》，《革命文獻・淞滬會戰與南京撤守》，《蔣中正總統檔案》。
(104)《愛記》（稿本），一九三七年十二月九日。
(105)《憲兵司令部戰鬥詳報》，《抗日戰爭正面戰場》，第四三三頁。
(106)《陸軍第七十八軍南京會戰詳報》，《抗日戰爭正面戰場》，第四二四至四二五頁。
(107)《困勉記》，一九三七年十二月十五日。

⑩⑧《困勉記》，一九三七年十二月十六日。
⑩⑨《王世杰日記》，一九三七年十二月二日、廿七日。
⑪⑩《困勉記》。
⑪⑪《困勉記》，一九三七年十二月廿六日。
⑪⑫《困勉記》，一九三七年十二月廿七日。
⑪⑬《困勉記》，一九三七年十二月廿八日。
⑪⑭《困勉記》，一九三七年十二月廿九日。
⑪⑮《困勉記》。
⑪⑯《民國檔案》一九八五年第二期。
⑪⑰《困勉記》。
⑪⑱《省克記》。
⑪⑲《總統蔣公大事長編初稿》卷四（上），總第一二〇〇頁。
⑫⑩《本週反省錄》，《蔣介石日記》（手稿本），一九三七年九月十一日。
⑫⑪《蔣介石日記》（手稿本），一九三八年年末。

蔣介石建議國共兩黨合併

自一九三七年五月至一九三七年初，蔣介石一直提議取消國民黨和共產黨，雙方共同組建一個新的政黨——國民革命同盟會。這是蔣介石在國共第二次合作開始時期的一個重大設想。中共同意建立這一組織，但希望它只是統一戰線的一種形式，中共在其中仍然保存其政治和組織上的獨立性。蔣介石因設想受拒，轉而致力於限制共產黨的發展。兩黨由最初的合作「蜜月」進入摩擦和鬥爭的多事之秋。

一、兩黨逐漸走近：蔣介石提出四項要求，中共提出四項保證

九一八事變後，日本加緊侵華，中華民族的滅亡危機加深。國共兩黨都在研究，如何面對這一新的形勢。

一九三五年八月，共產國際在莫斯科召開第七次代表大會，號召各國共產黨「建立廣泛的反法西斯人民陣線」。中共駐莫斯科代表團團長王明在會上發表講話，呼籲中國各黨派、團體、各界、各軍，組成國防政府和抗日聯軍。蔣介石抓住時機，於次年一月指派鄧文儀到莫斯

科，與潘漢年、王明會談，說明自己「真誠地想同日本作鬥爭」，要求中共「撤銷中國蘇維埃政府」，「把紅軍改編成國民革命軍」，「國共合作」，共同抗日。①其後，蔣介石和南京國民政府即通過多條管道和中共接觸。

同年七月。陳立夫向中共提出：「在同一目的下，實現指揮與編制之統一」，「放棄過去政治主張」等要求，陳保證，國民黨將「停止圍剿」，「改善現政治機構」。②八月，中共根據共產國際指示，改取「聯蔣抗日」方針。十二月十二日，發生西安事變。廿二日，蔣介石要宋子文轉告周恩來，要周同意廢除：（一）中國蘇維埃政府；（二）取消紅軍名義；（三）階級鬥爭；（四）願意服從委員長之領導。蔣還要宋轉告周，他每時每刻都在「思考重組國民黨的必要性。③廿四日，周恩來、張學良、楊虎城與宋子文、宋美齡會談。同日，蔣介石向張學良表示：回到南京後，將「聯紅容共」，「經過張學良暗中接濟紅軍，俟抗戰起，再聯合行動，改番號」。④當晚，蔣介石與周恩來相見，蔣表示同意停止「剿共」，聯合抗日，聲稱回到南京後，周恩來可以去南京談判。⑤廿六日，蔣介石回到南京，事變和平解決。此後，蔣介石思想中開始萌生新的成分。

一九三七年二月，蔣介石制訂《民國二十六年大事表》和《本年政策》，提出「妥協內外各方，專力對倭」，同時更前所未有地提出「開放黨禁」，「開放政黨政治」等內容。不過，蔣介石並不想給中國共產黨以合法地位，更不想對共產黨平等相待。他所設想的「開放黨禁」，只不過是「以本黨爲重心，吸收餘黨」，即在以國民黨爲「重心」的前提下，吸收部分中共黨員。所以，他這一時期對中共的方針還是「制共」，即：一、不許共黨宣傳赤化，用兵力防制；二、給共產黨「出路」，「以相當條件收容之」，「令其嚴守範圍」。蔣介石這一時期的日記中也還有「剿撫兼施」的提法，但是，很明顯，「剿共」不再是蔣介石的政策重點了。

西安事變和平解決後，兩黨談判加速。一九三七年一月廿一日，毛澤東、周恩來致電潘漢年，要求蔣介石：一、保證和平解決後，不再有戰爭。二、不執行剿共政策，並保證紅軍最低限度之給養。三、暫時容許一部分紅軍在陝南駐紮。四、令馬步芳停止進攻河西紅軍。五、親筆覆恩來一信。⑥廿五日，再次致電潘漢年，提出紅軍、地方武裝、游擊隊的伙食費、薪餉、購買費每月至少一百二十萬元。毛、周並要求「蔣先生」的「手書」作爲保證，由蔣交潘，潘直飛西安，交周恩來。潘漢年將中共的這些要求轉告宋子文，蔣介石很不高興，日記云：「對共匪要求規定經常經費與親筆函證，嚴斥其妄，終止談判。」⑦

廿九日，毛澤東與周恩來再次聯名致電潘漢年，電稱：「爲堅決贊助蔣先生方針和平解決西北問題，並永遠停止內戰一致對外起見」，決定放棄陝南駐兵要求，將徐海東部自商縣北撤。⑧此電使蔣多少感到高興，日記云：「共匪電稱，商縣之部隊如期先向陝北撤退，以表示其投誠之意乎？」他覺得，中共已無路可走，是「招降」的好機會。日記云：「對赤匪之處置應慎重考慮。彼於蘇俄既無接濟，而於主義又難實行。若其果有民族觀念，不忘爲黃帝之裔，則於其窮無所歸時收服之，未始非一良機也。」⑨他反省當月各事，認爲陝西方面「內部渙散，同床異夢」，中共雖然仍「從中操縱作梗，亦不敢明目張膽，而且對彼已有相當示意，勿使其失望，料彼亦終於屈服也。」

二月一日，他決定邀周恩來於十日來杭州相見。九日，國民黨代表顧祝同、張沖、賀衷寒與中共代表周恩來、葉劍英、秦邦憲開始在西安會談。當日，周恩來、顧祝同會見。顧稱：杭州會面計畫推遲，蔣要自己先與周談話。蔣介石很關心顧、周的這次見面，曾在日記中寫道：「問顧與周談話結果。」⑩當時，國民黨正在籌備召開五屆三中全會。蔣介石確定的會議首要議題就是：「剿共或容共」。從二月一日起，蔣在日記中多次寫下他的思考，但是，其思考結果卻既非「剿共」，也非「容共」，而是「編共」，即將共產黨的組織和軍隊都「編」入國民黨的行列。⑪

中共對這次會議寄以希望。二月九日，政治局常委會在延安開會，決定致電三中全會，要求國民黨實現「停止一切內戰，集中國力，一致對外」，「保障言論、集會、結社之自由」等五項要求。中共則提出四項保證：一、在全國範圍內停止推翻國民政府之武裝暴動方針；二、工農政府改名爲中華民國特區政府，紅軍改名爲國民革命軍，直接受南京中央政府與軍事委員會之指導。三、在特區政府區域內，實行普選的徹底民主制度；四、停止沒收地主土地政策，堅決執行抗日民族統一戰線共同綱領。中共的這四項保證，大體是對西安事變時期蔣介石所提四項要求的回應。和蘇維埃時期的政策相比，作了巨大的改變與讓步。

五屆三中全會於二月十五日至廿二日在南京召開，會議通過的《宣言》，確定對外方針爲

「領土主權之維護」，對內方針爲「和平統一之進行」。《宣言》批評一九二七年以來中共所採取的「暴動手段」和「階級鬥爭」觀念，聲稱對中共「實不能以片言之表示，即予置信」，因此，會議又特別通過《關於根絕赤禍之決議》，強調軍隊「必須統一編制，統一號令」，「政權必須統一」，向中共提出取消紅軍，取消蘇維埃政府，停止「赤化宣傳」，停止「階級鬥爭」等四項要求。以上種種，措辭雖然嚴厲，但是所提四項要求與中共的四項保證已無太大距離。上述《宣言》與《決議》都經蔣介石修改和審定，反映蔣的思想。⑫

通過三中全會，國共兩黨在內外政策上走近了，合作就有了基礎。但是，按照蔣介石的「編共」方針，還有許多問題需要解決。首先是如何處理中共手中的武裝。其次是如何對待中共的組織，第三是如何對待中共所建立的政權，第四是如何安排中共領導人。

軍隊。蔣介石認爲，「只可編其部隊，而決不許其成立軍部，或總指揮部。」⑬「不能留編地方警甲爲武力暴動之張本」。⑭

組織。蔣介石提出：「政黨組織必須在國民大會之後」。「甲、改組；乙、領導；丙、政策、丁、形式；戊、不與計較小事。」⑮

政權。蔣介石認爲，「不能成立特區。」

人員。蔣介石認爲，「對其高級幹部保護其自由權，如願出洋，則可由政府資送」。

不過，這一時期，蔣介石對中共的誠意仍然懷疑。三月十五日日記云：「今年之中國必須在日本僞親善及共匪假投降之下穩定本國陣線，加強國力之充實也。」蔣介石生性多疑，又經過十年內戰，要他消除猜忌，完全相信中共，幾乎是不可能的。

三月廿六日，周恩來由潘漢年陪同，到達杭州，和蔣介石會談。周以書面形式向蔣提出共產黨方面承認的六項條件，如：「擁護三民主義及國民黨在中國的領導地位」，「取消暴動政策及沒收地主土地政策，停止赤化運動」等，同時要求國民黨方面給以五項保證，如：「實現和平統一團結禦侮的方針，全國停止剿共」，「實現民權，釋放政治犯」等。周同時提出口頭聲明六點，如：陝甘寧邊區成爲整個行政區，不能分割；紅軍改編後須達四萬餘人；三個師以上必須設總部；國民黨不能派遣副佐及政訓人員等。⑯他聲明：中共擁蔣，係站在民族解放、民主自由、民生改善的共同奮鬥的綱領之上，決不能忍受投降、收編之誣衊。

蔣介石對這些具體問題興趣不大。他承認中共有民族意識、革命精神，是新生力量，認爲國共兩黨「彼此要檢討過去」，承認自己「過去也有錯誤」。他要中共「與他永遠合作」，並且要求「商量一個永久合作的辦法」。⑰當日日記記載說：「與周恩來討論共黨問題之根本辦法。余獨注重其內部組織之改正，與根本政策之決定，以及認定領袖之地位各點，彼乃出於意外，以爲余與彼相見，只談對共受降條件之枝節問題也。」⑱他告訴周恩來，小節容易解決。陝甘寧邊區可以是整個的；軍隊人數不同共產黨爭，總的司令部可以設；決不派人破壞中共的部隊，即使永久合作的辦法尚未商定，他也決不再打（內戰）等。蔣的這些意見較他此前的想法「寬大」。因此，他在日記中特別寫道：「示共黨以寬大之意，使之知感。」⑲

二、中共提議建立「民族統一聯盟」，蔣介石提議成立「國民革命同盟會」

早在一九三七年一月，周恩來就曾向張聞天和毛澤東提出，承認國民黨在全國領導，但取消共產黨絕不可能。惟國民黨如能改組成民族革命聯盟性質時，則共產黨可整個加入這一聯盟，但仍保持其獨立組織。⑳一九三七年四月初，周恩來到延安，向政治局擴大會議彙報杭州會談情況，會議認爲「結果尚好」，決定在中共提出的抗日救國十大綱領和國民黨一大宣言的基礎上，起草民族統一戰線綱領，徵求蔣的同意，在此基礎上，成立包括國共兩黨及贊成這個綱領的各黨各派及政治團體的民族聯盟（或黨），共同推舉蔣介石爲領袖。㉑會後，委託中共中央宣傳部副部長吳亮平起草《禦侮救亡，復興中國的民族統一綱領草案》及《民族統一聯盟組織規約》。四月二十日，中共中央政治局討論草案，周恩來在會上提出，統一戰線的原則是，以共同綱領爲行動準則；建立聯合組織；在蔣承認此綱領的條件下，中共可承認他爲領袖。聯盟的組織原則是：各黨各派各革命團體均可參加；聯盟中保持各組織獨立性，允許自由退盟。等等。廿六日，周恩來攜《草案》飛赴西安，同張沖談判，提出在確定共同綱領的基礎上，由國共兩黨共同發表宣言。

周恩來回延安後，曾於四月十一日致電蔣介石：「歸膚施後述及先生合作誠意，現黨中央正開會計議綱領及如何與先生永久合作問題。」電稱，會後即將南下見蔣。蔣介石當日收到電報，仔細捉摸，「恩來之電何意」？不過，他當然感覺到了事情在進展。四月廿八日日記云：

「共黨之態度與方針，當以誠意感召之。」此後，他反覆研究對共方針，逐漸形成了一套想法：

第一，中共不能公開活動。五月十二日日記云：「共黨方針與處置之步驟及辦法，不與公開爲宜。」

第二，命中共取消黨名，改編組織。五月十三日日記云：「對共黨應使其取消名稱與改編組織，如此則擬積極指導，否則不許其公開。」

第三、「誓行三民主義」。

第四，承認「領袖地位與權責」。

第五，軍隊改名國軍。㉒

第六，領導人出國。五月二十日日記云：「對共黨辦法：甲、首腦出去，不能留隊；乙、其他從寬。」

五月廿五日，蔣介石又確定「對共方針」七條：「甲、寬給其經濟；乙、嚴限其軍額；丙、政治從寬；丁、區域宜嚴，不能使之獨立。戊、其間各省軍閥藉口中央容共叛變時，則共黨武力是否共同討逆？己、勿准有各黨各派字樣。庚、領袖權責。」㉓廿九日，蔣介石確定，共產黨「如其要公開，則應取消其黨名。」㉔三十一日，蔣介石再次確定「對共條件」四條：甲、國民大會前，（共產黨）宣傳與組織停止活動；乙，應防軍閥與倭寇藉口容共爲名攻擊中央，故暫不公開。丙、組織國民革命會，雙方各推代表五人。丁、共黨宣言中須提停止宣

（傳）組（織）一節。㉕

這是蔣在日記中第一次提出要建立一個新的組織——「國民革命會」。不過，在同一天寫作的《本月反省錄》中，蔣介石卻將這一新的組織定名爲「國民革命同盟會」。同時，蔣介石還寫下了幾條原則：甲、組最高幹部會議或團，各派五人至七人；乙、手續。各先取消原有黨籍，重塡盟約、誓書。丙、領袖最後決定權。丁、幹部先推定，改爲圈定制。據此可知，蔣介石對這一新組織的設想：它是國共兩黨的聯合組織。參加者須先「取消」原有的國民黨或共產黨黨籍，才能成爲這一新組織的成員。

在《本月反省錄》中，蔣介石再次確定「對共方針」十條：「甲、經濟從寬；乙、政治次之；丙、軍事嚴定限制、丁、主張堅決反對，不能遷就。戊、行動須令一致。己、區域與軍官僅施監察亦可；庚、勿准聯合各黨各派主張；辛、勿准宣傳；壬、改黨名，誓行三民主義。癸、領袖權責。」上述十條，部分條文，如「改黨名」、「誓行三民主義」等，已屢見於其日記，可見其關心重點所在。

六月四日，周恩來到廬山與蔣介石見面。其後，二人多次會談，蔣介石日記有如下記載：

六月五日：「對共警告：甲、不能提不必做之言、不能做到之事。乙、絕對服從與一致，不得擅自宣傳。丙、不得任意活動與組織。丁、對第三國際之限制。」

六月六日：「共黨對第三國際關係由領袖主持負責。」

六月七日：「共黨首要應離軍區或出洋。二、民族統一綱領與聯盟組織之不當。三、第三國際與蘇俄關係之方式。四、共黨宣言中應停止活動，則政治犯可赦免。五、共同組織。六、軍額與特區問題。」

六月八日：「共黨必欲將收編部隊設立總機關，此決不能允許也。二、勸共黨減低目標，注重實際，恢復社會信用，改變觀念，並免領袖爲難。」

六月九日：「共黨尙欲設軍事總機關，余嚴拒之。」

上述日記，顯然都是蔣介石與周恩來談判時的記錄與想法。不過，蔣介石一直不提周恩來的名字，只有到了六月十二日，蔣介石在《本週反省錄》中才寫道：「見周恩來，共黨問題大體可定。」

六月十五日，周恩來致電中共中央，報告蔣介石在廬山的「最後表示」。關於「兩黨合作」部分，蔣的意見是：一、成立國民革命同盟會，由蔣指定國民黨幹部若干人，共產黨推出同等數目的幹部組成，蔣爲主席，有最後決定之權。二、兩黨一切對外行動及宣傳，統由同盟會討論決定，然後執行。三、同盟會在進行順利後，將來視情況許可擴大爲國共兩黨分子合組之黨。四、同盟會在進行順利後，可代替共產黨與第三國際發生關係。關於「目前有關部分」，蔣提出，紅軍可以改編爲三個師，設政治訓練處指揮；陝甘寧邊區政府，由中央方面派正的官長，邊區方面自己推舉副的，由林伯渠擔任；中共領袖須離開部隊。等。㉖周恩來報告說：曾就蔣提出的同盟會的組織原則，紅軍編制與邊區政府，特別是指揮與人事等問題，與蔣爭論很久。周恩來堅持紅軍改編以後，三個師以上的統帥機關必須給以軍事名義。經與宋子文、宋美齡、張沖往返磋商，仍不能解決。

六月十八日，周恩來回延安向中共中央彙報。廿五日，周恩來起草與蔣介石談判的新提案，原則上同意組織國民革命同盟會，但要求先確定共同綱領，蔣介石依據共同綱領有最後決定權。如蔣同意設立軍事指揮部，紅軍即可改編；毛澤東不拒絕出外做事。等等。㉗同時，周恩來又為中共中央書記處起草《兩黨關係調整方案》，其中提出，國民革命同盟會可負責調整兩黨關係，決定兩黨共同行動事項，但不能干涉兩黨內部事務，兩黨均須遵守共同綱領，但兩黨又均保留各自的組織獨立性及政治批評和討論的自由權。㉘其後，周恩來並將草擬的國民革命同盟會綱領交給國民黨談判代表張沖，請他轉交蔣介石。

周恩來離開廬山後，蔣介石對國共合作問題又產生了一些新想法，其中最重要的是：對中共，既要「優容」，又要「嚴厲監督」；禁止共產黨「奪取群眾」；陝北政權歸「中央統一」；毛澤東出洋；取消「民主」與「各黨各派聯合」口號；「不得為外國而抗日」，等等。㉙當時，蔣介石正計畫於當年十一月十二日召開國民大會，頒佈憲法，實行憲政。他在思考，會後是否允許各黨派活動等問題，為此寫下三條：一、對共黨輸誠後之處置運用方案（自強）；二、團體之組織機構，應以加強鬥爭為主。三、研究國民大會後各黨派之活動範圍與對共黨防制及運用之方。六月二十日，又再次寫下：「對共黨約束其宣傳，須根據三民主義為組織，須對團體公開，以生產、經濟、農村為對象」。這些地方，可見蔣介石既想利用共產黨，又害怕共產黨的影響和勢力的發展。

七月七日，盧溝橋事件爆發。十三日，周恩來偕博古、林伯渠到廬山，向蔣介石提交《中共中央爲公布國共合作宣言》，鄭重向全國表示：孫中山先生的三民主義爲中國今日所必需，本黨願爲其徹底實現而奮鬥；同時宣布取消一切推翻國民黨政權的暴動政策及赤化運動；停止以暴力沒收地主土地的政策；取消現在的蘇維埃政府，實行民權政治，以期全國政權之統一；取消紅軍名義及番號，受國民政府軍事委員會之統轄，並待命出動，擔任抗日前線之職責。

十四日，蔣介石會見周恩來，表示周所起草的國民革命同盟會的綱領可以討論。㉚但是，第二天，二人之間即出現衝突。其原因在：六月廬山會談時，蔣介石曾提出，中共部隊三個師以上，可「設政治訓練處指揮之」。中共中央勉強接受了這一意見。但是周恩來此次來廬，卻得知蔣介石改變主意，堅持中共部隊須直屬軍委會行營。七月十五日，周恩來致函蔣介石，說明前後「出入甚大」，「事難做通」，不僅使自己失信於黨內各同志，而且，「恐礙以後各事之進行」。㉛蔣介石見信後大怒，不過，他仍然忍而未發。㉜緊接著，蔣介石又因事對中共不滿。日記云：「共產黨態度漸惡，惟有順受之。」㉝所謂「順受」，也就是接受中共的要求了。

九月廿二日，國民黨中央社播發《中共中央爲公布國共合作宣言》。次日，蔣介石在廬山發表談話，宣稱「凡爲中國國民，但能信奉三民主義而努力救國者，政府當不問其過去如何，而咸使其有效忠國家之機會」。㉞廿五日，中共中央決定，中共（**包括地方組織**）可以在一定的共同綱領和完全平等的原則之下，和國民黨組織國民革命同盟會、群眾運動委員會一類統一

戰線組織。㉟

十二月十日，日軍向雨花臺、紫金山等處進攻，南京危急。蔣介石進一步思考對共方針：「放任乎？統制乎？保守乎？」他決定，爲全局計，讓那些「能與共黨合作者共同抗倭」，同時決定，從速開始與共產黨的新一輪談判。㊱次日，他在日記中寫道：「控制共黨，勿使搗亂。」很長時期以來，日本侵略者一直企圖誘惑蔣介石「防共」、反共，這一時期，蔣介石對此頗有清醒認識，日記云：「敵以共產主義爲第一對象，希冀利用本黨與本人爲其作劊子手，使我國內自相殘殺，成爲第二之西班牙。此乃最爲殘苛之悲境，應切戒而力避之。」㊲

十二月十三日，南京淪陷。廿一日，周恩來、王明、博古與蔣介石在廬山會談，周就中共的一系列建議，如成立國共兩黨關係委員會，商定兩黨共同綱領等作了說明。蔣介石表示，所談極好，照此做去，前途定見好轉，已告陳立夫等，同你們商量今後兩黨關係。㊳他在日記中寫道：「與共黨代表談組織事，此時對共黨應放寬，使之盡其所能也。」㊴讓中共「盡其所能」，這是蔣介石處理和中共關係中，最開放、最勇敢的決定，但是，當中共在敵後大量擴展武裝力量，建立抗日根據地時，蔣介石卻又害怕起來。

十二月廿六日，國共兩黨關係委員會成立。陳立夫、劉健群、張沖、康澤爲國民黨代表，周恩來、王明、博古、葉劍英爲共產黨代表。同日，蔣介石得悉德國大使陶德曼轉來的日方談判四項條件，其第一條就是要求中國政府放棄「親共、抗倭、反滿」政策，「共同防共」，蔣介石覺得「無從接受，亦無從考慮」，斷然加以拒絕。㊵

三、同題異旨，蔣介石想「合併融化」，共產黨想「獨立自主」

儘管國民黨和共產黨在組建國民革命同盟會的問題上取得一致，但是，雙方對這一組織的性質、任務的理解卻大不相同。蔣介石希望通過這一組織「合併」國共兩黨，而共產黨卻希望它只是兩黨間的一種「統一戰線」。一九三八年一月十三日，蔣介石決定「對共黨，主張消化而不可排斥」。㊶三十日，決定「容納各派組成大黨」。㊷

二月初，蔣介石命邵力子與周恩來商談，催促共產黨併入國民黨。㊸很快，蔣介石就得知共產黨不贊成此議，他決定：「此事宜緩處。」㊹同月十日，周恩來會見蔣介石、陳立夫。蔣介石表示：爲了「集中力量來應付當前關係國家民族生死存亡的大戰」，國民黨「竭誠盼望各黨各派能夠合而爲一，並且爲實現這個舉國一致的新黨起見，雖具有光榮悠久歷史的『國民黨』名義亦可以取消。」他說：「國共兩黨應即消泯一切形跡，確實作到團結一致。」又說：「我始終認定我們要對外戰勝，要革命成功，就只能有一個黨，一個團體。」周恩來當即說明：事實上有困難，「與其兩黨合併，無形中不免醞釀摩擦，不如兩黨各仍其舊」。他建議，由蔣提出「共同綱領」，「促使兩黨聯合」。周並以孫中山的「民生主義就是共產主義」爲據，說明「兩種主義信仰，不僅現在沒有矛盾，而且一直可以發展下去，永遠不致衝突」。㊺陳立夫提出，在兩黨之外，共同組織雙方都可以參加的三民主義青年團。

由於事關重大，周恩來與王明於當日立即將會見情況報告中共中央：聲稱蔣介石一個黨的思想仍有，但目前並無強制執行的意思；對八路軍態度尚好。㊻二月十八日，蔣介石再次與周恩來等談話，日記云：「上午與共黨代表談話。此輩幼稚而無誠意，何能成事，但敗事有餘耳。」蔣介石原擬在即將召開的國民黨臨時全國代表大會上討論並決定兩黨合併問題，對國民黨進行「改組」。㊼最初，他情緒急躁。二月廿二日日記云：「共黨問題應速進行解決，此其時也。」廿五日，他接見蘇聯駐華大使，特別告訴他：「余對內主國共合併，對外擬與俄再進一步之合作。」三月一日，中共中央致函蔣介石及臨時全國代表大會全體代表，明確表示：

只許一黨合法存在，同時不承認其他黨派合法並存的辦法，既為事實所不許；取消現在一切黨派而合併為一黨組織的辦法，亦為事實所不能。

中共中央重提建立「民族革命聯盟」的主張，各黨派共同參加，而又各自保持其政治上和組織上的獨立，其任務是擬定統一戰線綱領，共同遵守，同時，由各方代表自上而下地成立統一戰線組織，規劃抗日大計，調整各黨派、各團體之間的關係。中共中央表示，將派代表列席國民黨的臨時全國代表大會，預先邀請國民黨選派代表團出席中共第七次全國代表大會，「以示兩黨同志兄弟般友愛與團結」。㊽

這一時期，蔣介石雖然很想「積極剛強」地推行「一黨制」，但是，他還不想蠻幹。三月廿五日日記云：「對共黨主感召而不主排斥。對各黨派主聯合，使之就範，而不加強制。」次日日記云：「團結黨內，統一國內，使之堅強，是對敵國最大之打擊。」由於中共方面堅決而明確地反對「合併」，蔣介石只好改變辦法與態度。㊾三月廿九日，國民黨臨時全國代表大會在武昌召開，蔣介石在會上提出，對共產黨，「採寬容態度，逐漸導本黨以外各黨派入於法律之道」。㊿在大會閉幕詞中，他也表示：要拿「以大事小」的道理來對待各黨各派，寬宏大度，至公至正，在三民主義的最高原則之下，接納各黨派人士。(51)臨時全國代表大會後，蔣介石曾一度感覺「共黨問題較有進步」，不過，他有時也還認爲共產黨「幼稚與囂張」，但是，從總體看，他還是採取克制態度。七月七日，他因閱讀中共報紙動怒，在日記中寫道：「戒之！」

六月十九日，周將與中共中央書記處商定後起草的同國民黨交涉的十條意見交給蔣介石，其內容包括保障各抗日黨派的合法存在等。九月十九日至十一月六日，中共中央在延安舉行擴大的六屆六中全會。會上，毛澤東對國民黨和蔣介石都給與了很高的評價。他說：「抗日民族統一戰線是以國共兩黨爲基礎的，而兩黨中以國民黨爲第一大黨，抗戰的發動與堅持，離開國民黨是不能設想的。國民黨有它光榮的歷史，主要的是推翻滿清，建立民國，反對袁世凱，建立過聯俄、聯共、工農政策，舉行了民國十五六年的大革命。今天又在領導著偉大的抗日戰爭。它有三民主義的歷史傳統，有孫中山先生蔣介石先生前後兩個偉大的領袖，有廣大忠誠愛國的黨員。」

毛澤東明確要求國民黨「向廣大民眾開門，容納全國愛國黨派與愛國志士於一個偉大組織之中」，這個組織，毛澤東定性為「革命民族聯盟」。他說：「在國民黨四十多年的歷史中，每遇大的革命鬥爭時，總是把自己變爲革命民族聯盟的。」他特別提出，今天已經到了國民黨歷史上第三次變爲革命民族聯盟的時機，爲了反對日本帝國主義與建立三民主義共和國，必須也可能把它自己變爲抗日建國的民族聯盟。爲了保證和國民黨的長期合作，毛澤東設想了三種形式。一種是國民黨本身變爲民族聯盟。在此形式下，各黨派加入國民黨而又保存其獨立性：所有加入國民黨的共產黨員身分公開，將名單提交國民黨領導機關；青年共產黨員則加入三民主義青年團，不組秘密黨團。一種是各黨共同組織民族聯盟，擁戴蔣介石爲聯盟的最高領袖，各黨以平等形式互派代表組織中央以至地方的各級共同委員會，執行共同綱領，處理共同事務。第三種是沒有成文，不要固定，遇事協商。㊷

九月廿九日，毛澤東和王明分別給蔣介石寫了一封信。信中，毛澤東向蔣介石表示：「此時此際，國共兩黨休戚與共，亦即長期戰爭與長期團結之重要關節，澤東堅決相信國共兩黨之長期團結，必能支持長期戰爭，敵雖凶頑，終必失敗。」㊸沒有等會議開完，周恩來就匆匆返回武漢。十月四日，會見蔣介石，遞交毛、王函件，說明六中全會決定，建議四點：一、停止兩黨的鬥爭。二、共產黨員可以加入國民黨，或令其一部分先行加入；如情形良好再全部加入。三、中共取消一切青年組織，其全體分子一律加入三民主義青年團。四、以上參加者，均保留其黨籍。㊹周同時說明，中共不在國民黨及其軍隊中發展組織。蔣很注意聽，要周將意見寫出給他。八日，周將意見交蔣。十四日，周蔣再次見面。蔣答覆周稱：關於中共黨員公開加入國民黨和三青團問題，須由國民黨中常會討論。三青團章程可以改變，中共黨員可加入。蔣要周先找三青團各領導人商談。十一月六日，中共六屆六中全會決議：認爲國共兩黨合作的最好組織形式，是共產黨員加入國民黨和三民主義青年團。㊺

第一次國共合作期間，中共黨員以個人身分加入國民黨，成功地對國民黨進行了改造，促進了北伐戰爭的勝利發展，但是，其間兩黨也發生許多糾紛，至一九二七年四月，終於分裂。現在，中共再次決定共產黨員以個人身分加入國民黨，蔣介石不能不認真思考。他開始閱讀中共書籍《黨的建設》。十一月十八日，蔣介石日記云：「共黨教育與經驗是由其國際百年來秘密苦痛幽囚中所得之教訓而成，故其紀律最嚴，方法最精，組織最密，任何黨派所不及，因之其手段亦最毒，情義與道德掃地無餘。讀共黨之《黨的建設》一書，深有感也，能使其人趨向於民族國家之路則幾矣。」十一月十九日日記云：「對共黨防制之道，除改正本黨、重新本黨外，尙有他法否？應不使其取得合法地位爲目前要點。」這兩段日記說明，蔣既充分認識共產黨在紀律、方法、組織等方面的優越性，但是，也還對共產黨存在著深刻的猜忌。一方面，他覺得，中共發表宣言，擁護三民主義，願意加入國民黨，「對敵必發生影響」，㊻但是，他又擔心，中共黨員加入國民黨，就如同神話小說《西遊記》所描繪的孫悟空鑽進鐵扇公主的肚子之後的情況一樣，會對國民黨「不利」。

十二月六日，蔣周會見。蔣稱：一、跨黨不贊成，中共既行三民主義，最好合成一個組織。二、如果此點可談，擬約毛澤東面談。三、如全體做不到，可否以一部分中共黨員加入國民黨而不跨黨。周稱：一、中共實行三民主義，不僅因為這是抗戰的出路，而且因為這是到達社會主義的必由之路。國共終究是兩個黨；跨黨，我們不強求，如果認為時機未到，可採用他法。三、加入國民黨，退出共產黨，不可能，也做不到。四、少數人退出共產黨而加入國民黨，不僅失節，失信仰，而且於國家有害無益。蔣表示，如果合併事不可能，就不必約毛澤東到西安會談。㊼

十二月九日，蔣介石在重慶黃山官邸與汪精衛、孔祥熙、朱家驊等人談話，王、朱都認為共產黨加入國民黨「可慮」。㊽十二日，蔣邀周恩來、王明、博古、吳玉章、董必武等人談話，力勸周等參加國民黨，「作強有力的骨幹」，「為國家民族共同努力」。㊾他說：「共產黨員退出共產黨，加入國民黨，或共產黨取消名義，整個加入國民黨，我都歡迎，或共產黨仍然保存自己的黨，我也贊成，但『跨黨』的辦法是絕對辦不到。」他並說：「此目的如達不到，我死了心也不安，抗戰勝利了也沒有什麼意義。」「我的這個意見至死也不變的。」周等答以「一個組織辦法做不到」，如「跨黨」做不到，可採取其他合作方式。蔣表示：「其他方式均無用。」㊿

盧溝橋事件爆發後，中共力量在各地迅速發展，八路軍軍力日益增強。彭德懷向國民黨要求將原來的三個師的編制擴展為九個師。(61)蔣介石對此感到憂慮，視為較「敵寇」還要嚴重的「急患」之一。一九三九年一月六日日記云：「共黨之猖狂日甚，彼或認為其時已到乎？」(62)

同月十六日日記云：「共黨發展迅速，其勢已日洶。」次年一月二十日，國民黨籌備召開五屆五中全會，蔣再次約周恩來見面，重提國民黨與共產黨合併，周再次明確答覆「不可能」。蔣要求周將此事再電延安請示，並在全會期間得到回電。他說：汪精衛出走，「更是兩黨團結的好機會，即暫不贊成統一也要有新辦法。」⑥③對於周恩來的拒絕，蔣介石很生氣，當日在反省錄中寫道：「中共匪性不改，亦惟有以嚴正處之也。」⑥④

一月廿一日，國民黨五屆五中全會在重慶召開。廿四日，中共中央致電五中全會，說明兩黨合作「爲現代中國之必然」，兩黨合併，「爲根本原則所不許」。共產黨「絕不能放棄馬克思主義之信仰，絕不能將共產黨的組織合併於其他任何政黨」。⑥⑤這是對蔣介石建議的明確而堅決的回答。一月廿六日，蔣介石在國民黨五屆五中全會報告，聲稱對共產黨「不遷就，不放任」，「用嚴正的態度來教育他，管理他，然後可以溶化他，『以敵化友』，這是中國國民黨現在最緊要的政策」。⑥⑥廿九日，國民黨五屆五中全會在《宣言》中聲稱：「吾人絕不願見領導革命之本黨發生二種黨籍之事實」，這是對中共所提「跨黨」意見的明確拒絕。⑥⑦至此，兩黨關於合併的談判最終破局。

蔣介石佩服共產黨員的獻身精神，但是，他又極端害怕中共的組織力量。當時，他痛感國民黨的腐敗，希望共產黨員的加入能爲國民黨注入新的血液，藉以振興國民黨的革命精神，加強抗日力量，這就是他何以一再要求兩黨合併或允許部分共產黨員加入國民黨的原因。⑥⑧但是，他又不能允許共產黨作爲組織的存在及其發展，也擔心兼有雙重黨籍的共產黨員不能忠實於國民黨，這就是蔣介石之所以最終拒絕中共的「跨黨」合作方式的原因。

當時，各地國共兩黨、兩軍之間的摩擦時有發生。二月一日，葉楚傖擬具「對共產黨應取態度之原則」八條。其中第三條規定：「各戰區之國軍於暗中劃一地境線，不許第十八集團軍部隊自由越境，若不服制止，即將其消滅之。」第四條規定，「對第十八集團軍在晉、察、魯各淪陷地區所造成之既成事實，如各地方之非法政權，一律不予以法律上之承認，保持中央對地方皆可任命官吏行使地方政權。」第五條規定，「對第十八集團軍之行動，只給予臨時任務及攻擊目標，不劃給固定或永久區域，保持中央軍對任何地方，均可開入。」第六條規定，「對陝甘寧邊區問題，必須取消非法組織，回復行政常規，然後予以解決。在未解決以前，對邊區周邊仍嚴密監視之。」第八條規定：「默許各機關及淪陷區之國軍採取任何方法肅清其內部之不良分子。」蔣介石批覆稱：「可如擬辦理。」⑲

同月十二日，蔣介石約周恩來談話。三月十日，蔣介石閱讀中共一二九師政委張浩一九三七年在抗大的演講，題爲《中國共產黨的策略路線》，其中談到，「對於反革命頭子蔣介石，更是誓不兩立」，「必須將眼光放大些，所以才與反動的各階層合作」。蔣介石日記云：「《中共策略與路線》一書，幼稚卑劣，可嘆！」他決定，今後採取「融化共黨政策」。⑳四月十四日，國民黨中央黨部秘密下發《防制異黨活動辦法》，提出加強國民黨的意見十條，限制共產黨的意見十三條。國共兩黨關係再次進入多事之秋。

四、兩次合作與分裂，歷史何其驚人地相似

在中國近代史上，國共兩黨有過兩次合作、兩次分裂。第一次合作的形式，是共產黨員以個人身分加入國民黨，但是，仍然保留共產黨員的身分，受中共和共產國際的領導。當時，這種黨員被稱爲「跨黨黨員」，這種形式稱爲「黨內合作」。一九二六年，蔣介石研究俄國十月革命的歷史，認爲革命要取得勝利，只能有一個黨，一個司令部。他向蘇聯顧問鮑羅廷提出：國民黨是大黨，共產黨是小黨，爲了革命勝利，小黨要做出犧牲，參加國民黨的共產黨員，應該退出共產黨，做一個單純的國民黨員。蔣介石此議，受到鮑羅廷和中共的拒絕，蔣介石自此逐漸走上「限共」以至「反共」的道路。

抗戰初期，兩黨實行互不包容的黨對黨的「黨外合作」。蔣介石建議兩黨合併，實際上是他一九二六年「一個黨、一個司令部」主張的再版。中共再次拒絕此議，保衛了組織的獨立性，堅持了自己的獨立自主的存在和發展路線。但是，由於兩黨在思想、理論、策略上存在的諸多分歧，存在著誰影響誰，誰領導誰的尖銳角力，也存在著各自的不同的發展利益和發展需要，而兩黨間又缺乏一種中共曾經設想過的統一戰線形式的組織加以調節，這樣，兩黨間的摩擦、鬥爭就是不可避免的了，蔣介石在戰後發動反共內戰也是不可避免的了。

國共之間的兩次合作與分裂，歷史何其驚人地相似！

①《王明與鄧文儀談話記錄》，《聯共（布）、共產國際與中國蘇維埃運動》（一九三一至一九三七），第九十二至九十三頁。
②《周小舟給中共中央的報告》（一九三六年八月廿九日）。
③《宋子文西安事變日記》，（臺北），《近代中國》，第一五七期，第一八六頁，二〇〇四年六月三十日。
④《周恩來年譜》，第三四六頁。
⑤《周恩來年譜》，第三四六至三四七頁。
⑥《毛澤東年譜》上卷，第六四四頁。
⑦《蔣介石日記》（手稿本），一九三七年一月廿七日。
⑧《毛澤東年譜》上卷，第六四八頁。
⑨《蔣介石日記》（手稿本），一九三七年一月三十日。
⑩《蔣介石日記》（手稿本），一九三七年二月十日。
⑪《蔣介石日記》（手稿本），一九三七年二月十六日。
⑫二月十八日，蔣介石曾在日記中指責中共所謂「非人倫、不道德的生活與無國家反民族的主義」，《決議》中就相應地寫了類似的一段詞語。
⑬《蔣介石日記》（手稿本），一九三七年三月六日。
⑭《蔣介石日記》（手稿本），一九三七年三月十日。

⑮《蔣介石日記》（手稿本），一九三七年三月十日、廿四日。

⑯《周恩來年譜》，第三六七頁。

⑰《中央關於同蔣介石談判經過和我黨對各方面策略方針向共產國際的報告》，《中共中央文件選集》（十一），第一八〇至一八二頁。

⑱《蔣介石日記》（手稿本），一九三七年三月廿六日。

⑲根據蔣一九三七年三月三十一日日記，蔣周當天曾在杭州第二次見面，但周譜無記載。

⑳《關於談判方針的意見》，《周恩來軍事文選》，第一卷，第五九八頁。

㉑《中共中央文件選集》（十一），第一七九至一八〇頁。

㉒《蔣介石日記》（手稿本），一九三七年五月十七日。

㉓《蔣介石日記》（手稿本），一九三七年五月廿五日。

㉔《蔣介石日記》（手稿本），一九三七年五月廿九日。

㉕《蔣介石日記》（手稿本），一九三七年五月三十一日。這一天的日記中，蔣介石還稱：「共黨已有取消黨名之表示。」

㉖《中央關於同蔣介石第二次談判情況向共產國際的報告》（一九三七年六月十七日），《中共中央文件選集》（十一），第二六五至二六七頁。

㉗《周恩來年譜》，第三七四頁。參見《中央關於與國民黨談判的方案問題致彭德懷、任弼時、葉劍英電》，《中共中央抗日民族統一戰線文件選編》（中）。

㉘《周恩來年譜》，第三七七頁。
㉙《蔣介石日記》（手稿本），一九三七年六月十七日。
㉚《周恩來書信選集》，第一三五頁。
㉛《周恩來書信選集》，第一三五至一三六頁。
㉜《蔣介石日記》（手稿本）一九三七年七月十六日云：「為收編共軍事，憤怒甚盛，但能忍也，故猶未發耳。」
㉝《蔣介石日記》（手稿本），一九三七年八月廿八日。
㉞《中共活動真相》（一），第二八五頁。
㉟《中共中央文件選集》（十一），第四十六頁。
㊱《蔣介石日記》（手稿本），一九三七年十二月十日。
㊲《蔣介石日記》（手稿本），一九三七年十二月十一日。
㊳《周恩來年譜》，第四〇三頁。
㊴《蔣介石日記》（手稿本），一九三七年十二月廿一日。
㊵《蔣介石日記》（手稿本），一九三七年十二月廿六日。
㊶《蔣介石日記》（手稿本），一九三八年一月十三日。
㊷《蔣介石日記》（手稿本），一九三八年一月三十日。
㊸《王世杰日記》第一冊，第一七六頁。

㊹《蔣介石日記》（手稿本），一九三八年二月五日。
㊺《委座召周恩來談話記錄》，（臺北）《近代中國》第一六一期。
㊻《周恩來年譜》，第四一二頁。
㊼參見《王子壯日記》一九三八年三月廿三日，臺灣中央研究院近代史研究所版，第四冊第四二三頁。
㊽《解放》第三十六期，一九三八年四月廿九日。
㊾《王世杰日記》第一冊，第二〇三頁。
㊿《王世杰日記》第一冊，第二三〇頁。
51《中國國民黨歷次代表大會及中央全會資料》（下），第五一一頁。
52《中共中央文件選集》（十一），第六二九至六三〇頁。
53毛澤東手跡，影印件。臺北國史館藏。
54《王世杰日記》第一冊，第三九八頁。參見蔣介石《蘇俄在中國》第十四節。
55《中共中央文件選集》（十一），第七五四、七八一頁。
56《蔣介石日記》（手稿本）。
57《周恩來年譜》，第四三七頁。
58《王世杰日記》第一冊，第四四六頁。
59吳玉章《中共代表同蔣介石的一次會見》，《南方局黨史資料》（三），第一七五頁。
60《陳紹禹等關於一個大黨問題與蔣介石談判情況向中央的報告》，《中共中央文件選集》（十一），第六頁。

61《徐永昌日記》，一九三九年一月八日。

62《蔣介石日記》（手稿本），一九三九年一月六日。

63《周恩來關於與蔣介石談判情況及意見向中央的報告》，《中共中央文件選集》（十二），第六頁。

64《事略稿本》，臺北國史館藏。

65《中共中央文件選集》（十二），第十七至十八頁。

66《外交趨勢與抗戰前途》，五屆五中全會速記錄，（臺北）國民黨黨史館藏。

67《中國國民黨歷次代表大會及中央全會資料》（下），第五四七頁。

68蔣介石在國民黨五屆三中全會上曾說：孫中山因「國民黨幹部腐老，容共所以謀自新」，而他現在，其原因是「為抗日」。見《徐永昌日記》，一九三九年一月廿六日。

69《事略稿本》。

70《蔣介石日記》（手稿本）。

汪精衛出逃與蔣介石的對策

一九三八年十二月十八日，上午九時多，汪精衛以赴成都演講爲名，偕陳璧君、曾仲鳴等人潛離重慶。下午一時多抵達昆明。當晚，向雲南省主席龍雲透露：將到香港與日本人商談「和平條件」。十九日，匆匆轉飛越南河內。汪的出逃，固然有其自身的原因，但是，也和他與蔣介石之間在抗戰中形成的分歧有關。

一、汪蔣之間的和戰分歧

汪精衛與蔣介石之間的分歧源遠流長，複雜紛紜，其內容，大體分兩類：一爲政見之爭，一爲權力、地位之爭。抗戰爆發後，二人的分歧除權力、地位之爭外，主要集中於對日本的和戰態度上。

盧溝橋事變後，汪精衛即反對抗戰，認爲抗戰必敗。盧山談話會上，他將神聖的抗戰說得愁雲慘澹，調子極爲灰暗。他說，「我們所謂抵抗，無他內容，其內容只是犧牲。」盧山談話會後，汪精衛與周佛海等暗中成立「低調俱樂部」，視主張堅決抵抗日本侵略爲唱「高調」。

一九三七年十二月，南京淪陷，國民黨內部出現一片主和聲，汪精衛覺得有機可乘，即向蔣進言，由他出面，「以第三者出而組織掩護」。這個所謂「第三者」，即進攻中國的日本爲一方，領導抗戰的蔣介石爲一方，他自己，則自居「第三者」。蔣當即拒絕：「此不可能之事也。」①在此前後，汪精衛曾十多次向蔣介石勸說與日本言和。②

一九三八年三月，蔣介石籌備在武漢召開國民黨臨時全國代表大會。他就設立「黨魁制」問題和汪精衛商量，汪精衛不贊成。③廿二日，蔣介石訪問汪精衛，討論日本托義大利出面非正式調停中日戰爭一事。當日蔣介石日記云：「世人只知戰時痛苦，妄想速和，殊不知和後痛苦更甚於戰時，而況爲屈服不得已之和乎？」考察文意，這一天，蔣、汪之間可能有比較激烈的意見衝突。蔣在日記中所批評的「妄想速和」的「世人」應該就是汪精衛。

廿五日，蔣介石計畫利用臨時全國代表大會的決議和宣言，表達抗戰意志，對日本進行心理戰。日記云：「大會決議與宣言如果有力，則其效果不惟可使敵適可而止，當能使敵知難而退也。」盧溝橋事變後，國共第二次合作，建立抗日統一戰線。在一段時期內，蔣介石對「聯共抗日」態度積極，日記云：「對共黨主感召而不主排斥」，「對各黨派主聯合」。同時，蔣也決定自己當「領袖」，「推汪爲副」。廿六日日記云：「團結黨內，統一國內，是對敵國最大之打擊。」廿九日，國民黨臨時全國代表大會在武昌開幕，代表提案中大多主張在國民黨內設立總裁。蔣介石當日日記云：「此時設立總裁，至少可表示本黨不妥協之決心，與敵以精神上之打擊。」

四月一日，大會推舉蔣介石爲國民黨總裁，汪精衛爲副總裁。蔣介石心情興奮，日記稱：

「對總裁責任應當仁不辭，以救國與對外之道已無他法。此爲最後一著，實與抗戰增加實力不少，而且確定黨國重心，無異於敵精神與其策略上一大打擊也。」但是，汪精衛卻因居於蔣介石之下，心情極度沮喪。見於形色。④國民黨臨時全國代表大會通過了《抗戰建國綱領》等一系列文件，堅持抗戰，堅持聯共。四月一日通過的《大會宣言》聲稱：「此次抗戰，爲國家民族存亡所繫，人人皆當獻其生命，以爭取國家民族之生命。」⑤同日，蔣在大會《閉幕詞》中聲稱：「本黨同志要站在當政黨的地位，發揚這種固有的精神，寬宏大度，至公至正，在三民主義的最高原則之下，來接納各黨派人士，感應全國國民，使共循革命正道。」⑥蔣的這些意見都和汪精衛相反，汪自覺「和平」希望毀滅。自此，對蔣徹底失望。

陶德曼調停失敗後，日本政府惱羞成怒，宣布「不以國民政府爲對手」，要求蔣介石下野。其後，日本政府一方面轉托義大利，接替德國，在中日兩國間調停「和平」。同時，積極動員民國初年曾任國務總理的唐紹儀（少川）出面組織傀儡政權，與國民政府談判「和平」。一九三八年五月初，法學家羅家衡到武漢，見到汪精衛，談及由唐紹儀出面談判一事，汪即說：「在辛亥南北議和時，我們俱是在少川先生領導之下進行的。現在的局面，只有少川先生出來與日本談判才是辦法。現在日本不是較以前對華主張緩了一步麼？從前日本是不以蔣政府爲對象的，現在日本僅主張不以蔣個人爲對象了。只要少川先生出來與日本談判，蔣的下野是不成問題的。我只要國家有救，甚麼犧牲都可以的……」⑦這段話既暴露出汪精衛急於與日本謀和的面目，同時，也暴露出汪精衛對蔣介石失望，急於迫使其下野取而代之的隱秘企圖。

同年六月十四日，汪精衛的親信高宗武與日人西義顯在香港簽訂備忘錄，準備組織「第三勢力」。雙方心目中的「第三勢力」的領袖就是汪精衛。同月二十日前後，義大利駐華大使授意汪精衛致函近衛首相，意圖在汪精衛和日本政府之間建立直接聯繫。⑧同年七月，高宗武在汪精衛鼓勵下秘密訪日，會見陸軍大臣板垣征四郎、參謀次長多田駿以及近衛文麿首相等日方要員，決定「找尋蔣介石以外的人」，以「造成中日之間的和平」，而此人，雙方也都認爲非汪精衛莫屬。⑨影佐公然對高宗武說：「可否請蔣委員長下野，由汪主席出任負責。」⑩

蔣介石並不瞭解高宗武在香港和日本的這些活動內幕，但是，他對高宗武擅自赴日的活動強烈不滿。六月廿四日，蔣介石日記云：「高宗武荒謬，擅自赴倭。此人荒唐，然亦可謂大膽矣。」⑪他研究日本態度的反覆變化，認爲和高宗武的赴日有關。七月廿二日日記云：「倭閥對我變更態度者，其果誤認吾內部之動搖，而與高之荒謬赴倭亦有關係也。」他當然瞭解高宗武此行和汪精衛之間的關係。廿五日，蔣介石與汪精衛、張群討論高宗武的訪日報告，日記云：「覺汪神情皆不自然，果有愧怍之心乎？」⑫

十月廿五日，國民政府自武漢撤退，汪精衛更加喪失抗戰信心。十一月十八日，梅思平、高宗武奉汪之命與日人影佐禎昭、今井武夫在上海重光堂簽訂《日華協定記錄》等文件。《記錄》規定雙方的「合作」條件有「締結防共協定」，「承認日本軍防共駐兵」，「中國承認滿洲國」等六條。其行動計畫爲首先由日本政府方面發表上述「合作」的條件，汪精衛等即發表聲明回應，「與蔣介石斷絕關係」，「見機成立新政府」。廿六日，梅思平到重慶向汪精衛彙報，隨身攜帶與日方達成的協約以及近衛首相的第三次對華聲明草稿。廿九日，汪急召陳公博到重慶，對陳說：「中日和平已經成熟」，「中國的國力已不能再戰了，非設法和平不可了。」「假使敵人再攻重慶，我們便要亡國。」「現在我們已經無路可退，再退只有退西北，我們結果必爲共產黨的俘虜。」⑬他並向陳透露，準備離開重慶，以個人身分出面，與日本交涉。汪隨即召集周佛海、陳璧君、梅思平等會商，決定接受「重光堂協議」，電港通知。⑭當日下午決定：汪於十二月八日赴成都，十日到達昆明，近衛首相於十二日發表第三次對華聲明，互相呼應。

武漢失陷，蔣介石並未隨國民政府遷渝，而是到湖南部署繼續抗戰。十月廿八日，國民參政會第二屆會議在重慶開幕，蔣介石致電會議，認爲日軍自進窺武漢以來，死傷三十餘萬，計窮力絀，抗戰已入「第二階段」。他估計，「吾人預定覆滅敵人之計畫，必可實現於不久將來。」⑮十一月七日，他在長沙主持軍事會議。廿五日，又在南嶽主持軍事會議。十一月三十日，視察桂林，設置軍事委員會委員長桂林行營，以白崇禧爲主任，統籌西南抗戰。直到十二月八日，蔣介石才到達重慶。這一天，本來是汪精衛預訂的出逃之日，但因蔣的到來，不得不改變計畫。

十二月九日，蔣介石在重慶黃山官邸約集孔祥熙、汪精衛、王寵惠、葉楚傖、朱家驊等人談話。汪精衛堅持對日主和。他表示：中國和日本都有困難。「中國之困難，在如何支持戰事；日本之困難，在如何結束戰事」，「故調停之舉，非不可能」。「日本果能覺悟中國之不可屈服，東亞之不可獨霸，則和平終將到來。」⑯蔣介石所言與汪精衛相反，日記云：「下午，與黨政各同志談話，指示以後對倭方針，言明只要我政府不與倭言和，則倭無法亡我。並明告其只要我政府不與言和，則我政府即使失敗，國家必可因此復興。況政府至今決無失敗之理，且革命政府旨在主義成功，而不怕一時失敗也。」⑰當時，蔣介石正在謀求共產黨加入國民黨，兩黨合併爲一個新的「大黨」。談話中，汪精衛詢及此事，認爲「可慮」。⑱

國民黨關於這一天的談話，蔣介石後來電告龍雲時也說：「中此次在渝，並曾詳切面告汪先生等，以日寇之狡獪毒辣，若我有人向其謀和，則寇之猙獰面目必畢露，萬不可爲。」⑲可以看出，汪主張與日本言和，蔣反對與日本言和。針鋒相對，涇渭分明。後來汪精衛回憶說：「十二月九日，軍事委員長蔣中正至重慶，（兆銘）復激切言之，卒不納。」⑳可見二人之間辯論的激烈。蔣這一天的態度使汪精衛等大爲失望。陶希聖致函胡適說：

> 蔣先生十二月八日到重慶。他的態度完全改變。對於國家處境困難，全不考慮。他的全部計畫在提攜共產黨。他說日本沒有兵打仗了。他對日本的和議，不假思索的拒絕。這樣的變動，以及客觀的困難，使汪先生及我們都感到一年半的努力進言都成了畫餅，更都成了罪狀。眼見國家淪落到不易挽救的地步，連一句負責的老實話都不能說。幻想支配了一切。我們才下決心去國。㉑

陶希聖的這段話，生動地描寫出蔣介石和汪精衛等人的兩種不同精神面貌。汪精衛等人，最初是在國民政府內部「主和」，現在，由於和蔣介石意見對立，只能到政府之外去「主和」了。

十二月十六日，日本內閣成立興亞院，其目的在於加強對中國佔領區的統治，其總裁由日本首相兼任，副總裁由外相、藏相、陸相、海相兼任。在中國北平、上海、青島、漢口、廣州、廈門等地設有分支機構。此前二日，蔣因感冒未上班。同日，汪精衛到蔣處探病，蔣當日的日記說：「日本對中國之最後目的云者，乃滅亡中國之謂也。興亞院成爲確定對華政策執行之樞紐者，乃以興亞院爲中國之斷頭臺。換言之，滅亡中國之總機關也。因此興亞院之成立，中國若要自取滅亡，俯首而上斷頭臺則已，否則除抗戰拚命以外，再無第二道路矣。」㉒武漢會戰期間，蔣也曾幻想過以和平方式結束中日戰爭，但從這一則日記可以看出，嚴酷的現實終於使他認識到，擺在中國人民面前的道路只有抗戰一途。當時，日本特務土肥原約原天津市市長蕭振瀛到香港見面談判，蔣決定不准蕭赴港，對土肥原「堅拒不理」。㉓

關於汪蔣之間的和戰分歧，汪精衛在出逃後，曾於十二月廿三日致電蔣介石稱：「在渝兩次謁談，如對方所提非亡國條件，宜及時謀和以救危亡而杜共禍。」㉔他在電告他的朋友、國民參政會副秘書長彭學沛時也說：他之所以離開中國，「係因中央不願考慮和議，及本黨有進一步容共之趨向」，故不得不「以去就爭」。㉕汪所稱「進一步容共之趨向」，指的就是上述蔣介石企圖與共產黨「合併爲一大黨」的意見。這就說明，汪精衛不僅主張與日本言和，而且反對蔣進一步「聯共抗日」，因此不惜以出走作爲向蔣抗爭的手段。當然，汪的出走，還有一條很重要的原因，他在致蔣電及致彭電中均未說明，這就是，他準備在重慶國民政府之外，另組政府。

二、汪精衛出逃與蔣介石的反應

汪精衛在離開昆明時，致電蔣介石稱，在飛赴昆明途中，因「飛行過高，身體不適，且脈搏時有間歇現象，決多留一日，再行返渝。」㉖汪走後，龍雲才致電蔣介石報告：「汪副總裁於昨日到滇，本日身感不適，午後二時半已離滇飛航河內。」㉗到廿一日，才向蔣透露，汪精衛到昆明後，態度不像「昔日之安詳」，臨行時，才告訴自己，「謂與日有約，須到港商洽中日和平條件，若能成功，國家之福，萬一不成，則暫不返渝。」電中，龍雲還詢問蔣介石：「（汪）在渝時與鈞座切實討論及此否？」

十二月十八日這一天，蔣介石原本準備離開重慶，飛赴西安，召開軍事會議，但因得悉當日西安氣候不良，改變計畫。一直到二十日，蔣才飛抵西安。廿一日，蔣在西安主持軍事會議。到晚上，才得知汪精衛私自飛到昆明的消息，當即電汪稱：「聞兄到滇後即感不適，未知近況如何，乞示覆。」㉘蔣模糊地猜測到汪此行的含義，日記說：「聞汪先生潛飛到滇，殊所不料！當此國難空前未有之危局，藉口不願與共黨合作一語，拂袖私行，置黨國於不顧，豈是吾革命黨員之行動乎？痛苦之至。惟吾猶望其能自覺回頭耳！」

廿二日，蔣介石得到龍雲的電報，這才比較具體地瞭解到汪此行的目的，日記云：「不料其糊塗卑劣至此，誠無可救藥矣。」在國民黨和國民政府內部，汪精衛資格老，地位高，關係多，其出走是具有嚴重意義的大事，蔣開始估計其影響，在日記中特別寫下：「汪去後，對黨政軍以及各地之關係，應特加慎重」，「外交與對敵或有影響乎？」當晚，蔣介石失眠，至次日晨三時才入睡。廿三日，蔣繼續思考汪出走後的局面：「廣東軍人，是否受汪影響？」「政府內部，受汪影響之人幾何？」他決定對汪表明態度。同日，日本首相近衛發表第三次對華聲明，「闡明同新生的中國調整關係的總方針」，要求「日、滿、華三國應以建設東亞新秩序爲共同目標而聯合起來，共同實現相互善鄰友好、共同防共和經濟合作」。這就是所謂「近衛三原則」。在聲明中，近衛要求中國承認「滿洲國」，允許日軍在華北及內蒙駐兵，給予日本臣民「特別開發上之便利」。廿四日，蔣介石決定駁斥近衛聲明。同日下午，蔣介石回到重慶，約集黨政首長會談。

這一天，蔣介石在對汪精衛的態度上陷入矛盾。一方面，他仍有「挽救」汪的「政治生命」的想法，日記云：「知汪確有整個背叛黨國奸謀，乃決心發表宣言，使其賣國奸計不售，亦所以挽救其政治生命。」「彼雖有意害余，而余應以善意救彼，對於此種愚詐之徒，亦只有可憐與可痛而已。」但他一想起汪與自己過去的不良關係，又覺得不應援手，日記云：「余向來以至誠待之，禮遇之如總理，而彼乃不識大體，不顧國家至此。若復與之合作，使之自拔，豈不愚拙之至乎！」廿五日，蔣介石謁見國府主席林森，報告汪兆銘通敵一事。

廿六日，蔣介石發表駁斥日本首相近衛的長篇聲明，認爲近衛所謂「東亞新秩序」和「日滿支」協同關係，「就是將中國全部領土變成日本所有的大租界」，「這樣一來，中國若不是變爲他的奴屬國也就降爲保護國，而且實際上就是合併於日本」。他批判近衛的所謂「經濟合作」，就是「要操縱我中國關稅金融，壟斷我全國生產和貿易，獨擅東亞的霸權」；所謂「共同防共」就是以此爲名義「首先控制我國的軍事，進而控制我國政治文化以至於外交」。蔣稱：綜觀近衛聲明，「日本真正之所欲，乃在整個吞併我國家，與根本消滅我民族」。他號召中國人民「認定目標，立定決心，愈艱苦，愈堅強，愈持久，愈奮勇，全國一心，繼續努力」。㉙蔣介石一向很欣賞自己的文筆，這次也不例外。廿九日，他重讀此稿，「甚覺自快」，認爲「足使敵知所警戒，變換威脅或計誘之妄念」。㉚

汪精衛的表現和蔣介石迴然不同。他贊成並擁護近衛聲明。廿八日，他從河內致函蔣介石，認爲日方聲明三項，「實不能謂無覺悟」，要求蔣把握「不可再失之機」，以之作爲「和平談判之基礎而努力折衝」。廿九日，發表致國民黨中央黨部諸同志公開信，主張對近衛所提善鄰友好、共同防共、經濟提攜三點，「應在原則上予以贊同，並應本此原則，以商訂各種具體方案」。此函通稱《豔電》。《豔電》的發表，立即在國民黨中央和各地愛國將領、官吏之間激起了憤怒的聲討波瀾。

三、從勸汪赴歐到開除汪的黨籍

最初，蔣介石確曾企圖挽救汪精衛，至少，要儘量減少汪叛逃的影響。十二月廿五日，蔣介石致電龍雲，要龍對汪離開昆明前所述「與日方有約」等語保密，「勿為他人道」。㉛蔣之所以如此，目的在於為汪精衛留出餘地。廿六日，他在發表聲明嚴辭駁斥近衛的同時，還在為汪精衛打掩護，聲稱汪之赴河內，只是為了轉地療養。與此同時，蔣介石在思考，是否應該派人去河內勸說汪精衛。㉜能否「以至誠感動之」。㉝

第二天，蔣介石召見汪精衛在重慶的朋友彭浩然，囑其轉電汪精衛，駐港不如赴歐，這一天，蔣介石自感心跳加急，精神極為不佳，但仍勉強辦公。同日，他再次致電龍雲稱：近衛聲明，「全為對汪之討價，彼竟不察，而自上其當。幸此時尚未失足，尚可為之挽救也。」㉞又致電香港《大公報》的主筆張季鸞，要求該報在批評汪精衛時，不要把話說絕：「務當為之寬留旋轉餘地」，「並本於愛人以德之義，從輿論上造成空氣，防止其萬一失足之憾。」蔣特別關照，「不可出以攻擊語調。此中機微，兄所明悉。」㉟廿八日，他接受王世杰建議，通過王致電駐英大使郭泰祺及駐美大使胡適，請二人勸汪：一、勿公開主和；二、勿與中央斷絕關係；三、勿住港，但不妨赴歐。

汪精衛的《豔電》於十二月三十一日發表於香港《南華日報》，南洋華僑代表陳嘉庚當日即致電蔣介石，指斥汪精衛「公然贊同日寇亡國條件」，要求蔣公布其罪狀，通緝歸案，以正國法而定人心。旅美華僑於同一日通電支持，要求「凡主和者請一律以漢奸論罪」。蔣介石也激憤地在日記中指斥汪精衛，「通敵賣國之罪已暴露殆盡，此賊不可救藥矣，多行不義必自斃也。」汪出逃之初，他擔心連鎖反應；現在，則覺得是好事。日記云：「此後政府內部純一，精神團結，倭敵對我內部分裂與其利誘屈服之企圖，根本消除，吾知倭寇不久必將對我屈服矣。」㊱

一九三九年元旦，蔣介石在遙祭中山陵之後，召開談話會，討論汪精衛的《豔電》。下午，召開國民黨臨時中常會暨駐重慶中央委員會議，決定開除汪精衛黨籍，解除其一切職務。會上，曾有人主張明令通緝，因蔣介石反對而罷。汪精衛被開除，蔣介石當日日記云：「實足為黨國之大慶也。」不過，他還沒有確定對汪的處置辦法。一月三日，他在日記中「注意」欄中寫道：「汪以後之行動與處置。」這就說明，他還在思考中。

四、刺汪未中，汪精衛發表《舉一個例》

汪精衛被國民黨中央開除黨籍後，很沮喪，陳璧君等則很憤怒。一月四日，剛剛發表對華第三次聲明的近衛文麿於一月四日辭職，平沼騏一郎繼任首相，另組新閣。一時之間，汪精衛與日方斷了聯繫，計畫到歐洲或其他國家旅行。七日，龍雲致電蔣介石，報告從陳璧君之弟陳昌祖處所得汪精衛消息，建議由蔣派汪的親信一二人到河內，以私人名義勸汪回國，或在重慶，或在國內任何地方居住，避免與日本勾結。龍雲認為這樣做，可以使汪免於鋌而走險，「對外則團結之裂痕不現，對汪則以後無從活動，日人亦無從挑撥。」㊲

蔣介石得到龍雲此電後，誤認汪企圖「轉彎」，一月八日日記云：「汪見無路可走，又想轉彎，卑劣已極，宜乎其生無立足之地也。」同日，蔣介石致電龍雲，表示「對汪事，此時只可冷靜處之，置之不問爲宜。」他堅決否定讓汪回到國內的意見，認爲日方將借此造謠，國內外也會發生懷疑與惶惑。電稱：「如爲彼計，此時當以赴歐爲上策，否則皆於公私有損。」㊳十一日，蔣介石致電宋子文，派鄭彥棻到越南勸汪。一月二十日，又計畫派葉楚傖或陳立夫到越南。一月三十日，蔣最後決定派原改組派成員、汪的老部下谷正鼎赴越，同時送去護照和旅費五十萬元，勸汪去法國等地療養。谷轉達蔣的意見稱：「不要去上海、南京另搞組織，免得爲敵人所利用，造成嚴重後果。」㊴

在派人勸汪赴歐「療養」的同時，蔣介石也在作從肉體上消滅汪精衛的準備。一月十七日，汪的親信、《南華日報》社長林柏生在香港被刺。一月廿六日，蔣介石日記云：「派員赴越。」三十一日日記云：「港越人員之行動注意。」這裏的「員」，應是軍統人員；「行動」，應指暗殺計畫。此後，蔣介石日記中，連續出現下列記載：

二月十八：「汪僞真無賴無恥，吾未見卑劣狡詐之如此也。」

三月十五日：「注意：對汪陰謀之對策。」

三月十八日：「汪通敵賣國之謀益急，而其行益顯，奈何！」

終於，在越軍統人員於三月十九日凌晨接到戴笠的「行動」命令。廿一日夜，軍統人員越牆進入汪在河內的住所，開槍射擊，但是陰差陽錯，誤殺了汪的助手曾仲鳴。三月廿二日，誤刺曾氏的第二天，蔣介石日記云：「汪未刺中，不幸中之幸也。」

曾仲鳴之死使汪精衛更加仇恨蔣介石和國民政府。三月廿七日，汪精衛寫成《舉一個例》，除哀悼曾仲鳴之死外，其主要目的在於公布國防最高會議第五十四次常務委員會會議記錄。該次會議由汪精衛主席。據該記錄，一九三七年十二月六日，國防最高會議在漢口中央銀行開會，由外交部次長徐謨報告德國駐華大使陶德曼調停情況，其中談到十二月二日下午，徐謨與蔣介石、顧祝同、白崇禧、唐生智、徐永昌會商日方所提和平條件。白稱：只是如此條件，那麼爲何打仗？徐永昌表示：只是如此條件，可以答應。顧祝同也表示，可以答應。蔣稱：如此尚不算亡國條件。嗣後，蔣介石會見陶德曼，表示相信德國及感謝德國好意，可以將各項條件作爲談判之基礎及範圍。汪精衛企圖以此說明，主和並非自己一個人，是「最高機關經過討論而共同決定的主張」。他質問說：何以別人可以「主和」，而他汪精衛不行？

針對汪精衛的《舉一個例》，蔣介石於四月六日草擬《駁汪言要點》。十一日繼續寫作修改。日記云：「上午，手擬駁斥汪文，修改稚老最後一段。」他自述「甚覺痛快，因之心神興奮，幾不成寐」。據此可知，當日發表的吳稚暉的《對汪精衛〈舉一個例〉的進一解》，實爲吳、蔣二人的共同作品。

《進一解》一文指斥汪精衛「洩露職務地位上所管的秘密文件，已經屬犯罪；又把公家文件隨意添改僞造。」但文章寫得過於冗長、晦澀，並不見精彩。蔣介石認爲該文「必生效力，而對敵方與汪逆及國內未知抗戰利害之封建者發生影響爲更大，其效已顯見矣。」㊵蔣介石的這一估計，顯然過頭。四月十七日，蔣介石接見中外記者，再次揭露近衛「建立東亞新秩序」

的實質，宣稱「在這種情形之下，絕對無和平的餘地，絕對不是什麼巧佞虛僞的投降理論所能動搖我們全國的決心於萬一」。㊶這裏所指斥的「巧佞虛僞的投降理論」就是汪精衛的言論。

刺汪不中，軍統人員策劃再次行動。不過，都沒有得到下手機會。蔣介石開始考慮用其他辦法對付汪精衛。其四月十四日日記預定辦法三種：一、對汪加以刑事處分；二、向法國政府交涉，引渡汪精衛回國，或不允其離河內。十五日，蔣介石邀約葉楚傖、王世杰、陳布雷、張治中等討論汪案。四月廿五日，汪在日本特務的嚴密保護下，由河內到海防，秘密乘船前往上海。顯然，重慶國民政府與法國的引渡交涉沒有成功。

五、爭取龍雲站到抗戰一邊來

龍雲係雲南地方實力派，一貫以保持其地位和實力作爲其決策的主要出發點。一九三八年四月，龍雲與四川地方實力派劉文輝等致函已經投靠日本的僞北平臨時政府王克敏，聲稱將聯絡四川、雲南、西康、貴州四省，組成反蔣聯盟，發起「和平運動」。汪精衛要投靠日本，也企圖聯絡龍雲與實力派軍人薛岳、張發奎等，割據西南，與蔣對抗。

一九三八年底，汪精衛發表《豔電》，全國紛紛聲討，但龍雲卻保持沉默。一九三九年一月上旬，汪派內弟陳昌祖到雲南與龍雲晤面，出境時被軍統人員截住，在陳的皮匣中查獲龍雲致汪函，稱汪爲「鈞座」，稱蔣爲「重慶方面」。其中有「現日方雖內閣改組而政策不變，我方似存幻想，毫無其他辦法。不久大戰重開，靜觀如何應付。此刻鈞座暫守緘默，甚爲得宜，至於鈞座所主張各節，將來必有實現之一日」等語。㊷因此，蔣對龍的態度始終不放心。一月十九日日記云：「滇龍對汪態度不明，此事關係重大，成敗存亡，全繫於雲南唯一之後方，不可不察也。」二十日日記云：「敵與汪勾結已深，而滇省是否受其影響，汪之背景何在，皆不得不研究也。」廿六日，蔣決定派白崇禧赴滇，防龍叛變，同時對龍進行安撫。蔣白之間常有電報往來。二月二十日，蔣介石日記云：「志舟（龍雲的字——筆者）不安之心理，如何安之？」

三月廿一日，軍統行刺汪精衛未成，龍雲派警務處長李鴻謨去河內慰問。三月三十日，汪精衛托李帶親筆手書致龍雲，動員龍對《豔電》表態，同時要求龍允許自己回昆明活動。函稱：

> 今已三月有餘矣，未知先生佈置如何？弟非有奢望，但能得先生毅然表示同意於《豔電》主張，弟當即來昆明，聲明以在野資格，貢其所見，以供政府及國人之參考。先生對弟，只須以軍警之力，保護生命之安全及不干涉言論行動之自由，如此已足。俟將來大局有所變化，再作第二步之進展計畫。如此則可以安雲南，安西南大局，安中華民國。弟之希望，實繫於此。

隨函並附港報所登《舉一個例》。此函表明，汪精衛仍想依靠龍雲，以雲南爲基地，控制西南，對抗重慶國民政府。他力圖說明自己「回到內地」的好處：「則聲勢迥然不同。各方趨附有其目標，國際視聽亦有所集。日本對弟，往來折衝，亦比較容易有效。」函末並稱：「日本以一再遷延，已有迫不及待之勢。」㊸可見，日本方面對汪已有不滿和汪急於有所表現的心理。

此函爲軍統人員偵悉，拍成照片，上報蔣介石。蔣先後派李根源、唐生智赴滇防堵。四月廿二日，唐與龍雲談話，說明汪爲人善辯多變，生性涼薄，對人毫無誠意，以及抗戰期間，忠奸不兩立等種種道理。廿四日再談，唐提出三項辦法：一、邀汪來滇（不作任何活動）；二、在雲南發表汪函，申言忠奸不兩立；三、正式呈請中央發表汪函。龍雲同意發表談話，擁護領袖抗戰到底，指斥和議，惟領袖之命是聽，但不願提及汪函。

四月廿七日，蔣介石覆電唐生智，聲明尊重龍雲意見，由彼考量決定，但蔣建議由龍雲覆汪一函，表示不以汪函所言爲然，同時對汪加以正言勸誡。蔣並代龍雲起草了覆書。五月二日，龍雲在蔣稿基礎上，改成一稿，批評汪要自己「背離黨國，破壞統一，毀滅全民犧牲之代價，（違）反舉國共定（之國策）」。函告嚴詞指責汪精衛：「此何等事，不僅斷送我國家民族之前途，且使我無數將士與民眾陷於萬劫不復地步。此豈和平救國之本，直是自取滅亡，以挽救敵寇之命運耳！」這樣，龍雲就拒絕了汪精衛的誘惑，堅決站到抗戰一邊。函末，龍雲勸汪「立下英斷，絕對與敵人斷絕往來，命駕遠遊，暫資休憩，斬除一切葛藤，免爲敵人播弄。」

雲南是西南大省，抗戰的重要根據地。假如龍雲跟著汪精衛走，對重慶國民政府將構成巨大威脅，中國的抗戰形勢必然更加艱危。龍雲的轉變使動盪的局面趨於穩固，對保證抗戰勝利有重要作用。至此，追隨汪精衛叛逃的只有陳公博、周佛海等一小撮人，不僅龍雲，汪精衛寄以希望的薛岳、張發奎等將領誰都沒有跟著走。民族大義畢竟是一道區別人鬼的重要分水嶺。在它面前，任何人都必須慎於舉步。

①《蔣介石日記》（手稿本），一九三七年十二月十六日。
②西義顯《日華「和平工作」秘史》，江蘇古籍出版社一九九二年版，第一〇四頁。
③《蔣介石日記》（手稿本），一九三八年三月十一日。
④陳布雷《回憶錄》（二），二十世紀出版社一九四九年版，第七十八頁。
⑤《中國國民黨歷次代表大會及中央全會資料》（下），第四六三頁。
⑥《中國國民黨歷次代表大會及中央全會資料》（下），第五一一頁。
⑦《南湖致剛父》（胡鄂公致孔令侃），一九三八年六月十一日，特交檔。
⑧《蔣介石日記》（手稿本），一九三八年六月廿一日。
⑨影佐禎昭《漫談》，《現代史資料》（十三），《日中戰爭》（五），第三六〇頁。
⑩《會晤影佐談話紀要》，臺北《近代中國》第一二九期，第一二五頁。
⑪《蔣介石日記》（手稿本），一九三八年六月廿四日。
⑫《蔣介石日記》（手稿本），一九三八年七月廿五日。
⑬陳公博《自白書》，南京市檔案館編《審訊汪偽漢奸筆錄》，江蘇古籍出版社版，第十頁。
⑭《周佛海日記》，一九三八年十一月廿九日。

⑮《總統蔣公大事長編初稿》，第一三〇八至一三一〇頁。

⑯《傀儡組織》（三），第五十一至五十二頁。

⑰《蔣介石日記》（手稿本），一九三八年十二月九日。

⑱《王世杰日記》第一冊，第四四六頁。

⑲《總統蔣公大事長編初稿》，第一三三七頁。

⑳汪精衛《曾仲鳴先生行狀》，《河內血案》，檔案出版社一九八八年版，第二〇二頁。

㉑《胡適來往書信選》，中冊，第三九七至三九八頁。

㉒《蔣介石日記》（手稿本），一九三八年十二月十六日。

㉓《蔣介石日記》（手稿本），一九三八年十二月十七日。

㉔《龍雲轉呈汪自河內致蔣委員長如對方所提非亡國條件宜及時謀和以救危亡而杜共禍梗電之回電》，《傀儡政權》（三），第四十八頁。蔣介石認為，汪所言，為一九三八年一月之事，而在重慶時，則「未有一言提及」。見致龍雲電，《總統蔣公大事長編初稿》，第一三三七頁。

㉕《王世杰日記》，第四五五至四五六頁；參見《張群以接汪自河內電為和平及防共問題以去就爭致蔣委員長之馬電》，一九三八年十二月廿一日。《傀儡政權》（三），第四十六頁。張電中所稱「浩然」，應為「浩徐」。

㉖金雄白：《汪政權始末記》（五），香港春秋出版社版，第三十二頁。

㉗《重要史料初編》，《傀儡組織》（三），第四十六頁。

㉘《蔣公總統大事長編初稿》，第一三二五頁。
㉙《傀儡組織》，第三十八至四十一頁。
㉚《蔣介石日記》（手稿本），一九三八年十二月廿九日。
㉛《事略稿本》。一九三八年十二月廿五日。
㉜《蔣介石日記》（手稿本），一九三八年十二月廿六日。
㉝《蔣介石日記》（手稿本），一九三八年十二月廿七日。
㉞《總統蔣公大事長編初稿》，第一二七九頁。
㉟《事略稿本》，一九三八年十二月廿七日。
㊱《蔣介石日記》（手稿本），一九三八年十二月三十一日。
㊲《傀儡組織》，第五十頁。
㊳《傀儡組織》，第五十四頁。
㊴羅君強《偽廷幽影錄》，第十七頁。
㊵《上星期反省錄》，《蔣介石日記》（手稿本），一九三九年四月十五日。
㊶《總統蔣公大事長編初稿》，第一三九〇頁。
㊷《雜錄》，《蔣介石日記》（手稿本）。蔣自記其時間為「廿八年一月廿三日夕」。
㊸《河內血案》，第二三九至二四〇頁。

保衛中國同盟與中國「工合」運動的珍貴文獻

——讀宋慶齡往來英文函札

哥倫比亞大學圖書館珍本和手稿圖書館藏有宋慶齡英文往來函札多件。其中一部分，美國聖約翰大學李又寧教授已經作過評述，①這裏將全文譯出這些信件，並在李文的基礎上，進一步探討其歷史內容。

哥大所藏宋慶齡函件，除個別手跡外，均用保衛中國同盟信箋，英文打字。大部分發於香港。

保衛中國同盟一九三八年六月十四日成立於香港，由宋慶齡發起。其目的爲動員、鼓勵全世界愛好和平、民主的人士，以醫藥、救濟物資供應中國，支持中國的抗日戰爭。列名發起的還有印度尼赫魯、美國保羅・羅伯遜、德國湯瑪斯・曼以及馮玉祥、孫科、宋子文等。宋慶齡任中央委員會主席，宋子文任會長，廖承志任秘書長。鄒韜奮、金仲華、陳翰笙、路易・艾黎、沙爾文・克拉克、諾曼・法朗士、愛潑斯坦、史沫特萊、斯諾、王安娜等均爲「保盟」成員。在其活動的年代裏，它爲中國人民的解放事業作出了巨大貢獻。

在有關宋慶齡的大量文獻中，哥大所藏只是很小的一部分，但即使是這一部分，也足以充分展現宋慶齡的功績和偉大品格。

一、一九三八年八月五日宋慶齡致哈斯克爾先生

大札敘述了在為中國徵集捐款時遇到的困難，極有幫助，非常感激。我們得以充分瞭解，由於敵方的陰險宣傳和反動分子歪曲我們捲入的各種問題，美國公眾普遍冷淡。我們一定盡力工作，在將來為您提供豐富多采的資料和激動人心的呼籲書。

在美國的收穫如此微小，令人十分沮喪。我本來期望很大，其理由，這裏不必說了。

您在劃撥資金給漢口的林博士時碰到了困難。我們組織保衛中國同盟正是為了確實地解決諸如此類的問題。好幾個集團軍都有代表駐在香港，他們也是我們同盟的成員。我們將愉快地按照您的指定，將資金劃撥給某一個集團軍或組織，並從那裏取得收據。請詳細說明您希望資助的處所，以便發送資金。由於可能從漢口撤退，發送或郵寄資金到那裏是不明智的。我們將愉快地盡一切可能發揮聯絡作用。

我正計畫在最近幾天內飛赴漢口，希望能找到辦法，迅速補救在對外宣傳及與之相關的不足，同時將提出您在信中敘述的某些困難。

具有嚴格保密性質的事務請直接和我聯繫，不必通過我們的辦公地址香港和上海銀行轉。我的地址是：香港Conduit路十一號，2A房間，宋慶齡夫人。

致以兄弟般的問候！

您的十分真誠的

宋慶齡（簽字）

又及，請盡可能廣泛地分發我們的通告。

本函大部分爲英文打字，「又及」以下，爲宋慶齡手跡。

哈思克爾（Haskell），生平未詳，當爲美國援華會（China Aid Council）工作人員。我國抗日戰爭爆發後，美國最大的反戰組織促進和平與民主聯盟（League for Peace and Democracy）立即在紐約組織援華會，並在各地建立分會五十餘個，積極開展援華活動。林博士，原函作Dr.Lim，當指林可勝，福建廈門人，著名醫學家。多次組織醫療隊，參加抗日醫療救護工作。一九三七年十月，組織紅十字會救護委員會，任救護總隊總隊長。一九三八年任國民政府軍政部衛生行政人員訓練所主任。

宋慶齡寫這封信的時候，保衛中國同盟成立才一個多月。附言中提到的「通告」當即《保衛中國同盟成立宣言》，該《宣言》聲明：爲了加強和擴大國外援華工作起見，所有願意與保盟合作的機構，均可與保盟香港中央委員會取得聯繫。保盟中央委員會可以：（一）成爲各機構與其所支援的中國有關方面之間的橋樑；（二）供給各機構消息及有關的建議。

宋慶齡要求哈斯克爾盡可能廣泛地分發這份《宣言》，以擴大影響。

從信中可以看到，由於日本帝國主義的陰險宣傳等原因，「保盟」開始時工作時很困難，收效不大，但宋慶齡堅韌不拔，積極改進，力爭以最好的成績奉獻給中國人民的解放事業。

二、一九三八年九月八日宋慶齡致哈斯克爾先生

附寄我們的《新聞通訊》。在我去廣東之前收到您七月十二日極有啓發的來信。出於對您的信任，我不想隱瞞，從大札中獲得資訊是我們海外運動獲得成功所必需的。如果您能不斷地向我個人提供美國的情況，我將十分感激。

實現訪美願望還不可能。我已被選為廣東省海外動員委員會委員，即將再去廣州以保持必要的聯繫。我下面給您的地址是在中國期間的永久地址，請將所有的信件寄到我的私人地址。

感謝您為在精神和物質上援助我們而作出的巨大努力，祝您成功！

您真誠的

宋慶齡（簽字）

（孫逸仙夫人）

2A房間

Conduit路十一號

香港，中國

九月八日，一九三八年

《新聞通訊》，保衛中國同盟的英文機關刊物，自一九三九年四月一日起，初爲兩週刊，後爲月刊，並增出中文版。據本函，此前當已不定期出版過。

當年八月二十日，宋慶齡離港赴穗，到廣州會見中共中央代表鄧穎超。次日，赴各醫院慰問受傷將士及被敵機轟炸的難民。下旬，向美國世界青年大會發表廣播演講，聲明中國將「拚死的鬥爭，堅持抗戰，直到最後的勝利」，呼籲英美不要和日本貿易，停止將原料和技術輸給日本。②同月廿五日返港。本函所稱廣東之行指此。

宋慶齡非常重視華僑的力量。一九三七年十二月，她支持廣東群眾團體成立華僑抗敵動員總會，任名譽主席。次年三月，她與何香凝聯名發表《致海外同胞書》，呼籲華僑支持祖國抗日部隊。本函所稱廣東省海外動員總會，或即華僑抗敵動員總會。宋慶齡發出此信後不久，又再返廣州。當時，華僑抗敵動員總會正在召開第二屆會員代表大會。宋慶齡曾爲會議寫作《華僑總動員》一文，要求「加緊華僑中的團結，充實與擴大華僑救國的組織，統一華僑運動的領導」，③對於「海外動員」工作，起了重要作用。

三、一九三八年十一月廿一日宋慶齡致顧維鈞

「中國人民之友」法國協會（地址：Irue de Clichy）來信說：願以展覽及義賣中國工藝品的方式為我們募款。耶誕節期間，在倫敦的援華會也在做類似的努力，為此，我們已寄去了十大箱的繡品、字畫、象牙、玉及其他中國工藝品。

我們希望，您與法國友人仁慈地合作，容許他們在中國大使館舉行義賣；您和顧夫人，及知名的法籍中國之友擔任贊助人。這樣會吸引眾多人群，會保證成功，並有效地宣傳我們的宗旨。明年一月，一個類似的義賣將在華府或紐約舉行。何時寄出（義賣的）物品，由何船運載，容後奉聞。這些物品是在香港的所有中國婦女捐贈的。為了避免上稅，這些物品將直接寄到尊處。

The Messageries Maritime（法國郵船公司）將免費為我們運送。

謝謝您，

您的非常真誠的

宋慶齡

（主席）④

中國人民之友法國協會由法國五十二個和平團體組成，社長赫禮歐（Ed.Herriot），法國社會急進黨總裁，曾任內閣總理，當時任眾議院議長。該會積極支持中國的抗日戰爭，曾舉行多次演講會，呼籲抵制日貨；又曾向國聯大會、法國內閣及外交部上書，要求尊重中國領土完整及主權獨立。該會還曾號召爲救濟中國難民捐款。僅據一九三八年九月初的統計，捐贈款項即達五十萬法郎，捐贈人達二萬餘之眾。當年二月十二日，該會並在倫敦召開世界援華大會，有歐洲五國代表參加。在倫敦的援華會，指英國援華運動總會，成立於一九三七年九月，會長爲李斯陶威爾（The Earl of Listowel）爵士，其任務爲向中國捐贈醫藥用品、布匹；組織集會講演，抵制與日本的貿易；散發反對日本侵略的文件等。

「保盟」成立後，宋慶齡即倡議在國外舉行義賣，藉以籌集經費。香港的五個婦女團體全國婦女救援會、中國婦女士兵救濟會、中國婦女俱樂部、中國基督教女青年會、廣東婦女新生活運動委員會等積極回應宋慶齡的倡議，至一九三九年四月中旬，共募集中國藝術珍品四千五百餘件，先後在倫敦、巴黎、紐約三地舉行義賣。本函即爲與駐法大使顧維鈞接洽義賣而作。

四、一九三八年十二月二日宋慶齡致哈斯克爾先生

來電敬悉。您同意協助我們舉辦義賣會，十分高興。這次義賣的收益將捐獻給傷兵、戰爭孤兒、難民，他們的總數已超過六千萬，我們已無力供養。救援的需要每日都在增加，但我們幾乎得不到來自美國的捐助。現在我正動員中國不同組織的全體

婦女，幫助向富人收集捐獻品。我們已成功地得到了若干很有價值的刺繡、磁器、漆器、卷軸、古玩等，全是中國民族工藝。義賣會將能為中國向公眾作出有影響的宣傳。我們正在法國和倫敦進行同樣的努力以募集資金，但是，最有價值的物品將送到紐約。

由於我們的書記沙爾文・克拉克夫人休假一月，義賣會的大部分工作落到了我的肩上。這裏有這麼多工作要做，使我無法設想美國之行。我們發出的每一件物品都附有標籤，標明價格，因此，您將瞭解每一件物品的基本價格。由於它們是免稅的，請盡力爭取最高價格，不要跌價出售。

我們希望將這些箱子裝上「總統門羅」號，十二月廿三日啓程，二月十日到達紐約。為了便於免費運輸並免稅，這些箱子將寄給中國駐華盛頓大使胡適博士。我早已寫信給胡博士，請他在貨物到達時派遣代表，或指令駐紐約領事取貨。可否請您和中國領事取得聯繫，並派遣一些代表陪同中國領事接收並檢查這些貨物？

稍晚一點，當這些物品登記並列表後，將寄給您一封更詳細的信。

本函爲接洽在紐約舉行義賣而作。沙爾文・克拉克（Hilda Selwyn-Clarke），香港醫務總監司徒永覺的夫人，「保盟」的名譽書記。總統門羅號，原函作President Mondoe，疑爲President Monroe之誤。

五、一九三八年十二月七日顧維鈞致宋慶齡

十一月廿一日大札敬悉。對您為救濟我國戰爭難民而作出的高尚努力謹致謝意。在法國，我們已在為同一目標工作。舉行了幾項活動。和美國、英國比較，這裏只有少數人能像上述兩國一樣進行施捨；雖然募集並送往中國的數目不大，但也表達了法國對中國的普遍的同情。考慮到目前為救濟中國戰爭難民的中國物品義賣會正在舉行，因此到下一年早些時候方可舉行另一次慈善義賣，這樣，我們可以有時間準備並有足夠的間隔以重新引起興趣。

按照我們的經驗，美麗的物品能賣得好價格，從而增加義賣的收益。能否告訴我，您何時可以發出義賣的物品？

致以最高的敬意！

您的真誠的

顧維鈞

本函爲覆宋慶齡十一月廿一日函而作。

顧維鈞熱情支持宋慶齡的義賣計畫。由於顧的努力，所有運到法國的義賣物品均獲得免

稅。

六、一九三九年一月十八日宋慶齡致哈斯克爾先生

我們的秘書已將名義上是寄給駐華盛頓大使胡適的物品目錄寄給了您。這些箱子將於二月十日到達紐約。我們希望，您將和紐約中國戰災難童委員會取得聯繫，該會的領導人為塞巴斯蒂安・艾爾夫人、穆麗爾・德雷珀夫人、路易士・瑞娜、愛德華・卡特夫人等，她們也是中國人民的朋友，會幫助您舉辦正在發起的義賣會。位於百老匯大街的華昌貿易公司的李國欽博士也會幫助您，他懂得中國古玩，能帶領許多富有的收藏者來參觀展覽。

我剛從鄉下旅行歸來，很快又要離開。以後還要作出南方難民生活條件的報告。請原諒只能寫這封短簡。祝您在援助我們方面取得成功，並祝新年好！

您的真誠的

宋慶齡（簽字）

本函亦爲接洽在美義賣而作。紐約中國戰災難童委員會，美國援華組織之一。一九三八年三月七日，宋慶齡發表《向全世界婦女申訴》一文，呼籲世界婦女採取措施，援救無數在戰爭

中失去了父母的中國兒童。紐約中國戰災難童委員會正是在宋慶齡的這一號召下成立的。李國欽（原函作Dr. K. C. Li），愛國華僑，紐約華昌貿易公司董事長兼總經理，曾任美國中華協會副會長。

七、一九三九年三月廿八日索耶小姐致宋慶齡

附寄三月廿四日星期五的信，儘管形勢已經改變，但我希望您知道當時我正在想什麼。

星期六，貴國領事館打來電話稱：美國國務院已經通知中國大使館，我國財政部沒有發現允許貨物免稅入境的先例。我不知道您給大使館打電報是否對此有利，但我相信有此可能。如此巨大數量的一批貨物以「國際優惠」為理由獲准免稅進口，在目前形勢下，可能沒有什麼事情比做到這一點更困難了。如果可能，我計畫在一兩天內去華盛頓，瞭解真正的困難所在，以及有無改變裁定的希望。Mr. C. Y. Chen可能和我一起去。如果裁定不能改變，我們必須交稅，將爭取付得少一點。我需要知道，您能否從運來的物品中將一八三〇年前製造的藝術品分出來。按照我們的法律，在任何情況下，此類物品進口都是免稅的。我意識到，這樣做可能對您太麻煩了。如果您做不了這麼多，我們會理解。在這些物品中，如果有明顯的古董，鑑定人會分辨出來的。我

們需要儘早得到您收集的證據。

這批物品的領事發貨單寄給大使館了嗎？我們尚未收到。如果我們必須交稅，那就必須有一份。沒有發貨單而要提取物品，唯一辦法是郵寄一份籠統的保證書，但那樣也必須在六個月內接到發貨單。

我們都很遺憾，未能儘早打通我國國務院。不過，面對貴國大使館的請求，我們將事情全部扔給他們，似乎是輕率的。從大使館得到任何資訊都是很困難的。

最真誠的

伊蒂絲・O・索耶

理事

附：三月廿四日函：

我們很苦惱，不能通過海關及時提取運來的藝術品；更加苦惱的是，我們感覺到，牽連到的有些事較之通常的官樣文章還要嚴重。從胡適博士的秘書那裏。我們得到口頭保證，大使館已經做了所能做的一切。我們相信，直接來自您的電報將鼓勵他們作進一步的努力。我想，我們可以通過有影響的朋友去打通我國國務院，但是，貴國大使館的代表強烈要求我們不要主動做什麼。

在為準備展覽及義賣做了這麼多的工作之後，如果這批物品不能到手，或者被要求和別的組織合辦，那將事實上破壞援華會的威信。毫不誇張地說，我們有數百名有興趣的人在等著這次義賣，他們中的許多人卓越而能幹。推遲義賣自然會減少興趣，但我們相信，如果得到物品，我們將能舉辦一次成功的義賣。

很早以前，我們曾建議中國戰災難童委員會幫助這次義賣，但他們太忙。這是我們為什麼現在不願和別的組織共同發起的真正理由。即將出現的義賣委員會將是一個由傑出人物特別組成的團體。

因為延遲，需要另雇一人，管理機構，推進展覽和銷售。在紐約，此類事情需要高明的技術。花點錢處理更多的事務比只用志願人員弄糟事情好得多。其經費將從收益中扣除，我們希望得到您的批准。為了義賣，這是必需的。我們正試圖向一些有興趣的朋友籌款，以彌補這筆開支，因為我們喜歡盡可能將全部收入都交給您，用之於中國。

我的大部分時間必須用於重組美國援華會，以便通過它的分會及組織新分會的計畫有效率地工作。當然，我也會密切關心展覽和義賣。下週，我們將海運大約一噸已用過但仍完好的外科設備。約值四千美元。買新的要花兩倍以上的錢。要求設備和藥品的新呼籲已經發出。如果上述設備無法使用，請立即賜告。

我們正在進行民意測驗以瞭解當地分會對抵制（日貨）和禁運的態度。到目前為止，援華會的政策僅限於救濟。在下次執行委員會會議上，我們將討論一項政策上的可能轉變。我們的希望之一是做最能幫助中國的事。我們有一些優秀的執行委員會成員，如果我們能獲得進行組織所需要的資金，委員會將迅速發展。我們付給工作人員的工資僅可勉強維持生活，我們需要更多這樣的人，以繼續保持已經建立的聯繫並利用正在增長的對中國的興趣。

我希望希爾達．沙爾文．克拉克夫人瞭解此新的內容，可能直接將信寄給她轉您，因為我不能十分肯定您現在的位址。

索耶（Edith.O.Sawyer），美國援華會理事。運往法國、英國的義賣物品均順利獲得免稅，但在美國則碰到困難。據一九三九年四月十五日出版的《新聞通訊》第二期報導：「不幸，紐約美國海關至今尚未同意免稅。在華盛頓的中國大使胡適博士目前正在爭取獲得免稅。同時，組織義賣和捐助義賣的各婦女團體在四月六日的聯合會議上，決定向佛蘭克林．D．羅斯福夫人發去下列電報，求得她的幫助。」該電由宋慶齡領銜。本函反映出美國援華會方面的努力。

當時，美國是日本主要的軍火和軍用原料的供應國，日本從美國的進口數約占其總進口數的百分之五十四。美國援華會成立後，曾不斷發動抵制日貨運動，同時要求對日禁運軍火、軍需，曾派代表赴華盛頓國會請願。索耶小姐三月廿四日函稱：「正在進行民意測驗以瞭解當地分會對抵制和禁運的態度」，顯然是在為新的行動作準備。

八、一九三九年四月十四日宋慶齡致顧維鈞

來電敬悉，得知義賣的箱子已轉交中國人民之友社的Etienne Constant夫人，非常感謝。附寄備忘錄一件，當地「中國工業合作」（CIC）促進委員會要求轉給您，希望得到來自您的資訊與合作。

致以最好的祝願！

您的真誠的

宋慶齡（簽字）

一九三七年秋，愛德格・斯諾及其夫人海倫・斯諾與路易・艾黎等在上海提出，鑒於中國沿海工業區已經或即將淪於日軍之手，後方工業品十分缺乏，建議採用合作社的方式，在大後方發展小型手工業和半機器工業，生產各種迫切需要的日用品，以支持長期抗戰。宋慶齡積極支持這一倡議。一九三八年八月，中國工業合作協會總會成立。隨之，工業合作運動（Chinese Industrial Cooperation）在各地興起，簡稱「工合」。一九三九年一月，根據艾黎的建議，爲了避免重慶方面控制並貪污海外捐款，將之用於「最急需的地方」，在香港成立中國工合協會國際委員會。宋慶齡任名譽主席。不久，又成立工合香港促進委員會，宋慶齡任主席。其後，宋慶

齡即積極在美國、英國、菲律賓、紐西蘭、澳大利亞等地建立工合推進委員會，大力爭取國際援助。本函稱「附寄備忘錄一件」，「希望得到來自您的資訊與合作」，顯然，宋慶齡企圖得到顧維鈞支持，在法國推進「工合」運動。

九、一九三九年七月廿五日宋慶齡致索耶小姐

您盛情經由沙爾文‧克拉克夫人轉來的一一零二元支票收到，附寄收據兩張。

您的真誠的

宋慶齡（簽字）

據不完全統計，一九三九年前後，保衛中國同盟從紐約美國援華會得到的援助額爲：美元四二五八點八一元，法幣九五五六點零九元；從麥迪森、諾坦普頓、費城、德克薩斯等地美國援華會得到的援助額爲：美元一七五七點二七元，法幣一二七點五七元。本函所稱轉來的一一零二元支票當即其中的一部分。

十、一九三九年十月宋慶齡致亞瑟‧柏樸

本函英文本曾刊於一九三九年十月出版的保衛中國同盟的機關刊物《新聞通訊》第九期，題爲《孫逸仙夫人致外國團體的信》，中文本收錄於一九八三年五月上海人民出版社出版的《永遠和黨在一起》，題爲《給外國機構的一封信》。兩種文本均無收信人，看來當時是寄給許多外國機構和個人的。

亞瑟・柏樸（Arthur Pope），美國救濟中國戰災難童會主席。由於本函已有中文本，故此處不錄。

十一、一九三九年十月宋慶齡致普賴斯小姐

普賴斯（Mildred price），紐約美國援華會的執行秘書。本函內容與致亞瑟・柏樸同。

十二、一九四〇年五月廿四日宋慶齡致亞瑟・柏樸

支票收到，收據隨信附上。謹代表我們的委員會向您致以深深的謝意。我已經得知您對我們工作的巨大興趣。感謝您的不斷支持，它已使挽救無數幼小的日本侵略的受害者成為可能。我去前線訪問六週，剛剛回來，在我訪問過的不同團體中，戰災難童受到我特別的注意。

不久我將寄一封詳細的有關這一問題的信給您。隨信寄去一張戰災難童的快照，它是我在視察旅行中抓拍的。

致以最熱烈的問候！

您的真誠的

宋慶齡（簽字）

（孫逸仙夫人）

據有關資料，一九三九年前後，美國救濟中國戰災難童會曾向保衛中國同盟捐款三八八美元。本函所稱收到的「支票」，當即該項匯款。

一九四〇年三月三十一日，宋慶齡與宋藹齡、宋美齡自香港飛抵重慶。四月初，與宋藹齡一起到重慶第一兒童保育院慰問難童。五日，三姐妹巡視被敵機轟炸的重慶市區。八日，赴傷兵之友社醫院慰問傷兵。廿二日，飛成都視察中國工業合作協會成都事務所，參觀「工合」產品展覽會。五月九日返港。本函所稱「訪問六週」，指此。

十三、一九四〇年五月廿六日宋慶齡致普賴斯小姐

我到內地作了六週旅行，剛剛回來。在那裏，我見到了您的朋友並且收到了您的資訊。但我仍然希望得到詳細的回答。

同時，我還必須告訴您，對您為我國戰爭受難者所做的傑出工作，我是多麼感謝！自您參加援助中國委員會以後，巨大的進步明顯可見，至於捐贈品的增加，就不用提了。我已寫了封短信給洛克伍德博士，感謝他幫助在費城成功地舉辦了音樂會。

從現在起，我將更加用心，試著寫一封信去美國。正在討論的婦女問題確實是個問題，不過，像所有問題一樣，它不能表面地加以解決。這需要時間。

致以個人的問候和敬意！

您最真誠的

宋慶齡（簽字）

美國援華會在費城設有分會。在當地舉辦的音樂會，也是向中國提供援助的義演。因此，本函中，宋慶齡除了對普賴斯小姐的出色工作表示感謝外，也順便告訴她，已去信感謝幫助組織義演的洛克伍德（Lockwood）博士。

十四、一九四〇年七月十六日宋慶齡致普賴斯小姐

附上尊處寄給「中國工業合作協會」的三百元收據。

S－C夫人已去碧瑤，您的信將由辦公室秘書轉給她。

當保衛中國聯盟發起中國工業合作協會時，我們的組織還有其他的承諾。

當您嘗試募捐時，請記住這一點。更多的人對後一組織感興趣，因此，經常有錢來自各方。

信即將發出，我必須止筆。致以熱烈的感謝和問候！

您的真誠的

宋慶齡（簽字）

S－C夫人，當指沙爾文・克拉克夫人，碧瑤（Baguio），菲律賓的一座城市，位於馬尼拉之北。

爲了廣泛爭取支持，動員菲律賓華僑支持祖國抗戰，宋慶齡曾派斯諾夫婦去馬尼拉組織「工合」菲律賓推進委員會。其後，又在碧瑤建立了同樣的組織。路易・艾黎曾去兩地演講，獲得很大成功。克拉克夫人去碧瑤，當亦爲推進「保盟」和「工合運動」。

本函中，宋慶齡指出，更多的人對「工合」有興趣，「經常有錢來自各方」，這是非常正確的。據不完全統計，至一九四六年止，英國「工合」推進委員會對中國「工合」的捐款爲十萬英鎊。美國「工合」推進委員會的捐款爲三百多萬美元，連同港澳、菲律賓、紐西蘭、澳大利亞等地，約計五百萬美元左右。⑤

十五、一九四〇年八月廿七日宋慶齡致普賴斯小姐

捐款拜收，呈上收據。對您的努力，謹表示我們誠摯的謝意。

我已指示會計，在將來更細心地列出捐獻清單，並且向援華會頒發所捐全部金錢和物資的榮譽狀，而不一一給予個人。這確實是由於辦公室打字員的粗心，以致使她登錄錯了貴會分支的認捐額。

美國戰災難童會參加貴會，這是個極好的消息。我希望您已經收到我為戰災難童出版的專刊，其中提到，在三十萬以上戰爭難童中僅有兩萬受到照顧。因此，非常需要為這些日本暴行的無辜受害者尋求資金，建設更多的住宅，特別在西北地方，由於到目前為止，這一問題尚未受到充分注意，要求就更為迫切。

聽到普賴斯小姐關於中國工業合作協會款子的不滿，我很驚訝。我們經常迅速地將款子轉交（中缺）回答說，他們已經從保衛中國同盟的會計那裏收到了全部款子。如果普賴斯小姐能給她的朋友寫一封信，更清楚地說明何項款子我們沒有轉交，事情將會立即得到澄清，因為我們可靠的秘書掌握著所有給中國工業合作協會的支票。

眼下我極忙，短簡乞諒。

致以熱烈的問候！

您的真誠的

宋慶齡（簽字）

保衛中國聯盟由香港大學教授諾曼・法朗士（N.H.France）任名譽司庫，有嚴格的財務管理制度。從本函看，由於打字員的粗心，出現了某些差錯，宋慶齡立即採取措施，加以改進。

十六、一九四〇年十二月七日宋慶齡致普賴斯小姐

十一月十六日大札敬悉。謝謝。附呈我們的司庫寄給您的支票收據兩張。

聽到您的許多活動，我們很高興，對您提到的某些困難，我們也能很好地理解。

沙爾文・克拉克夫人早已寫信給您，闡明委員會關於醫藥救濟的觀點。

保衛中國同盟仍然主要負責國際和平醫院的維持和供應，此項工作，我們不直接依靠（中國紅十字會總會）救護總隊（或美國醫藥援華會）。我記得沙爾文・克拉克夫人說過，美國醫藥援華會僅提供物資，它的援助主要用於林博士及其救護總隊，這已成為一項主要原則。但是，林博士完全忙於滿足主戰場的需要，除了偶然向游擊隊員或游擊區派遣一個醫療隊外，不能提供更多的幫助，後者要依靠國際和平醫院。

援華團體廣泛直接地以經費支持國際和平醫院之所以仍然非常重要，其原因就在這裏。

關於經由保衛中國同盟為中國工業合作協會所募的款項，我們運用同樣的原則。我們儘量特別支持前線及游擊地區，盡可能地將特別指定為中國工業合作協會的款項用在「游擊單位」及前線地區的特別計畫。中國工業合作協會的一般經費必須分配於他們活動的全部領域，但是特別指定的經費可由在香港的國際委員會（保衛中國同盟之下的）處理，並直接送到我們認為非常重要的地區，是中國工業合作協會應當立即發展的。

我們的難童經費主要用之於西北地方、邊區孤兒院及延安附近的「小鬼」訓練學校。在那裏的兒童，不僅受照顧，而且被訓練去做有用的和建設性的工作。

總之，保衛中國同盟堅持早已得到贊同的政策，首先援助那些不能從一般救濟工作、紅十字會及援助中國組織得益的所有前線及游擊區。自然，我們希望，貴會將繼續支持此項工作。

目前，游擊區正面臨日軍全面進攻，因此，種種原因説明，他們從海外朋友處得到支持，遠較過去任何時期為重要。

我希望，你們計畫在一月舉辦的美術義賣與展覽能獲得巨大成功，從而在新的一年裏取得更好的工作條件。

您最真誠的

宋慶齡

保衛中國同盟中央委員會主席

國際和平醫院，抗戰初期創建於晉察冀的一所醫院，沒有固定院址，主要爲中共所領導的游擊區軍民服務。一九三八年，國際和平大同盟世界代表大會在倫敦通過援華決議，其後，宋慶齡即積極和中共方面聯繫，籌備建院。該院由英國援華會捐助建院費，第一任院長爲白求恩，第二任院長爲柯棣華。宋慶齡對該院一直給予巨大關注和支持。《新聞通訊》也經常報導該院消息。此外，延安保育院也受到宋慶齡的特別關注。

鑒於八路軍、新四軍的條件極爲艱苦，因此，保衛中國同盟一直將援助的重點放在中共所領導的解放區。例如，「保盟」一九四〇年的援助帳單即記載：國際和平醫院，四六八七八點四六元（港元，下同）；紅十字會醫療救濟會，九六三九點八〇元；八路軍，二七四一一點五〇元；新四軍，一四九九〇點八三元；中國工業合作社，三〇六一六點六九元；戰災兒童，五七八九點四七元；難民救濟，五五一一點〇三元；魯迅藝術學院，九八〇〇元；抗日軍政大學，九二三點八七元。在本函中，宋慶齡坦率地向普賴斯小姐通報此點並說明了理由。

十七、一九四一年一月十一日宋慶齡致普賴斯小姐

拜領您最近寄來的捐款，呈上收據。

在委員會上部分地宣讀了您的坦率的來信，很受欣賞。大多數您指出的問題是我們的問題。可以奉告的是，我們正在重建我們的機構、成員，並且堅決在廣闊的基礎上推進我們的政策，以適應需要和形勢。

詹姆斯·伯特倫先生現在是我們的發言人，他將回答大札中有關問題。不過，他和我都正可怕地忙於在本月舉行音樂舞蹈演出會。我們經常好像處在奔跑中。如果不是因為財政運動，繼之以《新聞通訊》，兩星期之後，我肯定將專注於您的問題。

同時，請接受我熱烈的新年祝福和對您獻身於我們共同事業的感激。

您的真誠的

宋慶齡（簽字）

本函發於九龍。詹姆斯·伯特倫（James Bertram）或譯傑姆斯·貝特蘭，英國人，一九三二年考入牛津大學。一九三七年來華，曾秘密去延安訪問毛澤東。一九三八年至一九三九年任《先驅報》、《衛報》駐華特派員。一九四一年任英國駐重慶大使館新聞參贊。他曾在「保盟」的《新聞通訊》上發表《關於國際和平醫院的報告》、《同日本攤牌》、《紀念白求恩》等文。

爲救濟戰爭難童，保衛中國同盟中央委員會曾於一九四〇年十月十八日在香港半島旅館舉行過音樂舞蹈演出會，著名舞蹈家戴愛蓮和上海市立樂團歌手斯義桂等參加演出，獲得成功。一九四一年一月廿二日，同盟又與援助昆明醫院委員會共同發起，在香港皇家劇院舉行演出會，所得收入用以援助國際和平醫院及遭到嚴重轟炸的昆明醫院。戴愛蓮、斯義桂再次參加了演出。

十八、一九四一年二月十八日宋慶齡致普賴斯小姐

一月廿八日大札給我們帶來了好消息，貴會在紐約成功地為中國獲得了大量救濟物資。如果您能指令將他們運到香港，我們將非常感激。

由於日本人佔領了惠州附近的道路，從香港經過廣東北部到達內地的通道現在不能開放。我們希望這只是暫時的，通道將能迅速開放。目前，我們在仰光沒有代理人，這條路線又遠，而且經過滇緬路運送救濟物資還需要特別的安排。在這兩條路線中，香港至廣東要快得多。

我注意到，您剩下了一些聖誕卡。如果可以儲存起來，請留待下一年使用。

由於中國人民力量的強大和公眾輿論以及人民武裝的形成，中國的內戰暫時得到阻遏。我感到，我們的外國朋友，此地的和海外的，已經為促進統一戰線所做的或

將要做的努力，仍然是一個重要的因素。我們都感激在紐約的朋友迄今為止所做的一切。

您提出的與菲希頓先生談話有關的四個問題，我已轉交陳翰笙博士，請他回答。我想，在下一封信裏，他會回答您。

最近，我們增加了同盟工作機構的人員，並且建立了更多的工作部門。沙爾文・克拉克夫人負責與歐洲國家的通訊，陳翰笙博士將處理和美國朋友的通訊。

致以熱烈的祝福！

您的真誠的

宋慶齡

孫逸仙夫人，主席

一九四一年一月上旬，國民黨當局製造皖南事變，抗日統一戰線面臨著破裂的危險。十四日，宋慶齡與何香凝、柳亞子等聯名致電國民黨中央，譴責事變，要求國民黨和蔣介石「撤銷剿共佈置，解決聯共方案，發展各種抗日實力，保障各種抗日黨派。」在國內外愛國、民主力量的反對下，這次事變未發展爲更大的風潮。二月十五日，「保盟」的《新聞通訊》發表《統一戰線繼續存在》一文，報導事變真相，說明局勢已經緩和，要求國內外一切民主力量繼續努力，維護國內、國際反侵略統一戰線。本函爲向美國友人通報有關情況而作。

當時，在「保盟」中央委員會的領導之下，建立了四個小組委員會：諾曼・H・法朗士領導的財政委員會、麥克斯・比克頓領導的運輸委員會、鄒韜奮領導的宣傳出版委員會、瑪麗恩・苔德莉領導的促進委員會。本函稱「建立了更多的工作部門」，即指上述各機構。

聖誕卡，一九三九年、一九四〇年、「保盟」都製作了具有中國藝術特色的聖誕卡，委託美國援華會等友好組織出售，收入全部用於救濟中國的戰爭難童和傷病員。函中所稱聖誕卡，指一九四〇年所製。

十九、一九四一年三月六日宋慶齡致普賴斯小姐

我想知道，您是否已經見到了愛德格・斯諾，他正在紐約。我樂意將他作為保衛中國同盟的創始人介紹給您。毫無疑問，您早已熟悉他在援助中國工業合作運動方面所做的的各種工作。

作為中國人民的朋友，他可能易於同意在美國發表講演。如果在援助中國委員會主持下他有某些講演的機會，我們將很感激，他能向美國公眾説明同盟的目標和活動。

茲答覆您二月廿八日大札中詢問的項目。D1與D2在香港買不到。我們的辦公室有

關於價格的資料，引錄如下：

繃帶用品，40碼（yd）長，36"寬，每卷港幣五點三元

橡皮膏，7"×一yd，每羅港幣七十二元

安全別針，每羅港幣三十五分

脫脂棉，每箱二二四磅，港幣二二四元，或每磅港幣零點七五元

紗布，40yd×28"，港幣四點五元

棉布，作繃帶、包裝等用，40yd×36"，港幣八點六元

棉布，作小袋用，40yd×36"，港幣六元

一般地說，如果您收到了此類捐贈，望運至香港，我們再轉運內地。當您指定捐款用於製造此類物品時，我們將安排在此購買此類物品並轉運內地。中國工業合作協會下屬的任何單位都能製作繃帶、吸水棉花及紗布。

凱思琳・霍爾小姐是一位負責公眾健康的護士，她在山西南部的紅十字會裏做了一年多醫療工作，成績突出。最近回故鄉紐西蘭，途經香港。您可以想起，她是和白求恩博士一起在五臺山工作的朋友中的一個。

根據她的報告，現在在山西和河南有十四個孤兒院，四千四百九十一個兒童，五分之二是女孩。她們急迫需要的是醫藥、衣服、食物、教育用品與房屋。

目前，生活費到處都在飛漲，但是，兒童的食品補助卻因為缺乏經費而無法增

加。現在，負擔一個兒童的食品和其他開銷至少需要中國貨幣一元。匯率是十八元中國貨幣兌換一美元。

由於需要撫養的兒童不斷增加，幾個孤兒院雖早已找到經費，但都不夠。根據霍爾小姐提供的情況，我可以愉快地說，這些孤兒院在條件允許時能很好地工作。

食品、教育用品之外、醫藥是緊迫的需要。眼病、一般的兒童瘡、抓傷、跌倒，還有夏季疾病的藥物供應不足。來自半饑餓或饑餓地區的兒童需要魚肝油和維他命B產品。

我知道，在邊區的孤兒院得到當地政府的財政支持，但是，這種支持太不足了，僅能維持每日最貧乏的食品，包括小米、麵條、饅頭和黃豆。另一方面，護士和教師的數量似乎差不多。每八至十個兒童有一名護士。我知道，這些教師和護士在延安的師範學校和醫藥學校受過訓練，他們中的有些人畢業於抗日大學。

那些孤兒院進行簡單的初等教育，包括讀、寫、算術、唱歌、體育和政治教育。耶誕節在信徒的家裏慶祝。中國新年（今年一月廿七日）一般受到重視。兒童節（四月四日）和雙十節（中華民國國慶）放假。教育設備如積木、黏土、可塑材料等供應不足。通常的玩具不需要。

由於霍爾小姐的報告，我對於那些孤兒院進行一般的衛生訓練獲得印象。孩子們被教以一般的健康和環境衛生習慣。什麼時候才能得到牛痘和血清的供應，使當地政府的防疫站能給孩子們種牛痘和免疫？

希望您已經收到了我二月十八日的信。與英文版一起，同盟正在這裏出版中文版半月刊《新聞通訊》。

致以友好的問候！

您的真誠的

宋慶齡

孫逸仙夫人，主席

一九四一年一月，斯諾在香港從宋慶齡與廖承志處得悉皖南事變情況，曾向美國發出急電，公布事變真相，導致美國政府中止一筆新貸款的談判，國民黨政府因此取消了斯諾的採訪權，迫使斯諾返回美國。本函中，宋慶齡希望普賴斯小姐為斯諾提供機會，向美國公眾介紹「保盟」。

凱思琳・霍爾（Kathleen.Hall），教會護士，一九三九年十二月以中國紅十字會外籍人士後備隊員的身分赴山西工作，一九四一年初因病回國醫治，途經香港時，向「保盟」提交了一份長篇報告。該報告詳細敘述了中國西北部人民饑餓和缺醫缺藥的狀況，也介紹了在八路軍總部、國際和平醫院以及各地孤兒院所見。出於對孤兒們的關懷和愛護，宋慶齡在本函中特別為他們提出了救援要求。

二十、一九四三年四月十七日宋慶齡致普律德小姐

李約瑟博士給我帶來了您的短簡，從而得知您在紐約活動的部分情況，很高興。上週我在貴國大使館時，一位朋友提起，他聽說，您試圖控制在紐約的「工合」美國推進委員會。我笑了，評論說：「這必然是聯合對華救濟會那裏來的。」他點頭，我們兩人都大笑起來。後來，我向他敘述了「保盟」和這個聯鎖組織打交道的經歷以及現在的僵局。

當我寫到這裏的時候，我想知道，貴處是否已經有人試圖會見蔣夫人，聽她如何談論路易。我想，羅斯福夫人能在這方面給予很多幫助。

盧廣綿上週給我打了電話。他大為改變，甚至提出將杭立武（陳立夫的人）增補進委員會。

您讀了特迪・懷特關於河南饑荒的報告（《時代》，五月）嗎？它提供了真相和該地區可怕的情景。大批災民正在湧入寶雞，「工合」可以救濟他們。不幸的是，路易的努力被擋住了。他被勸說待著，完全不要動。説實在的，沒有什麼事比這更使人喪氣的了。

這封信必須立即發出。請代我問候佩（Pey）、高洛克（Galack）小姐、巴布科

克（Babcock）夫人。致以最好的祝願並望不要洩氣（我也正在試著這樣做）。

宋慶齡（簽字）

本函發於重慶，爲宋慶齡親筆，左上角並有 Strictly personal（絕對個人的）等字。

收信人普律德（Ida Pruitt）出生於山東煙臺，在中國度過幼年時期，後回美國讀書，畢業後再來中國，任職於北京協和醫院。抗日戰爭爆發後到上海，與路易・艾黎、斯諾等共同發起「工合」運動。一九三八年到香港，任「工合」國際委員會秘書。後被宋慶齡派回美國，組織「工合」美國推進委員會，邀請羅斯福夫人任名譽主席，普律德自任秘書，爲支持中國抗戰做了大量工作。晚年執教於美國賓州大學。著有《*A Daughter of Han, THe Autobiography of a Chinese Working Woman*》（漢族的女兒——一個中國勞動婦女的傳記）等書。

聯合對華救濟會（United China Relief），或譯救濟中國難民聯合委員會，由美國對華醫藥救助委員會、勞工對華救濟委員會、中國婦女救國會、對華緊急救濟委員會等團體組成。以羅斯福之子西爾多・羅斯福爲主席。該會也爲支持中國抗戰做了大量工作。但該會與美國各地紳、商、資本家及保守派工會領袖關係密切，當時中共領導的武漢《新華日報》曾發表文章稱：「這一團體有很多弱點，他們在組織上排擠進步分子合作與參加，又該會並不注意群眾的組織與團結，僅作運動的發動與號召。」⑥從宋慶齡此函看，聯合對華救濟會與「工合」國際委員會及推進委員會之間存在著矛盾。宋慶齡領導的「工合」運動主要援助中共及八路軍與新四軍，這可能是聯合援華會對「工合」和普律德不滿的主要原因。

路易，指路易・艾黎，紐西蘭作家、詩人。一九二七年來華。抗戰期間，積極支持宋慶齡成立保衛中國同盟，宣導工業合作運動。盧廣綿（函中作Lu Kwang-mian），原在華北從事棉業合作工作，抗戰爆發後到上海參加全國農業調整委員會，旋又參加胡愈之等人發起的星一聚餐會，與路易・艾黎及斯諾夫婦相識。不久，投入「工合」運動。杭立武（函中作Han Lih-wu），安徽滁縣人。畢業於金陵大學，先後留學美、英兩國。時任三青團中央幹事會候補幹事。後曾任教育部常務次長。

「工合」運動受到國民黨政府，特別是CC系的嫉視。不少「工合」工作人員被捕，甚至被害。一九四二年末，國民黨政府宣布解除路易・艾黎的「工合」技術顧問職務，企圖迫使他離開中國，其理由是：艾黎在洛陽與共產黨員共同搞陰謀，利用蔣夫人的錢使瑞金的八路軍有所依靠，爲新四軍製造草鞋。⑦本函詢問普賴斯，美方是否已有人會見宋美齡，聽她如何談論路易，當即爲此。本函又稱：盧廣綿「大爲改變，甚至提出將杭立武（陳立夫的人）增補進委員會」，可以曲折地反映出CC系對「工合」運動所施加的壓力。

特迪・懷特（Teddy White），希歐多爾・懷特（Theodore White）的暱稱，中文名字爲白修德，一九三八年畢業於哈佛大學。一九三九年至一九四五年任美國《時代》雜誌駐重慶記者。一九四三年，河南發生大災荒。《大公報》因報導了有關情況，被國民黨政府勒令停刊三天，懷特隨即決定偕英國《泰晤士報》記者前往採訪。同年五月，懷特在《時代》雜誌五月號發表文章，報導了當地因爲嚴重饑餓而出現人吃人現象的可怕情景，並且嚴厲批評了國民黨政府的腐敗和救援工作效率的低下。⑧當時，「工合」西北辦事處設在寶雞，本函反映出路易・艾黎曾準備動員「工合」予以救濟，但受到國民黨當局的阻撓。

信中，宋慶齡勸普律德不要灰心，自己也將同樣作。在當時的條件下，宋慶齡盡可能地爲救濟河南災民做了許多事。當年五月十五日，在重慶發起賑災足球義賽。其後，又通過美國援華會的幫助，自聯合對華救濟會取得五萬美元捐款。⑨

①《介紹最近發現的幾封孫中山和宋慶齡的信》，《近代史研究》一九九一年第二期。
②漢口《新華日報》，一九三八年八月廿四日。
③《宋慶齡選集》，第一三三至一三六頁。
④本函用李又寧教授譯文。
⑤盧廣綿《抗日戰爭時期的中國工業合作運動》，《文史資料選集》第七十一輯，一一六頁。
⑥漢口《新華日報》，一九三八年七月廿七日。
⑦路易・艾黎《「工合」運動記述》，《文史資料選集》第七十一輯，一〇五頁。
⑧參閱西奧多・懷特、安娜・雅各布著《風暴遍中國》，解放軍出版社，一九八五年版，第一七五至一九〇頁。
⑨宋慶齡《從香港到重慶》，《永遠和黨在一起》，上海人民出版社一九八三年版，三十六至四十二頁。

張學良三次請纓抗日

——近世名人未刊函電過眼錄之一

張學良發動西安事變，志在團結國內愛國力量，共同抗日。事變後，張學良被「嚴加管束」，軟禁於浙江奉化，但是，他抗日之志不泯。在奉化期間，他曾對來訪的部將于學忠等表示：「除對日作戰外，決不想再統軍。」當年七月，盧溝橋事變爆發，華北危急。十八日，張學良致函蔣介石，要求蔣給以殺敵機會，函云：

盧橋衝突，日漸擴大，日本軍人之兇焰，肆行無厭，真令人髮指！良知鈞座鴻謀，早有成竹，萬一不幸，中日問題，必須以兵，俯乞鈞座賜良殺敵之機，任何職務，任何階級，皆所不辭。能使我之血，得染敵襟，死得其願矣。如蒙鈞座之允諾，良生當隕首，死當結草，鈞座俯臨華夏，決不令匹夫一志之不得伸。臨書惶悚，不知所云，俯乞鑒宥。

信中，表現了張學良對日本侵略者的切齒痛恨，也表現了他殺敵衛國的急迫心情。張學良原是軍事委員會副委員長，是僅次於「蔣委員長」之下的「副座」，但他表示，只求血染敵襟，死得其願，職務、等級，均不在考慮之列。信是送到蔣介石手上了，但杳無回音。

西安事變中，宋子文作爲蔣介石的代表，與張學良、楊虎城及周恩來等談判，終於達成協議，使事變和平解決。張學良被軟禁，宋子文覺得有愧於心。盧溝橋事變爆發後，宋子文即積極向蔣介石進言，要求釋放張學良，使之爲抗戰效力。七月三十日，宋子文致函張學良云：

> 弟時時思欲與兄晤談，而在目前情形之下，不能須臾離滬。國難如此，正一致禦侮之時，弟已切請委座恢復吾兄自由，俾為國家效力。弟在此數日內，必抽暇來溪口與兄面敘也。

同年八月十三日，淞滬抗戰爆發，蔣介石親赴昆山前線指揮，宋子文再次向蔣介石進言。這次，蔣介石居然同意了，宋子文很高興，於九月廿二日致函張學良云：

> 許久未通音問，實因無善足告，非敢對兄忘情，度邀亮照。兄事，弟對介公陳說之電不下數十通，最近在昆山晤謁，並以國難極度嚴重，急宜起用吾兄，及時效力為言，已得介公諭允。頃蔣夫人來函，亦經提及，大雲出山，指顧間耳！

從盧溝橋事變起，時間不過兩個多月，但宋子文向蔣介石陳述起用張學良的電報已達數十通，可見，宋子文用力之勤。因爲宋函有「頃蔣夫人來函，亦經提及」一語，所以張學良收到宋函後，即給宋美齡寫信，希望通過「夫人路線」比較快地解決問題。首云：「入世以來，除先嚴時加訓誨外，扶持愛護者，只有委員長一人，感激之深，銘心刻骨。良恪守夫人前在妙高臺之訓，惟委員長之命是遵，所以居山以來，每日以閱書看報檢束身心爲事，外間事一概不聞不問。」

當年四月十日，宋美齡曾在奉化妙高臺邀請張學良、于鳳至夫婦午餐，臨行前，宋美齡單獨召張學良談話，聲稱「彼深知余爲gentleman，不過性急躁須改」云云。函中所言「妙高臺之訓」指此。接著，張學良轉入正題：

> 惟自中日戰事爆發以來，家仇國難，時縈於心，恨不能捨命捐軀，以抗強敵，是以前此有請纓雪恥之舉。近兩月中，每日注意鍛煉身心，以備委員長之驅使，期為民族而犧牲，不敢自圖安逸，苟全性命於世間。良受委員長之優容厚待，有如家人。委員長運籌決策，夙夜焦勞，凡屬同袍，皆各效其能，以為抗戰之助力。良處此時勢，詎敢妄有希冀，捫心自問，實有難安心者耳！否則飽食暖衣，山居優遊，亦或人求之所不得。夫人聰慧過人，諒能洞鑒良之心緒也。

這一段話寫得很婉轉，但國難期間，願爲民族犧牲，而不願「飽食暖衣，山居優遊」的心情表達得很明確。同時，張學良並致宋子文一函，要他將上函轉給宋美齡。函云：

我二人愛如手足，親如同胞，心心相印，兩地情同。兄對弟之關切，我心深知，弟非木石也。頃上蔣夫人一書，弟之情緒，統見其中，兄請酌可否呈遞。良見我同志皆能殺敵救國，而家仇國難萃於一身如我者反山居優遊，衷心時刻難安，想兄當可鑒及也。臨書迫切，企盼好音。

蔣介石雖然在宋子文面前表示同意起用張學良，但很快就後悔，通過宋美齡轉告張學良，要他「好好讀書」。這是張學良第一次請纓抗日的情況。

一九三八年，張學良遷移湖南沅陵，住在鳳凰山。六月一日，湖南省主席張治中得到蔣介石允許，到鳳凰山探視張學良，張學良將事先寫好的請纓書交給張治中，托他轉呈蔣介石，同時另抄一份給劉乙光，請劉轉交戴笠，請其幫忙。這封信沒有流傳下來。

此次請纓，仍無回音。

張學良第三次請纓是在同年十一月九日。當日，戴笠到鳳凰山。晚餐後談話，張學良從戴笠口中得知「抗戰中真情不少」，張學良聽後「悲喜交集」。此前戴笠對東北流亡人士有所照顧，張學良頗爲所感，覺得戴笠「可稱一朋友」。戴笠臨行前，張學良交給他一封致蔣介石的信，中云：

> 雨農兄來山，欣聞鈞座雖在夙夜辛勞之中，身體精神兩健，深為快慰。此非只鈞座自身，乃中華民族之幸福也。學良山居如恒，竭力對於知識及身體，盡能修養，惟一念及我同志、同胞們在抗戰中各能盡其天職，罪孽深重如學良者反安居後方，每一思及，衷心如焚。學良非有所希及，為良心所驅使，謹為陳述。

因爲已經碰過兩次釘子，所以張學良已經不願提出什麼要求，僅強調同志、同胞在抗戰中「各能盡其天職」，而自己「安居後方」，良心上無法平靜，那意思還是要求上前線。

張學良在接受美國張之宇、張之丙姐妹訪問時談到：「我跟蔣先生寫過兩三封信，我當營長、團長都願意，跟日本打。他也沒答應。」又說：「我願犧牲就是了。」證以上述信函，張學良的有關回憶是準確的。

蔣介石爲什麼「不答應」呢？張學良說：「我也明白蔣先生不讓我抗日。一旦我出來抗日，蔣先生的領導權，我就拿過來大半了。不但老百姓，甚至中央軍隊我也會影響。」張學良一出來，是否會將蔣介石的領導權「拿過來大半」，不一定，但張學良重新掌握一支武裝，即使是一支抗日武裝，也是蔣介石不能放心的。

（《光明日報史學版》二〇〇三年一月十四日）

報國無門的苦惱

——讀張學良幽居日記

在美國哥倫比亞大學所藏張學良檔案中，日記是很重要的一部分。現存張氏日記，始於一九三七年一月一日，終於二十世紀九〇年代，是研究張學良生平的重要資料。這些日記，特別是他在抗戰時間的日記，充分顯示出張學良的愛國主義激情。張學良曾自稱「愛國狂」，此言確非虛語。

一、執戈衝鋒成夢想

一九三六年十二月三十一日，南京高等軍事法庭審判張學良，判處有期徒刑十年，褫奪公權五年。審判後，張被移送孝陵衛孔祥熙宅。這天是除夕之夜，張學良夢中過年，有兩位東北老鄉來訪，訴說國破家亡之苦，三人相對涕泣，張學良不覺哭出聲來，被看守喚醒。次日元旦，張學良日記云：

呀！廿六年的元旦了！不只失地未復，而國權日衰，就是我今日之處境，百感交集。但我是中國人，我是個丈夫，悲憤是無用的，只有不顧一切，衝出一條血路，打倒我們的仇敵日本帝國主義，然後國事有復興的機會。

同月十三日，軍統局派劉乙光等護送張學良到溪口。同年七月，盧溝橋事變爆發。十八日，張學良致函蔣介石，要求蔣給以殺敵機會，不論官階、職務，只要能血染敵襟，死得其願，但蔣介石要張學良「好好讀書」，不予批准。張學良只能在奉化山中猜測日寇對華北可能採取的措施，如，成立自治政府，在察哈爾、綏遠、內蒙等地成立「大元國」，以防共名義，與華北僞組織訂立協定，繼而又想到華南狀況以及將來的中日結局，憂憤不能自已。當時，抗日烽火已在華北、淞滬等地燃燒，張學良再也無法安坐，九月十八日日記云：

> 啊呀，又到九一八了！六年中我作了些什麼？悲慘忍痛，過了六年。
>
> 今天中日戰爭展開，而我安居山上，凡我同志多去肉搏，我不能執戈為民族去衝鋒，報家國之仇。九一八我失卻衝鋒機會，那是我的罪惡，忍耐點吧。不怨天，不尤人，自勵身心，以備國家需用你的時候，你能擔起一個任務……

次日爲中秋佳節，張學良等在妙高臺賞月會餐，張學良內心痛苦，喝得酩酊大醉。日記云：「此時惟酒可以解去苦悶，希望對日戰勝。我在此賞月賞桂，要大大痛飲一回。」

日軍在進攻上海同時，多次倚仗空中優勢，狂轟南京。九月十六日，出動飛機五十餘架。十九日，再次出動三十餘架。二十日，張學良滿懷仇恨地在日記中寫道：

「奪我土地，殺我同胞，襲我首都，再加以殺父之仇，真無法同倭寇戴天了！」

廿二日，國民黨中央通訊社發表《中國共產黨為公布國共合作宣言》，次日，蔣介石發表《對中國共產黨宣言的談話》，國共第二次合作正式確立。張學良非常高興，廿四日日記云：

「共產黨宣言，服從三民主義，一致禦侮。蔣先生已發表談話，抗敵前途之一大快事也。抗日方有真實的統一。今日可證之也。」

但是，張學良高興未久，就得到保定失陷的消息，張學良轉喜為憂，直到當夜兩點，輾轉不能成眠。廿五日日記云：

「保定失守，憂憤萬分。憂華北局勢，憤華北將領，何以如此之可恨！該殺！」

十月廿五日，中國上海守軍在經過艱苦奮戰後，被迫撤至蘇州河以南陣地，但第八十八師五二四團謝晉元部八百壯士奉命堅守閘北四行倉庫，掩護主力撤退。張學良聞訊，非常讚賞謝部的「死戰」精神，在日記中寫下了「可嘉」二字。

十月，張學良奉命自溪口遷安徽黃山，到達黃山後又奉命遷江西萍鄉。十二月十四日晨，張學良聽到電臺廣播，蔣介石命南京衛戍長官唐生智退出南京，立即推測到南京已經陷入敵手，日記云：「那末，南京陷入小鬼之手了，痛哉！」

雖然戰局不斷惡化，但是張學良仍存有希望。十二月三十一日，又是一年除夕，張學良日記云：「一年過去了！這一年中，個人及國家，風雲變化，全是劃時代的。現抄一句吉祥話，祝明年中華民國國運亨通，打倒帝國主義，完成自由解放。」

二、大好河山難住腳

一九三八年初，張學良奉命遷移湖南郴州，再次開始顛沛流離的旅行，一月二日，張學良在途中賦詩一首：

剡溪別去又郴州，四省馳車不久留。大好河山難住腳，孰堪砥柱在中流？

古人云：「聞鼙鼓而思將帥」。從離開溪口始，張學良的腳印已經踩過浙江、安徽、江西、湖南四省，但是，仍然收不住腳，自然，張學良希望能有人砥柱中流，支撐戰爭危局。二日，張學良一行抵達郴州郊外蘇仙廟。三日，張學良下山遊覽當地的溫泉和池塘，非常喜歡，不禁想起故鄉，賦詩云：

馬嶺雲松少見松，神仙羽化總成空。遼東萬里家何在，今住牛山第一峰。

眼前風景雖好，其奈家山淪陷，返鄉無日何！據有關人士回憶，蘇仙廟期間，張學良曾凝視地圖，自言自語地說：「東北這塊地方，現在不知道成了什麼樣子了？」這一段回憶可以幫助人們理解詩中的感情。

三月十六日，張學良讀韜奮的《萍蹤憶語》，其中寫到殖民者對黑人的壓迫，黑人與白人乘車時必須「分座」，張學良由此想到日本在南滿東洋車中實行的「分座」制，豈不同黑白分座一樣嗎？當日日記云：「國未亡，日本小鬼早已用劣等民族看我，不把小鬼此種心理打倒，中日安有和平之望乎？」同月，中日兩軍在山東台兒莊會戰。四月六日，李宗仁所部殲敵一萬餘人。張學良於九日從報上看到消息，興奮地寫道：「（此）為抗戰九個月來第一次大勝利，更使人快意者是將板垣、磯谷兩個王八旦打敗了。」接著，又傳說中國軍隊收復濟南，張學良高興地寫下了「快活極了」四字。

台兒莊戰役後，日軍調整戰略，將兵力集中到華中戰場，企圖攻取武漢。四月十八日，張學良奉命遷居湖南沅陵鳳凰山。這是當地的一座小山，狀似鳳凰，山上建有古剎，風景宜人。在這裏，張學良的生活是安適的，但他卻常常自責：「國難家仇集於一身的我，當此時期，而駐此清快處所，心中愧殺，但又奈何乎！」他仍然渴望有機會報國殺敵。

六月一日，湖南省主席張治中得到蔣介石允許，到沅陵探視張學良，張學良將事先寫好的請纓書交給張治中，托他轉呈蔣介石，同時另抄一份給劉乙光，請劉轉交戴笠，請其幫忙。結果，仍然石沉大海。

報國無門，壞消息卻不斷傳來。十月廿二日，張學良得知廣州失陷，深爲中國軍人難過，日記云：「呀！中國軍人該死，我也是中國軍人，也是不肖之一，思之不知容身於何地！」

廿六日，又得知漢口失陷，心中更加悲痛，日記云：

> 今年以來未有如此之悲痛者。從抗戰以來，失陷多地，未有如此之難過者。思今後，想往昔，五衷如焚，竭力自制這一極端懦弱現象，但一時仍不能止！痛哉！難道中國人必須要一度為亡國奴乎？不能！不能！不能！我也不肯！不願作奴隸的人們聯合起來吧！我們必須拿我們的血來洗這個恥辱。

十一月九日，戴笠到鳳凰山，晚後暢談，張學良得知抗戰中真情不少，不禁悲喜交集。戴笠對東北流亡人士有所照顧，使張學良頗懷感激。當日，張學良托戴笠轉呈蔣介石一函，再次表示參加抗戰的意願。

爲了阻止日軍進攻長沙，蔣介石密令張治中於必要時焚毀市區，實行「焦土抗戰」。十一月二日，日軍侵佔岳陽，長沙警備司令酆悌匆匆下令點火，全城被焚十分之九，居民被燒死兩萬餘人。十六日，戴笠再到鳳凰山，談起長沙放火情況。張學良深爲不滿，日記云：「長沙當局，彼時之張惶失措，沿途之慘，又怨又氣。抗戰不敗於敵，乃敗於自己也。」中日之戰，中方屢敗，其原因固在於雙方在國力、軍力上的差距，但國民黨政權的腐敗與政策失當亦是原因之一。「敗於自己」，張學良的這一結論有其深刻性。

一九三八年除夕，張學良從無線電中聽到南京日僞電臺的隆隆鐘聲，又羞又氣，但轉念一想：「此聲雖可敲碎我們的心，但是也可以警醒睡人們的迷夢吧！」

三、以「九一八」作為個人一年之始

汪精衛早就對抗戰失去信心。一九三八年十二月，汪精衛等自重慶出逃，發表「豔電」，主張接受日本首相近衛文麿的「三原則」。一九三九年元旦，國民黨中央決議，永遠開除汪的黨籍。次日，張學良日記云：「汪氏之爲人行動，不只丟國民黨的臉，也丟中國人的臉。但其人如此，其客觀條件早已將他完成了，不過今天更顯著些罷了！中央黨部已將汪永遠開除黨籍，不過晚了一點。」

很快又到了九一八。這一天，對於張學良說來，可謂創痛鉅深。一聽到那首著名的抗戰歌曲：「九一八，九一八，從那個悲慘的時候……」張學良的心中就爲之酸痛。他決定將這一天作爲他個人的一年之始。其理由有三：第一，就世界來說，張學良認爲，這一天「日本野心的軍閥之一彈，震盪了全世界，打破了國際條約，暴露了國聯無能，接連著德、義法西斯的瘋狂，滅亡了幾個國家，殘殺了多少人民。可是在另一方面，使全世界認清了侵略者的真面目，辨明了法西斯的本質，反侵略者奮起，爲世界史造一新階段。」第二，就中國來說，張學良認爲：「我中國喪失土地、生命、財產，其慘其苦，筆之爲之心痛！但是，另一方面，深刻刺激了國人的惰性，警醒國人的沉昏，加強團結，各階層群起抗敵，給中國有史以來開了一個新紀元。」第三，就張學良自己來說：「在責任上，爲國家民族負重大之罪惡，在個人名譽上、聲望上、經濟上，一切之一切受無限的損失。可是，另一方面，改變了我的環境，改變了我的思想，能使我瞭解了人生，使我認識了些真理，也可以說使我由污濁的深淵躍出，給我開了一個新生命。」一直到一九四六年，張學良才將個人的一年之始改回到元旦。

張學良的幽居生活很清閒，但是，愈清閒，張學良愈加不能自安。九月廿七日，張學良試寫了一首新詩：

人家都在那裏打仗，
咱「國難家仇」的人，
靜坐塘邊來釣魚，
呵！「戎馬半生」已經三十年了！
年近四十，再幹一幹「蠹書蟲」兒。

國難家仇，戎馬半生，竟然只能靜坐釣魚，做「蠹書蟲」兒，張學良心情之苦悶，可想而知。

四、「凡有利於國家民族問題，用我的頭全可以」

汪精衛被開除黨籍之後，國民黨軍統局局長戴笠曾派人趕到越南河內，企圖將他除掉，不料錯殺汪的助手曾仲鳴。這以後，汪即轉赴上海，招降納叛，積極籌備建立日軍卵翼下的僞國民政府。九月五日，成立僞中央黨部，原東北軍將領鮑文樾出任僞中央委員。十月十一日，戴笠到張學良寓所，要求張學良利用和鮑的舊關係，致鮑一函，請其幫忙剷除汪精衛。張覺得義不容辭，立即答應，並且聲明：「凡有利我民族國家問題，用我的頭全可以，其他不必說了。」戴笠又談到于學忠，怕他繼起投敵。張學良保證，此人決不會當漢奸。他按照戴笠意思，分別作致鮑文樾、于學忠等人函，統交戴笠。

十月十二日，張學良日記云：「但願除此漢奸，為民族國家去一大害，我盡一點小小職務。假如雨農叫我去執行，我全願意。那個王八旦，頭號漢奸，人人得而誅之！」十一月廿六日，南寧失守，中國對外交通線被切斷。張學良估計這是汪精衛向日軍所獻之策，在日記中憤怒地寫道：「汪兆銘這混帳，爲要證實他的投降理論，不惜『賣身投靠』，向敵獻策——攻我西南國際交通線。也許南寧失守，這東西在那得意呢？他那裏曉得，他正給自己加工趕造棺木哪！」

一九四〇年一月，參預汪精衛集團對日談判的高宗武、陶希聖自上海出逃香港。廿二日，香港《大公報》公布了日本提出的《日支新關係調整綱要》，既揭露了日本侵略者的面目，也揭露了汪精衛之流的賣國醜態。廿六日，張學良日記云：「汪精衛之賣國協定，被高、陶宣布，我讀過之後，對於汪之無恥和只要錢，不值得再加批判。關於日人之毒辣，我也不驚奇。」

所見既多，經驗愈深，對敵僞，張學良已經進入「橫眉冷對」的境界了。

五、終於盼到了勝利

對於一個志在報國的人來說，其痛苦莫過於不能有所作爲了。一九三九年十二月十一日，張學良又寫了一首新詩：

現在我有血無處流，
有精力無處去使；
只有武裝我的頭腦，
充實我的體力——
以待國家民族需用我時。

詩中可見，張學良雖痛苦，但仍存有希望，渴望在未來的某一天爲國效勞。

幽居中，張學良不忘時事，不忘讀書。一九四〇年一月，有人從貴陽給他帶來一些刊物，其中有一份《反攻時與潮》，內有好幾位東北老鄉的文章。張學良讀後十分興奮。廿一日日記云：「並不是我狹窄的地域觀念，因為我聽到這些不甘作奴隸的東北人底呼聲，——也代表著不甘作奴隸的中國人底呼聲，使我心中說不出來有一種快愉，我意味著，這是中國前途的光明。」四月四日，宋子文來，告訴他「抗戰有辦法」，也使他高興了很久。但是，當年的九一八，張學良仍處於痛苦中，日記云：「一到這個日子，心中總是難過。想把它忘了，又忘不掉。等到中華民族解放自由那天，也許到了這一天的心緒就不同了吧！」

一九四一年一月初，國民黨發動皖南事變，中共參政員董必武、鄧穎超等拒絕參加國民參政會。三月二日，董、鄧等致函參政會，要求國民黨當局立即停止向共產黨的軍事進攻，立即停止全國的政治壓迫。同月十日，張學良見到消息，憂心如焚，日記云：「中國內部又將分裂，痛心！痛心！余曾為促中國之統一，犧牲權利，犧牲性命，皆所不惜，而今日正在對外抗戰之時，不幸再要分裂，何只余一人痛心乎！」不過，大敵當前，國共雙方都還比較克制，張學良所擔心的分裂局面沒有出現，抗日統一戰線得以繼續維繫。

同年十二月七日，日本偷襲珍珠港。次日，英、美對日宣戰，太平洋戰爭開始，國際反法西斯聯盟隨之形成。此後，戰局逐漸變化，好消息也逐漸多起來。一九四三年十月，張學良讀報，見到「英美宣布撤銷在華治外法權」的消息，幾乎不敢相信，日記云：「現在無確實消息，以待後證。」直到第二年一月，張學良看到正式消息，才在日記上記道：「中英、中美廢除在華特權，已正式換約，報紙昨已公布。」晚清以來，中國被迫與列強簽訂了大量不平等條約。為了廢除這些條約，無數仁人志士呼號奔走，甚至斷頭瀝血，均無成效。八年抗戰中，中國軍民以艱苦卓絕的鬥爭，抗擊日本侵略，終於迫使英美相繼宣布廢除在華特權。張學良的有關日記雖然只有寥寥數語，但其興奮可以想見。

一九四五年，盟軍反攻，日軍已呈劣勢，國民黨當局開始策反僞滿及汪僞集團部分人員。二月六日，戴笠致電張學良，要張致函僞滿洲國張景惠、臧士毅及投降汪僞的鮑文樾等人，勸他們棄暗投明。張學良當即遵囑寫了十一封信，說明「盟軍迫近柏林」，「日本之必敗，路人皆知」，「公等真危矣。進退無據，雖死無光，即欲終身夷狄，亦無可投之國。」張學良要求張景惠等人在中國軍隊反攻之時立功自贖，「振臂一呼，促敵速亡，斷敵歸路，使其片甲不回。」函稱，這樣做之後，「國人對往事有以諒解，政府可以寬容」，「切勿以過去問題徘徊躊躇，坐失良機」。戴笠收到這批信後，認爲分量過重，不便挾帶，給張學良送去兩丈白絹，命張重寫。張學良一一照辦。四月廿五日，又按戴笠要求，補寫了七封絹書。

同年八月八日，蘇聯對日宣戰，百萬紅軍進入中國東北。十五日，日本天皇宣布無條件投降。廿八日，張學良日記云：「見報載，已佔領東三省各大城，可以說完全東三省佔領了。」三十日日記云：「政府批准八月四日的《中蘇盟好條約》……此條約不能算是完全平等。在中國立場上說，近百年來對強大國家所定的條約，這個可以說是較強人意的條約。」九月十八日，張學良在日記中高興地寫道：「今天天氣十分晴朗，今年更比往年大不相同，我雖然還不能自由的走上我的故土，可是我的故土是在壓迫之下而得到了自由。雖然故鄉的老鄉們受到了日寇的奴化，可是十四年的教訓，使得多少老鄉們改換他們的頭腦，促成了他們自發的精神。我衷心期待著解放了的故鄉煥然一新。」張學良等了又等，終於等來了抗日戰爭的勝利，還鄉有期了！

然而，張學良清醒地認識到，中國不會自此太平。一九四六年元旦，張學良日記云：「『九一八』的問題雖然是有了結局，可是東北尚未得到自由解放，那塊土裏還是埋著大量的炸藥，不曉得哪一天它還是會爆發的。可是，不只東北喲，中國全國還不是一樣嗎！」當時，東北人民對張學良表現出異常的熱情，使張學良慚愧不已。一月三日日記云：「九一八的事變，判斷的錯誤，應付的錯誤，致成『不抵抗』，而使東北同胞水深火熱十四年，今天他們反而對我如此的熱誠，這可真叫我太難過了！」

一月三十一日，政治協商會議閉幕。會議通過和平建國綱領，確認政治民主化、軍隊國家化、黨派平等合法，用政治方法解決政治糾紛等原則。二月一日，中共中央發出《關於目前形勢與任務的指示》，認爲政協已獲重大成果，「從此中國即走上和平民主建設的新階段」。二月五日，張學良日記云：「政協完成，和平建國綱領甚好，但願不要只成爲一張好的文獻文章。但無論如何，中國總算有進步。」張學良沒有想到的是，政治協商會議決議很快就被撕毁，張學良本人也在不久之後轉遷臺灣，繼續漫長的幽居生活。

六、張學良的自我鑑定

張學良是個複雜的人物。古人云：「蓋棺論定。」張學良已經蓋棺了，但是華人世界中關於張的評價卻分歧頗大。一九四八年五月九日，張學良思考自己的前半生，日記云：「自覺自己還有一點優點：一、良心秉正，每遇大事，總是把國家和大眾利害爲思慮的主點，把自己的利害置之度外；二、富貴不淫，威武不屈，否則早成了滿洲土皇帝；因之上不愧天，俯不怍人。」通讀張的幽居日記之後，應可承認，他的上述鑒定不是自諛之言。

蔣介石親自掌控的對日秘密談判

中日秘密談判可以說是抗日戰爭期間最詭異的事件。這不僅表現在中日雙方，而且也表現在中國內部。一方面，蔣介石屢屢對孔祥熙的謀和活動加以阻遏，但是，蔣介石本人又親自掌控過幾次對日秘密談判。不將這些情況研究清楚，就無法真正瞭解談判全局，也無法瞭解蔣介石的真實對日意圖。

一、精心指導的蕭振瀛與和知鷹二之間的談判

南京陷落後，國民黨和國民政府內部主和派一度抬頭，但蔣介石堅決拒和，力主堅持抗戰國策。一九三八年三月十三日，蔣介石專門在日記本中寫了一段話：「中國對倭抗戰，決非爭一時之勝負與得失，而為東亞千百世之禍福有關，故不惜任何犧牲，非達到此目的，終無戰亂終止之期。」①但是，同年四月，中國軍隊在山東台兒莊取得勝利，蔣介石覺得中國有了和日本侵略者談判的籌碼，思想的天平開始傾向「和平」一端。四月九日日記云：「此時可戰可和，應注重和局與準備。」②此後，日方有希望英國出面充當調人之意，而蔣介石也曾決定派

張群使英，在當地與日本進行和平交涉，以便於英國從中斡旋並擔保。③

五月下旬，日本內閣局部改組，近衛首相以陸軍前輩宇垣一成大將出任外相，企圖借助他來抑制陸軍。蔣介石看出宇垣將對華主和，準備利用宇垣，壓制日本陸軍中的少壯派。但是，蔣介石也提醒自己，防備宇垣對中國內部實行「挑撥離間」。④日記云：「敵國陰狠，講和時更增危機也。」⑤果然，宇垣上臺後，即不斷向中國搖晃橄欖枝。蔣介石則以「剛柔得宜」的政策相對應，⑥一面抵抗日本侵略軍對武漢的進攻，一面也和日方代表在談判桌上周旋。八月下旬，蔣介石開始指導蕭振瀛和日本軍部特務和知鷹二進行談判。

蕭振瀛（一八八六～至一九四七），字仙閣，號彥超，吉林扶餘人。曾任西安市長。一九三〇年任第二十九軍宋哲元部總參議。一九三五年任天津市市長。次年任冀察政務委員會經濟委員會主席。其間，曾多次與日軍駐華北將領多田駿等人談判。一九三七年抗戰爆發，蕭振瀛任第一戰區長官部總參議。一九三八年七月下旬或八月初，日本軍部特務「蘭工作」負責人和知鷹二到達香港，蕭振瀛與和知是「舊友」，因此受命與和知談判。

談判中，和知提出總原則六條，其中有誘餌，也有新的侵略要求：一、停戰協定成立之時，兩國政府正式命令，停止一切陸、海、空軍軍事敵對行動，中國政府以新的姿態，恢復七七盧溝橋事件以前狀況。二、日本政府絕對尊重中國主權、領土、行政之完整。三、兩國軍事完全恢復戰前原有狀況後，以平等互助爲原則，商訂經濟協定，以謀東亞經濟全面的合作。四、兩國謀國防上之聯繫，在共同防止共產主義目標下，商訂軍事協定。五、兩國政府努力恢復兩國人民情感上之親善與諒解，取締一切互相排侮之言論。六、兩國在此次事變中所發生之一切損失，以互不賠償爲原則。

和知提出的《經濟協定基本原則》共四條：一、本平等互助原則，儘先歡迎日本投資，如日本財力不逮，可向歐、美各國商借資本。二、資源與市場之緊密調整與提攜。三、兩國互惠關稅之協定。四、戰後復興之合作。其《軍事協定基本原則》共三條：一、中日兩國共同防衛，共同作戰。二、平時訓練，得聘請日本軍事顧問及教官，向日方訂購及補充器材。三、國防之聯繫、軍事內容與情報之交換。⑦當時，日軍正節節向武漢逼進，和知「求和」，使國民黨內部的部分「主和」派覺得是個機會，但蔣介石對此卻不抱希望。八月廿六日，蔣介石與智囊、《大公報》主筆張季鸞商談，對張表示：「觀察倭寇在華之權益與設施，豈能隨便放手還我乎？若無重大變化與打擊，彼決不罷手。一般以爲和知來求和抱樂觀者，實未究其極也。」⑧他在日記中明確寫道：「對和知應拒絕。」「倭寇軍閥不倒，決無和平可言。惟有中國持久抗戰，不與言和，乃可使倭閥失敗，中國獨立，方有和平之道也。」⑨

九月廿三日，蔣介石返回漢口，主持彙報會議，決定對策。由於和知的條件首先就是「恢復盧溝橋事變前原狀」，這是蔣介石求之不得的夢想，自然勾起蔣的興趣。會議決定：「倭必先尊重中國領土、行政、主權之完整，與恢復七七事變前之原狀，然後方允停戰。」⑩此前，國民政府一直要求，在與日本談判時必須有第三國保證，但是，就在幾天前，英、法爲了自身的利益，不惜犧牲捷克主權以綏靖納粹德國，因此，彙報會議決定，可直接與日方談判。

九月廿六日，蔣介石增派曾任北平社會局長、有對日交涉經驗的雷嗣尙到港，加強談判力量。這一時期，蔣介石正在觀察歐戰的狀況，認爲如歐戰不能即起，有機即和；如歐戰果起，「則對倭更須作戰到底」。⑪

九月廿七日，蕭振瀛、雷嗣尙與和知鷹二第一次會談，首先告以軍事協定不能簽訂。和知答稱，軍事協定與經濟協定，均在恢復七七以前原狀後再辦。事後，蕭電蔣報告。蔣覆電指示：「一、與對方談話，切不可稍有一點增減，必須依照所面述之範圍，萬不可有所出入。二、不可抱有成就之望，要知我方全處被動地位，遷就不但無益，必受大害。如主動方面有誠意，我方不遷就，亦能成就也。三、每日在途中住宿地，能通長途電話時，請通電話一次，以便隨時接洽，恐逐日局勢有變化，俾可隨時洽商也。四、對於無商量餘地之事，如彼方再三試探，必須堅強拒絕，以我方本不望有所成就，而所欲望成者，實在對方也。此意須特別認識，並知我國至此，實毫無其他希望，只有死中求生之一途也。五、一切言語態度，須十分穩重從容，萬不可帶有急忙之色。緩急先後，皆由其便。我方必須以無所爲（謂）之態度處之，更不必要求其必答，有所期待也。須知我方除此之外，並無再可商洽之事，即以此爲最後之辦法也。六、所寫具體各件，切不可以書面明示彼方，且須對彼言明，無具體成文之件攜來，一切皆以口頭商洽，作爲臨時相商之事可也。」⑫

當日午後，蕭振瀛等與和知第二次會談。蕭等向和知說明：一、中國方面，自孫總理至蔣委員長，對於日本之強盛，均有深刻之認識與敬意，企求自存、共存，與日本共定東亞大計。

日方苟有和平誠意，中國必以誠意應之。二、日方嘗強調東亞主義，以「東亞之事，東亞之人自了之」爲內容，中國亦甚同情，但因弱國恐受強國欺凌之故，始終不願直接交涉，必須有第三國介入並保證，方能重建和平，但如日方確有誠意，尊重中國行政、主權及領土之完整，則中國自當以最大誠意，與日方直接談判，不要第三國介入。此事如能實現，即東亞主義之大成功，即日方之大勝利、大收穫，其重要性尤在一切之上。三、現在日軍進攻武漢，大戰方酣，中國方面不能作城下之盟，故目前最要之著，爲停止軍事，恢復七七前之狀態。四、如果軍事停止，一切恢復七七前狀態後，中日兩國誠意展開兩國、兩民族之全面合作，將來定可做到經濟合作，外交一致。五、中國自十六年清黨以來，即站在堅決剿共立場，日方必有正確認識，共產主義斷乎與中國國情不能相容。中國國內之防共，中國自能爲之。六、日方尊重中國行政、主權、領土之完整，對於中國內政絕不干涉。中國人最恨者，爲日、鮮浪人之販毒，認爲是滅種政策，必須切實取締；中國最疑畏者，爲日方所設在華特務機關，認爲是亡國政策，必須加以取消。七、中國不騙人，作敵徹底，作友也徹底，將來必做到中國人愛日本如愛中國，同時日本人愛中國亦應如愛日本。八、如果日方能以強國大國風度，照此做去，不問國際形勢如何演變，即在日本極不利之環境下，中國亦必以最大誠意直接談判，重建和平。⑬

和知認爲蕭振瀛的談話在原則上、精神上與日方認識相同，雙方取得初步結論：一、停戰協定中不涉及軍事協定字樣。二、俟恢復七七事變前狀態後即訂經濟協定。三、對中方提出的不訂軍事協定問題，和知本人認爲可以商量，但恐東京方面堅持，故對此點表示保留。四、和知同意，由日本先發和平宣言，中方以和平宣言回應，即停止進攻若干日，作爲雙方正式代表簽訂停戰協定的時間，其簽訂地點可在香港。五、雙方和平宣言須以電報事前商定原稿，方得發表。六、和知定廿八日晚回東京，作最後決定，於十月十日前電告，和知本人隨後即來香港。七、和知離港後請雷嗣尙飛漢，面陳詳情。⑭

同日，蔣介石致電蕭振瀛，要求向對方堅決表示：「原狀未復，誠信未孚，即未有以平等待我中國之事實證明以前，決不允商談任何協定。不僅軍事協定之字樣不得涉及於停戰協定之中，即經濟協定，在原狀未復以前，亦不能商談。」關於「經濟協定」，電稱：「兄等攔來經濟協定之原稿，無異亡國條件，更無討論餘地。」關於「停戰協定」，電稱：「只可訂明停戰之時間、地點與日本撤兵及恢復七七以前原狀之手續與月日，此外不能附有任何其他事項。」關於「停戰日期」，電稱：「停戰之日，即爲停戰協定同時發表之日，決不可以停止進攻若干日爲簽訂協定之時間。換言之，中國於停戰協定未簽訂之前，絕不願停戰。」蔣介石並要蕭振瀛鄭重聲明：「原狀未復，且未有以平等待我之事實證明以前，決不能再提軍事協定，且絕無保留之餘地，否則請明告對方，無從再約續談也。」⑮

蕭振瀛收到蔣的電報後，於當日與和知進行第四、第五次會談，反覆討論，和知表示願作讓步：一、對停戰協定中不出現軍事、經濟協定字樣一條，認爲可以商量。二、對中方要求日方以事實表示誠意，非恢復七七前原狀後，不商談任何協定一條，表示「頗諒解」。但是，和知也表示，關於將來中日合作的具體內容，事前須取得一種「無文字的諒解」，「否則，日方無以自圓其立場」，證明中方「毫無誠意，日本斷難相信」。⑯

廿八日晚十二時，和知離港回國，行前向蕭振瀛透露：日方此舉的國際根本原因是，希特勒最近多次電請日方與中國謀和，共同對蘇；其次要原因則爲日本國內困難重重，不堪應付長期戰爭，擬在軍事優勢下，以較大讓步取得和平。和知稱：近衛文麿、板垣征四郎、多田駿等雖有遠識，但日本朝野各方，尚無普遍認識。此次回東京，遭遇困難必多，將拚死努力，於十月十日前以日方最後態度相告。⑰

九月廿九日，蕭振瀛致電蔣介石，報告廿八日與和知會談情況，聲稱前後談話，均以恢復七七事變前狀態爲唯一前提，與蔣的指示並無出入。在轉述和知臨行前密告的日方謀和原因後，蕭稱：和知此次奉近衛、板垣、多田之密令而來，態度確甚誠懇、坦白，條件亦較以前多次提出者爲合理。最近東京將舉行重要會議，決定武漢會戰之後的對策，但日方亦有主張「硬幹到底」者，南京僞組織、北平僞組織又多方破壞和局，故前途定多周折。⑱他要蔣介石表態，「若雙方意見，距離尚不甚遠，而和知再度來港，我方應如何應付，應請預籌」。⑲

蕭振瀛與和知在香港的談判以日方承認恢復盧溝橋事變前原狀爲前提，符合蔣介石的要求，談判也似乎進展順利，蔣介石甚至開始研究和談成功時的停戰、撤兵要點。十月一日，蔣介石日記云：「甲、分區交代。乙、交接與衝突時之地方治安維持辦法。丙、交接時防制〔止〕誤會。丁、預防察綏與冀東及僞組織之處置。」又云：「停戰、撤兵後，先訂不侵犯條約，後商互助協定。」⑳十月二日，蔣介石從孔祥熙處讀到香港情報一件，其中談到日人百武末義回國活動中日議和情形，百武希望瞭解，如果日本發表和平聲明，中國是否能夠發表聲明回應。蔣介石當即電詢孔祥熙，「其言是否可信」。他指示：「總要前途先擬整個確實辦法，再談雙方宣言也。」㉑此後，中國方面即開始草擬《和平宣言》。

中方草擬的《和平宣言》稱：

中國所求者，惟為領土、主權、行政之完整與民族自由、平等之實現。日方誠能如其宣言所聲明，對中國無領土野心，且願尊重主權、行政之完整，恢復盧溝橋事變前之原狀，並能在事實上表現即日停止軍事行動，則中國亦願與日本共謀東亞永久之和平。內求自存，外求共存，此為中國立國唯一之政策，亦為世界各友邦所深信，況與日本為同文同種之國家，誠能共存共榮，何忍相仇相殺！苟日本能以誠意相與，中國亦以誠意應之。倘使能以此次戰爭之終結為樞紐，一掃荆棘，開拓坦途，共奠東亞永久之和平，是不僅為中日兩大民族之幸，亦為世界全人類和平之福也。

蔣介石特別在「中國亦願與日本共謀東亞永久之和平」一句下，以紅筆加寫了一段話：「我政府對於和戰之方針與其限度，早已屢次聲明，即和戰之標準全以能否恢復七七以前之原狀爲斷。蓋始終以和平爲主，認定武力不能解決問題也。」㉒中方也草擬了《停戰協定》草案等有關文件。《停戰協定》草案共五條：一、停戰協定成立之同時，兩國政府即命令各該國陸、海、空軍停止一切敵對行動，日本並即撤兵，在本協定簽字後三個月內恢復七七盧溝橋事變以前之原狀。二、日本政府絕對尊重中國領土、主權、行政之完整。三、兩國政府努力恢復兩國人民情感上之親善與諒解，取締一切互相排侮之言論行動。四、兩國在此次事變所發生之一切損失，以互不賠償爲原則。五、本協定自發佈日起發生效力。草案提出：該協定可在福州或九龍簽字，在中國方面發表《和平宣言》後一日公布。日軍撤兵分三個時期，每期一個月，至第三期時，日軍完全撤出黃河以北及黃河、長江以南，恢復盧溝橋事變前狀態。考慮到清末庚子條約規定外國軍隊在平津一帶有駐兵權，蔣介石特別以紅筆加添了一句：「日本在平、津一帶之駐軍人數務須與庚子條約相符，勿多駐兵。」㉓

關於當時存在於華北、華中的兩個僞政權，草案提出：一、自停戰協定簽訂之日起兩星期內，南北兩僞組織即行取消。二、國民政府對於僞組織之參加者，寬大處理，但絕不能有任何條件。關於中日兩國合作問題，中方提出：「必須在恢復盧溝橋事變前原狀後，方能商訂協定，事前只能交換意見，成立精神上的無文字的諒解。」關於《經濟協定》，草案提出：「絕對以平等互惠爲原則」，日方「所提原則，尚須修改」，「將來舉行經濟會議，決定具體內容」。在此，蔣介石以紅筆批示：「此時絕對不得商討內容與具體辦法。」㉔關於《軍事協定》，草案提出：「在恢復原狀後，可先商訂互不侵犯條約。」蔣介石批示稱：「此可研究。」㉕關於「滿洲國」問題，草案擬訂了「相機應付」的三條談判意見：一、日方自行考慮，以最妥方式及時機，自動取消「滿洲國」，日本保留在東北四省一切新舊特權，但承認中國之宗主權。二、中國承認東四省之自治，而以日本取消在華一切特權爲交換條件（如租界、領事裁判權、駐兵、內河航行等等）。三、暫仍保留。蔣介石在第三條後加了一句：「待商訂互不侵犯條約時再談。」㉖

十月八日，雷嗣尙到漢口向蔣介石請訓，蔣當面指示：一、對方如確有誠意，應在十月十八日以前完成一切手續，否則不再續談。二、我方絕對不要停戰，更不害怕漢口失守，盡有力量支持長期抗戰，此層應使對方徹底認識。三、直接談判係指此次事件之解決而言，並非永久受此限制，但對方如不質詢此點，我方自不必自動說明。四、此次談判，係對方主動，我方誠意與之商洽，對方不得故意歪曲事實，散播不利於我方之宣傳，否則認爲對方毫無誠意。五、停戰協定係兩國政府間之協定，不可作爲前線軍隊與軍隊間之協定。六、談判重點應集中於恢復七七事變前原狀，若對方能做到此層，以後雙方定能開誠合作。㉗蔣特別強調：「絕對拒絕之事，寧死勿允。」「凡將來之事，不可先提限期，自處束縛。」「破裂則不怪，越範則不可。」㉘

和知於九月廿八日離港返回日本後，於十月十五日再到香港。十六日，與蕭振瀛會晤稱：回國後向近衛、多田、板垣等人彙報，都認爲蔣介石「有誠意」，願意放棄此前歷次宣言，以誠意商談。日方並經最高會議決定，中日停戰協定可以不涉及任何其他協定，但恢復七七事變前原狀後必須有七項諒解。甲、防共軍事協作及駐兵；乙、中國政府之調整；丙、僞組織之收容；丁、滿洲國之承認；戊、中國領土主權之尊重；己、日、華、滿經濟提攜；庚、戰費互不賠償。這七項「諒解」表明，日方雖然聲稱尊重中國領土主權，但頑固地要求中國簽訂「防共軍事協定」，在中國國土上駐兵，承認「滿洲國」，並且狂妄地要求中國政府改組。和知深知這些條件不可能爲中國政府接受，因此有意作了「弱化」，其「解釋」是：甲、如中國政府自動實行反共，則可秘密約定。所謂駐兵，指將來在內外蒙邊防，雙方作軍事佈置之意。乙、所謂「中國政府之調整」，指「酌令接近日本之人員參加，以便促進中日兩國親善之關係」。丙、所謂「僞組織之收容」指對其主要人物酌予安置。丁、滿洲國問題暫可不談，待合作二、三年後再商解決。戊、日、華、滿經濟提攜，滿字可不涉及，軍事協定亦可不再訂。

和知稱：前次所談原則，只有軍、參兩部最高首腦同意，此次則已取得內閣全體之同意。表面雖近煩苛，實際已經讓步。如防共問題，倘使中國自有辦法，則協定之有無，仍可從長商討。又稱：自天皇以下對於此事均盼速決，只須雙方誠意努力，當可順利解決。關於日軍當時仍在向華南進兵問題，和知解釋說，此係以前預定計劃。如和談有眉目，即可停止。和知並表示，可致電日本軍部，通知前方，對於夜間飛機不加襲擊，以便代表在香港、漢口之間往來。對於和知提出的上述條件，蕭振瀛稱：「超出前談範圍，不能答覆。」十七日夜，蕭振瀛致電何應欽，請示「究應如何」。㉙

十月十八日，何應欽覆電指示：日方所提「諒解」，甲、乙、丙、丁四項，都是「干涉中國內政」。「若行政不能獨立，無異等於亡國，萬不能承認。如其再提此等事，可知其毫無誠意，不必續談」。關於戊項，何應欽認爲，日方僅提「中國領土、主權之尊重」，而未提尊重「中國行政之完整」，「是其居心仍欲亡我中國。如其有誠意，則其宣言必須言明尊重中國領土、行政、主權之完整，決不能將行政二字刪而不提也」。關於己項，何應欽稱：中日經濟提攜，必須在恢復原狀後方可商討。他表示，「我方除此以外，再無其他可言」。日方有無誠意，以十月二十日爲期，過此即作罷論。何應欽提醒蕭振瀛說：「須知侵粵以後，內外情勢大異，不容有從容商酌餘暇也」。㉚該電在當時的談判文件中被稱爲「巧未電」。

何應欽發出「巧未電」後，又迅速發出「巧酉電」，補充說明：關於日方所提甲項，歷年以來，委員長及中央所發宣言一再聲明，除三民主義外，不容有共產主義存在，此爲我方堅決立場。如對方不提甲、乙、丙、丁四項，則將來恢復七七事變前原狀後，在內外蒙邊境軍事佈置一層「或可情商」。電稱：「若對方果有誠意，弟可向委座懇切進言，但不能作爲軍事協作或防共之諒解事項。又互不侵犯協定，我方願在恢復事變前之原狀後，即行商訂，然後再商經濟協定也。」㉛

不過，「巧酉電」發出後，何應欽覺得其中有不妥之處，又於十九日發電糾正：「該電末句『然後再商經濟協定也』，應改爲『再商經濟合作也』」。當時，中方《和平宣言》已經起草完畢。何應欽在電中特別指示：「在日方宣言稿未提出之前，不可先將我方宣言稿示之。」㉜該電稱爲「皓卯」電。發出此電後，何應欽仍不放心，又於同日發出「皓午電」，電稱：

密。奉諭：昨日各電，關於經濟合作與軍事佈置等事，必須待恢復原狀後，以能

否先訂互不侵犯協定為先決問題。又無論何項合作，必以不失我獨立自主之立場而不受拘束為法則，請於此特別注意。㉝

兩日之內，連發四電，可見何應欽的重視。「巧酉電」中，何應欽在「或可情商」四字後加注說明「係遵電話諭所改」；在「懇切進言」四字後，何應欽加注說明，「係遵電話諭所增」；本電一開始就是「奉諭」二字，這些地方都說明，上述各電，反映的都是蔣介石的主張。

十月十九日，蕭振瀛與回漢請示又於十八日趕回香港的雷嗣尚繼續與和知談判。在長談七小時之後，雙方在六個方面取得「大體接近」的意見。一、雙方《和平宣言》原稿，須互相同意，宣言在停戰協定簽訂後再發表，作爲協定之解釋而發。二、《停戰協定》內容只載以下三項：（一）規定停戰日期及地點。（二）日本尊重中國領土、主權、行政之完整。（三）在恢復戰前和平狀態後，㉞中國政府誠意與日本謀兩國間之全面的親善合作。㉟三、日軍撤退問題，中方要求規定撤退期限，和知表示，日本天皇詔令班師，約須一年方能撤完。四、經濟合作問題：（一）以絕對平等互惠爲原則；（二）在恢復戰前和平原狀後召集中日經濟會議，決定具體內容。五、滿洲國問題，保留二年，中國再考慮日方所關心之滿洲問題，誠意謀合理解決。六、雙方因戰爭所發生之一切損失，互不賠償。㊱

蕭振瀛在電報中稱：上述六點，「均接近我方腹案」。此外尚有三點，和知極端爲難，研究費時甚久，即：一、和知欲將撤兵及其將來諒解留交正式代表團談判，我方則堅持須先商定一切內容，方能成立停戰協定。此點經討論，和知表示同意。二、關於防共軍事協定及駐兵問題，蕭等恐其別有打算，堅請說明具體辦法。和知稱，防共可不要協定，只要中國自行鏟共，問題即可解決。所謂軍事協作及駐兵問題，係指內外蒙一帶之軍事共同佈置而言。對此，蕭等表示：一、中國自行清共，日方不必提及。二、在恢復戰前和平原狀後，內外蒙邊軍事共同佈置可商，但其他區域必須完全恢復戰前原狀。[37]蕭稱：此點和知已電東京請示，尚未得覆。三、關於收容僞組織，和知閃爍其詞，若有難言之隱。蕭等稱：取消南北僞組織，係和議一切前提，否則，恢復原狀一語，毫無意義，且此問題，前已完全解決，此次應不再談，否則，無從再談和議。對此，和知及參與談判的何以之均稱：土肥原一派仍支持僞組織，王揖堂、梁鴻志聽說和知赴港，已聚集滬上，問題趨於複雜化，須去電請示，得覆後尚須再聽取北平、上海現地意見，方能定案。蕭等遂聲明：一、南北兩僞組織及戰區內一切僞組織，必須即刻取消；二、中國方面可表示，凡參加戰區維持治安者，一律寬大處置。和知最後表示，個人同意，仍須電東京請示。[38]

蔣介石在收到蕭振瀛與和知十九日的長談資料後，立即研究並以紅藍鉛筆作了修改。其一，在「大體接近」的第三條上以紅筆眉批：一、撤兵日期必須在停戰協定詳細載明；二、必須載明恢復七七前原狀。三、此「全面的」三字不能加入。其二，在「爲難」問題的第二條上以藍筆眉批：「必須先行撤兵，恢復七七原狀，然後再商駐兵問題。內外蒙交界之線最多以張北、沽源與大青山以北之線，對於興和、陶林、武川、固陽、安北，必須駐紮華軍。其三，在蕭等堅決表示的第二點「其他區域」四字下，以紅筆加了問號，在「必須完全恢復戰前原狀」句上以紅筆眉批：「區域二字，應改為事項，否則對方將解釋為察、綏二省全境矣。」㊴以上情況表明，為了換取日方承認恢復盧溝橋事變前原狀，在停戰協定簽訂後即行撤兵，蔣介石考慮過：同意日軍在長城以外某些地區駐兵的要求。

十月廿一日清晨，和知離港，返回東京。行前，與蕭振瀛密談，聲稱因防共軍事協定、駐兵及偽組織問題，頗形煩難。上海方面，梗阻尤大。土肥原曾來電，請其返滬，故決定先回東京，向中央部陳述，擬在十月廿五日以定案電告中方。蕭振瀛稱：如和局可成，必須在十月三十日前完成手續，十一月十日前在福州簽訂停戰協定，否則即作罷論，不再續談。㊵同時約定，由和知通知日軍，自廿三日至廿七日午後九時至午前三時之間，停止攻擊香港至漢口的夜間航班，以便往來。關於中方全權代表，和知要求由何應欽出任；日方全權代表，何以之暗示，土肥原偏見頗深，以多田駿代替土肥原最佳。㊶

蕭振瀛在寫給蔣介石、何應欽的報告中稱：和知態度，確甚懇摯，一切問題，有研究而少爭執，但是，日方動員六十個師團，耗財百億，死傷數十萬，必須求得代價，方能自圓立場，因此，我方「惟有善用內外形勢，示以不可克服之力量，又餌以將來可以合作之誠意，似可就我範圍，實現和局」。㊷

蕭振瀛對和談前途有某種樂觀，蔣介石卻一直心情矛盾，舉棋不定。九月廿七日，蔣介石萌生「歐戰如不能即起，對倭有機即和」的想法，但他又擔心和議達成後可能出現的三種狀況，一是停戰後日方不撤兵或不繳還華北，二是共黨擾亂，不從命令；三是英美不悅。㊸十月三日，蔣介石繼續研究和議，日記云：「媾和險矣。敵軍對支院與特務總監之既經設立，豈肯輕易放棄？」他除繼續擔心日軍停戰後拒不從華北、上海、察、綏等地撤退外，還擔心「對內宣言」以及「死傷軍民之撫慰」等問題。㊹五日日記云：「敵既欲求和而又稽延不決，以探我軍虛實緩急之情。小鬼可鄙，何能施其伎倆也?余惟有以拙制巧，以靜制動而已。」㊺七日，蔣在日記中提醒自己，「敵來求和是否爲緩兵消耗我主力之計」，決定確定限期，不許日方拖延時日，同時絕對拒絕軍事協定與經濟協定。㊻

十月十二日，日軍在廣東大鵬灣（應為大亞灣——筆者）登陸。十三日，攻佔河南信陽。日軍的這這兩次軍事行動，使蔣介石強烈懷疑日方的和平誠意，決心堅持抗戰。日記云：「倭既在粵登陸，我應決心持久抗戰，使之不能撤兵。」「勿以國際外交之關係而影響作戰方針。」「勿忘三年前以四川爲抗戰根據地之準備，況平漢粵路以東地區抗戰至今十五月之久，而敵猶不能佔領武漢，則以後抗戰必更易爲力。敵軍侵粵，實已達成余第三步之計畫矣。」㊼此前，蔣介石早有利用太平洋各國和平會議解決中日一切問題的打算，日軍侵粵，戰區擴大，不僅讓蔣看到了日軍陷入被動，會出現更多的「滅寇良機」，而且讓他感到，英國與日本妥協的可能將會減少，召開太平洋各國和平會議，共同對付日本希望已經大爲增加。

十月十四日，蔣介石致電蕭振瀛稱：「敵既在粵登陸，可知其毫無誠意，不可與之多談。」㊽他隨即決定將前此準備的「諒解」方案作廢。此時，進行多時的武漢會戰已近尾聲，預定打擊日軍的計畫已經完成，爲保存有生力量，蔣介石決定自武漢撤退，正在草擬《爲國軍退出武漢告全國國民書》。十月廿一日，蔣自思云：「敵方答覆延緩，並無誠意之表示，余當考慮發表宣言以示決絕。語云：寧爲玉碎，毋爲瓦全，非下此決心，無以救國。」㊾廿四日，蔣介石接受各將領要求，離開武漢。次日，下令對武漢若干要害地區進行爆破，以免爲日軍所用。

和知鷹二返日密商後，旋即來華，十月廿五日到達上海，立即致電蕭振瀛，盼何應欽急赴福州，同時聲稱將派人攜函赴港，廿八日可到。蕭振瀛認爲「和局當已有望」，於廿六日致電何應欽及蔣介石，聲稱待和知所派之人到港，即詢明詳情，如與在港所談沒有大出入，即請和知到福州商定，同時請何應欽前往。電稱：「何部長應即準備，待電即行。」㊿廿九日，和知所派之人到港，聲稱「中華民國臨時政府」與「中華民國維新政府」兩方「爭持甚烈」，正在上海會談。如果難以作出決定，和知仍擬返回東京，請「最高幹部」決定。51同日，蕭振瀛致電孔祥熙，報告上述消息，聲稱此外各問題，仍與在港所定腹案大體無出入，統由雷嗣尙帶到重慶進呈。52

前文已經指出，蔣介石對和知的活動本不抱希望。十月廿七日，蔣介石得悉日本同盟社宣傳電及板垣征四郎於廿六、廿七兩日先後發表的好戰談話，認爲「敵寇野心並未減殺，而且有緩兵與誘惑之狡計」，決定發表早就在草擬中的《告全國國民書》，以示決心。53廿八日，蔣介石又接到重慶行營主任張群來電，認爲日本外相宇垣辭職，求和空氣已淡，必須我方持久抗戰，使敵益感疲乏之後，由英美聯合，形成國際中心力量，著手調停，才能實現「差強人意之和平」。他說：「抗戰至現階段，決無拋棄立場，根本改變國策之理。」[54]

三十日，蔣介石命何應欽轉令蕭振瀛，停止和談，返回重慶。[55]同日，蔣介石致電孔祥熙、汪精衛、王寵惠，要他們考慮對日宣戰的利害問題。電稱：「今後沿海各口既全被封鎖，故我對於海外交通，不再有所顧慮。若我宣戰，則美國必實行中立法，可斷絕敵人鋼鐵、煤油之來源，實於敵有害也。又我如宣戰，對於國聯及各國關係，均應精密研究，切實探明，望即令我駐外各大使全力進行。如何？請核。」[56]三十一日，蔣介石在南嶽致電張群，要他立即發表《爲國軍退出武漢告全國國民書》，不可再緩。日記云：「發表告國民書後，敵必又受一不測之打擊，使其以後之威脅失效，更使其進退維谷。」[57]同日，《告全國國民書》正式公布。該文說明抗戰根據，不在沿江沿海，而在廣大、深長之西部諸省。武漢會戰予敵重大打擊，任務已畢，目的已達，現決定放棄武漢，轉入主動有利之地。文稱：

我國在抗戰之始，即決定持久抗戰，故一時之進退變化，絕不能動搖我抗戰之決心。唯其為全面戰爭，故戰區之擴大，早為我國人所預料，任何城市之得失，絕不能影響於抗戰之全局；亦正唯我之抗戰為全面長期之戰爭，故必須力取主動而避免被動。敵我之利害與短長，正相懸殊；我唯能處處立主動地位，然後可以打擊其速決之企圖，消滅其宰割之妄念。

文末，蔣介石號召國人「自今伊始，必須更哀戚、更悲壯、更刻苦、更勇猛奮進，以致力於全面之戰爭與抗戰根據地之充實，而造成最後之勝利」。58

文告發表後，蔣介石很滿意。十一月一日日記云：「《告全國國民書》自讀之，覺為最近第一篇之文字，必使國民知感，且使敵國知畏也。」59大概當時主和派對發表此文有意見，同月二日，蔣介石又在日記中寫道：「既知持久抗戰是民族唯一出路，為何復有徘徊遲疑？此心既決，毋再為群議所惑。」60十二月十七日，日本特務土肥原到香港，邀蕭振瀛見面，蔣介石指示：「不准蕭赴港」，「應堅拒不理。」61

蕭振瀛與和知的談判因蔣介石的剎車而中止，但日方對這一線索仍存有期待。一九三八年十二月，汪精衛自重慶逃到越南河內，加緊與日方勾結，日本對華政工人員中出現兩派。一派將希望寄託在汪精衛身上，一派仍以蔣介石為談判對象。一九三九年三月，何以之及和知鷹二相繼抵港。十二日，何以之致電在重慶的蕭振瀛說：日方正在實行「擁汪倒蔣」毒謀，為國家大局，「在內必先除汪，在外必多聯美」。土肥原與和知二人均以「收拾時局自負」，希望蕭到港一談。62蕭振瀛在香港的孫、施兩位助手也向蕭報告，認為土肥原與和知「與聯汪派主張不同，暗鬥甚烈，實為我方利用、以敵制敵之良好機會」。報告稱：「此時如能利用土、和，繼成前議，固屬圓滿，即難完成，至少可以牽制聯汪政策不能決定，亦於我有利而無害。」

孫、施二人要求蕭振瀛將有關函電密呈蔣介石，從長考慮。同時建議蕭本人速來香港一談，「在國際情形好轉之下，奸黨勾結未成之前」，找出一條解決問題的「新途徑」。63

蕭振瀛接獲上述電報後，於十三日致函蔣介石稱：「伏查汪日關係，乃由日本軍部影佐等從中斡旋，不僅土肥原等極爲憤慨，皆抱收功在我之願，板垣近於議會中亦鄭重聲明，汪既不能號召國內，而與日本尤無歷史關係，欲求中日永久之合作，絕非汪輩之所能爲力者，言外之意，當係仍欲與鈞座間取得諒解。」蕭向蔣請示：「對方既極端欲賡續前議進行，和知又將來港，究應如何應付之處，恭請鑒核示遵。」64對蕭振瀛此函，蔣介石未作答覆。

一九三九年九月，和知鷹二通過其助手轉告蕭振瀛，汪精衛將於本年十一月在南京成立政府，要求蕭來港重開談判，在汪組府之前與日本簽訂停戰協定，阻礙汪的計畫實現。十月六日，孔祥熙致函蔣介石，要求允許蕭振瀛再次赴港談判。十月九日，蔣介石覆函孔祥熙稱：「兄與蕭函均悉。以後凡有以汪逆僞組織爲詞而主與敵從速接洽者，應以漢奸論罪，殺無赦。希以此意轉蕭可也。」65這是蔣阻遏與日方和談的最嚴厲的一次指示。66至此，蕭振瀛與和知鷹二的關係遂告結束。

二、面對特殊的日方代表

在秘密談判中，日本方面出面者大多係軍部或政府人員，但是，也有個別談判，其出面者係「民間人士」。例如萱野長知與小川平吉。萱野在辛亥革命前曾參加中國同盟會，與孫中山、黃興友善，多次支持或直接參加中國革命。小川平吉也曾支持辛亥革命，組織有鄰會，提倡日中友好。一九二七年任鐵道大臣，是已經退出日本政壇的元老級人物。二人在頭山滿的推動下，得到近衛首相等政要支持，出面在中日間斡旋和平。㊷

一九三八年七月，萱野長知首次到港活動，其談判對手爲孔祥熙系統的賈存德與被孔派到香港的馬伯援。同年十月初，萱野再次到港，近衛首相及頭山滿均派人到港協助，其談判對手改爲軍統局在香港的工作人員鄭東山。萱野向鄭表示：一、目前形勢甚迫，但日本政府及人民均不願戰，軍部方面，僅少壯軍人主戰，高級將領則不盡然。如雙方能開誠相見，仍不難覓取和平辦法。二、宇垣外相去職後，萱野曾向近衛首相請示，和平談判應否進行，嗣接近衛電，聲稱方針不變，仍照前約進行，政府當負全責。談話中，萱野並以近衛原電相示。和萱野同時來港的外務省政務次官松本忠雄則稱：萱野年高德重，中國各院院長均爲其友輩，必須派能代表中央，並與彼有交誼之大員，如孔祥熙、張群、居正等前來談判，且須軍統局鄭介民陪同。經鄭東山解釋，萱野同意由鄭介民來港商談。

十月十五日，戴笠向蔣介石請示：「茲事關係重大，該員所請先派鄭介民秘密赴港試與商談一節，是否可行，理合轉呈鑒核。」㊸蔣介石沒有批准鄭介民赴港，戴笠遂決定由杜石山與日方聯繫。杜石山，亦作杜石珊，廣東興寧人，早年留學日本，爲士官生，娶一日女爲妾。民國初年曾出任統領，後長期息影香港。抗戰爆發後經曾政忠介紹，㊹參加軍統局工作。杜石山與萱野長知等人的談判由戴笠領導，目的在收集情報，因此，與日方交談中的許多言詞均虛假不實。但是，戴笠曾多次書面向蔣介石彙報，因此，我們可以從留存檔案中窺知談判的真實情況。

據萱野向杜石山稱，近衛首相曾屢次致電萱野催促，萱野則仍堅持要求鄭介民迅速到港。他說：「中日事件如久延不決，於日本固有重大禍害，而中國之不利，則尤甚於日本。」「現日本當局，灼見及此，深願和平解決。其整個決策，爲積極求和，不得則繼續軍事行動，並從事第二僞中央政府之產生。中國似應趁機派員來港接洽，以無條件、無理由之和平解決。」⑩其後，萱野又直接打電話給杜石山，⑪聲稱擬與鄭介民先生進行之事，已與近衛首相、頭山滿、宇垣大將、有田外相、荒木大將等疏通妥當，近衛並已奏准天皇，定期停戰，請迅速督促鄭介民來港晤商。十二月九日，戴笠再次將上述情況向蔣介石報告，蔣仍無批示。一九三九年一月六日，萱野回日活動。

蔣介石不能長期不理萱野長知這樣和中國革命有過密切關係的日本友人。一九三九年三月四日，蔣介石致電杜石山稱：「歷次來電暨萱野翁前日來電，均已誦悉。中日事變誠爲兩國之不幸，萱野翁不辭奔勞，至深感佩。惟和平之基礎，必須建立於平等與互讓之基礎上，尤不能忽視盧溝橋事變前後之中國現實狀態。日本方面，究竟有無和平誠意，並其和平基案如何，盼向萱野翁切實詢明，佇候詳覆。」⑫杜石山收到此電後，即電邀萱野返港。三月十日，萱野返港，告訴杜石山，他回日後遍訪朝野要人，新上任的平沼首相、有田外相都瞭解蔣的「偉大」，頭山滿準備親自來華與蔣會晤。中日之間應當「平等言和，恢復盧溝橋事變前狀態」，和平的基本原則爲：甲、中日兩國同時發表和平宣言；乙、由中日兩國政府各派遣大員會議於約定地點，議明逐步退兵、接防之日期。丙、至於防共與經濟提攜問題，重在實事求是，以便互相遵守，而奠中日共存共榮之大計。(73)

十二日，萱野提出，雙方政府代表可在軍艦上見面。(74)三月十六日，宋美齡到港指導談判。(75)十七日，萱野、柳雲龍、杜石山商討條件，最初爲九條，後經修改，定爲七條：一、平等互讓；二、領土（完整）主權（獨立）。三、恢復盧溝橋事變前狀態。四、撤兵。五、防共協定。六、經濟提攜。七、不追究維新政府、臨時政府人員的責任。關於滿洲，另議協定。(76)宋美齡對七條、九條都有意見，批評說：「此種條件，何能提出於國防會議耶！如能辦到領土完整、主權獨立八字，便符政府累次宣言。此事當時時記住。蔣先生可以提出國防會議者，即可成功。」(77)十八日，杜石山等將七條電告蔣介石。(78)杜在電文中勸蔣在汪精衛「所欲謀者未成熟之前」作出決定。(79)十九日，蔣覆電命繼續進行，同時稱，得「領土完整，主權獨立」八字便可，餘請商量改刪。(80)關於「防共協定」，宋美齡及蔣介石都表示，可以密約辦理。

三月廿九日，小川平吉到港參加談判，行前致函萱野，說明此行得到首相平沼、外相有田、陸相板垣及近衛、頭山滿等人支持，受命來華情況，要求蔣介石派遣「有權威之代表」到港談判。(81)小川到港後，命萱野轉交杜石山親筆函一件，內稱，日本政府尚未確認蔣介石有和平誠意，「最良之方法則爲代表的要人之派遣」，又稱，日本要求國民政府改組，而國民政府認爲不可能，他本人有一打破僵局的方案，但該案「內容極微妙，而須秘密，非親見蔣委員長或其心腹的要人不能盡其委曲」。[82]

四月初，戴笠到港，向軍統局在港人員指示：「此時我與日本絕無和平可言」，「必須以熱衷和平姿態爲餌，以遂行吾人之謀略，首要之圖，爲阻滯汪僞組織，不使於短期內成立。」[83]同月二日，戴笠致電蔣介石云：

> 中央於此次小川來港之機會，可否密派一絕對可靠而與小川認識，且在現政治上不甚重要之人員來港，與小川晤談，藉以刺探對和平之真實態度。如此事鈞座認為絕不可行，則生處可設法令杜石珊置之不理。是否如何，謹乞鑒核示遵。[84]

四月三日，杜石山也電蔣催促。這以後，蔣的日記中連續出現對戰和問題的思考。

四日日記云：「吾人必須苦撐一年，必待倭寇筋疲力盡，方得有和可言，此時決非其時也。」[85]

五日日記云：「如有以近衛建立東亞新秩序之聲明爲和平根據者，即爲賣國之漢奸。」

六日日記云：「敵求和之急與其對俄屈服之情狀，可知其圖窮匕見，應付之方應特別審慎。」「對敵宣傳：甲、須由倭王下令撤兵；乙、恢復七七前原狀後談判。丙、取消東亞新秩序聲明；丁、太平洋會議。」

四月八日日記云：「對記者發表，在東亞新秩序聲明之下，絕無和平之可言。」

四月十四日日記云：「倭派小川探和，以平等互讓、領土完整、主權獨立三點爲原則，而不言行政完整，可笑。」(86)

以上日記足證，蔣介石當時並無與日方議和的想法。不過，這時候，蔣尚未決定如何對待小川。四月九日日記云：「對敵探小川應否回覆？」十日日記云：「對小川策略應速定。」可見這時候，蔣尚在研究思考中。

小川在向蔣發出第一函後，又於四月十日再次致函蔣介石，聲稱「爲東亞前途以及中日兩國百年大計而來，幸有以教之」。(87)十三日，蔣介石覆電稱：「小川先生本爲余等生平所敬慕，但在此兩國戰爭之中，不能派代表來港致敬。惟托其在港友人馬伯援君致意也。」(88)馬伯援早年留學日本，曾任中華留日基督教學生青年會總幹事，雖是日本通，但在國民黨和國民政府內部從未擔任過重要職務，順便委託這樣一個時在香港的「政治上不甚重要之人」與小川周旋，說明蔣意在敷衍。

對與馬伯援接談，小川尚未來得及表態，馬即於四月十四日突然去世。廿一日，萱野、小川二人與杜石山見面，嚴厲批評杜向蔣報告不夠詳盡，聲稱馬即使不死，也非討論「秘密大計」之人，如居正、孔祥熙不能來港，則應與蔣先生直接晤談。萱野、小川稱：與中國方面約定大計之後，即可趕程歸東，報請政府，懇請天皇召開御前會議決定，藉天皇之諭旨，壓服一般軍人。現在王克敏、陳中孚、溫宗堯、吳佩孚、汪精衛等均與日方已有聯繫，力量不弱，如不從速約定，乘機解決，則在王、汪等人的謀劃根深蒂固之後，吾人雖欲愛護國民黨，亦恐難以爲力。二人不無情緒地埋怨說：「待命日久，仍無消息，似已成騎虎難下之勢，此應請蔣先生乾綱立斷，速下決心。想多年相知，必不致難爲老朽也。」[89]同時，日方則積極宣揚，如在五月十日前不能得到和議的覆函，即在江漢地區成立僞組織。[90]

軍統人員面對萱野與小川這兩個自稱與蔣「多年相知」的「老朽」，不敢怠慢，立即將情況轉報蔣介石，聲稱「小川翁既以垂暮之年奉命前來，其誠意可嘉，其愛我尤切」，要求蔣指示馬伯援去世之後的繼任人選及應付小川等人的辦法。[91]四月廿四日，蔣在日記中明確寫道：「拒絕小川等之求和。」[92]五月十一日，蔣介石制訂「和平前提三原則」，其內容爲：甲、以九國公約爲依據。乙、以英、美、蘇、法共同調解下，尤須以英、美二國爲保證，恢復和平。丙、必先恢復七七戰爭之前狀況後再談和平條件。[93]十五日，蔣介石繼續研究歐洲局勢，認爲如國際民主陣線勝利，則中國亦可獲最後勝利，「故我國之決勝時期，仍取決於國際戰爭之結局，而抗戰到底，不與倭敵中途妥協，是爲獨一無二之主旨」。[94]這就說明，蔣在思想上再次堅定了抗戰路線。這以後，國民黨人員雖仍和小川等繼續接觸，但屬於虛應故事了。

五月十一日，小川通過杜石山再次致函蔣介石，敘述自己多次「援助」中國，盧溝橋事變後與近衛首相商量收拾時局辦法，以及與頭山滿組織主和團體等經過，要求蔣介石「當此難關，毅然不惑，如揮快刀而斬亂麻」。函稱：「如蒙幸領鄙意，願派遣要員來港商議，倘足下以僕之赴渝爲便，僕應偕萱挺身赴渝，面聆大教。若不然者，則僕即去港歸國，一任局面如何惡化。」[95]十六日，重慶方面派專機取走該函。廿一日，蔣介石指示：「杜石山絕不准與小川來往」，同時命將小川原函退回。[96]廿七日，杜石山遵命辦理。其情況，據戴笠報告：萱野除嘆息外，默不一言，小川則莞爾而笑，並調侃說：「僕此行，誠不出板垣將軍之所料矣。」他告訴杜石山：板垣認爲，蔣先生自西安事變後，受共產黨之計，實行抗日政策，日本雖欲和，而蔣先生不能和，因此不希望自己以老耄之年，徒勞往返，自己曾十二次提出意見書，才得到板垣批准，現在「所提條件，不蒙明察，辜負余心，是板垣將軍誠有先見之明。嗚呼，豈非天乎！」[97]二人決定於六月二日離港。

萱野、小川都是曾對中國革命作過貢獻的人，背後又有頭山滿及日本政要支持，因此，蔣一度對談判有興趣，宋美齡到香港指導即是明證。蔣介石之所以在關鍵時刻下令中止談判，其原因在於歐戰爆發，蔣介石由此看到了世界大戰爆發的可能和中國抗戰勝利的希望，因此積極調整國際戰略。一九三九年四月廿九日，蔣介石日記云：「必使歐洲戰局擴大至遠東，且使包括全球，如此，則英在遠東勢力勿使爲倭或俄乘歐戰之機，取得漁利。」[98]同時，他也看到了日本經濟能力的嚴重不足。日記云：「余已催英與俄速訂軍事同盟，使俄、倭對歐戰不能旁觀坐大，而倭連日五相會議，對歐外交政策舉棋不定，然其最後必實行與德、意訂立軍事同盟，以其軍閥之囂張，如倭王不准，則有革命之可能也。至其對我國，一面恫嚇，一面求和，猶想從中取巧，未知其經濟尚有支撐二年之力否？此次小川等求和，余拒絕之宜矣！」[99]

萱野、小川在香港除與杜石山等談判外，還曾於五月六日約見在香港的《大公報》主筆張季鸞。小川表示：日政界多數人願「和」，但少壯軍人有領土野心，如果「和」不了，日本可能會以重兵駐紮華北及沿海，永久佔領半個中國。張季鸞答稱：中國純以保衛國家爲目的，只求日本承認中國爲對等的獨立國家，達到此目的，一定「和」；否則，一定拚命打。關於日本要求與中國訂立反共協定一事，張表示：這就等於讓中國「無端拋棄抗戰以來同情中國之英、法、美蘇諸朋友，與中蘇（互）不侵犯條約在精神上亦有抵觸也」。關於中共，張稱：「蔣公看此問題很輕。戰後之中國完全根據三民主義及法律處理一切，即凡不違法之人與事，皆可承認。」⑩對張季鸞所言，小川不能反駁，只能苦笑。

小川決定離港後，於五月廿七日約曾任駐日領事的羅集誼談話，表示願在行前與張季鸞一晤，張拒絕不見。五月三十日，張季鸞致函蔣介石稱：「小川個人未必無誠，但在敵方並無正式好的表示以前，政府斷不可派人來談。熾雖在局外，亦當拒不與見。」⑩不過，重慶方面並未對小川等採取決絕態度，雙方始終保持著藕斷絲連的關係，直到一九四一年六月。有關情況，我在《抗戰前期日本「民間人士」和蔣介石集團的秘密談判》一文中已有論述，茲不贅述。⑩

三、「和平」底牌與張季鸞香港談判的夭折

張季鸞是報人，但是，從一九三八年一月起，張季鸞即受蔣介石派遣，到上海從事「對

敵運用」，後來又參加蔣介石的外交謀劃、國際宣傳和對日秘密談判，成為蔣的高級智囊。一九四〇年七月二日，蔣介石收到張季鸞的報告，當日日記提醒自己注意研究「敵閥求和之誠偽」。⑩幾天後，蔣覆函張季鸞，指示談判機宜，日記云：「敵方間接求和之心雖切，然其方法與政策仍毫無變更。我應囑季鸞以最低限度轉示之：甲、談政策，不談條件。乙、談情感與利害而不談權利、得失；丙、對於中國人心之得失，應令特別注意蘇俄對華之宣言（放棄在華特權）；丁、放棄北平至山海關駐兵權；戊、漢口租界提前取消。己、內河航權應取消。庚、青島與海南島完全交還。辛、熱河先行交還。壬、東三省問題、借用港口問題、東亞聯盟問題，待和平完全恢復，撤兵完全實行後再談。癸、天津與上海租界定期交還。子、保障問題。丑、撤兵手續，平綏路、張家口與歸綏一帶，必須在第一期撤完。」⑩

前文已述，日軍自山海關至北平的駐兵權，為清末《庚子條約》所規定，一九三八年蕭振瀛與和知鷹二談判時，蔣曾同意保留。但是，這裏蔣卻明確要求日方放棄。此事表現出，在與日方談判中，蔣的妥協性逐漸減弱。此後，蔣介石在與張季鸞會面時又不斷指示，其七月十九日日記云：「季鸞來談，敵閥野心如昔，毫未改變。」⑩廿五日，張季鸞再來，談東北問題以及與日本簽訂互不侵犯條約事。⑩蔣日記云：「敵在華之工廠與營業，各項商民之處置，敵非萬不得已，決不願撤退也。」⑩顯然，這是蔣與張討論中的議題。

一九三八年十月，和知與蕭振瀛的談判因蔣的剎車停止後，和知繼續尋找和重慶方面聯繫的線索。一九四〇年八月，和知動員一位希臘商人，到重慶上書蔣介石，「其內容無異乞降，此爲從來所未有」，蔣介石由此推斷，日本急於向東南亞發展，向中國求和已到了迫不及待的地步。⑩⑧他與張季鸞討論，認爲可以利用這一形勢，謀求在於我有利的條件下，與日本媾和。⑩⑨但是，他很快就認爲，「敵寇求和益急，而其方法越幼稚毒劣，應即切戒嚴防之」。⑪⓪十三日，蔣介石發表《「八一三」三週年紀念告淪陷區民眾書》，盛讚淞滬之戰中國軍民的英勇表現，中云：

我們中華民族有悠久偉大的歷史，有堅韌不拔的民族精神，有至大至剛的民族正氣；我們在淪陷區的同胞們，要知道我們中華民國的版圖，決不會放棄寸地尺土的，要知道敵人有必然失敗的道理，更要知道我們前方後方的軍民，都在加緊努力來迎接這最後的勝利。⑪①

蔣介石將這篇文告的發表看成是對日本的沉重打擊和對自己的警策。日記云：「余於八一三紀念日告民眾書，仍以光明正大態度痛斥敵軍之兇暴，激發同胞敵愾之精神，發揮殆盡，此爲對敵當頭一棒，冀其有所覺悟，勿敢輕來嘗試也。自後對余之認識或能更進一步乎？否則，不僅不能使之醒悟，而且反中其軟化利誘之計，更不可爲計矣！」⑪②這段日記表明，蔣已經意識到，自己既要抵擋日本的軍事進攻，又要謹防日本的「和平」誘惑。

這一時期，蔣介石大概每個月都會收到日本方面的一條求和消息。爲了確定談判「底牌」，蔣介石命張群等人開始起草一份文件，參加者有張季鸞、陳布雷等人。至八月下旬，文件定稿，題稱《處理敵我關係之基本綱領》，該文包括《建國原則》、《對敵策略》、《平和條件》等內容，其《對敵策略》總原則爲：保衛國家獨立、民族自由，而作戰媾和之實際策略以度德量力爲依歸。下分五條：

一、領土之完整，主權之神聖不可侵，政治的、軍事的、經濟的自由之確保，爲國家民族存亡、主奴所關，故必須犧牲一切，長期抗戰，以求其貫徹。

二、利於長期抗戰，而不利於迅速反攻，此量力之義也……確保長期抗戰之實力，鞏固全民族救亡自衛之精神，由軍事上、經濟上、外交上疲困敵人，逐漸減少其「力」的方面之優勢，而增加其「德」的方面之弱點，以期敵我間之形勢逐漸於我有利，以終達作戰目的之成功。

三、不論時間如何長久，環境如何困難，必須貫徹成功，不容中途自餒。惟作戰爲現實的問題，必須自定最大限與最小限之成功條件，衡量彼我，根據事實以爲運用。

四、最大之成功爲完全戰勝，收回被佔領、掠奪之一切，不惟廓清關內，並收復東北失土。最小限之成功，則爲收復七七事變以來被佔領之土地，完全規復東北失地以外全國行政之完整，而東北問題另案解決之。以上兩義，前者戰勝之表現，後者則爲勝敗不分，以媾和爲利益時之絕對要求。

五、我國爲被侵略國家，故和議之發起，必須出自敵方……應深切考查，其條件是否無背於我建國原則，而足以達到我最小限之成功，必須在確認為我作戰目的已得最小限之貫徹之時，始允其開始和平之交涉。

以上五條，其最重要之點在於將抗戰成功分為「最大限」和「最小限」兩種。必須在保證「最小限」，即恢復盧溝橋事變以前原狀時才能開始與日本進行和平交涉。

關於《平和條件》，《綱領》分《理論原則》與《具體條件》兩方面。其《理論原則》規定：一、日本必須真實承認中國為絕對平等的獨立國家。二、此次議和之後，期成立平等互尊之新關係。三、日本須放棄過去戰前及戰時對華不友善之政策及宣傳。四、除東北懸案另作專案解決外，其餘一切有損中國主權之事實，皆須徹底糾正。

《綱領》中有一部分為《堅持之件》，共八條，其中關係重大者為一至四條及第七條。

一、凡作戰而來之軍隊，應限期完全撤退。河北及華北部隊，應撤離河北及察哈爾省境以外。

二、凡所占長城以內及察綏之土地，與沿海及海上各島嶼，應完全定期交還。

三、凡佔領地內之偽組織，均應自戰鬥終止之日，由日本負責撤銷，不能作為中國內政問題。所有偽組織之法令與契約，一概不能承認，並不能要求任何佔領地內行政上之特殊化。中國行政完整必須完全恢復，不容有任何干涉內政之舉。

四、東北問題，須待和平完全恢復後另案交涉，現在不能提議（但熱河不在東北範圍之內）。

七、不平等條約之廢除，須於和約發表時，同時自動聲明且有定期之實行。⑬

在上述各條旁，有注稱：「八月三十一日張攜港之件」，可見，這份文件是爲張季鸞赴香港談判準備的。

八月廿五日，蔣介石與張季鸞談話，日記云：「和戰要點：一、打破敵國侵略滅華政策；二、消滅敵人優越奴華心理；三、恢復中國獨立自由地位。和戰方針：甲、以基本條件爲標準；乙、以不失時機爲要旨；丙、國際期待爲下策。」廿六日日記再云：「一、我有實力可恃，不患其違約。二、我有根據地存在，不患其和議決裂。三、敵人有求於我，國際上、地理上、經濟上、軍事上，皆非我合作不可。四、敵有懼於我。甲、領袖權威。乙、革命精神。丙、三民主義。」⑭廿九日，再次與張季鸞、陳布雷會晤，擬定「最低限度」條件，指示交涉時，應持堅決態度，「對條件不可遷就」。⑮三十一日，張季鸞飛港。但是，也就在這一天，蔣介石又改變主意，日記云：「敵寇時時以日、滿、支名詞爲對象，如何而望其澈悟與和平？我國損害傷亡如此重大，如何而可輕易言和？」⑯

九月一日，蔣介石命陳布雷起草致張季鸞函，有所指示。陳因當日沒有飛港班機，改發短電。⑰陳電今不可見，但九月二日張季鸞覆函云：「在未得尊電前，即決定不與和某見面」，可見，陳電內容爲要張不與和知會晤。七日，蔣介石乾脆命陳布雷致函張季鸞，要他從香港回來。⑱張季鸞八月三十一日抵港後，即得悉「桐工作」的有關情況，感到日方「愚昧凌亂」，「可決其今後無大的作爲」。⑲此前，和知曾告訴張季鸞，日本政府將收回軍方的對華談判權，另作準備，又托人帶話，東京只主張內蒙暫駐少數兵員，其他無大問題。

九月一日，張季鸞召見和知的助手何以之，要何轉告和知：一、日本政府如準備自辦對華交涉，「須徹底覺悟，重新檢討」，「必須互相承認為絕對平等的獨立國家」，「凡不合此義者，概不必來嘗試，勸彼亦不必奔走，更不必找我見面」。二、「中國是不許任何地方駐兵，不許任何地方特殊化的。」⑳此後，張季鸞即利用和知，以「桐工作」中的問題反對板垣，製造日本內部矛盾，同時則抬高身價，拒不與和知見面。九月三日，張季鸞致函陳布雷表示：「弟意非和氏有東京敵總部之新意見，決不與之見面。」㉑次日，和知離港，返回東京，張季鸞命何以之電告和知：「不是日政府誠意委託不必再來；不是日本誠意改變對華政策，誠意謀真正之和平，則不可接受委託。要之，與弟何時見面並不重要，日政府苟無真正誠意，見我何用！」㉒

儘管張季鸞拒絕與和知見面，但是，他內心還是希望繼續維持與日方的秘密談判的。九月十七日，何以之面見張季鸞，告以和知來電稱：已於九月十日在福岡會見東京要員，偕飛南京，與板垣協商，決定以和知、板垣為核心，辦理對華交涉，將再飛東京，取得正式委託，然後南來。同日，張致函陳布雷，要求代為向蔣請示，「是否在港逗留一見」？十七日，蔣指示可「在港靜候」。㉓但是，蔣介石很快就失去耐心。二十日日記云：「和知求和遷延之原因，其必待敵軍侵越時來見有所要脅。」㉔

廿二日，蔣介石在日記中寫下了對張季鸞等「無方而好事」的批評。㉕同日，陳布雷即致函張季鸞，要他結束在港工作，立即回渝。不過，張季鸞仍然有自己的想法。日本方面一直宣傳願與中國政府謀和，他要「試驗」其真僞。廿三日，張季鸞致陳布雷函云：「對今後看法，弟微有不同。弟以爲判斷局勢之第一關鍵，在看是否以敵大本營之名義來開正式交涉，果來交涉，即當認定其有若干誠意……蓋既來交涉，則爲承認是國家與國家間之正式議和，一也；漢奸當然取消，二也。」⑫⑥可以看出，張季鸞與陳布雷的「微有不同」在於，張相信日本可能有「若干誠意」而陳相反，顯然，陳的態度反映蔣的觀點。

九月廿四日，張季鸞致函陳布雷，表示遵囑結束在港工作。廿五日，張季鸞與何以之「最後晤面」，告以一兩月之內，如東京確有正式講和誠意，許可與和知通信一次，本人亦當「拚其最後之信用」轉達一次。談話中，張季鸞並按照陳布雷來函指示，通知日方，如欲講和，須有與中國建立平等「新國交」的決心，承認僞滿、中日聯盟等要求萬不可向中方提出，本人也不能轉達。九月廿七日，張季鸞致函陳布雷，承認蔣介石比自己高明：「前年以來之懸案一宗，至此完全告一段落。弟此次判斷有誤，幸行動上未演成錯誤，一切處理尚近於明快，此則近年特受委員長之訓練，得不至拖泥帶水，就弟個人論，誠幸事也。」⑫⑦十月四日，張季鸞回到重慶，其精心準備的與和知的談判計畫終於成爲廢案。

四、企圖以「和談」阻撓日本承認汪僞政權

一九四〇年七月，近衛文麿第二次組閣，松岡洋右出任外相。松岡對軍部和中國派遣軍司令部所做的「誘和」工作不滿，決定收歸外務省掌握和領導。他將這一工作委託給自己的門生西義顯和松本重治等人。西義顯將希望寄託在交通銀行董事長錢永銘身上。錢是江浙財團的重要成員，與蔣介石關係密切，一度擔任國民政府財政部次長。松岡對錢永銘這一人選很滿意，誇口說很快就會成功。當時，日軍計畫南進，從英國和荷蘭手上奪取東南亞，急於和重慶國民政府達成妥協，以便拔出深陷於中國戰場的泥足。

同年八月，西義顯到香港訪問正寄寓在那裏的錢永銘，動員他投入對重慶的「和平工作」。錢提出：如果恢復到盧溝橋事變發生以前的狀態，日軍能夠全面撤兵，或許能同重慶進行談判。⑱他表示，自己可以負責促成寧渝合作，但須請上海金城銀行經理周作民出面與日方接洽。⑲據西義顯回憶，錢當時提出三項條件：一、重慶、南京兩政府合併，建立一個名副其實的中國統一政府。二、日本政府以中國的新統一政府爲談判對象，從中國全面撤退爲推行日華戰爭所派遣的全部兵力。三、日本政府與新中國政府締結防守同盟。九月十八日，西義顯偕錢永銘的代表張競立等到東京訪問松岡洋右外相。十月，松岡簽字同意錢永銘提出的條件。⑳不過，後來松岡實際向重慶提出的是外務省東亞局第一課課長太田一郎所擬六條：一、承認滿洲國（必要時以秘密文書約定），二、共同防共。三、撤兵。四、經濟提攜（作若干讓步）。五、治安駐兵（長安三角地帶不駐兵）。六、不要求蔣介石下臺。㉛

松岡洋右除委託西義顯外，又親自致函時在上海，與錢永銘、周作民關係深厚的船津辰一郎，拜託他協助進行。132船津曾任日本駐天津、上海、奉天總領事，有和國民黨人員打交道的豐富經驗。十月十七日，西義顯攜帶松岡的親函訪問船津。同日，船津訪問周作民，說明本人應松岡要求，將去香港活動，周表示恢復兩國間的和平也爲本人所希望。十月十九日，松本重治會見周佛海，面交日方所擬「和平」條件，託周作民轉交錢永銘。周佛海的印象是：「與在京所談判者大致相同，惟完成撤兵由二年減爲一年，蒙疆及特定地點駐兵，雖形式略異，實質完全相同。」133廿一日，船津與周作民同船赴港。在港期間，周作民與錢永銘以日方提出的方案爲核心，草擬報告與意見書，托因事來港的金城重慶分行經理戴自牧帶回重慶。134

十一月七日，蔣介石研究錢永銘、周作民轉來的「和平」條件，大爲不滿，日記云：「周作民受敵方請托條件轉達者，商人不察，以爲較倭汪之條件減輕，其實文字變換而內容無異也。」135不過，當時蔣介石正在向美、英兩方提出「合作方案」，建立同盟，尚未得到答覆，136日本方面又準備在十一月三十日承認汪記南京國民政府，這使蔣介石感到憂慮。他擔心德國、義大利會跟踵承認，擔心正在和德國拉關係的蘇聯會對華冷淡，也擔心國內民心、軍心的動搖。十七日日記云：「英美未與我確實合作以前，對倭不使其承認汪僞爲宜，此亟應設法運用者也。」137十八日，蔣決定派張季鸞赴香港，日記云：「派季鸞赴港，作錢、周之答。」138

松岡洋右除利用錢永銘等與重慶談判外，又通過德國出面，對重慶政府施加壓力。十一月十一日，德國外交部長里賓特洛甫約中國駐德大使陳介談話，聲稱：「近聞日自新內閣成立後，亟圖解決中日問題，已擬於近日內承認南京政府。日如實現，義、德因與同盟關係，亦必隨之，他國或尙有繼起者。此於中國抗戰，或益加困難……倘閣下認爲有和解可能，則請轉達蔣委員長及貴政府加以考慮，以免誤此最後時機。」⑬⑨十四日，蔣介石接到陳介來電，認爲這是「倭求和進一步之表示」，於十八、十九兩日分別接見英、美駐華大使，告以陳介來電情況，說明日本承認汪僞之舉，將動搖中國民眾抗戰信心，進而影響中國國內日趨嚴重的經濟與軍事問題。⑭⓪廿一日，蔣介石電覆陳介：「日本果欲言和，自應將其侵入我國領土之陸、海、空軍全部撤退。」「若日方以承認僞組織爲詞，使我與其議和，則彼既無恢復和平之誠意，我方亦決不以此有所措意也。」⑭①

這通電文，表面上致陳介，實際上是說給日本人聽的。同日，日方宣稱，重慶方面如不在十二月一日之前與日方言和，將承認汪政權。蔣介石不受威脅，日記云：「此種宣傳，只有增加我對英美合作提議之效。蓋倭寇宣傳，以此爲恫嚇吾人之計，實拙劣無比也。」⑭②廿四日，蔣介石得到蘇聯通知，繼續援助中國武器，感到寬慰。廿六日日記云：「如何能使俄與英美合作，此爲今日唯一之要務也。」⑭③這則日記表明，蔣介石當時所孜孜以求的是與俄、美、英等國結成抗日聯盟，與日本談判不過是爲了阻撓其承認汪僞政權，並非根本之計。廿七日，汪精衛致電蔣介石，聲稱已與日方完成「調整國交條約」，與「友邦」內定，只須「恢復和平，確立治安，則撤兵期限，仍踐前諾，無所改變」，要求重慶方面「立下決定，宣布停戰」。廿八日，蔣介石得知有此電文，在日記中斥以「爲敵寇作倀」。⑭④

張季鸞到達香港後，即向錢永銘提出：國民政府對於日方誠意仍有懷疑，因爲日方宣稱，如重慶方面在一定期間內沒有肯定答覆，就要承認南京政府。對於此類威脅，國民政府「非常不滿」。張向日方提出兩項條件：一、無限延期承認汪政權。二、無條件全面撤兵。⑭張稱：倘若日本政府答應履行上述條件，中國政府準備同日本政府進行和平交涉。

十一月廿三日，在松岡外相的力促下，日本五相會議決定接受張季鸞提出的條件，要求中國政府迅速任命正式代表來日，日本政府將延期承認汪精衛政府。其後，錢永銘即將有關情況電告重慶，並請杜月笙攜帶詳函飛渝，要求指派前駐日大使許世英為首席正式代表。⑭廿七日，重慶擬派許世英赴港。至此，談判似乎頗有進展，但第二天就發生變化。

日本內部的擁汪勢力一直很頑強。廿八日，日本內閣會議由於受到軍方和日本派駐南京的阿部信行特使的壓力，決定按原定日期承認汪偽政府。同日深夜，日本駐香港總領事田尻愛義得到東京電告，力謀挽救已成局面，改變日本政府的決定。他立即要求錢永銘電告重慶，必須迅速同意日本的「和平原則」，任命正式談判代表。⑭同日夜，蔣介石接到錢永銘來電，得知日方變卦，非常憤怒，日記云：「觀察敵倭與錢新之所談及其態度，仍以威脅為主。其松岡外長尤為荒唐。無論文武人員皆不可理，若一交手，即以卑污惡劣猙獰之形態畢露。無禮無信之國，不可再理，焉能不敗哉。」⑭他決定通知錢新之，對日「決絕不理」。

三十日，日本正式承認汪偽政權，蔣介石的第一反應是「東亞戰爭不知延長到何時方能結束」，第二反應是：「我促英、美、俄更進一步之表示與助我，此其時乎！」⑭同日，松岡洋右致電錢永銘，表示願繼續與重慶議和。十二月一日，錢永銘和張季鸞分別將有關情況轉報陳布雷，陳的強烈感覺是：「敵之狼狽失態，可謂無所不至。」「松岡之可笑，洵無以復加也。」⑮⓪十二月三日，蔣介石讀到陳布雷摘錄的錢、張報告，憤怒地在日記中對松岡寫下了「仍想繼續欺詐，惡劣極矣」的考語。⑮①

日本承認汪僞政權一事使蔣介石憂心忡忡。一九四〇年十二月一日，蔣與其宣傳幹部研究「如何能安定民心」，夜不能寐，自稱當夜只熟睡了三個小時。⑮②次日，他在「國父紀念週」上報告，說明這是近衛內閣的「自殺」行爲，自感「頗費心力」。⑮③其實，日本承認汪僞政權一事對當時的政局、戰局並無多大影響，蔣介石過於緊張了。

一九四一年之後，還有個別日本人士企圖在中日間斡旋和平，但蔣介石已了無興趣。一九四二年四月，和知鷹二的機關總務部長黑木清行，受頭山滿及萱野長知鼓動，攜帶萱野名片到桂林，要求到重慶面見蔣介石，調解中日戰爭，恢復兩國邦交，否則自殺。賀耀祖、陳布雷二人認爲「不可任其自由往返，擬令扣押，密解息峰，留交王芃生訊問。如果不能利用爲反間，則應拘留，不許釋放。」蔣介石批示：「應即拘押監禁。」⑮④

五、結語

日本侵華，採取的是以戰爲主，以誘和爲輔的兩手策略。同樣，蔣介石也用這兩手策略對付日本。一方面，蔣介石堅持以武力抵抗日軍進攻，同時，在某些時候，某些方面，也不排斥與日本進行秘密談判。

如前述，蔣介石雖對蕭振瀛與和知鷹二之間的談判不抱希望，但是，由於和知以「恢復盧溝橋事變前原狀」為誘餌，這使蔣覺得不妨一試。談判中，蔣細心研究情況，指導起草並親自修改有關文件，除將東北問題擱置另議外，蔣曾準備以同意日本在長城以外某些地區駐兵為條件，換取日軍自中國關內地區撤兵。但是，當蔣發現日方拖延不決，並無誠意之外，立刻下令終止談判，後來並以「殺無赦」警誡孔祥熙、蕭振瀛與和知重開談判的企圖。

一九三九年，萱野長知、小川平吉在香港與中國軍統人員談判，力圖面見蔣介石。這是兩位和中國有過特殊關係的日本人，在他們後面，又有日本「主和」人士頭山滿和近衛等政要的支持。最初，蔣介石對談判持有興趣，宋美齡、戴笠都先後到港指導。但是，歐戰的爆發使蔣介石看到了中國抗戰勝利的途徑和希望，因此毅然採取決絕態度，禁止軍統談判人員再與小川等來往。

一九四〇年八月，蔣介石為了應付日本方面頻繁的談判要求，指導張群、張季鸞、陳布雷等制訂《處理敵我關係之基本綱領》，作為對日談判的原則和準繩。該文件的最大特點是將抗戰結果分為「最大之成功」與「最小限之成功」兩種，但是，當張季鸞於同月底帶著這份文件赴港，企圖首先爭取「最小限之成功」時，蔣介石卻阻止張與和知鷹二見面，並且迅速命他回渝，使這次經過鄭重準備的談判還沒有開始就夭折了。同年七月，近衛第二次組閣後，為了抽出兵力，侵略東南亞地區，一面緊鑼密鼓地準備給予汪偽政權以外交承認，一面通過外相松岡洋右推進「錢永銘工作」，繼續誘惑重慶國民政府和談。蔣介石擔心日本承認汪僞會在外交和內政兩方面嚴重影響中國抗戰，派出張季鸞赴港談判，企圖加以阻撓。日本政府雖曾一度接受中方的「全面撤兵」等條件，但是，最終還是在軍方的壓力下承認了汪僞政權。

盧溝橋事變前，蔣介石長期對日妥協，力圖延緩對日全面作戰時間；盧溝橋事變後，蔣介石被逼抗戰，但是，他仍長期爲戰與和的矛盾所糾纏。蔣介石親自掌控的幾次談判說明，他在堅持抗戰的同時，也還在某些時候對和平解決中日戰爭存有期待。談判中，他雖不肯承認「滿洲國」，不肯立約放棄中國對東北的主權，但在一段時期內，他卻只將抗戰目標定在「恢復盧溝橋事變前原狀」這一「最小限之成功」上。這些，都反映出蔣在對日抗戰中的軟弱一面。不過，應該指出的是，所有他掌控的談判，都是日方求「和」，蔣只是被動應對而且都由蔣主動剎車。在談判中，他的態度逐漸堅決，條件逐漸提高，是日漸強硬而非不斷軟化的。

蔣介石思想中的戰、和矛盾存在過很長時期。就在蔣介石受松岡洋右欺騙，憤而斥責日本爲「無禮無信之國」後不久，他又在日記中寫道：「對敵宣傳，使知非由美國或蘇、德出而保證，決不能解決戰事之意。」「敵次任內閣，如果爲海軍係聯美派出任，使美得調停中倭戰事，則和平有望矣」⑮⑸一九四一年二月，美國總統羅斯福的代表居里訪問重慶。居里向蔣提出：本人來渝，常聞傳言，某某等秘密對日進行和議，請直率相告。蔣答：

自由中國絕對無一人願與日本言和。倘英、美能繼續予以援助，亦決無人表示不滿。此間人士皆決意除最後勝利外，他無所求，何言隔〔個〕別之和平！我人已作此最大之犧牲，日本已陷無援助、無希望之絕境，英、美已在精神上、物質上予我以一切援助，故不論日本以任何動人之條件向我求和，而此未成熟之對日和平，余將一律視為中國之失敗。余可向閣下保證，對日和議必在英、美參加之和平會議席上談判之，此外無中國可以接受之可能。余願時機成熟之時，此項會議由美國召集之，一如召集九國公約之華盛頓會議。惟華盛頓會議時，無蘇聯參加，深盼此會議亦有蘇聯一席耳。⑮⑥

這個時候，中國雖還在孤軍奮戰，但已得到英、美、蘇三國的援助，因此，蔣介石說話底氣足，腰板硬，但是，字裏行間，我們仍然可以看到其「和平」幻想的陰影。徹底拋棄「和平」幻想，轉過來勸止英、美對日妥協，爭取抗日戰爭的全面、徹底勝利，蔣介石的面前還有一段路程。

（原載《中國社會科學院學術諮詢委員會集刊》第二輯，二〇〇六年二月，社科文獻出版社出版。）

① 《民國二十七年雜感》《蔣介石日記》（手稿本）。

② 《蔣介石日記》（手稿本），一九三八年四月九日。

③《蔣介石日記》（手稿本），一九三八年四月十八日。
④《蔣介石日記》（手稿本），一九三八年五月廿七日、三十日。
⑤《蔣介石日記》（手稿本），一九三八年六月七日。
⑥《蔣介石日記》（手稿本），一九三八年六月廿八日。
⑦《對方特提稿》，一九三八年十月，「蔣中正總統檔案・特交檔・和平醞釀」，臺北國史館藏，以下簡稱「蔣檔」。
⑧《困勉記》，稿本，一九三八年八月廿六日。
⑨《蔣介石日記》（手稿本），一九三八年八月廿六日、九月三日。
⑩《蔣介石日記》（手稿本），一九三八年九月廿三日。
⑪《蔣介石日記》（手稿本），一九三八年九月廿六日、廿八日。
⑫《無題》，見「蔣檔」，但據國史館所藏《（蔣中正）事略稿本》一九三八年九月廿七日條，該文係蔣介石覆蕭振瀛「感辰電」的後一部分。
⑬《此次談判經過》，一九三八年九月三十日，「蔣檔」。
⑭《蕭仙閣（振瀛）感亥電》，見《困勉記》，一九三八年九月廿八日。
⑮《九月廿八日覆蕭仙閣電》，「蔣檔」。據《困勉記》一九三八年九月廿八日記載，知此電為蔣介石所發。
⑯《蕭仙閣豔辰電》，一九三八年九月廿九日收，「蔣檔」；又見《困勉記》。

⑰《此次談判經過》，「蔣檔」。

⑱《蕭仙閣豔辰電》，「蔣檔」。

⑲《此次談判經過》，「蔣檔」；《事略稿本》，未刊，一九三八年九月三十日。

⑳《困勉記》，一九三八年十月一日；參見同日《蔣介石日記》（手稿本）。

㉑《事略稿本》；參見《蔣介石日記》（手稿本），一九三八年十月二日。

㉒《中國宣言原文》，「蔣檔」。

㉓《停戰協定原文》，「蔣檔」。

㉔《關於將來雙方合作之諒解部分》，「蔣檔」。

㉕《關於軍事協定者》，「蔣檔」。

㉖《關於滿洲國問題之考慮》，「蔣檔」。

㉗《面訓要點》，一九三八年十月八日。參見《事略稿本》同日條。

㉘上述指示，無題，且時間不明。「蔣檔」整理者置於《十月十四日電蕭》之後，但其中有「以十八日為限期，防其緩兵」之句，可知必與《面訓要點》同時。

㉙蕭振瀛《致漢口何部長》，「蔣檔」。

㉚何應欽十月十八日電，「蔣檔」。此電無題，未署名。據內容考證，知為何致蕭振瀛電。

㉛何應欽《致九龍森麻賓道十八號蕭彥超》，「蔣檔」。

㉜何應欽《致九龍森麻賓道十八號蕭彥超》，「蔣檔」。

㉝何應欽《致九龍森麻實道十八號蕭彥超》，「蔣檔」。

㉞蕭振瀛原注：「原為『恢復七七前原狀後』，和支〔知〕堅請改如上文。」

㉟「全面的」，蕭振瀛原注：「三字亦和支〔知〕所加。」

㊱《和知第二次到港會談經過》，一九三八年十月廿一日。「蔣檔」。

㊲蕭振瀛原注：「以上表示，係遵巧酉電訓。」

㊳《和知第二次到港會談經過》；參見《限即刻到漢口何部長》，一九三八年十月廿一日。均見「蔣檔」。

㊴《和知第二次到港會談經過》。

㊵《蕭仙閣皓亥電》，一九三八年十月十九日；《和知第二次到港會談經過》。「蔣檔」。《經過》在「十一月十日前簽訂停戰協定」句下有蕭振瀛原注：「上約時期，因事實需要，故與巧酉電訓，略有出入。」

㊶《和知第二次到港會談經過》，一九三八年十月廿一日。「蔣檔」。

㊷《和知第二次到港會談經過》。「蔣檔」。

㊸《蔣介石日記》（手稿本），一九三八年九月廿七日。

㊹《蔣介石日記》（手稿本），一九三八年十月三日。

㊺《蔣介石日記》（手稿本），一九三八年十月五日。

㊻《蔣介石日記》（手稿本），一九三八年十月七日，參見同日之《事略稿本》與《困勉記》。

㊼《蔣介石日記》（手稿本），一九三八年十月十三日。
㊽《十月十四日電蕭》，「蔣檔」。
㊾《事略稿本》，一九三八年十月廿一日。
㊿《致長沙何部長》，一九三八年十月廿六日，「蔣檔」。
51《院長鈞鑒》，一九三八年十月廿八日。「蔣檔」。
52《院長鈞鑒》，一九三八年十月廿八日。「蔣檔」。
53《蔣介石日記》（手稿本），一九三八年十月廿七日。
54《困勉記》，一九三八年十月廿八日。
55《事略稿本》。
56《事略稿本》。
57《蔣介石日記》（手稿本），一九三八年十月三十一日。
58《總統蔣公思想言論總集》，《書告》第三〇五至三〇六頁。
59《蔣介石日記》（手稿本），一九三八年十一月一日。
60《蔣介石日記》（手稿本），一九三八年十一月二日。
61《蔣介石日記》（手稿本），一九三八年十二月十八日。
62《仙閣兄綏密》。「蔣檔」。
63棟（孫維棟）、驥（施驥生）《中央銀行速轉蕭總參議》。「蔣檔」。

64 蕭振瀛《委座鈞鑒》，「蔣檔」。

65 蔣介石：《致孔院長》，《革命文獻》，未刊。臺北國史館藏。

66 詳情另見拙文《蔣介石對孔祥熙謀和活動的阻遏》。

67 參見拙作《抗戰前期蔣介石集團和日本「民間人士」的秘密談判》，原載《歷史研究》一九九〇年第一期，後收入拙著《蔣氏秘檔與蔣介石真相》，社科文獻出版社，二〇〇二年版。

68 《戴笠呈》，一九三八年十月十五日。

69 曾政忠，廣東臺山人，美裔華僑，先後肄業於嶺南大學與美國加州大學。一九三八年十月加入軍統。一九四〇年曾冒充宋子良與日方談判。

70 戴笠《報告》，一九三八年十二月九日，「蔣檔」。

71 戴笠《報告》，一九三八年十二月九日。

72 小川平吉文書，日本國會圖書館憲政資料室藏，抄件。

73 《戴笠呈》，一九三九年三月二十日。「蔣檔」。

74 《萱野長知電報》，《小川平吉關係文書》（二），日本みすず書房，一九七三年版，第六一二頁。

75 《蔣介石日記》（手稿本）一九三九年三月十七日云：「送妻登機飛赴香港。」

76 《萱野長知電報》，一九三九年三月十八日，《小川平吉關係文書》（二），第六一四頁。

77 《宋美齡對條件的意見》，《小川平吉關係文書》（二），第六一五頁。

78 戴笠《呈校座》，蔣檔。

(79)《杜氏筆記》，《小川平吉關係文書》（二），第六一五頁。
(80)《小川平吉關係文書》（二），第六一四至六一五頁。
(81)《小川致萱野函譯稿》，轉引自戴笠《即呈校座》，一九三八年四月三日，「蔣檔」。其日文原本見《小川平吉關係文書》（二），第六一三頁。
(82)《小川之親筆書》，戴笠《即呈校座》，一九三八年四月二日，「蔣檔」。
(83)劉方雄口述《抗日戰爭中軍統局謀略戰一例》，臺北《傳記文學》第三十九卷第二期，第九十八頁。
(84)戴笠《即呈校座》，一九三九年四月二日，「蔣檔」。
(85)《蔣介石日記》（手稿本），一九三九年四月四日。以下同。
(86)《雜錄》，《蔣介石日記》（手稿本）一九三九年年末。
(87)《小川平吉關係文書》（二），第六一九頁。
(88)《籌筆》一三六七八號，「蔣檔」；又見《小川平吉關係文書》（二），第六二〇頁。此前一天，蔣日記有「問馬伯援地址」的記載。
(89)之光《致重慶鍾先生》，特急電，一九三九年四月廿二日。「蔣檔」。
(90)《蔣介石日記》（手稿本），一九三九年四月廿二日。
(91)之光《致重慶鍾先生》，特急電，一九三九年四月廿二日。「蔣檔」。
(92)《蔣介石日記》（手稿本），一九三九年四月廿四日。
(93)《雜錄》，蔣介石日記》（手稿本），一九三九年年末。

(94)《雜錄》，《蔣介石日記》（手稿本），一九三九年末。
(95)戴笠《報告》，一九三九年五月廿二日，「蔣檔」。
(96)戴笠《報告》，一九三九年五月廿二日；又《報告》，一九三九年五月三十一日，「蔣檔」。
(97)戴笠《報告》，一九三九年五月三十一日。
(98)《本月反省錄》，《蔣介石日記》（手稿本），一九三九年四月三十日。
(99)《困勉記》，一九三九年四月三十日。
(100)《萱野、小川約見談話要點》，一九三九年五月六日，「蔣檔」。
(101)熾（張季鸞）《致委員長》，一九三九年五月三十日。
(102)《歷史研究》一九九〇年第一期，後收入拙著《蔣氏秘檔與蔣介石真相》，社會科學文獻出版社，二〇〇二年版。
(103)《蔣介石日記》（手稿本），一九四〇年七月二日。
(104)《蔣介石日記》（手稿本），一九四〇年七月七日。
(105)《蔣介石日記》（手稿本），一九四〇年七月十九日。
(106)《困勉記》，一九四〇年七月廿五日。
(107)《蔣介石日記》（手稿本），一九四〇年七月廿五日。
(108)《蔣介石日記》（手稿本），一九四〇年八月六日、十日。
(109)《蔣介石日記》（手稿本），一九四〇年八月四日。

(110)《上星期反省錄》，《蔣介石日記》（手稿本），一九四〇年八月十日。

(111)《總統蔣公思想言論總集》，《書告》，第二〇一頁。

(112)《蔣介石日記》（手稿本），一九四〇年八月十五日。

(113)「蔣檔」。

(114)《蔣介石日記》（手稿本），一九四〇年八月廿六日。

(115)《蔣介石日記》（手稿本），一九四〇年八月廿九日。

(116)《蔣介石日記》（手稿本），一九四〇年八月三十一日。

(117)《陳布雷日記》，一九四〇年九月一日。內部排印本，臺北國史館藏。

(118)《陳布雷日記》，一九四〇年九月七日。

(119)熾章（張季鸞）：《致布雷先生》，一九四〇年九月二日，「蔣檔」。關於「桐工作」，請參閱拙文《「桐工作」辨析》，《歷史研究》，二〇〇五年第二期；收入拙著《楊天石文集》，上海辭書出版社二〇〇五年版。據《今井武夫回憶錄》記載：「桐工作」過程中，宋美齡曾於一九四〇年三月五日到港，「從側面協助中國的代表」，「宋美齡抵港的消息，經報紙作了報導，因此，我們相信了中國方面的言詞」。有些歷史學家據此懷疑宋美齡此行大有文章。其實，宋此次到港，完全是為了休養。一九三九年十二月七日，蔣介石日記云：「今日吾妻以療鼻疾割治，甚憂。」一九四〇年二月十二日日記云：「送夫人到珊瑚壩機場，往香港休養。」可見，宋美齡此行與「桐工作」無涉。中方「代表」所云，與冒充「宋子良」一樣，同為對日方的哄騙。我在《「桐工作」辨析》一文中對此未作分析，今補述於此。

(120)熾章（張季鸞）：《致布雷先生》，一九四〇年九月二日，「蔣檔」。

(121)熾章（張季鸞）《致布雷先生》，一九四〇年九月三日（原文作九月十二號，當係誤書——筆者），「蔣檔」。

(122)熾章（張季鸞）《致布雷先生》，一九四〇年九月六日午前。「蔣檔」。

(123)《陳布雷日記》，一九四〇年九月十九日。「蔣檔」。

(124)《蔣介石日記》（手稿本），一九四〇年九月二十日。

(125)《蔣介石日記》（手稿本），一九四〇年九月廿二日。

(126)熾（張季鸞）《致布雷先生》，一九四〇年九月廿三日下午。「蔣檔」。

(127)熾章（張季鸞）《致布雷先生》，一九四〇年九月廿七日午。「蔣檔」。

(128)船津辰一郎《華南談判失敗日記》，《近代史資料》總第六十九號，第二五四頁。

(129)《周佛海日記》，第三四六頁。

(130)西義顯《日華「和平工作」秘史》，江蘇古籍出版社一九九二年版，第二四一、二六一至二六二頁。

(131)《走向太平洋戰爭的道路》，第四卷，第二四一頁。

(132)日本防衛廳防衛研修所《大東亞戰爭開戰經緯》（三），此據臺灣譯本《對中俄政略之策定》，國防部史政局版，第一五四頁。

(133)《周佛海日記》，中國文聯出版社版，第三六七頁。

134 《周佛海日記》，第三八四頁。

135 《蔣介石日記》（手稿本），一九四〇年十一月七日。《困勉記》同日所引文字為：「此條件，不過文字變換，而內容實無少異。錢新之不察，以為較汪奸之條件減輕矣，希望政府採納，是真只知私利而不顧國家者也，可痛！」

136 參見《總統蔣公大事長編初稿》，總一六四二頁。

137 《蔣介石日記》（手稿本），一九四〇年十月十七日。

138 《蔣介石日記》（手稿本），一九四〇年十一月十八日。

139 《陳大使自柏林來真電》，「蔣檔」。

140 《蔣委員長在重慶接見美國駐華大使詹森談話》，《戰時外交》（一），國民黨中央委員會黨史委員會編印，第一一六至一一七頁。又《困勉記》（一九四〇年十一月廿一日）：「與美大使談已，曰：「今以陳介來電，德願保證中倭將來和平條件之履行者告之，期美於月內對我合作之提議有一決定也。」

141 《事略稿本》。

142 《蔣介石日記》（手稿本），一九四〇年十一月廿二日。

143 《蔣介石日記》（手稿本），一九四〇年十一月廿六日。

144 《蔣介石日記》（手稿本），一九四〇年十一月廿八日。

145 關於張季鸞向日方提出的兩項條件，各書記載稍有差異。西義顯《日華「和平工作」秘史》的記載為：「（一）原則上承認在華日軍的全部撤兵；（二）取消承認南京傀儡政權。」見該書第二七八頁。《今井武夫回憶錄》的記載為：「日軍的全面撤兵與日方是否可以不承認汪政權問題」，見該書中國文史出版社版，第一七五頁。此據船津辰一郎的《華南談判失敗日記》見《近代史資料》總六十九號，第二五七頁。

(146) 西義顯《日華「和平工作」秘史》，第二八八頁。

(147) 《田尻愛義回想錄》，東京一九七七年版，第八十六頁。

(148) 《蔣介石日記》（手稿本），一九四〇年十一月廿八日。

(149) 《困勉記》，一九四〇年十一月三十日。

(150) 《陳布雷日記》，一九四〇年十二月一日、三日。

(151) 《蔣介石日記》（手稿本），一九四〇年十二月三日。

(152) 《困勉記》，一九四〇年十一月三十日。

(153) 《蔣介石日記》（手稿本），一九四〇年十二月二日。

(154) 「蔣檔」。

(155) 《蔣介石日記》（手稿本），一九四〇年十二月十日。

(156) 《戰時外交》（一），第五八八至五八九頁。

蔣介石對孔祥熙謀和活動的阻遏

盧溝橋事變後，國民黨和國民政府內部有不少人認為中國和日本之間，國力、軍力都相距很大，因此，還不能立即與日本展開大規模的戰爭。他們主張，仍應以妥協方式與日本達成「和議」。淞滬抗戰爆發，中國軍隊主動向日軍進攻，標誌著抗戰國策的確立和全面抗戰的展開，但是，國民黨和國民政府內部都仍有部分人主張「和平」。淞滬之戰失利後，主和之議更盛，孔祥熙是這一部分人中的重要代表。現存檔案表明，中日之間的許多秘密談判雖由日方主動，但中方的掌控者則是時任行政院副院長、後於一九三八年初升任院長的孔祥熙。多年以來，人們普遍認為這些活動是國民黨和國民政府真實態度的反映，代表蔣介石的意志。然而，事實出人意料，蔣介石對孔祥熙掌控的這些談判大都持反對態度，曾多次批評，甚至以極為嚴厲的口吻加以阻遏。這種情況，與我們的傳統認識大相徑庭，值得鄭重討論，以求推進中國抗日戰爭史的研究，加深對蔣介石其人的全面認識。

一、拒絕被孔祥熙視為「天賜良機」的陶德曼調停

一九三七年十一月，上海失陷，南京危急，德國駐華大使陶德曼接受日本政府委託，向蔣介石提出停戰議和條件：一、內蒙古自治，一切體制類似外蒙古。二、華北非武裝區擴大至平津鐵路以南。三、擴大上海的停戰區，由國際員警管制。四、停止排日；五、共同防共。六、降低日本貨的進口稅。七、尊重外國人在華權利。同月九日，陶德曼通過蔣介石身邊的德國顧問法肯豪森威脅孔祥熙：「如果戰事拖延下去，中國的經濟崩潰，共產主義就會在中國發生。」①

廿八日，陶德曼在漢口會見孔祥熙，重申上述條件。廿九日，孔祥熙致電在南京的蔣介石，告以他本人多次和在漢「重要同志」會晤，都認爲「長此以往，恐非善策。既有人出任調停，時機似不可錯。」電稱：「復查近來黨政軍各方及民間輿論，漸形厭戰。弟意此次戰爭，我已犧牲甚鉅，除非軍事確有勝利把握，不若就此休止，保全國力，再圖來茲。」②三十日，孔祥熙再次致函蔣介石，認爲陶德曼出面調停，這是「天賜良機，絕不可失」，建議蔣「乘風轉舵」，改變抗戰國策，函稱：「前方戰事既已如此，後方組織又未充實，國際形勢，實遠水不救近渴。而財政經濟現已達於困難之境，且現在各方面尙未完全覺悟，猶多保存實力之想。若至寄人籬下之日，勢將四分五裂，此時若不乘風轉舵，深恐遷延日久，萬一後方再生變化，必致國內大亂，更將無法收拾。」③他認爲日方所提條件「尙非十分苛酷，多係舊案重提，亦非迫我必須一一接受，盡可作爲討論之範圍」，建議蔣介石在接見陶德曼時原則表態，至於具體條件，可由行政院「趁此先行停戰，稍事整理」。可見，孔祥熙對抗戰形勢極爲悲觀，陶德曼出面調停，對他說來，可謂喜出望外。

蔣介石與孔祥熙不同，這一時期，蔣的抗戰意志相當堅決。十一月二十日，蔣介石發佈遷都重慶命令，決心持久抗戰。日記云：「老派與文人動搖，主張求和。彼不知此時求和，乃為降服，而非和議也。」④他對武將也很失望，感嘆道：「高級將領皆多落魄望和，投機取巧者更甚！若輩竟無革命精神，究不知其昔日倡言抗戰如是之易為何所據也！」⑤但是，蔣介石不能不考慮前方軍事失利的嚴重情況。廿九日，蔣介石得悉日本委託陶德曼調停的消息，立即決定加以利用，約其來京面談。日記云：「為緩兵計，亦不得不如此耳！」⑥十二月二日，蔣介石與陶德曼談話後，一度對日本有過幻想，希冀其能有所「覺悟」。日記云：「聯俄本為威脅倭寇。如倭果有覺悟，則幾矣。」⑦但不久，日軍即以加緊進攻南京粉碎了蔣的幻想。

十二月七日，蔣介石離開南京，到達江西星子，日記云：「對倭政策，惟有抗戰到底，此外並無其他辦法。」⑧九日，研究全國總動員計畫，日記云：「團結內部，為國相忍。」「統一抗戰指使（揮），使共黨歸服，消除矛盾行動」。⑨廿六日，日方由於軍事上已經取得巨大勝利，通過陶德曼提出四項新的強硬條件：一、中國政府放棄親共、抗日、反滿政策而與日、滿共同防共。二、必要地區劃不駐兵區，並成立特殊組織。三、中國與日、滿成立經濟合作。四、相當賠款。四條之外，另附兩項條件：一、談判進行時不停戰。二、須由蔣委員長派員到日方指定地點直接交涉。蔣介石認為「其條件與方式之苛刻至此，我國無從考慮，亦無從接受，決置之不理。」⑩

廿七日，召開最高國防會議討論，參加者多數主和，蔣介石堅持不可，受到于右任等人的譏笑。⑪廿八日，蔣介石與汪精衛、孔祥熙、張群等談話，聲稱「國民黨革命精神與三民主義，只有為中國求自由、平等，而不能降服於敵，訂立各種不堪忍受之條件，以增加我國家與民族永遠之束縛。」⑫廿九日，蔣介石與于右任及另一位主和的國民黨元老居正談話，表示「抗戰方針，不可變更」。他說：「此種大難大節所關之事，必須以主義與本黨立場為前提也。」⑬

一月二日，蔣介石再次見到陶德曼轉達的日方條件，決心「與其屈服而亡，不如戰敗而亡」，決定嚴詞拒絕。⑭但是，當時日軍攻勢銳利，中國軍隊需要休整與備戰的時間，國民政府不得不虛與委蛇地敷衍日方。一月十二日，在孔祥熙和張群指導下，外交部擬具口頭答覆稿，認為日方所提四項條件，「太屬空泛，願明晰其性質與內容後，予以詳細考慮與決定」。⑮這一口頭答覆稿的目的在於「拖」，以便既不明確拒絕日方條件，又為中國軍隊爭取時間。但是，口頭答覆稿所提出的要求日方答覆的四個問題卻被蔣介石否定。這四個問題是：

一、所謂中國放棄親共政策而與日、「滿」合作，實行排共政策，日本政府意，中國究應採取何項步驟？

二、所謂非武裝區與特殊制度，究擬設在何處？特殊制度之性質如何？

三、經濟合作一層，其範圍如何？

四、日方是否堅持賠償一點，是否對於中國方面所受之巨大損失，可予考慮？⑯

蔣介石當時正在河南開封佈置防務，見到此件後，認爲這將使談判具體化，立即以「限一小時到漢口」的特急電通知孔祥熙與張群，表示「最後四項問句切不可提」。⑰十五日，孔祥熙會見陶德曼，面交英文答覆，委婉地表示：「爲以真誠的努力尋求在中、日兩國間重建和平的可能性，我們已經表示，熱誠希望得知日方所提『基本條件』的性質與內容。以便更好地表達我們對日本所提條件的看法。」⑱十六日，蔣介石決定，通知陶德曼：「如倭再提苛刻原則，則拒絕其轉達。」⑲十七日，蔣介石日記云：「拒絕倭寇媾和之條件，使主和者斷念，穩定內部矣。」⑳

陶德曼調停失敗後，日本政府極爲惱怒，將蔣視爲對華「誘和」或「誘降」的最大障礙，必欲去之而後快。一月十五日，日本大本營、政府聯席會議，決定否認「蔣政權」。次日，近衛首相發表聲明，聲稱「日本政府今後不以國民政府爲（談判）對手，而期望與帝國合作的中國新政權的建立與發展」。㉑蔣介石對此的反應是：「此乃敵人無法之法，但有一笑而已。」㉒此後，日本政府即決定，以蔣介石「下野」作爲中日「和平」的必要條件。

二、制裁唐紹儀謀和

日軍佔領上海後，即企圖物色在中國政壇上有過重要地位和聲望的人，與重慶國民政府談判，或直接出面組建傀儡政權。其中之一就是唐紹儀。唐紹儀，字少川，清末任外務部右侍郎、奉天巡撫、郵傳部尙書。武昌起義後任袁世凱內閣的全權代表，與革命黨人在上海議和。民國建立，臨時政府北遷，唐紹儀任第一任內閣總理。此後，唐紹儀歷任要職，其地位和聲望都符合日本人的要求。上海淪陷後，唐紹儀留居法租界，日本船津辰一郎等人便多方設法，企圖拉唐下水。唐的住處不斷有各色人物登門。重慶國民政府爲防止唐爲敵所用，也不斷與唐聯繫，許以國民參政會主席、國防最高委員會外交委員長或駐德大使等職，任其擇一。據說，蔣介石還曾致函唐紹儀，擬聘請其爲「高等顧問」。㉓

一九三八年五月，法學家羅家衡到武漢，會見汪精衛、孔祥熙等人。汪稱：「現在的局面，只有少川先生出來與日本談判才是辦法。現在日本不是較以前對華主張緩了一步麼？從前日本是不以蔣政府爲對象的，現在日本僅主張不以蔣個人爲對象了。只要少川先生出來與日本談判，蔣的下野是不成問題的。我只要國家有救，甚麼犧牲都可以的。」孔祥熙則表示，最好由唐個人與日本方面試談條件。㉔

唐紹儀接受汪精衛和孔祥熙委託後，即於五月底或六月初在上海與日方談判，其條件大略如下：一、取消以前一切不平等條約，如二十一條、塘沽、何梅等協定。二、日本軍隊完全撤退。萬一拘於庚子條約，其所駐軍隊亦不得超過歐美各國所駐軍隊數目之上。三、（中國方面）絕對不賠款，因自動停戰議和，非戰敗和議可比。四、中、日、滿經濟合作。唐並表示，中國方面如必欲取消滿洲獨立，可在今後和議中由唐出面交涉。㉕唐紹儀的計畫是：在兩個月後日軍到達河南雞公山時，或由中國「最高領袖」授意前方將士自動停戰，或由孔祥熙邀同戴季陶、汪精衛等與日本素有關係的「老同志」，代表政府或人民團體赴香港談判，他本人屆時當前往參加，但決不單獨負責。㉖六月十七日，日本大本營陸軍部決定「鳥工作」計畫，準備起用唐紹儀及吳佩孚等「一流人物」，「建立強有力的政權」。㉗

廿七日，唐紹儀托大女兒（諸昌年夫人）持函，到武漢會見孔祥熙，聲稱「以國難爲慮，渴望於國事有所襄助」，「欲得公正和平，須中日公開談判」。㉘七月五日，諸夫人回滬，攜回孔祥熙致唐紹儀函，函云：「戰爭初期，我方別無選擇；時至今日，或有公正和平之望。」孔要求唐憑藉自己的有利地位，試探日方和平意向，同時聯絡中日有名望的民間人士，呼籲雙方當局進行和平談判。㉙八月上旬，孔祥熙在香港的親信訪問諸夫人。諸稱：有日本東京陸軍最高長官的全權代表向唐紹儀提出三項條件：一、停止反日運動；二、反共；三、經濟合作。該代表稱，日方沒有領土野心，願保障中國領土、主權完整，無賠款。諸夫人向孔在香港的親信表示：「此次因係院座（指孔祥熙——筆者）再三勸慰，少老始肯與日人見面，探詢條件。該日軍代表之來，亦極不易，所持條件，可作基本談判之初步原則。」「如我方認爲可商，當再與進行詳洽。」諸夫人並稱：該代表定八月五日返滬，如有所命，請在八月十五日前示下，免過時機，在日人前反露我求和之意。㉚八月九日，孔祥熙致電蔣介石，彙報上述情況。

蔣介石這一時期仍然不贊成孔祥熙的謀和活動。六月廿三日，蔣介石與孔祥熙談話稱：「敵人至今滅亡我國之野心，固已爲我粉碎，即其對粵漢速戰、速決之信心，亦已爲我消滅。最後勝利於我確定矣。」他囑咐孔祥熙「不可另自接洽。」㉛七月十二日，日機大炸武漢，警

報解除後，蔣介石再次與孔祥熙談話，勸止他的謀和活動。談畢，蔣介石慨嘆道：「庸之對敵行同求和，彼猶不知誤事，可嘆！」㉜

蔣在接到孔祥熙關於諸夫人的活動情況報告後，立即於八月十日覆電孔祥熙，電稱：「關於少川接洽和議事，弟極端反對。請其於政府未決定整個政策與具體辦法以前，切勿再與敵人談話，以免爲敵藉口。」㉝當時，蔣介石對於孔祥熙秘密與日本談判的情況已經有所察覺，蘇聯駐華外交官也爲此向中方瞭解情況，因此蔣在電報中特別提醒孔祥熙：「日人近時特放一種空氣，甚傳兄屢提條件交敵人，皆爲日敵所拒。此種空氣，影響於我內部心理甚大，而且俄人亦以此相談。務請兄注意爲禱。」㉞

八月十一日，孔祥熙電覆蔣介石，首先表示尊重蔣的意見，「承囑一節，自應注意。」接著，爲自己轉報唐紹儀女兒談話一事解釋，向蔣道歉：「此次諸夫人談話，顯係買好，原電轉陳，藉供參考，不意增兄煩慮，殊覺不安。」關於他本人和唐紹儀發生關係的原因，孔聲稱目的在於爭取唐，阻止唐爲敵所用。電稱：「少川爲人秉性及過去在粵經過，爲我兄所深悉。前因首都淪陷後，日方對少川多方誘惑，時思利用。且聞伊不甘寂寞，曾發牢騷，恐其萬一爲敵利用，影響大局，同志中屢爲弟言，囑早設法，故利用其親友盡力勸慰，使其爲中央用。」關於蔣電所稱向日方提交和平條件問題，孔堅決否認：「和議問題，完全彼方自動，時有報告前來，所以未曾拒絕者，原欲藉以觀察敵情，供我參考，並未提及任何條件。日人放造空氣，原屬慣伎，與弟絕無關係。」㉟

在歷史上，唐紹儀反對過孫中山。一九二〇年，孫中山在廣州恢復軍政府，唐不願支持，退居家鄉。一九三一年，汪精衛、孫科等在廣州成立政府，與蔣介石對抗，唐是常務委員之一，後來胡漢民與蔣介石對立，領導「西南派」從事公開的與秘密的反蔣活動，唐又曾出任西南政務委員會常委。因此，蔣介石不喜歡唐紹儀，更反對唐出面和日本進行秘密談判。當時，日本方面正在動員唐紹儀出面，在南京組織僞政權，一九三八年一月，蔣介石即得知有關情報，日記云：「其急欲造成唐紹儀爲南京之傀儡者，亦無法中之一法也。」㊱

七月九日，蔣介石分析日本對華強硬的原因，其第三條就是：唐紹儀「希冀拆散我政府」。㊲九月十一日，蔣介石再次分析日本陸軍大臣板垣征四郎的對華政策，認爲當年六月至七月之間，板垣之所以強硬，其原因在於，「錯認我內部有分裂及強逼余下野之可能」，同時，也由於「我內部文人態度曖昧與唐紹儀老奸之施弄陰謀。」㊳同月下旬，日本特務土肥原到上海訪問唐紹儀，說服唐起草了《和平救國宣言》。㊴九月三十日，唐紹儀即在家中被軍統特務刺殺。第二天，蔣介石在日記中寫道：「實爲革命黨除一大奸。此賊不除，漢奸更多，僞組織與倭寇更無忌憚矣。總理一生在政治上之大敵，我黨革命之障礙，以唐奸爲最也。」㊵唐紹儀被刺一事，撲朔迷離，多年來成爲疑案。蔣介石的這一則日記表明，此事當出於蔣的決定。

三、制止賈存德、馬伯援與萱野長知等人的談判

日本侵華，採取的是「和戰兩用」政策，即一面武力進攻，一面政治誘「和」。一九三八年二月，日本將在長江下游的侵華部隊改編爲華中派遣軍，以畑俊六大將爲司令官。畑俊六接任後，即一面籌畫進攻武漢，一面通過萱野長知、松本藏次等人與中方聯繫。萱野在辛亥革命前即與孫中山、黃興結識，參加中國同盟會，曾多次參與援助中國革命的活動。抗戰爆發後，受頭山滿及松本石根大將之命來華，找尋與重慶方面談判的機會。畑俊六對萱野說：「戰事無論延長至何時，總有和平之一日，希望有一瞭解日本者出而負責收拾善後局面，締兩國共存共榮之同盟。」㊶又當面召見孔祥熙在上海的親信賈存德㊷說：「現在日本的對象已不是蔣委員長了，而是南京新成立的維新政府，但是，蔣委員長、孔院長想到同盟會時日本人好意的援助而有覺悟，亦未嘗不可談判和平。」㊸他指示萱野直接致函孔祥熙。

當年五月，賈存德密攜萱野致孔親筆函，自滬至漢。函稱：「現在中日戰爭，無異箕豆相煎，勢將兩敗俱傷，絕非東亞之福，希望捐棄小嫌，維持大局。」㊹賈並向孔轉述萱野意見：現在日軍對和平要價過高，實難談商，必須設法使國內和平派抬頭。如中方暗示同意，覆本人極願回國爲和平奔走，並已派人與頭山滿接洽云云。㊺萱野所言，符合孔祥熙心意，覆函稱：「中日接壤最近，唇齒相依，在歷史上地理上關係極爲密切，互助則能共存，相殘必致偕亡。」「究修百年之好，抑種百年之仇，似全在貴國少數軍人之一念。」孔要求萱野聯絡日本的「忠君愛國之士」，「責以正義，曉以利害」，促使少壯軍人早日醒悟。孔本人則聲稱：

「為奠定中日真正共存共榮之百年大計起見，亦當竭盡綿薄，以從事焉。」㊻同時，孔祥熙還準備了一封致頭山滿的信件，也交賈帶回。

六月初，賈回到上海，與松本藏次見面，代表孔祥熙表示：「中日相持，仇者快，親者痛，利害詳如來函，如能保領土完整，修萬代之好，兩國幸甚。現以院長地位，亦樂與公等挽救兩國之危局，不知公等有無善策？」㊼六日，萱野詢問有無孔祥熙覆電，賈當時尚未接到孔的新資訊，只好編造了一通假電報出示萱野。七日，萱野偕松本飛返東京。㊽十三日，偽中華民國維新政府實業總長王子惠告訴賈存德：日本軍部訓令，如蔣介石不表示休戰時，決定三路進攻漢口。㊾廿一日，萱野回到上海，與賈存德討論與孔祥熙會面地點。㊿廿三日，孔祥熙向蔣彙報此事，聲稱「在此時期，似不妨虛與委蛇，以分化其國內主戰派與反戰派之勢力。」(51)

此函發後，蔣介石迅速回電批評。蔣電未見，但其基本精神從孔祥熙六月廿五日覆蔣電可以窺知。孔電云：「頃奉手示，至佩卓見。弟前接賈生來電，當即覆電切戒。茲承尊囑，已又去電嚴諭。」孔特別向蔣表白，為避免發生意外情況，已預留地步，本人所有致賈存德之電，均係秘書具名；前致萱野函，也是採取另附名片的辦法，並未簽字蓋章，希望蔣寬心。孔同時向蔣彙報，剛剛接到賈存德來電一件，「已答以現尚無暇，囑將切實辦法先行探明電覆，備作參考，此外，僅對萱野奔走辛勞略表慰勉而已。」(52)

當時日方認為，與中國「和平」的最大障礙是蔣介石，因此堅決要求蔣下野。七月一日，孔祥熙致電賈存德，表示本人可代替蔣介石下野，電稱：「苟有利真正共存共榮，為彼方轉圜面子，不惜敝屣個人地位。」㊾萱野對孔祥熙的態度表示敬佩，聲稱對蔣下野一事可不堅持。七月四日，萱野表示，以人格擔保無欺詐，日本的軍事行爲最近暫可「不積極」，但完全停止，須待會見孔祥熙之後。㊿七月五日，賈存德偕同萱野赴港，繼續談判。行前致電孔祥熙表示：將親自攜帶「切實大略條件」到武漢，詳細面稟。55

七月六日，日本駐香港總領事中村豐一宣稱，日本政府擬在八月以前奪取武漢，兩國談和，最好在此時期。日方條件仍如陶德曼轉達的「訂立防共協定」等四條，希望瞭解中方條件，再行商洽。中村要求孔祥熙直接致電外相宇垣一成商洽，同時表示，希望七月七日蔣介石發表廣播講話時，「演詞不致過分激烈，以免引起彼方民眾反感」。56同日，孔祥熙將賈存德的上述電報及中村談話一併報告蔣介石：請示「所陳各節，是否可行」。57七月十五日，孔祥熙又將萱野的老朋友馬伯援以及和萱野有乾親關係的居正夫人派到香港，參加談判。58

七月二十日，馬伯援偕同賈存德會見萱野及松本。馬伯援表示：一、日本軍閥，不協助東亞民族，使之獨立，爲九億有色人種之領袖，乃恃強奴隸中華民族，迫中國抗戰，自相殘殺，未免自壞長城。二、日本不知中華民族之團結，由於日閥之迫逼與凌辱，反欲分化中國，利用漢奸，這種手段，已不適用於現代之中國。三、中日戰爭結果，必陷日本於污泥中，更陷東亞於污泥中。四、可惜日本無大政治家，無遠見軍人，理解孫總理的大亞細亞主張，促其實現，致有今日之悲劇，受到白色人種輕視。談話中，馬伯援警告萱野：中日戰爭的最後勝利者將是共產黨。他盛讚延安青年人所表現出來的艱苦奮鬥精神，說是「膚施之青年男女，日食小米飯兩餐，工作十四小時不倦，精神方面，勝過今日之大和魂」。

萱野和松本表示同意馬伯援的意見，陳述其觀點說：一、犬養毅臨終時表示，日閥利用大亞細亞主義，強霸東亞，必惹大禍，擬改大亞細主義爲亞細亞和平協會，使各國各民族樂於參加。二、頭山滿最近常說：中日戰爭，起於日本不敬，輕視中國軍人及中華民族；應當止於「誠」。倘中日以「誠」相見，各種問題均可解決。三、現在中日軍人，愈打愈對立，愈仇視。吾輩工作，以休戰、恢復理性爲先。四、日本軍人，最要假面子，倘蔣先生能理解，一時下野，即可停戰，中日雙方同時派出代表，和平立刻實現，屆時蔣先生東山再起，亦無不可。馬伯援反駁萱野二人的意見，聲稱「蔣公爲現在中國唯一的領袖，假使下野，無論何人，對於這個局面不敢負責、不配負責，中國依然混亂，仍是抗戰到底爲是。」[59]萱野表示，願回東京傳達上述意見。馬伯援即鼓勵萱野，倘能建議日本取消近衛宣言，不要求蔣下野，伯援可以個人資格，報告孔祥熙或其他黨中舊友，請其轉陳蔣公，促進和平實現。會談後，萱野、松本等於七月廿三日前先後回日，向近衛首相、宇垣外相等人彙報。

蔣介石對宇垣一成的「和平」政策懷有戒心，[60]自然，他對馬伯援、賈存德與日方的談判仍然持反對態度。八月四日，孔祥熙致蔣介石電稱：「前奉尊諭，已切囑馬伯援、賈存德勿再活動，完全作爲彼等私人接洽，藉以探取消息，備我參考，絕不能談及任何條件。」[61]十一日，他在回答蔣關於唐紹儀的批評時，再次作了同樣表示。[62]八月下旬，已經返回上海的賈存德多次致電孔祥熙，聲稱畑俊六與第三艦隊長官及川古志郎托人邀賈會面，表示日方已不再要求要蔣介石「下野」，近衛聲明亦可由天皇出面表示取消；現在日方的條件僅爲「防共」與「親善」兩條，如中方採納，希望派負責代表到滬商談。賈並稱，日方已暗中成立休戰特別委員會，畑俊六、及川古志郎爲委員，土肥原等爲進行委員。63

九月一日，孔祥熙再次將上述情況向蔣介石彙報。六日，蔣介石覆電，命孔祥熙轉告賈存德，向日方表示拒絕。64十日，蔣介石決定迅速制訂五年抗戰計畫，實行經濟、政治、黨、軍隊、教育、社會各方面的改造，以期自力更生與獨立作戰。65十一日，蔣介石再次致電孔祥熙，口吻空前嚴厲：

> 賈某事，應嚴令停止活動，否則即作漢奸通敵論罪。敵想復訂停戰協定，以亡我國，其計畫極毒，請兄負責制止，免誤大政方針。千萬注意是荷！66

蔣介石既甩出狠話，孔祥熙不敢再轉呈賈存德的情報，於是，採取其他辦法。

四、不理睬孔祥熙與日方首腦會面的要求

萱野長知等於七月廿三日返日後，聯絡頭山滿、小川平吉等人，在政界上層活動。至九月上旬，宇垣外相表示，不再堅持蔣介石必須下野，但蔣須「預先作出準備下野的表示，而在

和平之後自動實行」。㊼九月十七日，萱野再到香港，與馬伯援、賈存德會談，萱野稱：宇垣「酷愛和平」，願意仿效一九三八年英國首相張伯倫訪問德國的故事，在大海洋的軍艦上與孔祥熙見面，不講條件，僅以「和平」與「防共」兩原則爲談話基礎。㊽馬伯援將兩原則略加修飾，改爲：一、東亞永久和平；二、中日精神防共。對「精神」二字，萱野深表同意。

廿三日，日本五相會議議決，同意宇垣與孔祥熙的會談計畫。廿五日，馬伯援離港赴渝，向孔祥熙彙報。但是，宇垣因其主張遭到日本軍方的強烈反對，於廿九日辭職。十月八日，馬伯援寫出報告，交孔祥熙轉呈蔣介石。報告稱：萱野等對和平運動具有決心，正在運動頭山滿組閣。宇垣雖已去職，但近衛仍有決心，日本厭戰心理已遍全國，因此，中國應該利用這一時機。他說：「頭山滿爲日本右派之典型人物，與總理有舊，現以八十四歲，老而且病之軀，熱心和平，並派六十六歲之萱野，兩來香港，設法溝通，此種精神，吾政府宜利用之。再中日戰爭，孰勝孰敗，總有結束之一日，我政府縱不輕與之和，亦當與之周旋。」他建議重慶國民政府「通盤打算，本乎歷史，鑒於大勢，派得力人員與之接洽，鼓其勇氣，或進而同去東京，察其虛實，宣傳我政府主義。」㊾

孔祥熙覺得馬伯援的報告很有用，於十月十五日上呈蔣介石，同時致函說明國際沒有援助中國可能，而中國國內的財政又已極爲困難，無法維持。函稱：

> 茲據顧大使報告及各方事實觀察，國際援助既不可能，則此後對於內政外交均有

> 切實檢討之必要。最近有西友自日來言，就其國內表面觀察，似無大戰狀態，一切經濟財政尚能勉維現狀。至於我國，在我兄領導之下，雖將士用命，民眾動員，抗戰年餘，已博各國之彩聲，只以戰場盡在我國境內，雖不免土地日促〔蹙〕，交通困難，工廠既遭摧毀，貨物亦難出口，所有人民生命財產之損失，實不可以數計。非惟我兄多年來苦心孤詣之種種建設，付諸東流，而今後財政上之維持，更將難乎為繼。[70]

該函進一步渲染財政危機和武漢失守後中國的困境，聲稱：「後方情形，爲我兄所深悉，長此以往，武力固屬重要，而國內物質及人民團結如何，均應顧及。如果軍事方面確有把握，不僅武漢可保，且能繼續支持，日本方面不出三數月即有變化可能，自屬不成問題，萬一無甚把握，恐武漢一經退出，則人心不免因厭戰而動搖，各省態度有無變化，亦難預料，且敵機現已屢向我後方擾亂，將來大多數軍隊究宜退至何處，倘使拘於一隅，補充與給養似皆成爲問題。加以目前我之現金及外匯已撥用殆盡，而以貨易貨又因交通困難運輸亦極不易。弟忝負行政責任，對於軍事實不甚諳，對於財政外交，則不能不悉心研究。近來多病，杞憂尤甚。」他建議蔣介石抓住機會，乘時進行。函稱：「如外援方面不能再求進展，而軍事方面亦無十分把握，則此後遇有解決機會，即應乘時進行，否則機會至時，我無應付之策，稍縱即逝，更難再得，心所謂危，不敢緘默。」同函附呈孔本人撰寫的《最近國際情勢》及《日本最近情勢》報告。前一報告對蔣「攻心」，歷述各國情況，聲稱寄希望於國際援助，無異畫餅充饑。中云：

> 我已開罪於日本，故英國對我各項借款，非完全拒絕即多所顧慮，而法國對我所購之器械，現亦多方為難。俄雖對我極表同情，然因德、義、英等國對俄均甚歧視，俄內部情形複雜，故史達林不敢言戰……至美國因鑒於歐洲形勢，雖心理上為我不平，實際上亦難積極助我……若望其為我出力，仍恐等於望梅止渴。[71]

後一報告說明日本國內和平派的活動，內稱：「日本元老重臣文治派，現在希望和平者頗不乏人，如頭山滿、近衛、宇垣已合組秘密委員會，暗中活動，設法制止軍閥跋扈……萱野爲頭山之代表，現在香港，仍思盡力奔走。」接著，孔祥熙著重說明，宇垣雖已去職，但日本國內的和平派仍在活動。報告稱：

> 昨接港電云，松本最近由東京抵港，據言，對和平大綱，近衛與宇垣一致，方針未變。現矢田回國，擬請近衛親自出馬，以效張伯倫。頃又聞知萱野接東京來電，謂海、陸相急盼與弟及居覺生兄會面。[72]

還在宇垣一成剛剛出任外相時，蔣介石就得悉日方曾要求中方派員赴日談判，對此，斥之爲「想入非非」、「可笑之至」。[73]自然，對於「近衛親自出馬」以及陸軍大臣、海軍大臣要與孔祥熙、居正等見面的說法也不感興趣。對孔祥熙此函，蔣介石未加理睬。同年十一月，褚民誼、樊光致電汪精衛、孔祥熙，再次聲稱「近衛甚願效張伯倫赴德故事，赴華晉謁委座」。⑭同月七日，孔祥熙將此電轉呈蔣介石，蔣仍然未加理睬。

五、阻止孔祥熙答覆近衛第二次對華聲明

近衛的第一次對華聲明發表後，遭到日本許多人士的批評。十一月三日，近衛以《建設東亞新秩序》爲題發表第二次對華聲明，改變此前「不以國民政府爲對手」的方針，聲稱「如果國民政府拋棄以前的一貫政策，更換人事組織，取得新生的結果，參加新秩序的建設，我方並不予以拒絕」，企圖以此誘使重慶國民政府上鉤。⑮果然，孔祥熙覺得是個機會，準備在十一月七日的行政院「國父紀念週」上發表講話，給予「非正式答覆」。擬稿稱：「我人所注意者，僅彼對我態度，以平等待我者，即我之友，以暴力侵我或武力亂我者，即我之敵。」擬稿批評日本政府「好用定義不明之詞句以淆惑視聽，如彼所謂安定東亞，是否獨霸東亞之別名？所謂求中國之合作，是否剝奪我經濟之獨立自由之變相？我人於此亟願得知其真意。」⑯

這裏，貌似對日本提出批評、譴責，而實際上將爲日本政府提供答辯、粉飾其侵略政策的機會。擬稿並稱：「解決中日之關鍵，全在日本，日人果能尊重我主權，而拋棄其侵略政策，則東亞之安定一舉手耳，即世界之和平亦易如反掌也。」十一月六日，孔祥熙將擬稿電送蔣介

石審閱。同日，蔣介石以「限卅分鐘到的特急電」通知孔祥熙：「此文應慎重斟酌，切不可發表。」[77]十一月九日，孔祥熙覆電蔣介石稱：「電發之後，弟覺似仍未盡妥，經再修改，原文另電陳聞，頃奉尊電囑爲緩發，經已遵辦。」[78]這樣，蔣介石就阻止了孔祥熙與近衛文麿之間的一次遠距離對話。

六、用「殺無赦」警告蕭振瀛與日人重開談判

蔣介石對日本軍國主義者不放心，有過一條不成文的規定，沒有第三國的保證，決不與日本直接談判。日本軍部的「蘭機關」負責人和知鷹二懂得蔣介石的心理，以「恢復盧溝橋事變前原狀」爲餌，誘使蔣介石破例。一九三八年九月，蔣介石派原天津市長蕭振瀛到香港談判，由何應欽具體指導。孔祥熙未參與此項工作，但他對談判非常關心，惟恐其不能成功。同年十月，他耳聞談判因第三國保證問題陷入僵局，功敗垂成，於廿一日致電蔣介石稱：「弟意最重要關鍵，乃在對方之條件如何。至於方式，不難覓得合意途徑。現在國內外狀況，兄所深悉，倘軍事確有把握，自無洽商必要，否則如條件相當，直接、間接無非形式問題，條件如能密商妥貼，則運用第三國出面，不致有何困難。」[79]

這封信再次表現出孔祥熙因國內困難而急於與日本妥協的心理，但是，蕭振瀛與和知談判的主要困難在於日方一面談判，一面進攻，毫無誠意，因此，蔣回函稱：「蕭事與兄所談者內

容完全相反，我方並未爭執形式問題也。此事我處被動地位，在我限度之內，能否接受，實在於對方也。」蔣並告訴他：「此事於武漢之得失無關，請勿慮。」⑳不久，蔣介石察覺日方談判的虛僞，決心堅持抗戰，下令停止談判，召回蕭振瀛。

第一次談判失敗，和知鷹二繼續在東京政要之間活動。當時，日本正準備扶持從重慶逃出的汪精衛成立政權，和知覺得是個機會，決定利用此事再次迫使蔣介石派人坐到談判桌前來。一九三九年八月。汪精衛在上海召開僞國民黨第六次代表大會。次月，成立「中央黨部」。十七日，汪精衛致電重慶國民黨中央，要他們毅然改圖，努力與日本實現和平。同月，和知鷹二到香港，要其助手何以之轉告重慶方面：汪精衛之事，經近衛、平沼兩屆內閣決定，又經阿部信行特使承認，奏明天皇，勢難中止，但日本對汪之信念已經搖動，認爲其人大言不實，貪索無厭。影佐禎昭本是汪之主謀，現在亦已失望，引爲歉憾。目前日方之所以仍然支持汪精衛，在於無別路可走，不能不就既定政策，聽其一試。何以之稱：大約十一月初，汪即可組織政府。義大利已勸日本促成此事，應允即日承認，德國則勸日本與重慶謀和。綜觀內外情形，尚在徘徊之際，最好乘汪精衛政府成立之前，斷然成立全面停戰協定，而將汪之問題包括於取消僞組織之中。中國如有和平決心，日本定以誠意直接談判。軍部方面，和知可與板垣征四郎負責；政府方面，可由政界元老松井石根、山之輔等出面商談原則。和知要求何以之轉告蕭振瀛，或派專使來港商談，或仍由蕭先來，以資進行。㉛

三十一日，何以之致電時在重慶的蕭振瀛，告以上述各點。十月四日，何以之兩電蕭振瀛，聲稱和知認定汪精衛爲「東亞和平之障，極願剪除」，催蕭即速來港。㊷十月六日，孔祥熙將何以之各電轉呈蔣介石，同時致函，要求允許蕭振瀛再次赴港，以私人資格與和知「慎密試談」，同時「藉以刺探他方消息，備我參考」，函稱：「弟意此次和知奔走各方，對於去汪事頗爲努力，似可令仙閣前往一行，略與周旋，使其對我信仰益趨堅定。如能達到吾人之目的，不妨加以利用。否則仙閣不去，彼必感覺失望，甚或老羞變怒，反又趨於助汪之一途，則前途更多障礙。」㊸函上，不料卻引發了蔣介石的雷霆之怒。十月八日，蔣介石日記云：「蕭、孔見解之庸，幾何不爲敵方所輕！國人心理之卑陋，殊堪悲痛！」㊹

九日，蔣介石覆函孔祥熙稱：

兄與蕭函均悉。以後凡有以汪逆偽組織為詞而主與敵從速接洽者，應以漢奸論罪，殺無赦。希以此意轉蕭可也。㊺

這封信，表面上對蕭，實際上斷然批駁孔祥熙的意見，語氣嚴峻，沒有給孔留一點面子。蔣在這一天的日記中說：「蕭、孔求和之心理應痛斥。」㊻可見，蔣的這封信明確針對孔祥熙。蔣介石此次之所以如此堅決、激昂，一是蕭振瀛曾將去年在香港與和知談判的部分情況透露給秦德純，秦又秘密轉告馮玉祥，其間訛傳嚴重，馮據此向蔣及國防會議揭發，使蔣很憤怒。㊼二是自汪精衛在上海召開僞國民黨第六次代表大會之後，蔣即加強了對汪的批判火力，

聲稱「汪逆賣身降敵，罪惡昭著」，「人人得起而誅之」，正處在和「汪逆」不共戴天的情緒中。㊳

同年十一月，何以之在香港與孔令侃會談，何稱：倘中方確有接受和平可能，則和知願赴重慶面洽。㊴次年一月，何以之向孔祥熙的親信盛升頤轉達板垣征四郎的議和條件，並稱：只要中方派大員前來，板垣可以親自出馬，甚至飛往內地亦可。㊵對於這些情報，孔祥熙就不敢再報呈蔣介石了。一九四〇年六月廿八日，蔣介石在日記「預定」欄中寫道：蕭振瀛「應監禁」。㊶

七、查究受日方之命到重慶接洽的蔡森、賈存德

自蔣介石嚴令賈存德停止活動後，孔祥熙雖不敢再向蔣轉呈賈的情報，但仍命其在上海繼續聯繫日方。

早在一九三八年，賈存德即與僞維新政府官員王子惠相識。王爲留日學生，早期同盟會會員，與烟俊六、及川古志郎等日軍頭目都有聯繫。僞維新政府成立時，任實業部長。當年夏，王向賈等表示，如能給以自新之路，可隨時脫離僞組織，犧牲一切，專誠爲中央效力。賈存德等曾將王氏情形電告孔祥熙，孔即覆電勉勵，命其辭去僞職，伺機去東京團結日本主和派，抵制主戰派。王奉令照辦。

一九四〇年四月，王子惠自東京返滬，聲稱已將主和派人物閑院宮津子伯爵、頭山滿等聯成一氣，主張和談以重慶國民政府爲對手，反對汪精衛在南京成立政權。王並透露，板垣征四郎想從速結束對華戰爭。五月間，板垣在面談時，口頭提出五項條件：一、聲明恢復七七事變前狀態。二、中日以平等互惠之原則，經濟合作。三、共同防共。四、撤兵。五、取消一切僞組織。[92]在談到第四條時，板垣表示，希望孔祥熙指定地點，以極秘密的方式與板垣等會面；如孔允許，約定會面日期後，可通知板垣，即由板垣等請求天皇下密詔，實行全面秘密休戰。王子惠並稱，板垣親口表示，如孔祥熙同意，將親自簽名發出正式公文，望孔在六月六日天皇承認汪政權前對上述條件表態。[93]

六月廿六日，賈存德化名吳復光到達重慶，孔祥熙表示可以接受板垣的五項條件。但是，七月四日、八日、九日、十日，日機連續轟炸重慶，這使孔祥熙很不滿，對賈存德大發牢騷，責問「日本人搞的什麼鬼」，埋怨因此妨礙了向蔣的「進言之機」。[94]不久，板垣應允，自十六日至廿二日止，停止轟炸一週。這一時期，孔祥熙情緒低落，告訴賈存德「事不好辦」，要他「不要著急」。七月底，王子惠再派蔡森抵渝，會見孔祥熙，聲稱「如有談判可能，彼方即行統一軍、政、黨意見，取消一切枝節活動，決定專責，以資進行」。[95]其後，日方急於得知蔡、賈談判消息，致電稱，將派專機到廣州迎接蔡、賈。孔祥熙覺得這又是一次好機會，於八月廿四日致函蔣介石，摘抄蔡、賈報告及有關電報，函稱：「敵思結束對華戰事，以便南進，可以想見。弟意値此抗戰嚴重、外交詭變時期，對於各方消息，似應互相印證，以冀把握機會，決定大計。」函末，孔祥熙特別要求蔣介石「閱後付丙，不必交存」。又附言稱：「就最近國際情勢觀察，友邦對我實力援助甚少，我應設法別尋機會，以謀自立自主，蔡、賈所述各節，亦有可以供我利用之處。弟已告其設法各方鼓動，促成敵之南進。一則使其主戰、主和意見分歧，分化團結力量；二則使其侵略政策轉移方向，減少對我力量；三則證明敵人野心甚大，歐美列強亦必與之發生摩擦，於抗戰前途，或不無裨益也。」[96]

板垣曾向王子惠表示，可以發出親自簽名的公文。孔祥熙向蔣介石上書後，要求蔡森回滬，取到板垣正式公文。又命賈回滬，暗中監視王、蔡二人。其後，二人即陸續離渝，經香港回滬。八月下旬，蔡、賈的行蹤被軍統在香港的特務發現，戴笠親自向蔣報告，蔣即命戴笠向孔祥熙查詢。九月上旬，孔祥熙覆函戴笠，謊稱吳復光係中央銀行某職員別名，因受敵僞注意，調令來渝。蔡係靳雲鵬舊部，受靳之命來渝報告北方情形，二人均係「普通人員」，敵人不會相信，更不會贈以鉅款。[97]

其後，軍統打入日方的特務毛豐又向戴笠報告，蔡森已於廿七日偕同日本支那派遣軍總司令部的東條佑鈴專機飛滬，此事係日本實業家背後策動，曾撥款二百萬圓作爲活動經費云云。[98]九月十日，戴笠將有關情況再次報告蔣介石。同月十九日，張季鸞致函陳布雷稱：「敵人曾賄買山西人蔡某等二人赴渝，攜孔先生假信而歸滬。現由敵人特許設電臺通電，尙在烏煙瘴氣中，此事鈞處想早已聞及矣。」[99]二十日，蔣將有關檢舉報告轉給孔祥熙，要他回答。廿二日，孔祥熙覆函，首稱檢舉報告「所載各節，恐多揣測誤會，以訛傳訛，原報告人有意邀功，遂不免捕風捉影，或另有作用者希圖對弟中傷。」接著，孔向蔣辯白：

一是孔祥熙致函板垣及頭山滿問題，孔稱：蔡、賈來渝時，攜有日本老友名片，向弟問候，弟因多年故交，在情理上不能不理，因此在蔡、賈臨行之時，以名片回報，所謂寄板垣與頭山滿等人的親筆函件，絕無其事。

二是蔡、賈與王子惠、板垣的關係與接受巨額資助問題，孔稱：王子惠派人赴港迎接蔡某，或有其事，但蔡、賈到滬後，是否赴南京，已否晤見板垣，均不得知。孔承認：蔡、賈來重慶之前，確曾與板垣會面，也承認，二人可能得到日方資助，但他說：「敵方實業家因反對軍閥厭惡戰事，渴望真正和平早日實現者甚多，既派其來，或有贈送旅費之事。若謂撥款二百萬元，恐未必有此巨額。」他認為這些情況，「真偽無從證明」，屬於敵人「內部互相猜忌，設詞譭謗」。

三是關於蔡、賈的身分與賈存德往來滬、渝之間的目的。孔在重申「調回」說之外，又加了一個「遷移眷屬」說。函稱：「上海淪陷業已三載，敵偽方面無時不思毀我法幣，俾我財政不能接濟軍事，對中行人員極力壓迫，彼等既無寸鐵，政府亦難為保障，故不能不有一熟悉敵情者為我刺探消息，藉便戒備。賈在過去，雖曾任此項工作，因其參加倒汪運動，為汪方特務隊所注意，前已將其調回。此次赴滬，即擬設法遷移眷屬。至蔡本非弟之屬員，亦無任何名義，則無所謂調回矣。」⑩⑩

蔣介石下令戴笠調查之後，陳布雷又於廿二日接到香港張季鸞的檢舉信，中云：「王子惠所賄買之蔡、賈二人之事，其情形甚堪髮指。蓋敵人以專機送至廣州，而公然入渝，其歸也，亦由敵人由港接至廣州，而專機送往上海。此輩宵小，本無足深論，然敵人賄買之人而能公然出入重慶，且能帶孔先生之假信而來，再不能以小事看矣。」[101]陳閱後「甚感離奇」，立即轉呈蔣介石。[102]蔣閱後再致孔祥熙一函，嚴厲批評孔祥熙等人的行爲「搖撼軍心、人心」，顯示「政府零亂」。[103]同日，蔣在日記中寫道：「倭寇軍人之愚拙無才，比我國尤甚，其行動幼稚欺詐，實非常情所能想像，幾乎令人倭寇有不可交手之感。若理會者，必受無妄之禍也。」又稱：「爲庸之與季鸞等無方而好事爲嘆也。」[104]這裏批評到了兩個人。「無方」，指孔祥熙；「好事」，指張季鸞。

蔣介石的批評很嚴厲，顯然，孔祥熙要認真想想對策了。九月三十日，孔祥熙於八天之後才覆函蔣介石，函稱：「今細繹手示，對蔡、賈事實際情形，似尚有未盡明瞭之處，恐係根據一方面之情報所致。既承諄諄相誥，弟不忍不略陳衷曲，期解疑慮。」孔函除說明蔡、賈的身分及離渝情況外，指責情報提供者「以訛傳訛，竟至張大其詞，駭人聽聞。」孔函特別說明，在接待蔡、賈的整個活動中，自己對蔣既無隱瞞，又持慎重態度，沒有文字貽敵，更未假借蔣的名義，函稱：「一言喪邦，古有明訓。事關國家興亡，何敢擅自主張！當蔡來見時，即本我兄素來之主張，曉以日本如不撤兵，不恢復七七事變以前之狀態，決不與之談判。此外絕無文字表示貽人手中，更何能涉及我兄名義？又何來我兄名片？蔡、賈兩人諒亦無此巨膽敢事僞造。」接著，孔函強調掌握敵情，善於利用反間的重要：「惟知己知彼，百戰百勝，偵探重要，無人不知……今如有人，本其愛國熱忱，窺得敵僞隱情，甘冒危險，不遠千里而來，向我告密，若不假以顏色，使其樂爲我用，勢必爲淵驅魚，反被敵僞利用。弟雖愚，竊期期以爲不可。故蔡之來謁，不能不見，惟所告之言，皆係勉以大義，並未派以任務，且暗示種種，使其有機會時，於不知不覺間言於敵方，以期於我有百利而無一害。」孔函還強調，從事這方面的活動難免遭人誤解，甚至遭到攻擊，但自己完全出於忠誠：「弟亦深知接見此種人物，難免物議，小則受人攻擊，大則自招巨禍，然爲效忠黨國，使我兄抗建大業早日成功，故不惜利用各種機會，各方力量，期達目的，從未對自己本身之安危著想。」[105]

孔函接著分析日本少壯軍人中的兩派。甲派主張先用全副武力，解決中國事件，然後再行南進，此種主張對於中國最危險，非極力破壞不可。乙派主張用溫和手段，得到中方諒解之後，再行南進。孔函由此論證利用乙派的必要及利用蔡森的正當。函稱：「至乙派今日之肯降階表示尋求和平者，確因千載不易得到之南進政策，今可不費力拾得之，故不容輕輕放過。弟既認定此時如能誘其南進，確屬於我有益，前曾向兄言及，兄謂恐做不到，弟亦深知其難，不容強求，然苟有時機，弟以爲不應放過，必隨機設法暗示，希接近敵方者，於無形中促助其乙派之主張，故蔡來見時，弟亦曉以此意，暗示其促成。於上次報告中最後一頁，業向我兄陳明。」針對蔣函所批評的「搖撼軍心、人心」之說，孔祥熙辯解道：「蔡此來，原出敵方之意。據情報所載，敵既派其前來，又復鉅款運動，自係敵方力竭，敵方情急，適足以暴露敵人之弱點，足可搖撼敵人之軍心、人心，而我之軍心、人心，更當因此而益振，其理自明」。

接著，孔祥熙又反駁蔣的「政府零亂」說。聲稱「蔡既來渝傳達敵人之意，是時至今日，敵已深知欲謀全面之和、真正之和，非向我兄請求不可，亦非聽由我兄裁決不可，似無零亂之可言」。

孔祥熙在逐一反駁蔣對謀和活動的批評後，著重說明自己對蔣的耿耿忠心：「在過去二年中，弟對於敵僞或其他方面，凡有利於我兄之抗建大業者，均不惜任勞任怨以謀利用者，一則因承我兄重托，付以行政責任，不能推諉，一則因我兄爲最高領袖，身任統帥，意欲保護其威望，故決志爲國爲兄，自甘犧牲，決不願使我兄因一言一動，受有半點懷疑，致被奸人藉口攻擊。」⑯函末，孔祥熙表示，將遵蔣之囑命人查究此事。函稱：「現蔡、賈事，既蒙尊囑，遵即飭查，如有假冒招搖情事，賈當撤職嚴辦，蔡已托人設法予以警告。」自然，這是孔祥熙對蔣的敷衍之詞。

孔祥熙這封信寫得很用心。在正函之外，還附有《情報摘要》兩份。其內容之一是，褚民誼曾在南京宴會席間對人說：「先從倒孔入手，使重慶內政發生糾紛。」孔祥熙附呈這一情報，意在告訴蔣介石，所有反對他本人的行爲，均有汪僞背景。其二是，張季鸞對人表示，銜蔣之命到港與日方談判和平，到港前曾見蔣十一次，等等。孔要求蔣閱讀這些情報後「仍乞准予賜還，以便存查」，並稱：「弟向不道人長短，在過去更不欲以此種複雜瑣碎之報告，煩擾我兄心神。現在事既牽涉及弟，恐其中別有作用，不能不請兄注意，但仍不願使他人知之，以爲弟亦有所攻擊，或影響人心也。」張之赴港，確係受蔣之命。⑰孔向蔣呈送有關張的情報，其潛臺詞是：你蔣介石不也在和日本人發生關係嗎？孔祥熙這一手很厲害，蔣自然無話可說，追查蔡、賈一事不了了之。

蔡、賈回到上海後，即列席王子惠與板垣代表岩奇清七所舉行的會談。岩奇稱：「中國的維新大業必須由蔣委員長領導才能成功」，「要共同防共，中國方面就需要邀請日本在華北邊區樞紐地留兵協助」。會議記錄提出，察哈爾、綏遠鐵路線及北平、奉天線各樞紐地均由日本駐兵。至此，賈存德才發現上了王子惠與日方的當，拒絕簽字。會議不歡而散。一九四四年九月，賈存德在上海會晤日本「蘭工作」負責人和知鷹二，得知和知與板垣之間存在矛盾，深感變化難測，打電報給孔祥熙，聲稱才識不足，難以勝任，自此退出與日方的謀和活動。⑩⑧可見，此前孔祥熙並未對賈採取「飭查」、「撤職嚴辦」等舉動。

八、孔祥熙對蔣介石的彙報有重大隱瞞

孔祥熙在一九四〇年九月二十日函中向蔣介石表白：「弟在過去，凡有所聞，均曾擇要抄陳，後因奉命，亦即停止。」似乎他在與日方謀和中，所有重要事情都曾向蔣彙報，而且奉命即止，沒有違背過蔣的意志。讀者從上文中已可發現，事實並非如此。下文我們將進一步提供新的論證。

根據日文檔案，早在一九三八年六月，孔祥熙即派遣秘書喬輔三赴香港與日本駐香港總領

事中村豐一談判。二人先後在六月廿三日、廿八日、七月一日、十三日、十八日、十九日多次會談。在七月十八日的會談中，喬曾轉述孔祥熙起草的和平條件：

一、中國政府積極實現對日好感，停止一切反日行爲，希望日本也要爲遠東永久和平積極爲日華關係好轉而努力。

二、滿洲國以簽訂日、滿、華三國條約而間接承認。其次深切希望滿洲國自發地成爲滿洲自由國，給中國人民以好感。

三、承認內蒙的自治。

四、決定華北特殊地區非常困難，但是中國承認互惠平等的經濟開發。

五、非武裝地帶的問題，有待日本的具體要求提出後解決，中國軍隊不駐防，希望由保安隊維持治安。

六、雖然還未充分討論，但清算與共產黨的關係，或簽訂加入防共協定的特別協定等，必須再加研究。

七、中國現在非常荒蕪而且窮困，因而對中國政府說來，（日方）雖有賠償的要求，亦無力支付。⑽⑼

以上七條，包括實際上承認僞滿，承認內蒙「自治」，設立非武裝地帶等問題，都是地地道道的喪權辱國條約，談判中，喬輔三向中村豐一稱：「孔曾和蔣見面，除了蔣介石本身下野問題外，其他全部都和蔣商酌過的。」直到今天，也還有學者堅信喬輔三的這一表白。其實，檔案資料證明，這些條件和蔣在對日秘密談判中一貫堅持的條件完全相反；檔案資料也證明，孔祥熙從未向蔣彙報過上述條件。

上引八月十一日孔祥熙致蔣函稱，他之所以不拒絕和日方談判，「原欲藉以觀察敵情，供我參考，並未提及任何條件」。在其他函件中，孔也一再作過類似保證。可見，孔祥熙的上述條件是背著蔣擅自向日方提出的。不僅如此，連派喬輔三赴港談判一事對蔣都是完全封鎖的。現存蔣文件中，孔有許多關於秘密談判的彙報，但是，沒有一件提到喬輔三。在必須提到的地方，也竭力掩飾。如一九三八年七月六日孔令侃致孔祥熙，又由孔轉蔣的電報說：「據所派與駐港日領事密洽者報告：該領事稱：『鈞座在位，各事總有辦法。』言下似有議和須以委座下野為條件之意。當以此種觀念決不能任其繫懷，故照鈞座在漢面諭，對該領事表示，目下政府係鈞座負責主持，如確有必要時，鈞座當可辭卸。」該電所稱駐港日領事，指中村豐一；鈞座，指孔祥熙；委座，指蔣介石。其中所稱「所派與駐港領事密洽者」，顯然就是喬輔三。之所以不稱其名，說明孔祥熙父子不願意讓蔣瞭解喬赴港談判的真情。

在對日秘密談判中，孔祥熙對蔣介石所作的隱瞞非止一端。例如，前文已述，蔣一再囑咐，令賈存德停止活動，孔也屢稱「遵囑」，但實際上一直在支持和指揮賈的活動。又如馬伯援赴港談判，明明是孔祥熙所派，但馬伯援所寫，經孔祥熙轉蔣的報告卻說成事出偶然：「伯援因事赴香港，適日友萱野長知亦在該地，時相過從。」之所以這樣寫，完全因為此前蔣介石已不只一次與孔談話，要他停止謀和。此外，孔祥熙還長期利用曾是共產黨員，後向國民黨自首的胡鄂公⑩在上海與日方談判，次數頻繁，接觸面很廣，但是，孔祥熙也從未向蔣彙報過。

孔祥熙長期追隨蔣介石，和蔣利益相共，榮辱與俱。但是，他卻背著蔣一再向日方謀和，甚至在個別談判中，向日方提出喪權辱國的條件，其主要原因在於他對長期抗戰喪失信心。從本文前引他寫給蔣的多通信件看，他認爲國內財政極端困難，國際援助又毫無希望，因此才一意主和，謀求妥協。不過，也應該看到，孔祥熙與日方的秘密談判除謀求妥協外，也還具有若干策略目的。例如：掌握敵情，擴大日本國內的主和派與主戰派的分歧；阻撓、延緩汪僞政權的成立；引導日軍南進，減弱中國戰場壓力等多種原因在內。因此，孔的謀和活動與汪精衛有別。一九四〇年以後，孔的謀和活動基本停止。他在協助蔣介石掌控戰時經濟，保證抗戰資源方面還是做了若干有益的工作的。

九、蔣介石阻遏孔祥熙謀和活動的思想原因

如上文所述，蔣介石對孔祥熙的謀和活動屢加批評、阻遏，而孔祥熙則一再堅持，多方聯繫，並且背著蔣向日方提出嚴重的妥協條件，這種情況說明，蔣、孔二人雖公私關係均極爲密切，但二人之間在對日態度上仍存在相當大的差異。

盧溝橋事變後，孔祥熙在倫敦致電蔣介石，分析美、英、蘇三國的對華態度，反對立即抗戰，電稱：「中日事件，如非確有把握，似宜從長考慮。」「應付日本，仍須以自身能力爲標

準」。⑪廿一日，蔣覆電稱：「情勢日急，戰不能免。」三十日，孔祥熙再次致電蔣介石，詢問「中央今日作何主張」，蔣電覆稱：「中央必決心抗戰，再無迴旋之餘地矣」。八月三日，孔再次電蔣，以「我軍處處失利」爲憂，蔣則覆電表示：「戰事果起，弟確有把握，請勿念，一時之得失不足計較也。」這些地方，說明二人間在對日抗戰問題上確有分歧。一九九五年，我在《孔祥熙與抗戰期間的中日秘密交涉》一文中，曾判斷「蔣介石思想中，抗戰成分較孔祥熙爲多」。現在看來，這一看法還是可以成立，但是，當時我認爲孔的議和活動「顯然得到蔣的默認和支持」，這一看法需要修正。⑫

蔣早年追隨孫中山革命，是一個民族主義者。二十世紀二十年代，蔣強烈反對英國對中國的侵略，後來又反對日本侵略。一九二八年的濟南慘案，不僅是日本帝國主義者對中國國家主權的侵犯，也是對蔣介石個人威權的羞辱。當年五月，蔣日記云：「倭軍入城後，將我徒手兵及傷兵盡行射死，發炮二千餘顆，人民死傷二千餘，有一家盡死於一彈者，城內延火甚慘。嗚呼！濟南七日記之恥辱慘痛，甚於《揚州十日記》。凡我華人，能忘此仇乎？」⑬又云：「倭寇第一要求爲總司令謝罪。嗚呼！國恥身辱，其可忘乎！」⑭因此，蔣有抗日的思想基礎。但是，他又患有恐日症，認爲中國不是日本的對手，因而長期對日採取妥協政策，總想盡可能推延對日作戰時間。盧溝橋事變爆發，平津接著淪陷，這就將蔣逼到了「最後關頭」。他深知，如果他再不抗戰，必將受到人民的強烈反對，南京國民政府會處於全民的對立面。他也深知，如果他與日本議和，簽訂新的喪權辱國條約，他也必將遭到全民反對。

一九三七年十一月五日，蔣介石曾經「很機密地」告訴德國駐華大使陶德曼：「假如他同意那些要求，中國政府是會被輿論的浪潮沖倒的，中國會發生革命。」⑮這確是蔣的肺腑之言。他在同年十二月廿九日的日記中寫道：「外戰可停，則內戰必起。與其國內大亂，不如抗戰大敗。」「除抗戰以外，再無其他辦法。」⑯，所謂「外戰」指的是日本帝國主義者的侵華戰爭；所謂「內戰」，即指包括中共在內的各愛國力量會起而推翻他的統治。顯然，蔣對這一問題是經過深思熟慮的。

在長期和日本打交道的過程中，蔣介石認識到：日本帝國主義者完全不講信義，日本政府和軍部之間存在矛盾，政府完全缺乏控制軍部強硬派的能力，因而與日本雖可達成協定，但都時時有被撕毀的危險。一九三八年八月，蔣日記稱：「倭非待其崩潰與國際壓迫至不得已時，決不肯放棄其華北之特權，而中倭和平非待至國際干涉，共同會議則不能解決，故對倭不可望其退讓求和，如其果有誠意，則必須其無條件自動撤兵之後方能相信也。」⑰

盧溝橋事變前，蔣介石雖有恐日症，但盧溝橋事變後，他在對日作戰的實踐中卻逐漸認識到，日本是個資源小國，其國力、軍力與其不斷鼓脹起來的野心之間存在著不可克服的矛盾，外雖強而中乾，有其虛弱的一面。此外，蔣介石也看到了日本的野心終將驅使其和英美衝突，世界大戰必將爆發，只要中國「苦撐待變」，抗戰的勝利終將屬於中國。一九三七年九月，他在日記中表示：「主和意見派應竭力制止。」「時至今日，只有抗戰到底之一法。」⑱次月三十一日，他總結十年來與日本打交道的經驗，認爲「與其坐以待亡，致辱招侮，何如死中求生，保全國格，留待後人之起而復興。」[119]他本人也有「盡忠竭智，死而後已」的想法。[120]一九三八年一月，正是南京失陷，中國抗戰最艱苦，最難以看到希望的時候，蔣在日記中寫道：「不患國際形勢不生變化，而患我國無持久抗戰之決心。」[121]所謂「國際形勢」，指的就是英、美、蘇聯合，國際共同干涉，以至出兵對日作戰。以上，都是蔣介石阻遏孔祥熙謀和活動的思想原因，也是促使蔣在盧溝橋事變後的八年中，沒有和日方達成任何妥協協定，將抗戰堅持到最後勝利的思想原因。

一切戰爭都有兩種解決辦法。一種是作戰到底，直至敵方完全被消滅或投降，一種是雙方談判，達成「和平」協議，適可而止。至於「和平」協定，又有兩種情況，一種是有利於敵，喪權辱國，一種是有利於己，無損或基本上無損國家主權。以上種種，都需要具體分析，不可一概而論。一九四一年之前，蔣介石長期陷在戰與和的矛盾中，舉棋不定。蔣曾寄希望於國際共同干涉或第三國調停，以和平方式解決中日戰爭，也有過直接和日方秘密談判，在相對有利的條件下結束戰事的幻想。這就是蔣雖對孔的謀和活動有所阻遏，但又顯得力度不足的原因，也是蔣雖批評孔謀和，但又長期付以國家行政重任的原因之一。檔案資料證明，蔣本人也親自掌控過幾次對日談判，有關情況，請見本書〈蔣介石親自掌控的對日秘密談判〉一文。

（原載《歷史研究》二〇〇六年第五期）

①《陶德曼致德外交部》，《德國外交文件》，第四輯第一卷，第七八四頁；轉引自中國史學會編：

《抗日戰爭》，《外交》（上），成都：四川大學出版社，一九九七年版，第一六五頁。

②臺北國史館藏光碟，07A–00085。

③孔祥熙：《致介兄》，一九三八年十一月三十日，《蔣中正總統檔案·特交檔案·和平醞釀》，以下簡稱「蔣檔」，臺北國史館藏。

④《蔣介石日記》（手稿本），一九三七年十一月二十日。

⑤《蔣介石日記》（手稿本），一九三七年十一月三十日。

⑥《蔣介石日記》（手稿本），一九三七年十一月廿九日。

⑦《蔣介石日記》（手稿本），一九三七年十二月二日。

⑧《蔣介石日記》（手稿本），一九三七年十二月七日。

⑨《蔣介石日記》（手稿本），一九三七年十二月九日。

⑩《蔣介石日記》（手稿本），一九三七年十二月廿六日。

⑪《蔣介石日記》（手稿本），一九三七年十二月廿七日。

⑫《蔣介石日記》（手稿本），一九三七年十二月廿八日。

⑬《蔣介石日記》（手稿本），一九三七年十二月廿九日。

⑭《蔣介石日記》（手稿本），一九三八年一月二日。

⑮《口頭答覆稿》，一九三八年一月十二日，《德國調停案》，見臺灣藏檔《外交部案卷》，00062A，第〇六五頁。

⑯《口頭答覆稿》，一九三八年一月十二日，《德國調停案》。見臺灣藏檔《外交部案卷》，00062A，第〇六五頁。

⑰《蔣委員長致孔院長》，一九三八年一月十二日，《德國調停案》，見《外交部案卷》，00062A，第〇六四頁。

⑱《孔院長接見陶大使口述英文稿》，一九三八年一月十五日，《德國調停案》，見《外交部案卷》，00062A，〇七六頁。

⑲《蔣介石日記》（手稿本），一九三八年一月十六日。

⑳《蔣介石日記》（手稿本），一九三八年一月十七日。

㉑《日本外交年表並主要文書》下卷，《文書》，東京原書房一九七八年版，第三八六至三八七頁。

㉒《蔣介石日記》（手稿本），一九三八年一月十七日。

㉓《南湖致剛父電》（胡鄂公致孔令侃），一九三八年六月十一日，「蔣檔」。

㉔《南湖致剛父電》（胡鄂公致孔令侃），一九三八年六月十一日，「蔣檔」。

㉕克克：《致孔院長轉居覺生先生》，一九三八年六月九日，「蔣檔」。

㉖克克：《致孔院長轉居覺生先生》，一九三八年六月九日，「蔣檔」。

㉗《中國事變陸軍作戰史》，第二卷第一分冊，北京：中華書局，一九七九年，第九十八頁。

㉘轉引自《孔祥熙致唐紹儀密函》，《近代史資料》總第七十四號，北京：中國社會科學出版社，一九八九年，第二七八至二七九頁。

㉙《孔祥熙致唐紹儀密函》，《近代史資料》總第七十四號。

㉚《孔祥熙致武昌蔣委員長》，一九三八年八月九日，「蔣檔」。

㉛《蔣介石日記》（手稿本），一九三八年六月廿三日，參見同日《困勉記》。

㉜《蔣介石日記》（手稿本），一九三八年七月十二日；參見同日《困勉記》及《蔣中正總統檔案·事略稿本》。

㉝蔣介石：《致重慶孔院長》，一九三八年八月十日，「蔣檔」。

㉞同上。

㉟《致武昌蔣委員長》，一九三八年八月十一日，「蔣檔」。

㊱《蔣介石日記》（手稿本），一九三八年一月廿三日。

㊲《蔣介石日記》（手稿本），一九三八年七月九日；《事略稿本》作「企圖以唐紹儀領導偽政府」。

㊳《蔣介石日記》（手稿本），一九三八年九月十二日。

㊴《今井武夫的證詞》，《土肥原秘錄》，北京：中華書局，一九八〇年，第五十四頁。

㊵《蔣介石日記》（手稿本），一九三八年十月一日。

㊶轉引自孔祥熙：《致介兄函》，一九三八年六月廿三日。「蔣檔」。

㊷賈存德，字辛人，孔祥熙的同鄉、學生，長期在中央銀行工作，負責收集日本經濟情報。

㊸伯良（胡鄂公）：《致王主任（良甫）虞電》，中國第二歷史檔案館編：《中華民國史檔案資料彙編》第二編，《政治》（二），江蘇古籍出版社一九九八年版，第二二六頁。

㊹轉引自孔祥熙：《致介兄函》，一九三八年六月廿三日。「蔣檔」。

㊺孔祥熙：《致介兄函》，一九三八年六月三日，「蔣檔」。

㊻孔祥熙：《致萱野先生函》，一九三八年五月廿二日，孔祥熙檔案，美國哥倫比亞大學珍本和手稿圖書館藏；參見《日蔣談判的重要資料》，拙著《近代中國史事鉤沉——海外訪史錄》，北京：社會科學文獻出版社，二〇〇一年，第五二四至五二五頁。

㊼賈存德：《孔秘書（令侃）轉呈孔院長》，一九三八年六月十二日，「蔣檔」。

㊽賈存德：《致孔秘書（令侃）轉呈院座》，一九三八年六月十二日，「蔣檔」。

㊾賈存德：《致孔秘書（令侃）轉呈院座》，一九三八年六月十三日，「蔣檔」。

㊿《上海賈君來電》，一九三八年六月廿一日，「蔣檔」。

51孔祥熙：《致介兄》，一九三八年六月廿三日，「蔣檔」。

52孔祥熙：《致介兄》，一九三八年六月廿五日，「蔣檔」。

53轉引自《上海賈存德來電》，一九三八年七月五日，「蔣檔」。

54《上海賈存德來電》，一九三八年七月四日，「蔣檔」。

55《上海賈君來電》，一九三八年七月五日，「蔣檔」。

56《香港情報》，一九三八年七月六日，「蔣檔」。

57孔祥熙：《致介兄》，一九三八年七月六日，「蔣檔」。

58居正的女兒是萱野的養女。據賈存德回憶，賈到武漢後，孔邀馬伯援與賈相見，對馬說：「你明天就和賈存德一同到香港去。」又致函萱野長知：「關於和談之事，特派馬伯援先到香港候教。」見《孔祥熙其人其事》，北京：中國文史出版社，一九八七年，第一一六頁。

⑸⑼《馬伯援呈》，一八三八年十月八日，「蔣檔」。

⑹⑽《蔣介石日記》（手稿本），一九三八年五月廿七日。

⑹⑴孔祥熙：《致介兄》，一九三八年八月四日，「蔣檔」。

⑹⑵孔祥熙：《致武昌蔣委員長》：「至前馬、賈兩君與萱野等之接洽，亦係藉私人關係刺探消息，作為情報，更未提及任何條件，不過不能不有所指示，免應付失言。」一九三八年八月十一日，「蔣檔」。

⑹⑶《抄上海賈生來電》。一九三八年八月廿八日，「蔣檔」。

⑹⑷孔祥熙：《致介兄》（一九三八年九月七日）：「頃奉魚（六日）機鄂電，遵即轉告賈生，令其拒絕。惟前數日尚接有賈生來電三件，雖係過去情報，姑仍照抄奉閱，以備參考。」見「蔣檔」。

⑹⑸《蔣介石日記》（手稿本），一九三八年九月十日；參見同日《事略稿本》。

⑹⑹蔣介石：《致重慶孔院長》，一九三八年九月十一日，「蔣檔」。

⑹⑺《小川平吉關係文書》（二），第五九八頁；參閱拙作《抗戰前期日本「民間人士」和蔣介石集團的秘密談判》，《歷史研究》一九九〇年第一期，收入拙著《蔣氏秘檔與蔣介石真相》，北京：社會科學文獻出版社，二〇〇二年，第四一〇至四一一頁。

⑹⑻《馬伯援呈》，一九三八年十月八日，「蔣檔」。

⑲同上。
⑳孔祥熙：《致介兄》，一九三八年十月十五日。「蔣檔」。
㉑孔祥熙：《最近國際形勢》，一九三八年十月十五日，「蔣檔」。
㉒孔祥熙：《最近日本形勢》，一九三八年十月十五日，「蔣檔」。
㉓《蔣介石日記》（手稿本），一九三八年五月三十日。
㉔《褚民誼、樊光致汪精衛、孔祥熙電》，一九三八年十一月七日。「蔣檔」。
㉕《日本外交年表並主要文書》，下卷，《文書》，第四〇〇至四〇一頁。
㉖孔祥熙：《致重慶蔣委員長》，一九三八年十一月六日。「蔣檔」。
㉗《致重慶孔院長》，一九三八年十一月七日時間，「蔣檔」。
㉘孔祥熙：《致重慶蔣委員長》，一九三八年十一月九日。「蔣檔」。
㉙《事略稿本》，一九三八年十月廿三日。
㉚《事略稿本》，一九三八年十月廿三日。
㉛何以之：《致彥超（蕭振瀛）》，一九三九年九月三十一日。「蔣檔」。
㉜何以之：《致彥超》，一九三九年十月四日。「蔣檔」。
㉝孔祥熙：《致介兄》，一九三九年十月六日。「蔣檔」。
㉞《蔣介石日記》（手稿本），一九三九年十月八日。
㉟《革命文獻》，一九三九年十月九日。《蔣中正總統檔案》。

86《蔣介石日記》（手稿本），一九三九年十月九日。

87《馮玉祥日記》（五），一九三九年五月廿九日，江蘇古籍出版社一九九二年版，第六六〇頁。參見高興亞：《馮玉祥將軍》，北京：北京出版社，一九八二年，第一八七頁；施樂渠：《蔣介石在抗戰期間的一件投降陰謀活動》，《文史資料選輯》第一輯，北京：中華書局，一九六〇年，第六十七頁。

88《嚴斥汪逆賣國降敵》，《先總統蔣公思想言論總集》，《談話》，臺北：中國國民黨黨史會，一九八四年，第一二六頁。

89《孔令侃為呈再晤何一之給孔祥熙的密電》，《歷史檔案》一九九二年第三期，第七十五頁。

90《盛升頤為呈評述日方和談條件由給孔祥熙的密電》，《歷史檔案》一九九二年第三期，第七十七頁。

91《蔣介石日記》，手稿本，一九四〇年六月廿八日。又八月十二日日記云：「約蕭交存件。」據此，蔣並未監禁蕭，而是要求他交出保存在手中的中日秘密談判文件。

92《敵情報告錄呈參考》，「蔣檔」。據賈存德回憶，以上五條由板垣以鉛筆親自書寫，交王子惠轉賈。見《孔祥熙與日本「和談」的片斷》，《孔祥熙其人其事》，第一二八頁。

93賈存德：《孔祥熙與日本「和談」的片斷》，《孔祥熙其人其事》，第一二八頁。

94賈存德：《孔祥熙與日本「和談」的片斷》，《孔祥熙其人其事》，第一二九頁，參見孔祥熙《致介兄書》，一九四〇年八月廿四日。「蔣檔」。

(95)《敵情報告錄呈參考》，一九四〇年七月，「蔣檔」。

(96)孔祥熙：《致介兄書》，一九四〇年八月廿四日。「蔣檔」。

(97)轉引自戴笠《報告》，一九四〇年九月十日，「蔣檔」。

(98)戴笠：《報告》，一九四〇年九月十日，「蔣檔」。

(99)熾章（張季鸞）：《致布雷先生》，一九四〇年九月十九日，「蔣檔」。

(100)孔祥熙：《致介兄》，一九四〇年九月廿二日。「蔣檔」。

(101)張季鸞：《致布雷先生》，一九四〇年九月廿一日晨。「蔣檔」。

(102)《陳布雷日記》，一九四〇年九月廿二日，內部排印稿，國史館藏。

(103)轉引自孔祥熙：《致介兄》，一九四〇年九月廿二日，「蔣檔」。

(104)《蔣介石日記》，手稿本，一九四〇年九月廿二日。

(105)孔祥熙：《致介兄》，一九四〇年九月三十日。「蔣檔」。

(106)孔祥熙：《致介兄》，一九四〇年九月三十日。「蔣檔」。

(107)參見本書《蔣介石親自掌控的對日秘密談判》。

(108)賈存德：《孔祥熙與日本「和談」片斷》。

(109)日本外務省檔案，S487號，中譯文見《孔祥熙其人其事》，第一三五至一三六頁。

(110)戴笠：《報告》（一九四〇年八月十二日）：「有胡鄂公者，籍隸鄂省，曩為國會議員，嗣與李大釗等加入共黨。民國廿三年間，經生處在漢破獲拘禁，旋奉經准予自首，並交由生處運用。」見「蔣檔」。

(111)本電及以下各電，均見《蔣中正總統檔案》，臺北國史館藏光碟，07A-00085。

(112)《近代史研究》一九九五年第五期，收入拙著《蔣氏秘檔與蔣介石真相》，第四五〇至四五二頁。

(113)《蔣介石日記》（手稿本），一九二八年五月十二日。

(114)同上，一九二八年五月十八日。

(115)《陶德曼致德外交部》，《德國外交文件》第一卷，第七八〇頁，中譯文見中國史學會編《抗日戰爭》，《外交》（上），第一六四頁。

(116)《蔣介石日記》（手稿本），一九三七年十二月廿九日。

(117)《事略稿本》，一九三八年八月十八日。

(118)《蔣介石日記》（手稿本），一九三七年九月八日。

(119)《本月反省錄》，《蔣介石日記》（手稿本），一九三七年十月三十一日。

(120)《蔣介石日記》（手稿本），一九三七年十一月二日。

(121)《蔣介石日記》（手稿本），一九三八年一月十日。

「桐工作」辨析

日本侵華期間，曾多次向中國方面「誘和」，其中，最爲重視的是一九四〇年鈴木卓爾、今井武夫在香港和張治平、「宋子良」等人所進行的談判，日方稱爲「桐工作」。至今日本文獻中還留有大量資料，有些史家即直接、間接地據此證明蔣介石和重慶國民政府在對日抗戰方面的動搖和妥協。然而，遺憾的是，這一關係重大的談判卻始終缺乏中文資料的證明。本文作者查閱了保存在臺灣的蔣介石檔案，發現其中有不少和「桐工作」相關的文件，將這些資料和日文資料兩相比照，便會發現雙方記載差異很大，真真假假，撲朔迷離的情況極爲嚴重，但是，仔細查勘辨析，我們仍然可以在幾個主要問題上比較確鑿地揭示出事件真相。

一、談判過程與日中兩方記載的異同

關於「桐工作」，日文檔案集中收藏於日本防衛研究所戰史室，題爲《桐工作關係資料綴》，爲當年日本軍令部第一部相關文電的彙編。①「桐工作」的參加者今井武夫一九六四年出版述及此事的回憶錄時，也收錄了部分當年文獻。中文資料則有中方談判參加者張治平的報告、軍統局戴笠向蔣介石的報告，軍統局審查張治平時留下的文件，時在香港、參與中日秘密談判的《大公報》主編張季鸞致陳布雷的多通函件等。

比較日中兩方資料，可以發現，雙方對談判的緣起、經過的敘述存在巨大差異。

（一）談判緣起

日方資料記載：一九三九年十月，日本在中國南京成立中國派遣軍總司令部。十一月底，起用原參謀本部的鈴木卓爾中佐擔任香港機關長，找尋與重慶國民政府的聯絡路線。十二月，鈴木通過香港大學教授張治平的斡旋，要求會見宋子文的胞弟、時在香港擔任西南運輸公司董事長的宋子良。宋初則拒絕，後主動要求會面。十二月廿七日夜，雙方第一次會面。宋提出：日本如尊重中國的名譽及主權，中國有和平的準備，爲此希望日本在承認「新中央政府」（指汪精衛政府——筆者）之前和國民政府認真商談；先行停戰，日本方面保證撤軍。宋同時提出：日本對於不以國民政府和蔣介石爲對手的聲明，是否可重新加以研究？能否恢復七七事變以前的狀態？能否向蔣介石個人提交有關和平的親啓書信？②

一九四〇年一月廿二日，雙方第二次會談，宋稱：重慶方面仍具有日本預料不到的抗戰實力；目前看不出蔣介石有與汪精衛合作的意圖，毋寧說正在努力破壞汪的組府計畫。宋並稱：通過胞姐宋美齡經常獲得接近蔣介石的機會，兩三週內將赴重慶。如有需向蔣介石傳達的事項，願進行轉告。③二月三日，雙方第三次會見。宋子良稱：希望進一步獲悉日方的真意。本人將二月五日前往重慶，與蔣介石會談，十日將攜帶會談結果回港。二月十日，第四次會談，宋稱：自己已向蔣介石及宋美齡彙報，蔣於二月七日召開國防會議，決定派出代表或最受蔣介石親信的人物來港。鈴木卓爾當即詢問：「上述代表是否隨身攜帶蔣介石的委任狀？」④二月十四日，日本中國派遣軍總司令部高級參謀今井武夫大佐到達香港，偕同鈴木與宋子良、張治平會面。宋稱：重慶方面將派出攜有蔣介石委任狀且與日本方面有同等地位、身分的代表，並稱宋美齡已到香港。雙方同意在香港召開日華圓桌會議。

中方資料不如日方資料詳細。據張治平被審查時向戴笠所作書面報告，其經過是：七七事變後，張治平到香港避難，從事教育與新聞事業。一九三九年十一月，日本駐港武官石野（芳男）去職，由鈴木卓爾中佐繼任。鈴木是張治平「抗戰前的老友」。一九四〇年一月中旬，鈴木從日本駐港總領事崗崎（勝芳）處得悉張的寓所，突然登門拜訪，向張坦白陳明此次來港所負使命，要求撮合。張當時告以此事不敢過問，將來有此路線時，再行通知。

一月末，張治平偶與軍統在香港的工作人員曾政忠談及，曾即介紹軍統在香港的另一工作人員盧沛霖與張「餐敘」。不久，曾政忠告張稱：盧已奉令，「允於特工、情報範圍內與敵周旋。」⑤張轉告鈴木，鈴木致電今井武夫。今井和張治平也是老相識，有「十餘年舊誼」。二月八日，今井武夫約同大本營第八課課長臼井茂樹大佐共同來港，與張治平、曾政忠在康樂道十七號空屋內會談。十日，今井武夫提出覺書八項，張電呈重慶後，又將原件寄呈。二月十七日，張治平奉電召到重慶，報告經過，得到訓示：「該覺書之荒謬，尤對於僞滿問題、內蒙駐兵問題與汪逆問題，認爲敵方之妄想。」⑥張治平返港後，即偕曾政忠會晤鈴木，「面斥其非」。同時通知鈴木：「欲談和平，須先撤銷汪僞組織，並應有進一步之具體表現。」⑦鈴木應允親去東京、南京交涉後再談。⑧

上述兩方資料的差異主要表現在兩個方面：一、起始時間。日方資料在一九三九年十二月，而中方資料則在一九四〇年一月。二、會談次數：日方資料有一九三九年十二月廿七日、一九四〇年一月廿二日、二月三日、十日、十四日等五次，中方資料則僅有二月八日、十日兩次。一九四〇年九月八日，張治平被審查時，曾向戴笠遞呈書面報告，中稱：二月十日，今井武夫曾向中方提交包含八項條件的覺書，但今井武夫到達香港的時間爲二月十四日，當日日方記錄中無此內容。⑨經查，今井武夫向中方提出包含八項條件的覺書，時在三月九日。關於此點，張治平被審查時向戴笠所呈書面報告是錯誤的。詳見下文。

（二）三月香港圓桌預備會議

日方資料記載：今井武夫會見張治平後，於二月十九日赴東京，向參謀總長閑院宮和陸軍大臣畑俊六彙報，廿一日，由參謀次長稟明天皇。三月七日晚，日中雙方在香港東肥洋行座談。八日晚，正式會談。日方出席者爲今井武夫大佐、臼井茂樹大佐、鈴木卓爾中佐；中國方面出席者爲重慶行營參謀處副處長陳超霖、最高國防會議秘書主任章友三、宋子良、陸軍少將、侍從次長、香港特使張漢年、聯絡員張治平。

會上，日方出示陸軍大臣畑俊六及中國派遣軍總司令西尾壽造所開身分證明書，中國方面第一天未帶來委任狀，第二天由陳超霖和章友三出示了最高國防會議秘書長張群身分證明書。⑩中方稱：出發之際，蔣介石提出：應取得日本撤軍的保證；應明確日軍的和平條件；應使會談在極端秘密中進行。當日就中國承認滿洲國及日軍在華駐兵等問題進行了討論。九日會談中，日方提出備忘錄（覺書）八條，其重要者爲：第一條，中國以承認滿洲國爲原則；第二條，中國立即放棄抗日容共政策。第三條，日華締結防共協定，允許日軍一定時期內在內蒙及華北地區駐兵。第七條，停戰協定成立後，國民政府與汪兆銘派協力合作。⑪

十日中午，張治平通知鈴木，中國方面委員徹夜協商，大體同意備忘錄，已向重慶請示。同日晚，中方聲稱接到蔣委員長的長篇訓詞，另提「和平意見」八條，其主要內容有：關於滿洲問題，中國在原則上同意考慮，方式另商；關於中國放棄抗日容共問題，乃和平協定後中國所取之必然步驟；關於汪兆銘問題，此純爲中國內政問題，在和平恢復後，以汪氏與國民黨歷史之關係，中國當有適當處置，無庸提爲和平條件之一；關於撤兵問題，日本應於和平妥協時，從速撤退在華軍隊。⑫中方建議，兩方各自分別在「備忘錄」與「和平意見」上簽字，遭到日方反對。三月廿三日，汪精衛預定在南京成立「新中央政權」的前三天，鈴木應宋子良緊急之邀，與宋會談。宋稱：有蔣介石急電，望轉達板垣征四郎。蔣對日方「備忘錄」大致無異議，但承認滿洲國問題受到東北將領反對，正努力說服，要求日方推延汪政權的成立時間。鈴木答以重慶方面須立即派遣秘密代表談判，並於廿五日前答覆。⑬至期，重慶方面沒有答覆，汪精衛遂於三十日在南京舉行「還都式」。

戴笠呈蔣介石的報告中保存有一段《張治平對工作之陳述》，中稱：「本年二月，由渝返港後，曾告鈴木，欲談和平，須先撤銷汪僞組織，並應有進一步之具體表現。當時鈴木唯唯久之，往反糾纏，毫無表示。三月中旬，呈奉電令，以敵無誠意，遵即置之不理。」⑭這一《陳述》完全未提三月七日至十日的香港圓桌預備會議及三月廿三日的緊急會談。但是，其後張治平在被審查時所寫《致鈴木先生函》中則稱：「今年一月間，先生在港過訪，密告負有斡旋中日兩國和平之重要使命，請平向我政府方面設法溝通接洽和平之路線，故有本年三月七日香港之會談。當時，除平與先生及今井先生外，尚有敝友章友三先生在座，結果先生出示今井等所提所謂中日和平之八項覺書內容交平設法轉達我政府。」⑮根據此函，可見確有三月香港圓桌預備會議，並且確有包含八項條件的覺書，與今井武夫的回憶相合，同時可證張治平被審查時向戴笠所呈報告中關於此點的謬誤。

（三）五月九龍四人會談與今井、宋子良二人香港海上會談

日方資料記載：三月廿五日之後，鈴木與宋子良繼續接觸。宋強調「重慶方面有和平誠意，在努力實現中」。⑯四月十六日，張治平自重慶返港，聲稱十五日曾面見蔣介石。⑰五月十三日，日方代表今井、鈴木、阪田與中方代表章友三、宋子良在九龍半島一旅館會見。章稱：「當前和平的難題是中國承認滿洲國問題，與部分日軍駐兵問題。這可以暫放它一放，留待日華恢復和平後，再談判解決。」「只要秘密預備會議日華雙方取得一致意見，日華兩軍即可停戰。同時，重慶政府將發表反共聲明。因此，希望在六月上旬仍由上次的原班人馬在澳門舉行第二次會談。」⑱此次會談時，鈴木從門鎖匙孔中偷拍了宋子良的照片。十七日，今井應

宋子良之邀，在香港海面的小艇上會談。宋稱：蔣委員長「內心希望和平確屬事實」。⑲

九龍會談在中方文獻中毫無反映。一九四〇年五月底張治平致戴笠報告稱：他在四月自重慶返港後，即遵照上級意見，不再和鈴木卓爾往來。其間，鈴木曾數次訪問張治平，張均以現任香港大學教授兼德國通訊社記者身分，「以採取情報之立場」與之會面，告以「中國決不能接受任何有損領土完整主權獨立之條件」。⑳鈴木卓爾知道自己的企圖失敗，於四月廿一日應中國派遣軍總司令部參謀總長板垣征四郎之召赴南京，五月四日返港，再次邀請張治平面談，張「婉詞拒絕」。其後，鈴木派秘書增田會晤張治平，通報鈴木此次赴寧返日，會見板垣、今井及參謀次長澤田茂等人的情況。

據稱，日本首腦部曾研討中國不能接受和平的原因：一、中國在承認「滿洲國」及防共駐兵兩個問題上，或者不可能接受日本要求，日本爲顧全東亞全局，獲得真正和平，可放棄此項要求。二、中國如同情日本的善意，日本願在雙方獲得諒解之後，運用適當方法，毀滅「共黨」力量，消除中日和平的阻力。又稱，板垣對中國處境困難，頗能瞭解，故對和平條件，並無任何苛求，日本所亟須明瞭的是：在雙方停戰或成立協定後，中國是否可以發表「放棄抗日容共政策」的宣言（**同時日本方面也發表撤兵、言和宣言**）？或是到如何時機，如何階段，可共同發表此項宣言？這樣，日本撤兵才有所根據，不致被認爲是「戰敗潰退」。戴笠收到張治平上項報告後，於五月廿三日以《情渝二三四五號》呈報蔣介石，同時指示張治平：「如敵方不先除汪，中央斷難與之言和，今後不可與鈴木等涉及中日和平問題。」㉑

《張治平對工作之陳述》稱：三月中旬，接奉電令，敵人無誠意，勿再與鈴木卓爾晤談，張即遵令置之不理。其後，鈴木的秘書增田多次求見，增田並於五月間提出和平意見五項，內有「日本對汪政權擬於一二月內不予承認，預爲中日和平之最後時機」等語，奉准再與鈴木卓爾晤談，「仍以撤銷汪僞組織爲先決條件」㉒

以上張治平的兩份資料，絕口未提九龍會談與香港海上會談。

（四）六月澳門會談

日方資料載：六月四日晚，今井武夫、臼井茂樹、鈴木卓爾在澳門與陳超霖、宋子良、章友三、張治平會談，地點爲中國方面所租的一所空房的地下室。日方出示閑院宮參謀總長的委任狀，中方出示由蔣介石署名，蓋有軍事委員會大印和蔣介石小印的委任狀。㉓宋子良所用名字爲宋子傑。會談以香港備忘錄爲基礎。章友三以空前激烈的態度表示：中國對「承認滿洲國及日軍在中國駐兵問題，絕對難以承認。並稱：「有汪無蔣，有汪無和平。」他要求日方居中斡旋，或命汪出國，或命汪隱退。㉔日方對章的發言表示反對。會談兩天，無結果。

六日，宋子良、張治平到旅館訪問今井武夫，雙方磋商後提出，由板垣、蔣、汪三方先行會談。其地點，日方提出在上海、香港、澳門三地中選擇，中方則提出在重慶或長沙。當晚，雙方代表再次在原地下室聚會，中國方面提出備忘錄：滿洲問題在和平恢復後，以外交方式解決之；駐兵問題於和平後，由軍事專家秘密解決之；汪精衛問題另行商量。日方也提出了自己的意見書：承認滿洲國的時間及方法，留有協商餘地；駐兵問題以秘密協定方式約定。㉕

六月十日，今井武夫返回南京彙報，板垣征四郎對與蔣、汪的「巨頭會談」極感興趣，表示有主動進入敵區的決心。二十日，宋子良轉達重慶意見，要求將三人會議的地點設在長沙。㉖廿二日夜，板垣征四郎向汪精衛說明談判情況，汪同意參加三人會談，但希望地點在洞庭湖上。廿四日，日本參謀本部次長澤田茂到南京，傳達參謀本部意見：承認滿洲國及在華駐兵問題，均不作爲「強行之條件」。㉗廿二日，鈴木向宋子良提出，爲保障安全，如會談地點選定長沙，則必須交換進行會談的雙方最高負責人的備忘錄。三十日，鈴木向宋子良提出會談的四種方案，供中方選擇。其一爲首先舉行蔣、板長沙會談，繼之以停戰，再處理蔣汪合作問題。㉘

張治平《致鈴木先生函》稱：「先生復再告奮勇，馳往南京、東京，將圖挽救也。返港後，又力表誠意，要求繼續談商，故有六月三日在澳門作第二次之會談。當時在座者仍爲平與敝友章友三先生與先生及今井、臼井兩先生也。平乃以貴國既有誠意，表示求和，則應撤銷汪精衛之僞組織爲先決條件，否則無以表示貴國求和之誠意也，但今井等當時則稱對撤銷汪僞組織問題，貴國爲顧全信義，礙難辦到，平與章友三先生則堅決表示，如貴國不能先行撤銷汪僞組織，則吾人無繼續晤談之可能。」㉙

六月廿七日，張治平致電戴笠稱：當月廿六日，鈴木卓爾再次訪晤張治平，聲稱日前赴粵，會晤今井武夫、臼井茂樹二人，得知板垣征四郎意見：「只須中國方面有和平誠意，則前言去汪而後言和，則亦未嘗不可。惟於日軍佔領區內進行此事，既與日本信義有礙，且日本亦將起而革命矣。」為了解決這一難題，板垣提出兩個方案：「（一）委員長如能予以諒解，請指定地點如長沙或重慶，板垣當偕同汪逆前來謁見，將汪逆交還我中央，當面請和。（二）由委員長指派幹員，在中立地點，如香港或南洋等地，約汪逆商談中日大事，板垣當策動汪逆前來晤談，則汪逆既離日本之佔領區域，則一切悉聽中國之處置。」板垣稱：除此兩辦法外，並無其他先決條件。「無論此事之結果如何，中國必須履行諾言，開始和平談判。至於日本方面所持之和平意見，大致如前次所提之覺書，惟其中關於承認『滿洲國』及防共駐兵問題，暫可不提，留待將來用外交途徑或他種方式解決之。」㉚板垣表示：自願提供一份「覺書」，由板垣本人與西尾壽造或畑俊六共同簽名，申述願意親來長沙談判的誠意。」在轉述板垣意見後，鈴木要求中方在會談前十天通知日方；除板垣外，屆時汪精衛、今井武夫、臼井茂樹及其他軍事、經濟專家數十人將參加，有一艘小型輪船即足用；如中方要求陳公博、周佛海等同來，日方亦願考慮、樂從。㉛

比較上述日中兩方資料，其相同點是：中方對汪態度轉趨激烈，雙方均同意舉行板垣、蔣介石、汪精衛三人會談；其相異點是：鈴木卓爾與張治平會晤時轉述的板垣意見，「將汪逆交還我中央」云云，在日文資料中毫無影跡可尋。

（五）七月會談

日方資料載：七月九日，宋子良向重慶請示後返港，提出新方案：蔣介石與板垣征四郎先行於七月下旬在長沙商議中日停戰問題，蔣介石與汪精衛的會談則於蔣、板會談後另訂。㉜鈴木同意這一方案。七月十一日，中國派遣軍參謀片山二良攜帶《中日實施停戰會談之備忘錄》到港。該備忘錄由板垣親筆書寫並蓋章。其內容爲：一、時間：七月下旬。二、地點：長沙。三、方法：蔣與板垣協議中日間之停戰問題。㉝

十六日鈴木卓爾與宋子良會談中，宋主動提出，將建議派出蔣介石和板垣二人都信任的高級人員到漢口，迎接日本代表，日方則要求這一高級人員必須是張群、孔祥熙或何應欽等。㉞會談時，宋子良還曾要求板垣攜帶天皇敕命，遭到鈴木拒絕。㉟七月二十日，陳超霖、章友三攜帶蔣介石親筆所書備忘錄到達香港，其內容、格式均與板垣備忘錄相同。廿一日，鈴木、片山與宋子良、章友三會議，相互出示備忘錄。鈴木、片山共同研究，認爲蔣介石所書備忘錄與澳門會談時中方出示的委任狀字跡完全相同，確信爲真跡。日方企圖偷拍未成，只在匆忙間拍得「蔣中正」三個簽字，隨即模仿複製，送往南京審查。㊱

廿二日，鈴木與宋子良（署名宋士傑）簽訂備忘錄，將板、蔣會談時間改爲八月上旬。會後，章友三赴重慶請示。廿七日，今井武夫偕片山二良少佐返回東京，向近衛首相及陸、海軍省人員報告，近衛大感興趣，要求「好好地做下去」。㊲廿九日，章自重慶致電鈴木，要求與張治平共同訪問東京。三十一日，章返港，與鈴木繼續會談，聲稱近衛既第二次組閣，應發表聲明，明確取消一九三八年的「不以蔣介石爲對手」的第一次聲明，同時提出：板、蔣會談時，不可提及「蔣汪合作」問題；板垣應以親筆函表示，取消日汪條約。對此，鈴木答稱，將爭取在板垣親筆函中聲明：「（日方）雖提出善意的意見，但不作爲停戰條件處理。」㊳

中方資料載：七月二日，張治平致電戴笠，報告前一日與鈴木再次見面的情況。據稱，鈴木表示：板垣不僅亟欲與中國言和，而且希望在結束戰爭後，進一步與中國商訂軍事同盟。此項計畫，已由今井武夫擬成草案，其主要精神爲：一、仿照舊時英日同盟形式，雙方均處於絕對平等地位。二、消除中日兩國之一切誤會，力圖東亞民族之富強，以抵抗外來之一切壓力。三、經費共同負擔。四、設立最高機關，雙方人數相等。五、以中國之行政院長與日本之首相充任總裁。八、有效期間無限。九、不干涉同盟國之內政。十、互相尊重主權與領土。鈴木並稱：「板垣之意，以爲此次中日戰爭實爲歷史上最愚笨之行爲，及今只得痛自悔過。」

七月三日，戴笠覆電，指示張治平稱：「敵方明知汪逆之無用，而仍不肯犧牲之，甚至謂將由板垣偕汪逆來見委座，當面言和等情，足證敵方之無言和誠意，同志以站在採取情報之立場與德國通訊社記者之身分，可與鈴木見面，但對中日和約之問題，萬不可有任何意見之表示。」㊴七月廿六日，張治平再次向戴笠報告稱：據鈴木卓爾相告，板垣征四郎曾於最近偕同今井武夫返回東京，晉見天皇，並與海陸軍及參謀本部首要磋商，決定電知張治平，「作未次之試行溝通」㊵：一、板垣奉天皇令前往長沙，向委員長當面求和。二、日本不提任何條件，雙方精誠相見，停戰協定成立後，日本迅速撤軍；三、板垣與委員長會談後，日本保證不干預中國內政，汪僞政權亦聽由中國自行處理；四、前次所言由板垣帶同汪逆赴長沙，意在交還我中央自行處理，並非帶同談判。今爲免除外間誤會，可以不帶汪；五、板垣與委員長會談時間，愈速愈佳。上項辦法，如中方同意，日方即派員來港，將天皇保證文件交我，磋商板垣赴

長之技術問題。㊶

比較上述資料可見：這一個月的最大事件，是談判雙方相互出示板垣與蔣介石的親筆備忘錄，但張治平在向戴笠彙報時，絕口未提；而所謂板垣「痛自悔過」及準備在戰爭結束後訂立日中「軍事同盟」一事，也不見於日方記載。㊷中方文獻所稱日方可派員送交「天皇保證文件」一事，日方資料的記載則是，宋子良有過類似要求，但遭到日方拒絕。

（六）八月會談

日方資料載：八月四日至十一日，雙方多次會談。日方稱，阿部信行與汪精衛之間正在舉行會議，日汪條約尚不存在。中方同意板垣在親筆函中聲明，不將汪蔣合作問題作爲停戰條件，並稱已決定派張群迎接板垣與會。㊸中方表示，不再要求近衛發表新的聲明，但近衛必須向中方提交親筆私人函件。鈴木同意提交近衛私函，但強調中方必須同時提交蔣介石的私函。十三日，中方提出折衷方案：日方須先提交近衛私函，然後中方才提交蔣介石的親筆答函。鈴木對此表示爲難，但稱須到南京，請上司裁定。㊹

十四日，鈴木赴南京，向派遣軍總司令部彙報：「宋子良其人斷定爲真。」「張治平爲人可靠，與重慶中樞聯絡確有其事，假設本工作未直接通達蔣委員長，但至少有秘密通達是不難想像之事。」㊺十九日，臼井茂樹、鈴木卓爾與派遣軍總司令部的主要幕僚，一起商定板垣與近衛首相致中方親筆函的內容，同時完成板垣親筆函的起草：「關於汪、蔣合作問題，爲達成日華之間，特別是中國內部之圓滿和平，必要時可能將會提出善意意見。但依據不干涉內政之原則，不作爲停戰條件之一。」㊻廿一日，鈴木赴東京，向陸軍省首腦彙報，會上，代近衛首相起草了親筆函：「半載以來，閣下所派之代表與板垣中將之代表在香港就中日兩國間的問題交換意見，已獲結果，欣聞閣下近期將與板垣中將會面，余深信此次會談必能奠定調整兩國國交之基礎。」㊼廿二日，東條英機陸相、臼井茂樹、鈴木卓爾等謁見近衛首相，近衛欣然同意。㊽廿八日，鈴木卓爾回到香港，當夜即與廿六日自重慶歸來的章友三會談。㊾

中方資料載：戴笠收到張治平七月廿六日的彙報後，正擬向蔣介石報告，收到軍統南京區八月一日電，聲稱當地盛傳：日軍參謀本部臼井大佐來，由犬養健陪見周佛海，周向其親信楊惺華稱，如能實現和平，我與影佐甚至板垣均願前往，雖有意外，亦所不辭。云云。戴笠當即密令張治平，「在不暴露身分之原則下多方探聽」。㊿其後，戴笠又先後接到張治平的電報，聲稱：一、板垣征四郎續電在香港的鈴木卓爾，大意謂：日本內閣雖經改組，但對中國求和之意如舊，板垣本人已獲日皇訓令，靜候我中央許可，徑赴內地，同時保證取消一切僞組織，以之作爲求和先決條件。二、鈴木卓爾最近接東京訓令：甲、近衛決定，可先發一宣言，取消從前不以國民政府爲對手的宣言；乙、由板垣立具親筆保證書，保證中日議和後，日本決不理會汪僞政權，完全由國民政府處決之，此後日本決不再干預中國內政。鈴木稱：板垣奉天皇令，向中國最高當局求和，請中方決定地點；爲求得信任，日方可立即由近衛親書保證求和之誠意，轉交中國最高當局。㉛八月十二日，戴笠將上述情況書面報告蔣介石，請求指示。

據《張治平對工作之陳述》稱：八月十四日，鈴木離港飛往南京，同月廿八日回港，約張治平晤談，聲稱今井武夫、臼井茂樹將在澳擇期會見。會談中，鈴木出示板垣的親筆保證書及近衛親筆函件。事後，張治平向戴笠請示「應否接受」，「奉令先探內容具報，暫緩接受」。

(52)又據《曾政忠對張治平之考察》稱：八月廿八日鈴木卓爾返回香港，催促張治平往閱板垣親筆保證書後，其後即由張繕具報告，交曾政忠由盧沛霖電陳重慶。(53)

關於鈴木此次返港所談，軍統香港區工作人員葉遇霖在致戴笠「冬電」中有更詳細的彙報：該電稱：據鈴木卓爾告，鈴木於八月十四日經臺灣赴南京，會見板垣征四郎、西尾壽造多次，並曾會見汪精衛。廿一日至東京。廿二日，偕陸相東條英機及臼井茂樹總參謀謁見近衛首相，同進午餐，會談至下午三時半。鈴木告訴中方稱：此次無論在南京、東京，均竭力要求先毀汪組織，再進而與中國議和，而日本當局方面則擔心迄今談判的中國代表的真實性，更擔心「毀汪之後，向何人交賬」。會談決定由板垣出具親筆保證書。鈴木並稱：「（汪）爲日本政略之工具，可有可無。近因吾人之活動，近衛竟拒絕與汪晤面，阿、汪談判已暫告擱置。」「（日本）事實上已不支持汪僞組織，則汪僞組織不毀而自滅矣。」但是，鈴木也表示：「中日如萬一無和平途徑可覓，則日本亦只有利用之耳。」鈴木出示的板垣保證書爲：「爲日華國交，尤其爲助於中國內部之圓滿的和平，或須有關於汪提起善意的意見之場合破壞，該問題基於不干涉中國內政之原則處置之，決不認爲停戰條件之一，茲爲保證之。板垣征四郎。」鈴木並稱，自己已獲得近衛與板垣的授權，還帶來近衛首相的親筆函，要求中國方面轉呈蔣介石。(54)

上述資料顯示：兩方敘述雖仍有諸多不同，但為準備長沙會談，鈴木卓爾確曾先飛南京，取得板垣征四郎的保證書，後又返東京謁見近衛首相，取得近衛的親筆函件。

通觀日中雙方留下的資料，可以發現，雙方記載有若干相合之處，但是，也存在巨大的差異。其相合處，自然可以確認其真實性；其差異處，就需要進行仔細的考辨了。

二、軍統局對張治平的審查與日方「桐工作」的結束

抗戰期間，軍統局負有收集日方情報的任務。張治平與鈴木卓爾在香港開始談判後，戴笠非常關注，不斷向蔣介石彙報，也不斷給予張治平指示。當他獲知日方代表攜帶近衛首相的親筆函及板垣征四郎的保證書到港後，即於九月四日轉報蔣介石，請示是否可以接受上述兩項文件。兩天之後，情況突然發生變化。

原來，八月下旬，板垣征四郎爲加強「桐工作」，將和知鷹二少將派到香港。和知，廣島人。長期在華進行特務工作。一九二八年任職於日本在濟南的特務機關。一九三二年任日本駐廣東武官。一九三五年任太原機關長。一九三八年任蘭機關長，負責策反中國的西南軍政首長，此項工作即被稱爲「蘭工作」。一九三九年任中國派遣軍總司令部「部付」。次年五月升少將。和知鷹二不相信鈴木所述的可靠性，向時在香港的《大公報》主編張季鸞詢問「真相」。張自一九三八年起，即在香港和日方各色人物聯繫，刺探消息，供蔣介石決策參考。他

從和知鷹二處得悉張治平等與鈴木談判的情況後，於九月二日致函在蔣介石的侍從室任職的陳布雷，彙報所得消息，分析日方何以相信張治平、鈴木談判的原因：一是最初之交涉人攜有「委員長之委任狀」——「研究對日問題諮議」；二是「相信宋子良先生之有力量」；三是「華方交涉人張某、陳某中間曾要求板垣來一信，向華方示閱，而數星期後，華方交涉人得到委員長之回信，亦交日方閱看，日方將此信照相帶回。」張季鸞指出：「此爲板垣相信此事之最大原因。」張函並稱：「最後華方又要求近衛須有所表示，故近衛來一信。據稱，長沙之會見及岳軍先生之赴漢，皆先已商妥者，現在僅餘畫龍點睛之正式決定而已。」[55]但是，張季鸞判斷，所謂委員長親筆函件及軍委會委任狀均爲「徹底爲揑造之故事」，「顯係受騙或互欺」。其根據爲：「我領袖何以能有回信，此在常識上盡可判斷者。」「所稱交涉人有委任狀，根本即是虛假，中國政府永不會派出有委任狀之人找日方接洽。我軍事委員會現在亦根本無諮議之官銜。」張季鸞猜測：「此事始終與汪逆、周逆有關。」他要求嚴查此事，函稱：「惟有一點不容忽視者，即有人敢僞造委員長之信件，顯爲重大犯罪行爲，應加以徹查。」[56]

九月三日，張季鸞再次致函陳布雷，認爲「此案敵人陷於極可笑之失敗，但我亦曾受不利之影響。蓋因此使敵人看輕，認爲易與，同時，使汪、周便於作祟，故必須徹底糾查，目前最須嚴防者，爲再出現委員長覆近衛之假信。」他建議：「可令張治平來渝，即禁其離開，而從容詢查之。」[57]蔣介石得悉張季鸞向陳布雷所報情況後，大爲生氣，判斷張治平爲汪精衛的「探子」，於九月六日指示戴笠審查。當日，戴笠緊急與已經應召來渝的張治平談話。張強調自己的忠貞，聲稱在與日方八個月的周旋中，「我方堅持非去汪不可」。戴笠則認爲日方一定有假，他說：「敵方既不肯毀汪，則鈴木之來找我中央路線，必故作圈套，一面則表示誠意與我言和，一面則故放中央有講和空氣，企圖國內外對中央都減少信仰呢！」[58]

九月七日上午，戴笠將張治平軟禁，並派軍統局第三處（掌行動司法）處長徐業道與張談話。張堅決否認所詢各點：一、否認有僞造軍委會委任令與僞造蔣介石親筆信件之事實；二、不承認有章友三與陳超霖二人偕見鈴木之事，聲稱八個月來，始終只有本人與曾政忠二人與鈴木卓爾、臼井茂樹、今井武夫等接談。只是「曾政忠之英文拼音與章字同，是否因此誤會，則不可知」。三、與鈴木卓爾過從已久，早通姓名，決不能冒稱宋子良先生。[59]張治平與徐道業談話後，又書面補充聲明：一、本人與曾政忠「從未敢越出範圍」；二、「職等第知運用特務技巧，以整個揭破敵人之陰謀。」張治平稱：鈴木於八月十四日赴南京、東京，「活動汪僞組織之撤銷問題」，結果，獲得板垣征四郎的「保證書」與近衛首相的「親筆書」，用以「表示其對撤銷汪僞組織之決心」以及近衛「對委員長誠意」，「希望兩國迅速調整邦交，爲建設永久和平之基礎」。他說，自己已經目睹上述兩種函件的內容，但鈴木不願立即交出，鄭重表示，用何種方式提呈中國方面，是一個重要責任問題。張治平並稱：戴笠所獲情報，可能是和知鷹二等與鈴木卓爾「作對」，目的是爲了「反間」。[60]

九月八日，張治平致函戴笠，爲自己辯護，全面反駁戴笠所示情報，聲稱該件「歪曲事實，言之難盡」。他說，自己與敵人周旋，均與曾政忠及盧沛霖兩同志商量，始末情況，皆經盧沛霖按時電呈，還曾兩次奉召來渝，親向當局詳盡彙報。張治平的辯護共七點：

一、關於向日方出示蔣介石「委任狀」問題。張治平稱：「讀該件，謂職持委狀於去年末見石野，不勝荒謬之至！」「今井與鈴木因與職爲老友」，「何須有委狀向示？此委狀又從何處得來耶？」

二、關於蔣介石對日方覺書所提八條的態度。張治平稱：「該件謂委座對敵方提出之八條甚感滿意，尤爲荒謬絕倫。」

三、關於宋子良參加談判問題。張治平稱：「該件謂宋子良確參加之，因今井有攝印（影）帶回，並由周佛海所供之多數相片內確認宋子良之相片無誤，此事詢諸宋子良本人，當亦發一大笑。」

四、關於談判中所持原則問題。張治平稱：三月中旬本人第二次奉召來渝時，上峰訓示：「敵人如有誠意，須先取消汪僞組織」，返港後，即以此點與敵人爭辯。五月初，鈴木又約今井武夫、臼井茂樹到澳門，在本人專租的密室內會談。結果，敵方表示，「願回去努力，但要求時機不可失，而以板垣來華（談判）之意相告」。自此以後，「職即以取消汪僞組織之事與之苦纏至今，鈴木此次帶來之板垣保證書與近衛親筆，即針對汪僞組織與表示誠意之舉也。」

五、關於允許日方攝印蔣介石文件問題。張治平稱：「該件謂我方示以委座之文件並令其攝印帶回，此何言耶？」「無論何時何地，能證實此事者並在敵方存有此攝印者，甘受國家之極刑。」

六、關於委派張群赴長沙談判問題。張治平稱：「該件又謂，此方已派張岳軍負責此事……張未曾被派。此事始終由職與曾同志負責。」

七、關於日方談判代表問題。張治平稱：「該件內所提鈴木通貞爲鈴木卓爾之誤，所謂馬場者，並無其人。」

張治平在該函中說明，經過「八個月與敵之苦纏」，談判已有進展：一、條件問題，現所爭者爲內蒙駐兵與和平談判後雙方同時發表宣言；二、汪僞組織由板垣保證撤銷之；三、議和方式，由敵酋板垣奉天皇命自甘來華求和；四、作爲日方誠意表示，可呈交近衛首相的親筆信函。61

次日，張治平在八日函後附言，重申沒有僞造蔣介石委任狀的必要：「過去八個月與敵周旋期內，敵人因對職信念極堅，一切會談，從未向職索閱或索取委座文件。職亦從未有任何僞造委座文件授諸敵方以博得其信用也。在事實上，職對僞造文件無此需要，又自量絕不可爲，深望明鑒之。」62在此之後，張治平繼續申辯：一、關於一九三九年底，張治平持蔣介石任命宋子良、章友三、陳超霖爲研究對日問題諮議委任狀，與日駐港武官石野洽談和平問題，張稱：「鈴木與治平原係抗戰前夙識」，「由曾（政忠）介識盧沛霖（即係港區與曾之聯絡人），得中央之允許，以特工技術進行。此本年一月間事也。」「今井與治平有十數年之舊交，決不需要僞造諮議委狀。」二、關於陳超霖與宋子良參加談判問題。張稱：「僅介紹曾政忠與鈴木等見面，曾化名章友三，並未冒充諮議，僅稱章有中央路線可以轉達，並未介紹宋子良與鈴木相見，更無陳超霖其人。」三、關於張治平出示蔣介石「親筆覆函」問題，張稱：「不但委座墨寶，即治平本人亦從未以一字筆跡供敵人利用。每次會談，鈴木屢要求記錄簽證，概予拒絕，更無僞造信件之理。如有此事，願受極刑。四、關於日方提出板垣與蔣介石在長沙會見，中方派張群赴漢口，陪同板垣前往問題。張稱：「敵方求和心切，預定在九月中旬實現，因此，鈴木當時提出福州、洛陽或長沙爲會晤地點，治平對此未置肯定答覆。」[63]

根據張治平交代，曾政忠是張治平對日談判時的合作者。戴笠爲了查核有關情況，召曾政忠及軍統局在香港的另一工作人員劉方雄到重慶，詢問有關情況。曾報告稱：「張治平自本年二月投效中央以後，……對工作頗爲熱心，數月以來，確未與汪逆有任何往來勾結。」對張治平「是否僞造文件，冒充諮議」等情況，曾表示「毫無所聞」。[64]曾政忠來渝前，張治平曾致函曾政忠，要求曾向鈴木處索取近衛親筆函及板垣保證書，鈴木拒交，聲稱原件「須至適當時期及適當地點方能交出」。九月九日，曾政忠「照錄」板垣保證書的日文及中文本各一份，由鈴木在日文抄本後加注保證：「本內容與板垣總參謀長所書不相違」，並署名蓋章。[65]曾到重慶後，將所抄之件交給戴笠。戴笠發現，曾政忠的新抄本與張治平所報舊抄本有同有異。相同處在後段，即「該問題基於內政不干涉之原則處置之，不認爲停戰協定條件之一」；而在前段則關鍵之處不同：張所報者爲「汪問題」，而鈴木交來之抄件，則改爲「□[66]（蔣）汪合作問題」。

戴笠做完上述調查後，於九月十五日向蔣介石報告：

張治平接受鈴木、今井之求和，原屬採取情報性質，以撤銷汪偽組織為一試題，以觀敵人求和之誠意與其求和之緩急也。張治平本係偽東亞民族協進會常務委員，與敵偽當有關係，張謂鈴木、今井均其舊交，有相當信賴，此語固未敢盡信。惟張自本年二月經港區運用以來，在工作上尚未見其有不忠實處，但張是否偽造文件、冒充諮議，經多方偵查與研詢，尚不能證明其確有其事。張治平與鈴木等屢次洽談和平，據曾政忠謂，張對於鈴木所提者，確以撤銷汪偽組織為先決問題，但張對吾人是否忠實可靠，亦未敢肯定。

這份報告語氣猶疑，「未敢盡信」、「尚不能證明」、「未敢肯定」云云，說明事件撲朔迷離程度的嚴重，連戴笠這個精明的特務頭子也心中無數，不敢作出肯定判斷。對於「汪問題」之變爲「蔣汪合作問題」，戴笠分析說：「敵人不肯遽然放棄汪逆，對漢奸仍欲保持信義與作用，實彰彰明甚。」㊼報告中，戴笠並稱：張治平與今井武夫尙有九月十六日在澳門見面之約，但張所進行的情報工作，已告一段落，「故擬留張在渝，暫不赴港」。此後，張治平即被以擔任「訓練班政治教官」名義，扣留於重慶，直到抗戰勝利後，才放回香港。㊽

在蔣介石檔案中，還保存著一份張治平致鈴木的責問函，所署時間爲九月廿八日。此函或爲張治平主動所寫，或爲應軍統要求而作。是否發出，不可知。該函除回顧自一九四〇年以來與鈴木在香港的會談經過外，特別指責鈴木「要功心切，不自檢點」，又指責日方「在外間散佈謠言：

一則謂平曾持示軍事委員會委任狀，介紹宋子良、章友三、陳超霖等於去年年底在港晤石野武官，商談中日和平問題，再則謂我蔣委員長對所提八項覺書表示滿意，曾有委員長親筆信交貴方攝影帶回，又謂貴方曾攝有雙方會談時之照片，宋子良亦在其內等語。此種無稽之談，如非先生有意偽造與故意宣傳，平實不知從何而來也？69

針對日方所謂宋子良參加談判的說法，張治平要求鈴木將攝得的所謂宋子良原相片「公諸報端，以待證實」。函件末稱：鈴木的所作所為，「足證貴國所謂中日和平之無誠意也，足證先生做事待人之不守信義也。先生失敗矣，咎由自取也。」

張治平雖被扣留在重慶，但重慶方面不願意就此中止和日方的聯繫。曾政忠奉召到重慶陳述不久，即被派回香港繼續與鈴木卓爾等人周旋。九月十八日，曾政忠晤見鈴木，按照軍統設計方案通知鈴木，聲稱重慶首腦會議認為：「中國之抗戰力尚大」，「無須做出屈辱性和平」，「長沙會議暫行擱置」。對所謂「蔣汪合作問題」，曾表示「不明瞭日本之真意」，懷疑其中有「謀略」。70

談話中，曾詢問張治平與汪精衛的關係，鈴木稱：張治平對和平運動確甚熱誠，日方所擬條件，人所不敢向中國高層轉達者，張能，但張有時言過其實，此點日方早已瞭解。關於張與汪精衛「勾結」一節，鈴木保證「必無其事」。對於重慶方面所提「先行消除汪精衛組織再言中日和平」問題，鈴木明確拒絕，聲稱事實上「諸多困難」，「如中國力持此點，和平前途未可樂觀，諒中國政府已準備再戰數年矣」。⑪鈴木並稱：今井武夫尚在澳門，等待與張治平會談，張既不能回港，本人將赴澳報告，請示今後方針。鈴木約曾政忠廿一日再談。軍統香港區負責人葉遇霖在向戴笠報告上述情況後表示：「政忠同志老誠有餘，機智不足，恐難應付鈴木、今井諸人。如鈞座對鈴木等尚有運用之必要，應請指派幹員來港，就近指示。如僅為表明我方嚴正之態度，則擬於再晤談一、二次後，即囑政忠停止一切活動，以免貽誤機宜。」⑫

九月廿二日晨，曾政忠再次與鈴木卓爾會晤。鈴木稱，已於十九日派秘書赴澳門，謁見今井武夫，報告中方態度，他本人則擬於廿三日赴南京，見板垣時，「當盡力促請先行消除汪逆偽組織」。他要求中方提出具體意見與確實辦法：「消除之方式與消除以後之辦法」，「如何能使中國確信日本之和平誠意」，「如何使日本在消除汪組織後，不致有不良之顧慮」。鈴木並稱：「日本空軍猛炸重慶，但對飛機場始終保全，亦所以使此項活動不致因交通困難而阻遏也。」⑬廿四日，軍統香港區負責人葉遇霖再次將上述會晤情況報告戴笠，戴笠認為鈴木此線已無利用價值，電囑曾政忠停止與鈴木見面。

在中方指示曾政忠「停止一切活動」的同時，日本當局也指示停止「桐工作」。九月廿七日，鈴木卓爾應召回南京，向派遣軍總司令部報告，總司令部決定暫時取消「桐工作」。十月一日，今井武夫赴東京彙報，登臺不久的陸相東條英機嚴令軍方「撤手」。[74]同時，外相松岡洋右則決定另闢途徑，通過銀行家錢永銘對重慶進行新的「工作」。

三、張季鸞企圖借機拆穿日方「把戲」與中日秘密談判的延續

張季鸞從和知鷹二處得知張治平、宋子良與鈴木卓爾、今井武夫的談判情況後，極爲震驚，他一面研判事件性質，探究真相，彙報重慶中央；一面則力圖通過和知鷹二，拆穿日方的「把戲」。

除鈴木卓爾、今井武夫等人外，和知鷹二實際上同樣負有找尋與中國方面談判機會的任務。九一八事變後，和知鷹二的主要任務是聯絡胡漢民、陳濟棠、李宗仁等「西南派」反蔣。一九三八年日軍進攻武漢前後，和知鷹二的任務轉爲在香港和蔣介石直接指揮的蕭振瀛談判，當時即與張季鸞相識。但是，和知與板垣征四郎等不同，主張拋棄汪精衛，專以代表國民黨「中央」的蔣介石爲談判對象。他對張治平與鈴木、今井之間的談判，不僅不支持，而且「立於競爭、暗鬥之地位」，「曾力予破壞」。一九四〇年春，今井武夫第一次到港活動，和知即致電他的中國助手何以之，囑其設法向中方揭破：「今井來意爲蔣汪合流，實際爲汪奔走，故亟應破壞之。」[75]

一九四〇年七月，和知鷹二在澳門會見張季鸞。八月十七日，和知回東京向陸軍省官員

報告，聲稱「本官之工作根本不提和平條件，重點放置於興之所至之打聽。」「蔣中正之意在於希望日華徹底合作，不擬苟合。」[76]廿九日，和知在澳門會見時在香港的重慶工作人員王季文，要求王轉告孔祥熙的秘書盛某，請其促進宋子良工作，但是，卻意外地得到盛某告知：「宋子良所進行之工作，那是一樁謀略。」[77]九月一日，和知向張季鸞打聽「真相」，告以所知，張季鸞感到震驚之餘，認定「鈴木活動，徹底爲捏造之故事」。[78]談話中，和知向張季鸞透露，東京方面對板垣領導的「和平」工作本已失去信任：東條英機陸相懷疑，外相松岡洋右也懷疑，只同意板垣等辦至九月底，「若屆時不成，決由政府自辦」。[79]因此，張季鸞暗示和知，將此事向東京報告，藉以「促成板垣之崩潰，使敵人內部發生重大爭吵」。張季鸞估計：「該板垣把戲一旦揭穿，定會發生重大責任問題，而敵人之亂，即我之利也。」[80]九月三日，張致函陳布雷，告以即將向外界「放出消息」，說「委員長震怒，正徹查其事」，「如是則敵人自知失敗而板垣倒矣」。[81]

和知鷹二在與張季鸞談話中，曾向張故示寬大：如中日雙方停戰言和，「東京只主張內蒙暫駐少數兵，其他無大問題」。張答以「中國是不許任何地方駐兵，不許任何地方特殊化的」。對和知所稱中日談判今後將由東京「收回自辦，另作準備」，張季鸞表示：「如作準備，須徹底覺悟，重新檢討，簡單一句話，必須互相承認爲絕對平等的獨立國家，凡不合此義者，概不必來嘗試。」[82]張季鸞通過鈴木和張治平之間的談判「故事」，認定日方「愚昧凌亂」、「荒唐幼稚」，程度太差，「證明去中日可以談話之程度甚爲遼遠」，「可決其今後無大的作爲」，⑧因此，他不準備與和知鷹二發展進一步的關係。張通過何以之轉告和知，「不必奔走，更不必找我見面」。當時，張季鸞聽說，日本陸軍正在力主與蘇聯訂立互不侵犯條約，因此又囑咐何以之勸告和知：「決不可對蘇聯樂觀。蘇聯之事，中國知道的多，蘇聯對中國近來也很好，個中消息雖不能多談，總之蘇聯對日本，可說是無絲毫好意。」⑭

九月四日，和知離港，返回東京，自稱當於十五日返回華南，行前表示：「板垣始終不脫蔣汪合流之主張，故必須撇開板垣。」張季鸞不願與和知作泛泛空談，托何以之電告和知：「不是日政府誠意委託不必再來；不是日本誠意改變對華政策，誠意謀真正之和平，則不可接受委託。要之與弟何時見面並不關重要，日政府苟無真正覺悟，見我何用！」⑮當時，日軍正在準備進軍南洋，搶奪英、法在當地的利益。張季鸞估計，日方「因南進不能決策甚爲焦躁，板垣等又鬧此大笑話。和某歸後，敵人內部，將呈鼎沸之態。」⑯

九月六日，張季鸞致函陳布雷，建議對日方採取「攻心爲上」策略。他估計，板垣、鈴木工作失敗之後，日本內閣必將另起爐灶，重新確定與中國的談判路線，因此，通過陳布雷向蔣介石請示：是否可以以「私人觀察」身分向日方提出三項基本要求：日軍自中國完全撤兵；完全交還佔領地；自動廢止不平等條約？⑰張季鸞分析，當時日方急於與中國議和的原因，主要有兩方面：一、爲了進軍南洋。他說：「敵對南洋，勢在必取，即荷印亦在所必爭，故港、越、新加坡、荷印是一串的問題，一動作就是大事情。若只拿安南，不成一局勢也。因此海軍堅持非結束對華戰爭不能南進。」二、擺脫在中國的尷尬局面。張季鸞稱：日軍在中國的部隊，共六十九個師團，約計在一百三十萬人以上；每日軍費由二千萬元到三千萬元。最近半年。日軍幾乎毫無動作，今後的作戰計畫也無法確定。「老師麋餉，毫無效果，而同時眼看一年或等不到一年之後將失去南進機會，此其所以不得不焦躁也。」九月七日，張季鸞致函陳布雷，請示下一步談判方針，函稱：

> 綜觀大勢，委員長對於全局之判斷，皆完全符合，弟深致敬佩。現觀敵方殆有逐漸就範之可能，其醖釀應需一兩月之時間，故十月、十一兩月恐為重要時期，現擬得和某來電，再知悉最新敵情之後，即先回重慶。然若彼竟南來，當與一見。總之，現時為適於宣傳之時期，倘蒙指示機宜，不勝厚幸。(88)

和知鷹二曾告訴張季鸞，日軍大本營和日本內閣準備由少數人組成「委員團」，專門負責對華談判，因此，張季鸞詢問：「萬一敵方此次更派高級人員一同前來求見時，應如何處理？」他表示：「弟現時之個人意見在擬拒見他人，以貫徹私人談話性質之立場。」(89)

在軍統局審查張治平的同時，陳布雷也致函張季鸞，要求他向日方「索要僞件」，以便查清所謂張群「證明書」、蔣介石委任狀及親筆函的真相。張季鸞感到爲難，回函稱：「板垣尚傾信僞件，正期待其進行。若果正面索取，反恐困難，且使敵人感覺，弟之地位太涉於機密也。」(90)他托何以之致電和知鷹二，聲稱「張群因無端被人出賣，非常憤慨，托索證件以便徹查。同時附告，張群疑爲日方揑造，或爲汪派作祟，願查明真相。」張季鸞相信和知能辨妥此事，攜件南來；同時也相信「經此一電，亦可使南京敵酋恍然於一場故事之爲揑造矣」。91

張季鸞曾得到情報：周佛海鑒定鈴木得到的蔣介石所書「委任狀」及「親筆函」後，指出其均爲僞造，板垣征四郎甚爲慌急。又得到情報：一九三九年板垣任陸相時，日軍爲試探蘇聯態度，進攻諾蒙罕（今譯諾門坎——筆者），如蘇聯不抵抗，即調大部關東軍入關。當時曾由板垣奏明天皇，天皇詢問計畫可靠否？板垣答云可靠。不料日軍大敗，轉而調關內作戰部隊赴援。事後，關東軍及參謀部有關人員一律免職。板垣本來也應該免職，派來中國，是讓他「帶罪圖功」。「桐工作」出現問題，板垣更爲慌恐。92云云。基於上述情報，張季鸞對板垣的倒臺頗具信心。

和知於九月四日返回日本後，曾電告何以之，已向東條英機發出長文，擬在福岡與東條派來的人員見面，或直接赴東京報告。不久即發電稱：東條英機「令彼負責進行」。但是，其後，又發電稱，九月十日在福岡與東京派來的要員會晤，偕飛南京，協商結果，以和知與板垣爲核心，辦理此事。和知稱：將於九月十五日或十六日再飛東京，處理鈴木等失敗的善後事宜，同時取得東京正式委託，再飛南京，然後南下香港。93

和知確曾按張季鸞要求向日本軍方揭發「桐工作」的問題。九月十二日，臼井茂樹就曾在向參謀本部有關人員報告時說：「據和知少將所調查探知，桐工作係香港藍衣社之謀略，只是使用宋子良而已。」「諒蔣中正不會見板垣中將，板、蔣會議無法解決一切問題。蔣中正不至於發親函，所謂蔣之親函是冒牌貨。」⑭但是，日方不肯也不願意相信和知所報，而寧願相信中國有不同「路線」。九月二十日，和知鷹二致電何以之：

下記最近之情況，有告知之必要：子良近對鈴木言，彼將為治療疾病出洋外遊，中日和平交涉，急速需要結束。又謂宜昌方面，一週內當有人到達可能云云，暗示張岳軍有出來之可能，表示戀戀不忘之意。日方為使促進正式交涉之實現，當期望中國路線之統一。又有人謂，蔣先生不肯使子良工作中斷，子良背後，有特務人員控制，蔣先生不能使其中止等云。⑮

和知鷹二要求何以之轉告張季鸞：最好能命宋子良出洋外遊，然後日方正式向中方提出談判要求，而由東京負責進行。和知很著急，函稱：「子良何時出國，祈速賜知爲要！」⑯張季鸞本已判斷張治平、鈴木之間的談判是「把戲」，現在日方卻又提出新資料，說明宋子良和鈴木之間仍在聯繫，這使張季鸞感到迷惑。他決定不再參與中日秘密談判。九月廿一日，張季鸞要求何以之用明碼電文告訴和知，張季鸞日內離港；同時另用密碼告知：

鈴木假把戲我早已一再告之，何以尚如是糾纏？且對我方內部之觀察，飽含污蔑之意，是證明對方不足與談。中國本決無路線問題，我政府從未委託過人，我亦從未受過委託，只因你們來找我，我為個人友誼之計來此。今乃認中國有多少路線，是等於認定我為路線之一。我現在聲明，此路線取消，我不復過問，將來縱有正式交涉，亦勿找我。我之為人，本極惡麻煩之事。今如此麻煩，我厭惡已極，故決計脫離此問題、望彼告板垣，我已自己取消，不願過問矣。[97]

宋子良是否和鈴木確有聯繫呢?張季鸞不能判斷。他將這一問題交給陳布雷。九月廿一日，張季鸞致函陳布雷，陳述五條意見：一、觀和知電文，「足知敵方有輕蔑、操縱之意」，但宋子良君是否對鈴木確有此表示，本人沒有「判斷真僞之力，因而不能作有力之反駁」。二、今井、鈴木的失敗，在敵方內部是「絕大問題」，南京敵人明知是假，尚欲「掙扎蒙混」，板垣負責與中國談判，原以九月底爲限，本人「聲明不管，更足以打擊之」。三、南京敵人的和平攻勢徹底失敗之後，日本只有兩條路可走：一爲再變和平攻勢爲軍事攻勢，一爲由東京發起，正式媾和。此問題日方如何選擇，在不遠期間便可明瞭。四、敵軍人本是一丘之貉，但和知有一點特殊，即不僅與「勾汪」工作無關，而且在敵人內部以「反汪」得名，因此可以判斷，如東京正式與中國交涉，必派和知奔走，因此，和知此線索仍應保留。五、觀察最近情形，我方內部不能不承認「發生毛病」，「當假委任狀、假信問題發生之後，何以宋子良君以行將出洋之身，而尚與鈴木作私人接觸」?他嚴肅表示：「此真爲不能想像之事！」[98]他還列舉了其他一些和日方秘密聯繫的嚴重事例，要求陳布雷將上述情況呈報蔣介石。廿三日，張季鸞再次致函陳布雷，說明「自前日向彼方通告不管之後，覺心神爲之一舒。蓋國家與領袖受敵輕侮，只有如此斷然表示，爲昭雪輕侮之道。」⑲

張季鸞雖已向日方表示「不管」，但是，他仍然對中日談判存有希望。九月廿三日，張季鸞致陳布雷云：「對今後看法，弟微有不同。弟以爲判斷局勢之第一關鍵，在看是否以敵大本營之名義來開正式交涉，果來交涉，即當認定其有若干誠意。」「蓋既來交涉，則爲承認是國家與國家間之正式議和，一也；汪奸當然取消，二也。」此前，陳布雷認爲，日軍進攻安南，中國的對外聯絡線受到威脅，說明日方沒有議和誠意，對此，張季鸞表示：「安南問題，當然有威脅我方之惡意，然不能因此之故，即斷定敵人不企圖正式議和。」他說：「和戰本爲同一問題之兩面，中日現在戰爭之中，而又並無和的頭緒，在我方似不必過重視其另闢一新戰場之企圖，即藉以判斷其政策如何。」他表示：自己的「工作目的」在於執行一種試驗，即「敵人宣傳願與我政府議和之是真是僞」。他認爲，此點關係中國今後半年乃至一年間之「一切抗建工作」。⑳陳布雷反對張季鸞對「和談」的幻想，要求張季鸞結束在香港的工作，儘早回渝。九月廿四日，張季鸞覆函陳布雷：取消前函所述意見，自即日起，對外對內均脫離此問題，不再報告和知傳來的敵情；所保管之「港幣小款」，亦不再負保管之責；將向中航公司訂票，儘早動身。㉑

宋子良以蔣介石、宋美齡、宋子文的「至親」身分擅自與日方談判，張季鸞對此深爲不滿。正當此際，一件關於宋子良談話的新情報幫助張季鸞作出判斷。九月廿四日晚，張季鸞讀到和知鷹二致何以之的最新電文，其要點爲：鈴木報告，謂宋子良近談，本月十三、十四、十五三日，委員長曾與戴笠、張群、張治中秘密研究此事。又云：因近日委員長不滿於孔、何二人，故孔、何不參加會議。張季鸞認爲，「其最可笑之語爲委員長表示，交涉可繼續進行。」張季鸞判斷：「無論宋君如何荒唐幼稚，斷不會作此可笑之謠言，是可確定爲鈴木所揑造矣。」對於鈴木揑造此類謠言的目的與效用，張季鸞致函陳布雷稱：板垣屢次向國內報告，和平條件業已成熟，並且逼迫近衛寫信向我方表態。近衛信件在我方雖不覺重要，但在日方卻是總理大臣公函，板垣無法卸責，只能繼續不斷造謠，希圖繼續控制軍權，「以達其繼續進行勾汪簽約延長現狀之目的」。[102]

　　當時，和知鷹二召何以之赴滬。九月廿五日，何到張季鸞寓所會面，張要何到滬後明確告訴和知，「所有鈴木報告中之宋子良談話，絕對爲鈴木揑造」，建議和知向東京切實報告。[103]同時，張季鸞也要何向和知轉達：爲大局起見，在一兩個月之內，如東京確有正式講和誠意，並有適當內容時，允許和知與張通信一次，但僅以一次爲限。張稱：「當拚其最後之信用轉達一次，蓋中國實在認日本無誠意也。」張並稱：如東京確有進行之意，則個人願忠告：第一，停止進攻雲南及轟炸一類威脅、壓迫行動；第二，須有建立平等的「新國交」的決心，絕對不可向中國方面提出「承認僞滿、中日聯盟」等一類要求，否則張不能轉達。[104]第三、根據上述兩項作正式之準備，可來一次信，說明派何人負責開談及其他具體事項。張特別強調：當年冬天，準備往陝西終南山養病，和知來信，須在兩個月之內，「過時則我入山已深。無法接頭矣」。何以之向張表示：「除非東京真正弄好，彼亦不敢贊成接洽。蓋在板垣之下接洽，則中國上當也。」⑩⑤

張季鸞要何以之轉告和知鷹二的話，有類最後通牒。之所以如此，據張季鸞致陳布雷函，其用意在於：一、在敵人內部暴露板垣等之欺騙。二、試驗敵國今後究竟如何。此前，日本早已強迫法國封閉滇越鐵路，英國也一度宣布封閉滇緬路，中國的對外國際通道先後受阻，抗戰環境愈益艱難。張季鸞認爲，形勢斷不能無條件樂觀，個人可以封鎖，國家不容封鎖，保留與和知的聯繫線索，有益無損。之所以只允許通信一次，是爲了使之「更爲嚴重而有力」。他說：「弟近月頗感敵人求結束戰事之心已達頂點。蓋如待其南進順利，穩占安南，並控制緬甸，而美國又不實際干涉，則彼時敵人心理恐又一變，因此現時之對敵工作，恐正爲最緊要而有用之時。」關於宋子良，張季鸞建議，應命其迅速出洋，或令其回渝，藉以「打破敵人和平攻勢」。他提醒陳布雷：「鈴木製造之假故事，方日異月新，喧騰於日人內部」，「觀鈴木造謠之猛烈，則所謂假委狀、假信件，恐係鈴木所揑造。」⑩⑥

儘管張季鸞方面認爲談判仍有必要，但是重慶方面已對談判失去興趣，指示將一九三八年蕭振瀛工作期間留在香港的文件全部銷毀，同時對日方採取決絕態度。張季鸞隨即遵令執行，同時指示在港協助自己工作的人員：一、在何以之離港前，使之相信，張季鸞「決非任何意義之代表」，「亦決不做政府代表」，並非「真正受政府委託之人」。二、今後不再與何以之來往，避免交談，如何以之下次到港，亦不必理會，「務使何某知問題嚴重，今後無復奔走之餘地」。九月廿七日，張季鸞致函陳布雷說：

> 前年以來之懸案一宗，至此完全告一段落。弟此次判斷有誤。幸行動上未演成錯誤，一切處理，尚近於明快，此則近年特受委員長之訓練，得不至陷於拖泥帶水。就弟個人論，誠幸事也。[107]

寫此函時，張季鸞確實準備將他在香港搞的特殊工作「告一段落」，然而，正當他回渝在即之際，又接到何以之轉給他的和知鷹二的密電：「鈴木、宋子良工作終止，在東京將開始全面的和平談判，現元老重臣、陸軍、海軍及外務省首腦部在協議中，務以大乘的見地，速求東亞全局之和平及繁榮。」[108]電文中，和知表示，將於九月末上東京，然後攜帶所決定的《要綱》來澳門，張季鸞可先回重慶，但本人返澳後務求張來澳相晤。和知此電打消了張季鸞「告一段落」的想法，決定另擬策略。

張季鸞認爲：從日本方面看，「必須企圖結束對華之戰爭」「求和運動，必繼續一時」；而從中國方面看，「（現時）實立足於舉足輕重之地位，同時亦到了必須決定長期忍耐封鎖之對日戰爭辦法」，因此，「希望在最短期內，將敵情、友情俱完全弄清，以便下最後的決定」。九月三十日，張季鸞致函陳布雷，建議「在最後決定之前」，努力於「攻心爲上」之對敵宣傳，其內容爲：一、打破日本「戰美之自信」；二、打破其聯蘇之妄想；三、打破其信賴德國之心理；四、鼓吹中國之真正憤怒，並打破中國不肯和及不敢和之推測。張表示，他不期待和知鷹二再來會有何結果，但就取得「高等消息及做宣傳」著想，在香港「稍待」還是有用的，「無論如何，我有知悉真正敵情之必要也。」⑩這樣，張季鸞就又在香港留了下來。

張季鸞在香港的工作一直做到一九四〇年十一月。張要求日軍全面撤兵，不承認汪僞政權。同月廿三日，日方表示接受，要求重慶方面派出正式代表。⑪但是，日本當局終於捨不得拋棄豢養的傀儡。三十日，日本政府與汪精衛簽訂《中日基本關係條約》，正式承認汪僞政權，以事實嘲弄了張季鸞，也嘲弄了重慶國民政府。

四、考證與辨析

歷史家研究歷史，有其局限與幸運。其局限在於，歷史已逝，許多資料散失，事實失傳；其幸運之處在於，有可能見到當時無法見到的敵對雙方，甚至是多方面的資料，從而綜合研判，最大限度地還原歷史，作出比較真實、合理的分析。

根據筆者已掌握的日中雙方資料，比勘辨析，可以確定：

（一）談判中出現的蔣介石「委任狀」及「備忘錄」均是僞件。前文已述，據日方資料記載，談判中，中方曾展示蓋有軍事委員會大印和蔣中正小印的委任狀，其內容爲：「茲委派陳超霖、宋子傑、章友三代表研究解決中日兩國事宜，此令。中華民國三十九年六月二日。蔣中正。印。」又，在討論板垣、蔣介石長沙會談時，中方曾出示蔣介石「親筆」書寫的備忘錄。筆者認爲，上述兩個文件均爲僞件。

在抗戰前的中日秘密談判中，蔣介石就主張不立文字，不落痕跡。在抗戰爆發以後的中日秘密談判中，蔣更加小心翼翼，不肯給日方提供任何文字根據。張治平等與日方會談，蔣自然不會提供「委任狀」、「備忘錄」一類憑證。而且，更重要的是，蔣一開始就並不積極支持張治平等人與日方談判。一九四〇年三月廿一日蔣介石日記云：「倭寇一面成立汪僞中央政會，宣言三十日成立僞府，而一面又派陌不相識者來求和議，其條件一如往昔，以試探我方對汪僞出現之心理，此種惡作劇，去年行之一年，其愚拙卑劣，當以一笑置之。」[111]這裏的「陌不相識者」即指張治平。[112]

當時，蔣還搞不清楚張的身分，其後，身分搞清楚了，蔣立即指示戴笠：「如敵方不能先行解決汪逆，則張治平不准再與鈴木輩有任何接洽。」[113]五月下旬，戴笠指示張治平：「如敵方不先除汪，中央斷難與之言和，今後不可與鈴木等涉及中日和平問題。」七月三日，戴笠電張治平云：「同志以站在採取情報之立場與德國通訊社記者之身分，可與鈴木見面，但對中日和約問題，萬不可有任何意見之表示。」又曾指示，「在不暴露身分之原則下多方探聽」。其後，蔣介石的態度越來越嚴峻。當年五月十八日至三十日，日本海軍航空部隊大舉轟炸重慶八次。六月六日至八月十七日，又轟炸廿八次。七月二日，蔣介石日記云：「敵又求和，未知其誠僞如何？此時應置不理，以示我不受轟炸之威脅。」[114]八月十一日，蔣介石與張季鸞談話稱：「敵乃以板垣親到長沙，與汪兆銘同來會晤爲餌，其兒戲滑稽，實亦大可憐也。」[115]十二日，戴笠書面向蔣介石報告張治平與日方多次接觸情況，請求指示。次日，蔣介石日記云：「晚，研究敵情，曰：『敵又托胡鄂公、何世楨、張治平等各別來求見、通問，彼之求和，乃是欺誘行動，益令人可恨，應一概嚴拒之。』」[116]這應該是蔣介石對戴笠請示的回答。

九月初，蔣介石從張季鸞函中得悉張治平向日方提供了自己的「親筆」文件後，非常生氣，日記云：「汪兆銘探子乃捏造憑證誣我，是使我又多一意料不及之經驗也。應牢記，以自鑒戒。」[117]九月十五日，日機兩次空襲位於重慶曾家岩的蔣介石官邸，蔣介石當日日記云：「汪奸派張治平僞造我中央函件與委狀，以欺敵人，敵人信之，以張治平爲我中央可靠之路線，用力求和八個月，未得成效，今始覺悟，遂更惱怒，炸我寓所。」[118]以上資料雄辯地說明，張治平與鈴木談判中出示的「委任狀」、「備忘錄」與蔣介石無關。

前文已述，日方在見到中方出示的「備忘錄」後，曾在匆匆間拍得「蔣中正」簽字，送回南京審查。而據周佛海日記，當年七月廿六日，日方確曾請周審查真僞，周觀察的結果是「實不甚像」。[119]這一則資料不僅可以作爲上述「備忘錄」是僞件的旁證，而且說明，它的作僞者並非如張季鸞所認爲的是日方。鈴木卓爾等人決不會自己製造了僞件，又送回去請人審查。

（二）在一系列問題上，張治平等中方人員哄騙了日方。首先是宋子良參預談判問題。儘管張治平在被軍統審查過程中一再堅決否認，但是，日方談判時曾從鑰匙孔內偷拍了「宋」的照片，並且也曾交給在南京的周佛海等人核對，可見，有「宋子良」參預確是事實。這位「宋子良」的照片，經周佛海核對之後，也認爲「與本人不符」。⑫〇一九四一年九月，參預「誘和」活動的日本人松本藏次就曾指出，所謂「宋子良」，其實是藍衣社的間諜，其目的在於刺探日本秘密。⑫①

一九四五年夏，這個假扮「宋子良」參加談判的人，成了日本上海監獄中的囚犯，被原日本支那派遣軍特派員，曾在香港會談中擔任翻譯的阪田誠盛認出。在與今井武夫見面時，此人承認自己是藍衣社的「曾廣」。一九五五年，「曾廣」致函今井武夫，對於當年「冒充宋子良的錯誤深表歉意」。⑫②可見，在張治平等人與日方談判時，中方確實有人冒「宋子良」之名。

其實，這個冒充「宋子良」的「藍衣社」特務的本名並非「曾廣」，而是在談判過程中一直與張治平密切合作的曾政忠。⑫③前文已述，張治平被審查，並被軟禁在重慶後，軍統局繼續派曾政忠到香港與鈴木卓爾周旋，九月十八日、廿二日先後與鈴木有過兩次談話。然而，這兩次談話中的「曾政忠」都仍被鈴木視爲「宋子良」。十九日，鈴木向今井報告說：「根據宋從重慶返回香港所作的報告，九月十三日到十五日在重慶的重要幹部會議上決定，關於滿洲問題及日軍部分駐兵問題，只要日華雙方未取得一致意見，長沙會議暫行擱置。因此，本談判沒有進展的希望。」⑫④鈴木的這份「報告」也傳到了他的對手和知鷹二那裏。

和知在致何以之的一份電文中說：「鈴木報告，謂宋子良近談，本月十三、十四、十五三日，委員長曾與戴笠、張群、張治中秘密研究此事。」⑫⑤上述兩通電報表明，九月十八日，曾政忠與鈴木卓爾會晤時，雖然已經通知鈴木，張治平可能是汪方人物，但仍然以「宋子良」的身分出現。這是曾政忠冒充「宋子良」參加日中秘密談判的確鑿證據。⑫⑥

和知鷹二另一通電報說：「子良近對鈴木言，將出洋療疾，希望中日問題早日結束。又岳軍一週內可到宜昌云云，故板垣對於子良路線，仍認爲可靠。」⑫⑦這通電報告訴我們，曾政忠當時已準備「抽身」，不再以「宋子良」的身分出現，同時，也還在繼續哄騙日方，所謂張群「一週內可到宜昌云云」，即是一例。有意思的是，一直到一九四一年十一月，爲了阻撓日本承認汪政權，軍統特務還在假借蔣介石的名義，在「宋子良」問題上繼續說假話，欺騙頭山滿和萱野長知二人。⑫⑧「宋子良」是冒牌貨，自然，參預談判的所謂重慶行營參謀處副處長陳超霖、國防會議秘書主任章友三、陸軍少將張漢年等也都是冒牌貨。根據前文所引軍統香港區葉遇霖致戴笠「冬電」，鈴木回港後，曾與葉談話，而據鈴木給上級的電報及派遣軍總司令部有關人員的日記，鈴木當時談話對象即爲「章友三」。⑫⑨因此，「章友三」應是葉遇霖的化名。

在審查張治平時，張堅持與日方談判中只有他本人和曾政忠二人參加。對於所謂「章友三」其人，張第一次解釋爲「曾政忠之英文拼音與章字同，是否因此誤會，則不可知。」「曾」與「章」的英文拼音本不相同，張治平等與鈴木的談判中也並未使用英文，不可能產生誤會。後來則解釋爲「僅介紹曾政忠與鈴木等見面，曾化名章友三」，兩次說法前後明顯不一，巧言支吾、企圖蒙混之心清晰可見。顯然，張治平可以承認曾政忠化名「章友三」，而不能承認冒充「宋子良」，因爲前者無罪，而後者則關係重大，可能獲罪。

張治平對軍統的交代，不僅時間顛倒，語意支吾，而且真假混雜，包含著若干謊言。例如，他聲稱與鈴木、今井是老相識，與今井且有十多年的情誼，因此，無須身分證明及委任狀。其實，他和今井武夫並無深交；[130]日方在與中方人員秘密談判時索要身分證明也並非僅此一例。鈴木卓爾在香港開始「桐工作」時，還在開展「姜豪工作」，向姜豪「要求與攜帶有重慶政府中樞有關的身分證明書的人會面」。[131]張治平之所以編造與鈴木、今井的「友誼」謊言，無須身分證明云云，不過說明他心中有「鬼」，力圖掩蓋他僞造文件，僞傳蔣介石指示等做法而已。

前文已述，戴笠爲了驗證張治平的交代，曾從香港調回曾政忠與劉方雄，但曾、劉同樣不敢說真話。當戴笠詢問「冒充宋子良事件」是否爲張治平「串演」時，二人的回答是：「甚有可能，但無實據，且與本局絕無關係。縱認確係張之所爲，則張之功過，似乎可相抵銷。」戴笠聽後表示：「揆之時間先後，確與本局無關。且事過境遷，已無法深究，亦無足深究。」[132]可見，戴笠雖心知肚明，但他擔心蔣介石怪罪，所以也不想查得很明白。「與本局無關云云」，不過是飾詞而已。

（三）鈴木等日方談判人員也哄騙了中方。二月三日，鈴木在與「宋子良」第三次會見時曾表示：「處理汪精衛對重慶政府的關係，純屬中國的內政問題，我方似無干涉的必要，可由中國政府妥善處理。」[133]所謂日方同意「去汪」、「毀汪」、一類的「甜言蜜語」，鈴木不僅在私下對張治平講過多次，對「章友三」也講過。前引葉遇霖致戴笠「冬電」所彙報的鈴木行程及其和近衛會見的時間、情況，和現存日文檔案完全相合，可以確證「冬電」轉述內容來自鈴木本人，而非張治平等編造。一直到九月廿二日晨，鈴木與「宋子良」會晤時，仍在向「宋」保證，回南京會見板垣時，「當盡力促請先行消除汪逆僞組織」，[134]可見，處理汪精衛，取消汪僞組織確是鈴木私下向中國方面作出的保證。

前文已經指出，鈴木出示的板垣征四郎保證書前後不同，有一個從「汪問題」向「蔣汪合作問題」演變的過程。八月十四日，鈴木赴南京、東京之前，向張治平、「宋子良」（曾政忠）出示過「底稿」，主題詞爲「汪問題」。當時，即由張抄錄，交曾密存。十九日，鈴木卓爾到南京，與臼井大佐正式爲板垣起草保證書，主題詞演變爲「蔣汪合作問題」。廿八日，鈴木返港，催張治平往閱「保證書」，但鈴木僅出示抄件，主題詞仍爲「汪問題」。張閱後即繕寫報告，交曾政忠由盧沛霖電呈重慶。[135]

九月上旬，「宋子良」（曾政忠）向鈴木索取板垣親筆日文原件，「保證書」的主題詞又變回「蔣汪合作問題」。前後出示的兩種版本，措辭雖只有一兩個字不同，但卻是根本性的差異。當時，日方的基本方針是促進汪精衛和蔣介石之間的合作，使南京、重慶兩個「國民政府」合流。鈴木爲板垣起草，並在九月上旬出示的保證書才反映日方的真實態度，也和上一世紀今井武夫公布的內容相合。[136]由此可見：鈴木出示過的以「汪問題」爲主題詞的保證書並不反映包括板垣征四郎在內的日本官方的態度，而是鈴木爲了誘使中國方面坐到談判桌前的伎倆。他在和張治平等人的私下接觸中所稱，日本準備拋棄汪精衛，甚至準備將汪交給中國方面，云云，都不過是巧言相餂，爲了哄騙中方而已。一九四〇年二月，「桐工作」剛剛開始之際。日本參謀總長載仁親王就指示：「日華代表在協商處理事變時，可同意中國方面的提案，藉此引誘重慶參加乃至進行分化離間工作。」[137]鈴木卓爾關於「毀汪」、「去汪」一類「甜言蜜語」，正是對載仁親王策略的運用。

鈴木卓爾哄騙中方非止上述各例。前文已經敘述，九月十八日鈴木與「宋子良」會談時，鈴木曾稱，將去澳門向今井武夫彙報，後來又稱，已於十九日派秘書前往彙報。其實，今井武夫在當月十四日已經離開澳門，並於十六日到了南京。[138]鈴木所云，完全是信口開河。應該指出的是，鈴木卓爾不僅哄騙了中方，而且在關鍵情節上對其上級也有隱瞞。如，六月澳門會談，中方提出「有汪無和平」，要求日方令汪出國或退隱。此事見於今井武夫記載，並非中方文獻的片面之詞。[139]但是，鈴木在向其上級彙報時，卻改變爲中方僅要求日方對汪作「適當處置」，並可由重慶派遣代表，與汪「協議合作問題」。[140]這就完全扭曲了中方的態度與立場。又如，九月初，「宋子良」已經將中國方面對張治平與汪方關係的懷疑，以及張不能回港繼續參加談判等情況告訴了他，這實際上是在通知鈴木，張治平已處於被審查中。但是，這一情況，鈴木卓爾始終未向其上級報告。[141]

五、結論

在全面審視日中兩方留下的資料後，現在可以作結論了：

（一）日軍攻佔武漢、廣州中國廣大地區以後，兵力枯竭，財政困難，已達勢窮力蹙境地，急於與中國方面「停戰」，用戰爭以外的形式鞏固其侵華成果。日方上至天皇，內閣、軍部，下至板垣征四郎等中國派遣軍官員普遍重視「桐工作」，其原因在此。爲了等待「桐工作」的成果，日方不惜推延汪僞政權的成立時間；在汪僞政權成立後，又不惜推延對其「外交承認」的時間，幻想出現「蔣汪合作」的局面。日方談判代表鈴木卓爾之所以不惜卑詞謙態，巧言相餂，乃是爲了誘引蔣介石或重慶要人坐到談判桌前來。它既反映出鈴木個人的「要功心切」，更多反映的卻是日方「求和」的急迫性。

（二）日方所謂「桐工作」，就中國方面說來，不過是軍統在香港的幾個小特務對日方的玩弄，目的在於刺取情報。談判中出現的「宋子良」以及重慶行營參謀處副處長陳超霖、最高國防會議秘書主任章友三等人是假貨，所出示的蔣介石「親筆」委任狀、備忘錄等文件是贗品，所轉達的蔣介石意見是假「聖旨」。

（三）談判初起時，汪精衛正依靠日本的支持在南京籌組僞國民政府，因此蔣介石以「先行解決汪逆」爲談判條件。其後，汪僞政府成立，蔣介石自感上當，認爲日方求和乃是「欺誘」行爲，主張嚴拒。但是，爲了阻撓日本對汪僞政權的承認，中方並沒有馬上關閉談判之門。「桐工作」在一九四〇年九月底結束後，重慶方面也還通過幾條線索，虛與委蛇，與日方繼續維持著秘密關係。

戰爭中，既有戰場上的「角力」，也有談判桌上的「鬥智」。鈴木卓爾、今井武夫與「宋子良」、張治平之間的談判是一種「鬥智」行爲，不能要求雙方「忠誠老實」，他們在談判中說假話，提供假材料、假情況是必然的，也是可以理解的。歷史家的任務就在於謹慎地辨別真假，而不能以假作真，視爲信史。遺憾的是，已經出現過這樣的情況，而且似乎還不是個別的。

（原載《歷史研究》二〇〇五年第二期）

① 檔案號：支那事變全般——127。日本防衛研修所戰史室所著《大東亞戰史》大量引述了該項檔案。該書有臺灣史政編譯局譯印本，與本文論述有關者分別見於《戰前世局之檢討》、《對中俄政略之策定》兩冊，臺北，一九九一年。

② 《香港電第八一、八二號》，中國派遣軍總司令部《桐工作的經過概要》，見《今井武夫回憶錄》，北京：中國文史出版社，一九八七年，第三一九頁至三二〇頁。

③ 《香港電第一一六號》，同上書，第三三一頁。

④ 同上書，第三三四頁。

⑤ 《張治平致戴笠報告》，一九四〇年九月八日。《蔣中正總統檔案·特交檔·和平醞釀》，臺北國史館藏，以下凡未注明者，均同。

⑥ 《張治平致戴笠報告》，一九四〇年九月八日。

⑦ 《張治平申辯》，轉引自戴笠《報告》，一九四〇年九月十五日。

⑧《張治平致戴笠報告》，一九四〇年九月八日。

⑨《今井武夫回憶錄》第一二九、一三五頁。今井在出版回憶錄前，曾於一九五六年十二月八日在《讀賣週刊》先行發表《今井武夫少將手記》。據《大東亞全史》編者考證，該《手記》文中的日期與畑俊六日記等其他史料之日期完全一致，內容也沒有出入。（《戰前時局之檢討》，第三一九頁。）今井寫作回憶錄時，利用了他本人的日記和存世檔案，因此所記日期仍然比較準確。例如，今井回憶，他曾於一九四〇年六月十二日，偕同影佐少將會見周佛海，說明板垣、蔣介石、汪精衛將在長沙會商，要汪參加。周向汪報告，次日，周稱，汪可以去長沙。所述日期和內容與周佛海日記完全相合。今井的回憶錄出版於一九六四年，而周佛海日記至一九八六年才公布。這種情況，說明今井當年必定留有確鑿的記載。

⑩中國派遣軍總司令部：《桐工作圓桌會議的經過概要》，《今井武夫回憶錄》第三三九頁，參見同書第一三二頁。

⑪《備忘錄》，《今井武夫回憶錄》，第一三七至一三八頁。

⑫《今井武夫回憶錄》，第一三九至一四〇頁。

⑬《（日本）香港機關致參謀次長》，特香港電第二一〇號，《桐工作關係資料綴》，日本防衛研究所戰史室藏，支那事變全般——127。以下凡未注明出處的日文檔案，均同。參見《戰前世局之檢討》，第二六〇頁。

⑭戴笠：《報告》，一九四〇年九月十五日。

⑮《蔣中正總統檔案．特交檔．和平醞釀》。

⑯《香港機關致參謀次長》，特香港電第一三一號。參見《戰前世局之檢討》，第二六三頁。

⑰鈴木向中國派遣軍總司令所作報告，一九四〇年四月廿六日，見時在中國派遣軍擔任記錄的井本熊雄的《井本日記》，轉引自《戰前世局之檢討》，第二六四頁。

⑱《今井武夫回憶錄》，第一四三頁。

⑲同上，第一四四頁。

⑳轉引自戴笠：《報告》，一九四〇年八月十二日。

㉑戴笠：《報告》，一九四〇年八月十二日。

㉒戴笠：《報告》，一九四〇年九月十五日。

㉓日本防衛研究所藏《桐工作關係資料綴》中有副本。

㉔《今井武夫回憶錄》，第一五一頁。

㉕同上，第一五一頁至一五四頁。

㉖《香港機關致參謀次長》，特香港電第三一〇號。參見《戰前世局之檢討》，第三〇七頁；《今井武夫回憶錄》，第一五五頁。

㉗《畑日記》，一九四〇年六月廿五日，轉引自《戰前世局之檢討》，第三〇九頁。

㉘《香港機關致參謀次長》，特香港電第三一八號。參見《戰前世局之檢討》第三一一至三一一頁。

㉙《蔣中正總統檔案．特交檔．和平醞釀》。

㉚轉引自戴笠：《報告》，一九四〇年八月十二日。

㉛轉引自戴笠：《報告》，一九四〇年八月十二日。

㉜《香港機關致參謀次長》，特香港電第三四二號。參見《戰前世局之檢討》，第三一四頁。

㉝《支那派遣軍總參謀長致參謀次長》，總參二特電第四六八號。參見《戰前世局之檢討》，第三一五頁。

㉞《支那派遣軍總參謀長致參謀次長電》，總參二特電第四八〇號。參見《戰前世局之檢討》，第三一六頁。

㉟同上。

㊱《香港機關致參謀次長》，特香港電第三六一號。參見《戰前世局之檢討》，第三一七頁。

㊲《大野大佐備忘錄》，轉引自《對中俄政略之策定》，第八頁。

㊳《香港機關致參謀次長》，特香港電第三七七號。參見《對中俄政略之策定》，第八至十八頁。

㊴戴笠：《報告》，一九四〇年八月十二日。

㊵並無此事。據今井武夫自述，他在七月底去東京，三十日會見第二次出任首相的近衛，近衛希望談判成功，但在三十一日會見新任陸軍大臣東條英機時，東條卻認為鈴木與中方的談判是「派遣軍的越權行為」。見《今井武夫回憶錄》，第一五七頁。

㊶轉引自戴笠：《報告》，一九四〇年八月十二日。

㊷日方內部文件《調整日華關係的新原則》有「日、滿、華三國」結成「東亞和平之軸心」的提法，見

《今井武夫回憶錄》，第三三七頁。

㊸《香港機關致參謀次長》，特香港電第三八八號。參見《對中俄政略之策定》，第廿三頁。

㊹鈴木中佐報告，一九四〇年八月十七日，見《井本日記》，轉引自《對中俄政略之策定》，第廿六頁。

㊺《井本日記》，《對中俄政略之策定》，第廿七頁。

㊻《井本日記》，轉引自《對中俄政略之策定》，第三十頁，原譯文字蹇澀，本文有所校改。

㊼《石井日記》，轉引自《對中俄政略之策定》，第三十一頁，譯文亦有校改。

㊽同上。

㊾《香港機關致參謀次長》，特香港電第三五一號。參見同上書，第三十三頁。

㊿戴笠：《報告》，一九四〇年八月十二日。

(51)戴笠：《報告》，一九四〇年八月十二日。

(52)戴笠：《報告》，一九四〇年九月十五日。

(53)同上。

(54)戴笠：《報告》，一九四〇年九月四日。

(55)《織章（張季鸞）致陳布雷函》，一九四〇年九月二日。

(56)同上。

(57)同上，此函署九月十二日，從內容判斷，應為九月三日之筆誤。

(58)《戴笠與張治平談話經過》，一九四〇年九月六日。

(59)徐業道：《報告》，一九四〇年九月七日。

(60)《張治平致徐業道函》，一九四〇年九月七日。

(61)《張治平致戴笠函》，一九四〇年九月八日。

(62)同上。

(63)《張治平之申辯》，戴笠《報告》，一九四〇年九月十五日。

(64)《曾政忠對張治平之考察》，戴笠《報告》，一九四〇年九月十五日。

(65)板垣日文保證書抄件，《蔣中正總統檔案．特交檔．和平醞釀》。

(66)此字原空，當係戴笠避諱之故。

(67)戴笠：《報告》，一九四〇年九月十五日。

(68)劉方雄口述：《抗日戰爭中軍統局謀略戰一例》，（臺北）《傳記文學》第三十九卷第二期，第一〇一頁。

(69)張治平：《致鈴木先生函》，一九四〇年九月廿八日。

(70)《井本日記》，轉引自《對中俄政略之策定》，第三十九頁；參見《今井武夫回憶錄》，第一六〇頁。

(71)《港區葉遇霖致戴笠皓亥電》，一九四一年九月十九日，轉引自戴笠：《報告》，一九四〇年九月廿一日。

(72)《港區葉遇霖致戴笠皓亥電》，一九四一年九月十九日，轉引自戴笠：《報告》，一九四〇年九月廿一日。

(73)《香港葉遇霖致戴笠敬電》，一九四〇年九月廿四日，轉引自戴笠：《報告》，一九四〇年九月廿五日。

(74)《今井武夫回憶錄》，第一六〇頁。

(75)《熾章（張季鸞）致陳布雷函》，一九四〇年九月廿五日。何以之，一作何益之、何毅之，他既為和知鷹二，也為中國方面工作，是個「兩面人」。

(76)《石井備忘錄》，轉引自《對中俄政略之策定》，第四十七頁。

(77)同上。

(78)《熾章（張季鸞）致陳布雷函》，一九四〇年九月二日。和知向張季鸞通報情況，時間不明，但八月三十日和知尚在廣州，與張季鸞談話時間必在九月一日。

(79)《熾（張季鸞）致陳布雷函》，一九四〇年九月七日。（張函有時署「熾章」，有時僅署「熾」。）

(80)《熾章（張季鸞）致陳布雷函》，一九四〇年九月二日。

(81)《熾章（張季鸞）致陳布雷函》，一九四〇年九月十二日（應為九月三日）

(82)《熾章（張季鸞）致陳布雷函》，一九四〇年九月二日。

(83)《熾章（張季鸞）致陳布雷函》，一九四〇年九月二日。

(84)《熾章（張季鸞）致陳布雷函》，一九四〇年九月七日。

(85)《熾章（張季鸞）致陳布雷函》，一九四〇年九月六日午前。
(86)《熾章（張季鸞）致陳布雷函》，一九四〇年九月六日午前。
(87)同上函。
(88)《熾（張季鸞）致陳布雷函》，一九四〇年九月七日。
(89)同上，一九四〇年九月七日。
(90)《熾（張季鸞）致陳布雷函》，一九四〇年九月十日。
(91)《熾（張季鸞）致陳布雷函》，一九四〇年九月十一日。
(92)《熾章（張季鸞）致陳布雷函》，一九四〇年九月十七日。
(93)同上。
(94)《石井備忘錄》，轉引《對中俄政略之策定》，第四十六頁。
(95)《熾（張季鸞）致陳布雷函》，一九四〇年九月廿三日下午。
(96)同上。
(97)《張季鸞致陳布雷函》，一九四〇年九月廿一日晨。原函未署名。
(98)《張季鸞致陳布雷函》，一九四〇年九月廿一日晨。
(99)《熾（張季鸞）致陳布雷函》，一九四〇年九月廿三日下午。
(100)《熾（張季鸞）致陳布雷函》，一九四〇年九月廿三日下午。
(101)《熾（張季鸞）致陳布雷函》，一九四〇年九月廿四日。

⑩②《熾（張季鸞）致陳布雷函》，一九四〇年九月廿五日早。

⑩③《熾（張季鸞）致陳布雷函》，一九四〇年九月廿五日早。

⑩④此為陳布雷指示張季鸞者。

⑩⑤《熾（張季鸞）致陳布雷函》，一九四〇年九月廿五日夕。

⑩⑥《熾（張季鸞）致陳布雷函》，一九四〇年九月廿五日早。

⑩⑦《熾章（張季鸞）致陳布雷函》，一九四〇年九月廿七日午。

⑩⑧《熾（張季鸞）致陳布雷函》，一九四〇年九月三十日下午三時。大乘，日語，從大局著眼。

⑩⑨《熾（張季鸞）致陳布雷函》，一九四〇年九月三十日下午三時。

⑪⓪《今井武夫回憶錄》，第一七五頁。

⑪①《困勉記》，稿本，此稿據蔣介石親筆日記摘錄，見《蔣中正總統檔案》，臺北國史館藏。

⑪②蔣介石日記誤書為陳治平。

⑪③戴笠：《報告》，一九四〇年八月十二日。

⑪④《困勉記》，稿本，一九四〇年七月二日。

⑪⑤《困勉記》，稿本，一九四〇年八月十一日。

⑪⑥《困勉記》，稿本，一九四〇年八月十三日。

⑪⑦同上，一九四〇年九月六日。

⑪⑧同上，一九四〇年九月十五日。

(119)《周佛海日記》，一九四〇年七月廿六日，北京：中國文聯出版社版，二〇〇三年，第三三七頁。

(120)同上。

(121)《松本藏次致小川平吉電》，轉引自《小川平吉致近衛函》，又，《致射山函》，《小川平吉關係文書》，日本東京みすず書房，一九七三年，第六九一至六九二頁。

(122)《今井武夫回憶錄》，第一六二至一六三頁。

(123)筆者的這一推斷，已為軍統局人員的回憶所證實，參見劉方雄口述：《抗日戰爭中軍統局謀略戰一例》，（臺北）《傳記文學》第三十九卷第二期，第一〇一頁。

(124)《今井武夫回憶錄》，第一六〇頁。

(125)轉引自《熾（張季鸞）致陳布雷函》，一九四〇年九月廿五日早。

(126)《今井武夫回憶錄》第一六〇頁。又據同書及《井本日記》（《對中俄政略之策定》，第四十二頁），九月廿一日，宋子良曾再次訪問鈴木，而據軍統葉遇霖九月廿四日致戴笠電，此次的訪問者，仍是曾政忠。此外，鈴木卓爾於九月廿七日到南京派遣軍司令部作報告，仍稱十八日與「宋子良」會談。見《井本日記》，《對中俄政略之策定》，第三十九至四十頁。凡此，均可證明，鈴木卓爾心目中的「宋子良」，乃是曾政忠冒充。

(127)失名密電，一九四〇年九月廿三日。《蔣中正總統檔案·特交檔·和平醞釀》。

(128)一九四一年十一月十六日，軍統在香港的工作人員杜石山致函頭山滿、萱野長知，轉達蔣介石「意旨」云：「宋子良以運輸事務抵港之日，宮崎（應為鈴木——筆者）、今井代表板垣將軍，約其晤談，並提交子良以中日二國之和平條件，子良據以為報。當即電質子良，以何資格見板垣將軍之代表，及根據何種機關之命令，以接受板垣將軍之中日二國之和平條件？詎知子良接電，懼而避之美國。旋以該條件甚為苛細，想板垣將軍暢曉軍事，明察世局，必不提出中日兩國不能相安之苛細條件。該條件或係一二軍人之私見，遂不予子良以深究。」見《小川平吉關係文書》（二），第六九七頁。

(129)《香港機關致參謀次長》，特香港電第三五一號。參見《對中俄政策之測定》，第三十三頁。又，《井本日記》所記亦同，參見同上書三十三頁。

(130)《今井武夫回憶錄》稱：「宋子良和鈴木中佐的居間人張治平，我在北平大使館武官室工作時，他正在冀東政府任職，他還當過北平的新聞記者。這次奇遇，感到驚異。但只是見過面，對他的身分、性格等，卻一無所知。」，見該書第一一九頁。

(131)《今井武夫回憶錄》，第一六八頁至一六九頁；參見姜豪《和談密使回憶錄》，上海書店出版社，一九九八年，第一九四至一九六頁。

(132)劉方雄口述：《抗日戰爭中軍統局謀略戰一例》，（臺北）《傳記文學》第三十九卷第二期，第一〇一頁。

(133)中國派遣軍總司令部：《桐工作的經過概要》，《今井武夫回憶錄》，第三三二頁。

(134)《香港葉遇霖敬電》，轉引自戴笠：《報告》，一九四〇年九月廿七日。

(135)《曾政忠對張治平之考察》，戴笠：《報告》，一九四〇年九月十五日。

⑯《今井武夫回憶錄》，第一五八頁。
⑰《參謀總長對實施桐工作的指示》，《今井武夫回憶錄》，第三三六頁。
⑱《今井武夫回憶錄》，第一六〇頁。
⑲《今井武夫回憶錄》，第一五一頁。
⑳特香港電第二二八號，又二九一號。參見《戰前世局之檢討》，第三〇〇至三〇一頁。
㉑參閱《井本日記》，轉引自《對中俄政略之策定》，第三十九至四十頁。

抗戰期間日華秘密談判中的「姜豪工作」

——近世名人未刊函電過眼錄之二

抗戰期間，日本侵略者自知僅憑武力不足以征服中國，曾通過多條管道誘使國民政府進行和談，姜豪工作即是其中之一。有關情況，姜豪本人曾經寫過一本《「和談密使」回憶錄》。①但是，事隔多年，記憶難免訛誤。更重要的是，當事人往往只知其一，不知其二，這就決定了歷史學家在回憶錄之外，還必須廣泛收集相關檔案資料，相互參證，才有可能比較準確地瞭解事情的本來面目。

臺灣中研院近代史研究所所藏朱家驊檔案中有一封戴笠的信，函云：

騮先先生賜鑒：

頃蒙電詢。晚適因事外出，未獲聞教。殊歉。姜豪同志之事，因歐洲局勢之劇變與敵內閣之改組，情況變遷，故尚須稍隔幾日方能決定。容決定後當有奉聞也。專上，敬頌崇安！

晚　戴笠敬上

九、五②

騮先，朱家驊的字。此函未署年。

一九三九年八月三十日，日本平沼騏一郎內閣倒臺，阿部信行出面組閣，任首相兼外務大臣。九月一日凌晨，希特勒指揮軍隊大舉進攻波蘭，英、法對德宣戰，第二次世界大戰爆發。戴笠函中提到「歐洲局勢之劇變與敵內閣之改組」，可知本函作於一九三九年九月五日。

姜豪，江蘇寶山人，一九〇八年生。父親曾在宋耀如家中任教，爲宋子良、宋子安弟兄講授國文。姜豪於一九二四年考入上海南洋大學，讀書期間參加國民黨。曾秘密參加改組派，任上海工人運動委員會主任，從事反蔣活動。一九三三年當選爲國民黨上海市黨部監察委員。一九三七年八月，參加上海市各界抗敵後援會，任戰時服務團團長。上海淪陷後，姜豪通過時在僞維新政府任教育部督學的朱泰耀、楊鵬摶二人刺探日僞情報。一九三九年的一月，到重慶中央訓練團黨政訓練班受訓，五月初回上海。同月九日被捕，被日本軍部設在上海的小野寺信機關保釋。

小野寺信原在日本參謀本部俄國課工作。一九三八年十月被派到上海，建立小野寺辦事處，目的在於找尋和重慶國民政府的關係，勸說蔣介石與日本「和談」。同年十二月，小野寺信被日本大本營陸軍部委任爲參謀，「與國民政府要員就再建東亞問題進行協商」。③小野寺機關的主要工作人員爲經濟學教授吉田東祐，其中文翻譯即爲與姜豪有關係的楊鵬摶。這樣，姜豪就經常通過楊鵬摶瞭解小野寺機關的資訊。

其間，日本特務影佐楨昭正在主持「汪兆銘工作」，企圖將汪精衛扶植爲傀儡。小野寺信希望搶在影佐之前打通重慶路線。朱泰耀建議姜豪利用這一機會，代表重慶與小野寺接觸，試探其「和平」誠意。姜豪致電時任國民黨中央黨部秘書長、中統局局長的朱家驊請示，未得答覆。姜豪被捕後，小野寺信出面保釋，向姜表示：日本的元老、重臣、財閥都希望早日結束戰爭。日本海軍急於南進，陸軍急於北進，因此必須解決中國問題。姜豪認爲此事應從速向重慶中央彙報。同年七月，姜豪到達重慶，朱家驊表示，此事須在向蔣介石彙報之後才能決定。

當時，軍統負責對日情報。從上引戴笠函可知，朱家驊聽取姜豪彙報後，將有關情報轉告軍統，由軍統方面決策。由於德軍進攻波蘭，日本內閣改組等新情況。至當年九月五日止，軍統方面尚未拿出主意。

同檔所藏戴笠九月廿七日致朱家驊函云：

騮先先生賜鑒：

查姜豪同志來渝已久，現晚擬派其赴港，偵察敵方之企圖並汪逆之活動，未悉尊意何如？乞示。專此奉陳，敬頌崇安！

晚戴笠敬上

九、廿七日

汪精衛於一九三八年十二月十八日逃離重慶。廿九日，在河內發表《致中央黨部蔣總裁暨中央執、監委員諸同志書》（《豔電》），回應日本首相近衛文麿的第三次對華聲明。一九三九年五月，汪精衛到達上海。八月，在上海秘密召開僞國民黨第六次代表大會。九月五日，成立僞中央黨部，積極謀劃成立傀儡政權。戴笠此時決定派姜豪赴港，「偵察敵方企圖並汪逆之活動」，顯然是爲了適應這一新形勢的需要。

此後的情況，據姜豪回憶：十月間，朱家驊稱，「奉總裁諭」，要姜到海關巷一號談話。到了那裏，才知道那是軍統局的辦事處，由戴笠親自談話，告訴姜：他正需要搜集日本方面的情報，讓姜到香港去和日本人接觸。不過當前國際形勢還沒有明朗，讓姜再等些日子。十一月某日，戴笠再次約姜豪談話，說是可以到香港去了，聽聽日本人談些什麼，但不能講中國政府有什麼意見，也不能到別的地方去，以香港爲限，等等。事後，姜豪向朱家驊彙報，朱交給姜一本密電碼，要姜到港後和他保持單線聯繫。④

姜豪到港後，先與日本駐香港武官鈴木卓爾中佐會談，鈴木要求姜豪介紹中國政府負責代表談判，姜豪答以時機尚未成熟。其後，吉田東祐到港，雙方轉到澳門會談。關於談判情況，姜豪一面通過軍統在香港的工作人員劉方雄轉報戴笠，一面則通過吳鐵城的電臺於十一月十四日致電朱家驊報告。電稱：

板垣已派高山來晤，藉悉敵方現決全力扶植汪逆，但亦知偽中央成立後，無所作為，故仍思取巧謀和。高山所談和平辦法，據謂撤兵無問題，程序與時間，視吾實行親日反共之程度為比例。如某處已有表現，該處即可撤兵，如各處同時徹底表現，各處亦可同時撤兵。所要求事，除反共、經濟合作外，最重要者在委座退隱，同時對汪逆精衛須予面子。至於滿洲問題，則不談。

板垣，指板垣征四郎，時任日本中國派遣軍總司令部總參謀長。高山，當爲吉田東祐的化名。據此電可知，日本侵略者當時的策略是，雙管齊下，既積極扶植汪精衛，又積極向重慶方面「誘和」。其條件爲親日、反共、經濟合作。由於蔣介石在一九三八年一月拒絕陶德曼調停，日本方面曾宣布不以國民政府爲對手，要求蔣介石下野。因此，吉田在和姜豪談判時仍然堅持此點，要求「委座退隱」。對於叛離重慶的汪精衛，則要求照顧其「面子」，意即有適當的安排。關於「滿洲」問題，吉田深知，這是談判中最棘手之處，所以回避不談。

對吉田所提條件，姜豪逐一反駁，電稱：

職告以中國在求本身之獨立、生存，為此而戰，為此而和。目前環境益佳，無須求和，但為謀二國之真誠、永久、親善合作，覺日本如能放棄侵略，當為言和。其原則在不損傷領土、主權之完整。至於委座，係全國信仰、權威之所集，退隱根本不能談。至於汪逆，為全國人士所無法寬容，故上述見解完全錯誤。

吉田表示：姜豪所談各情，均所深悉，「但爲面子，不得不如此，惟尚可商量。如委座退隱改爲短期休養，汪逆問題亦可設法。」姜豪則稱：「停戰撤兵之後，個人問題再行考慮。最重要事，在談判期間不能成立僞中央，否則即無誠意，談判無法進行。」汪精衛成立僞中央黨部之後的下一步必然是成立僞國民政府，姜豪所云，顯示出他當時的主要目的是，阻止汪精衛成立僞府。對此，吉田答應「設法阻止」。雙方最後約定，各自請示後再行約期續談。電末，姜豪向朱家驊建議，利用談判，在漢奸集團內部製造分化與對立，並設法誘使敵人「處決」汪精衛。電稱：「據職觀察，敵內部意見不一，至今仍思投機取巧，故今後應付方針，似宜繼續虛與委蛇，以動搖其內部，並吸收汪系以外之漢奸，使與對立。如能徹底處決汪逆，則最佳。」

此電十一月十六日到重慶。朱家驊於廿五日覆電姜豪：「盼速返渝。諸俟面談。」姜豪收到朱電後，於十一月廿九日回電，表示遵命準備返渝，但請示四點：

（一）戴先生所派，尚有其他任務，未奉其命可否離港。（二）家眷現在港，是否同返？（三）路費無著，機票難購。（四）何處商洽？

至於高山返滬後，板垣心腹今井對此事積極推動，故須磨十六日前有不利汪逆之談話。惟今井表示，此事已至決策階段，如吾中央確有誠意，須有要員出面，則彼可代表板垣來港晤洽，至少須職赴滬先與一晤，否則禁止高山與吾方來往，以免上吾之當。高山因此甚焦急，已派人來此催覆。惟高山近又來電，謂板垣處如決裂，彼返東京另行活動等語。此事已詳告戴先生請示辦法，但至今尚未獲覆。請就近與之商洽後詳示一切。

今井，指今井武夫，當時任日本中國派遣軍總司令部課長。他原擔任對汪精衛及其同夥的聯絡，但他認爲，「成立南京政府自然還不是其目標，而是與重慶政府間實現全面和平才是最終目的」。⑤因此，他於當年九月廿九日到任後，即努力開闢與重慶國民政府之間的聯絡通道。從姜豪電可知，他對「姜豪工作」持積極態度，準備代表板垣征四郎到港與姜豪會晤，或命姜到上海見面。

須磨，指須磨彌吉郎，日本外交官。一九三三年任日本駐南京總領事。次年任日本駐華公使館一等秘書。一九三七年任駐美大使館參贊。一九三九年九月任日本外務省情報部部長。他於當年十月十五日到上海，十六日在記者招待會上稱：「日本之政策，惟基於近衛之聲明，至汪氏如何，或其他方面如何，在所不問。」「余目下不欲討論任何中國方面之聲明，連同汪氏之聲稱在內。」當記者問他，「日本是否以支持汪精衛爲限」時，須磨回答：「日本之支持並不以某個人爲限，而視其政權之主張。凡主張之合乎日本者，皆得廣博之支持。」⑥姜豪電所稱須磨的「不利汪逆」的談話，當即指上述言論。在姜豪看來，這是日方不專一與汪精衛打交道的表示。

十二月二日，朱家驊收到姜豪上述電報，於當日覆電稱：

奉諭：不得進行，並速返等因。特奉達。

朱家驊當時地位顯赫，所奉之「諭」，其來源可以意會，但朱家驊有意不說。十二月五日，姜豪致電朱家驊，報告新情況：

板垣處加派人員會同高山定七日到港，職擬與其晤後來渝。戴先生處如何？乞與接洽後賜示一切。

在姜豪看來，日方既然加派人員到港談判，很快可到，自然應該等一等。十二月六日，姜豪再致朱家驊一電：

冬電奉悉，即遵命停止。惟七日來人，為顧全擔任聯絡工作之朱、楊二人安全計，只得再與一晤。待二人料理滬上家務出走後，即絕往來。職將此情報告戴先生，

> 待其核准結束其他事務，並待籌得路費後，即攜眷來渝。職工作原意本在分化對逆內部意見與阻止汪逆組府，二月來尚見成效。今奉此命中止一切，自當遵命辦理，但以未達最大目的為憾耳！

朱、楊，指上文提到的協助姜豪工作的朱泰耀、楊鵬摶。按中統紀律，下級必須絕對服從上級。朱家驊既然命令「不得進行」，姜豪自然只能表示「遵命停止」。但是，姜豪顯然不願匆匆結束和日本人已經開始的談判，所以除陳明自己不能立即回渝的種種理由外，還和盤托出自己的工作目的——「阻止汪逆組府」，並且特別說明「二月來尚見成效」，意在對朱家驊有所打動。不過，朱家驊毫未動心。

姜豪的工作屬於軍統和中統雙重領導。十二月九日，朱家驊致電戴笠：

> 日前奉總裁面諭，姜豪同志所進行之工作不可再進行，並促其速返等因。適值姜同志有電至，覆電中已將總裁諭旨告之，特函奉達，敬祈察洽為幸。

原來，命令姜豪工作「不可再進行」，出自蔣介石「面諭」，這樣，戴笠自然無話可說。姜豪也只能奉命返回重慶。

姜豪回渝後，留在中統局，奉副局長徐恩曾之命，協助全國糧食管理局指導各縣糧管行政。姜不願留在中統，以「興趣較少」爲理由，托曾任國民黨中央組織部副部長的吳開先向朱家驊說情，要求調到國民黨中央組織部。⑦一九四〇年三月二日，朱家驊覆電吳開先，說明組織部名額已滿，請吳勸姜留在中統，其中談到將姜豪從香港召回的原因：

至姜事所以遲遲發表者，先因曾由雨農兄任用，派在香港工作。繼因總裁深以其工作為不滿，奉諭召回，請兄轉勸屈就。

朱家驊此電將情況說得更清楚，蔣介石對姜豪在香港與日本人的談判深爲「不滿」，才下令將其召回。抗戰後期，蔣介石曾向美國人聲稱，抗戰期間，他先後拒絕日本人的談判要求十二次。朱家驊檔案中所藏姜豪工作資料爲我們提供了其中的一個實例。

姜豪香港談判的目的在阻止日本人支持汪精衛組府。當時，日方也有人企圖利用此點誘使重慶政府坐到談判桌前來。一九三九年九月，日本軍部特務和知鷹二向中方提出，如日華之間成立「全面停戰協定」，即可取消汪僞各組織，甚至可以將汪「剪除」。孔祥熙對此感到興趣，於十月六日致函蔣介石，要求派人赴港談判，不料引起蔣介石大怒。十月九日，蔣覆函孔祥熙，嚴詞痛斥：「以後凡有以汪逆僞組織爲詞，而主與敵從速接洽者，應以漢奸論罪，殺無赦。」⑧姜豪在此後赴港，以阻止汪精衛組府爲理由與日本人談判，自然要在蔣介石那裏碰釘子了。

汪精衛於一九三八年十二月叛逃，蔣介石最初很震驚，也擔心此事會對抗戰造成不良影響。當月廿二日日記云：「不料兆銘糊塗卑劣至此，誠無可救藥矣。嗚呼！黨國不幸，乃出此無廉恥之徒！余無論如何誠心義膽，終不當彼一顧，誠奸僞之尤者也。」⑨據稱，當晚他思考此事對國內黨、政、軍、各地，對外交與對敵等各方的影響，久不能眠。但是此後，他逐漸認爲，汪的叛逃並非純粹是壞事。

廿九日，汪精衛在河內發表《豔電》，其面目清晰暴露，蔣介石即爲此慶幸，其三十一日日記云：「其通敵賣國之罪，暴露殆盡，誠不可救藥矣。」「今汪既離黨國，此後政府內部純一，精神團結，敵欲望我內部分裂與其利誘屈服之企圖，根本消滅矣。」⑩次日，國民黨中央常務委員會召開臨時會議，決議永遠開除汪精衛黨籍，撤除其一切職務，蔣介石即稱此爲「黨國之大慶」。⑪後來，日本利用汪精衛爲「奇貨」，要脅蔣介石和重慶國民政府，蔣介石即認爲汪已無價值。一九三九年十一月十二日，他在國民黨六屆三中全會開幕詞中說：

偽組織是一定會出現的，但是這個不祥之物出現之日，就是敵人末日臨頭之時。現在敵人以為是他政治進攻之成功，但實際上就是他侵華政策上最後的失敗。⑫

次年三月廿一日，蔣介石又在日記中寫道：

去年今日，余或恐其偽組織出現，影響國內與國際之心理；今年出現，則不惟無此顧慮，而且亦希望其能出現，雖於我無甚利害，而於敵國、對國際及我國民眾之心理，必能發生惡劣之反響，或竟促成敵國之崩潰。與其醞釀而不出現，不如早出現為愈也。⑬

蔣的公開談話和私人日記都表明，在蔣看來，汪精衛的僞政權即使能組織起來，其結果不僅於中國無害，倒反而不利於日方，將加速日方的崩潰。蔣介石當時之所以對姜豪工作毫無興趣，嚴令返回，其原因在此。姜豪在回憶錄中以爲這是「軍統與中統又一場爭鬥的結果」，純粹出於猜想。

姜豪在全國糧食管理局協助工作，其時間自一九三九年十二月至一九四〇年三月。⑭同年四月，任軍事委員會西南進出口物資運輸經理處秘書，中統局方面則停職留薪，在此期間，再未到過香港，也再未參加中統或軍統的情報工作。今井武夫稱：鈴木卓爾曾於一九三九年十二月十日與第二年一月三日兩次在香港與姜豪見面，姜自稱多次接受重慶領導人的指示和意圖，云云。⑮證以姜豪留下的檔案和回憶錄，完全是在瞎說。

（原載《近代史研究》）

① 《「和談密使」回想錄》，上海書店出版社，一九九八年版。

②朱家驊檔案，館藏號：301-01-23-645。本文所引檔案，均同，不一一注明。
③《「和談密使」回想錄》，第一八〇頁。
④《「和談密使」回想錄》，第一九三頁。
⑤《今井武夫回憶錄》中國文史出版社一九八七年版，第一二五頁。
⑥《須磨之重要談片》，《申報》，一九三九年十一月十七日第九版。
⑦吳開先：《致騮公電》，朱家驊檔案。
⑧《革命文獻》，《蔣中正總統檔案》，未刊稿，臺北國史館藏。參見《困勉記》，一九三九年十月九日。關於此事，本書另有《蔣介石對孔祥熙謀和活動的阻遏》一文詳述。
⑨《困勉記》。
⑩《困勉記》。
⑪《困勉記》。
⑫《大公報》，一九三九年十一月十三日。
⑬《總統蔣公大事長編初稿》，臺北，一九七八年版，第一五六三頁。文字據國史館所藏《事略稿本》有所校正。
⑭姜豪：《致騮公部長函》，（一九四〇年）四月廿三日，朱家驊檔案。
⑮《今井武夫回憶錄》，第一六八至一六九頁。

王克敏、宋子文與司徒雷登的和平斡旋

——近世名人未刊函電過眼錄之三

抗戰期間，日本侵略者曾通過多條管道和中國政府聯繫，企圖以「和談」的方式取得其在戰場上得不到的東西。日方派出人員，或屬於軍部系統，或爲外務省官員，或爲與中國有傳統關係的「民間人士」。但是，也有一個特別的例外，這就是燕京大學校長、美國人司徒雷登。從一九三八年到一九四一年，司徒雷登受日本人之託，多次出入武漢、重慶，會見中國當時的最高領導人蔣介石。有關資料，不僅真實地反映出抗戰期間中日秘密外交的發展歷史，也真實地反映出日本侵略者從趾高氣揚、不可一世到窮蹙困窘的沒落歷程。

一、王克敏企圖和重慶拉關係，「推翻汪僞」

臺灣所藏檔案中，存有王克敏致宋子文函一通，中云：

別將三載，不殊隔世，想望之殷，筆楮難宣，必維起居勝常為頌。弟抵此二年餘，一言難盡，憶前在滬與兄所論，殊非想像能及，今而知世事之變幻無常，而人心之莫可測也，然庸人自擾耳。近來孱體大非昔比，雖目力較增，而體力彌退。惟恐身先朝露，無由自明其心跡，時用憂煎，愛我如兄，宜有以教之。此間近狀，傅君當能面述不贅。諸惟心照，順頌時祺。

弟名心叩，四月六日①

本函未署年，從內容考察，應作於一九四〇年四月六日。

王克敏，一八七三年生於浙江杭縣（今杭州）。清末曾任浙江留日學生監督，駐日公使館參贊、留日學生副監督。一九〇七年歸國，先後供職於清度支部、外務部，並曾任直隸交涉使。入民國後轉入銀行界，陸續擔任中法實業銀行董事、中國銀行總裁、天津保商銀行總理，並由此跨入政界，三度出任北京政府財政總長。一九三一年，任北平財務整理委員會副委員長。一九三三年，任南京國民政府行政院駐北平政務整理委員會委員兼財務處主任。一九三五年，任代理北平政務委員會委員長。一九三六年，任冀察政務委員會經濟委員會主席。一九三七年十二月，與湯爾和、王揖堂等在北平組織傀儡政權——中華民國臨時政府，任行政委員會委員長、新民會會長。一九三八年二月，曾遭軍統局天津站策劃的暗殺，但僅受輕傷。同年九月，在日本侵略者的導演下，僞臨時政府與在南京成立的以梁鴻志爲首的僞維新政府在北平合流，成立僞中華民國政府聯合委員會，王克敏任主席。

函稱「別將三載」，則王克敏與宋子文的上次聚首當在一九三七年。當時，宋子文一度被蔣介石摒棄於國民黨權力中心之外，但仍任中國銀行董事長。王則蟄居上海。同年十月，日本北平特務機關長喜多誠一到上海，通過與王素識的山本榮治向王克敏表示，歡迎他北上組府。據傳，此事王克敏曾和宋子文商量，宋表示，可以先出面「對付日本人一陣」。②王克敏寫此信的時候，已出任華北僞政權的要角，而宋子文則寓居香港，處理中國銀行業務。函中所言傅君，指傅涇波。傅於一九〇〇年出生於滿族世家，祖父當過甘肅巡撫，一九一八年在天津參加全國基督教青年大會時結識司徒雷登。司徒雷登是一個出生在中國的美國人，曾在金陵神學院教授希臘文，一九一八年任燕京大學校長。一九二〇年，傅入燕京大學讀書，自此成爲司徒雷登的親密助手。司徒雷登曾稱：「傅涇波之於我，就像我的兒子、同伴、秘書和聯絡官。」

王克敏致宋子文函屬於敘舊與聯絡，函稱「惟恐身先朝露，無由自明其心跡」，暗示他雖出任僞職，但仍忠於國家。「愛我如兄，宜有以教之」，則是明顯地要求宋子文爲其助力。由於事關機密，他請傅到港的真正目的未在信中透露。四月十七日，宋子文致函蔣介石稱：

> 昨傅涇波兄來港晤談，最近在平時，叔魯告以日軍統制派對汪僞組織仍持不妥協態度，彼亦正在進行破壞工作。就彼所知，汪日所訂條約，如撤兵駐兵問題、內蒙問題以及經濟合作問題等等，均極端喪失國權。據彼見解，應覓取途徑，推翻汪僞，重新與日訂立比較平等條約。如果有此可能，彼甚至竟來重慶。彼如一經到港，則汪僞當可瓦解云云。傅涇波兄刻尚在港。倘兄有所詢問，當即來渝陳述。叔魯致弟一函，

茲並附察。③

平，指北平。叔魯，王克敏的字。王在北平成立的僞政權雖號稱「中華民國臨時政府」，但是，王出身北洋，對國民黨系人員並無多大號召力，因此，日本侵略者在積極扶植王克敏和另一個漢奸梁鴻志的同時，仍將主要希望寄託在國民黨副總裁汪精衛身上。一九三八年十二月，汪的親信梅思平等在上海重光堂與日本人會談，簽訂協議，承認「滿洲國」，允許日軍在中國駐紮，內蒙作爲防共特殊區域。同月，汪精衛等逃出重慶。一九三九年十二月，汪指派周佛海等與日本人談判，日方提出《日中新關係調整綱要》，空前地擴大了日軍在中國的駐兵權，而其撤兵時間則可由日方自由解釋。《綱要》同時提出，華北、蒙疆的特定資源由「中日合作開發」，其他地區國防資源的開發則須爲日本提供便利，日本擁有對華北政治、經濟的「內部指導權」以及對華北鐵路的經營權等。十二月三十日，汪精衛竟在以《綱要》爲基礎的《關於日華新關係調整協議書》上簽字。王克敏對傅涇波所稱「汪日」所訂「均極端喪失國權」的條約，指此。

王克敏是投靠日本，成立傀儡政權的「老前輩」，日本侵略者又曾一度打算將他的政權扶植爲「重建新中國的中心勢力」，④自然不甘於讓汪精衛後來居上。一九三九年六月，汪精衛曾到北平與王克敏會談，希望與王「合作」，王則強調臨時政府的「獨立」和「自主」地位，要求以之爲主體組織僞中央政府，談判未能取得成效。汪精衛剛一離開北平，王克敏立即召開記者會，宣布不支持汪精衛的任何冒險事業。同年七月，汪在南京繼續與王克敏、梁鴻志會談，磋商成立「中央政府」。王克敏大談其所謂「皮之不存，毛將焉附」之說，自稱爲「皮」，指汪爲「毛」，要求汪附到自己這張「皮」上來。汪則提出，未來的「中央政治委員會主席」由「國民黨中央執行委員會主席」擔任，這就排除了王克敏等染指這一職務的任何可能。

按汪的設計，「臨時」、「維新」兩個政府只能有六人參加「中央政治委員會」，占總數的五分之一到四分之一。這種情況，自然引起王克敏的強烈不滿，「激忿到幾乎使會談決裂」。在日本人干預下，汪精衛作了讓步，決定「國民黨占三分之一，「臨時」和「維新」兩個政府占三分之一。一九四〇年一月，汪精衛在青島再次與王克敏、梁鴻志等會談。三方達成協議，合組「中央政府」，由汪精衛任行政院長，汪則同意成立華北政務委員會，在行政、立法、司法等方面給予相對獨立的權力，並以王克敏爲委員長。同年三月廿九日，王克敏宣布「臨時政府」自動撤銷。三十日，汪精衛在南京宣稱「還都」，成立僞國民政府。四月一日，王克敏宣布僞華北政務委員會成立。

宋子文致蔣介石函表明：汪精衛成立僞國民政府，日軍華北當局並不贊成，王克敏與汪原存的矛盾也未消解，因此，王通過司徒雷登的助手傅涇波拜訪宋子文，企圖建立與重慶國民政府的聯繫，藉此推倒新建的汪政權。王克敏甚至表示，願親到重慶談判。函稱：將「推翻汪僞，重新與日訂立比較平等條約」。前一句話確係王克敏的願望，後一句話不過是向重慶國民政府展示的誘餌而已。

蔣介石沒有上當。四月廿一日，蔣介石覆宋子文函云：

十七日函悉。傅轉來之意，請代告其前途，切勿有架橋之意，望其絕念為要。此意且已面詳司徒校長矣。傅不可來渝。飭勿談。

「請代告其前途」。「前途」，指王克敏。「架橋」，指聯繫中日雙方。蔣要王「絕念」，並且不准傅涇波到重慶。「飭勿談」，這是對宋子文的約束。覆函很短，但蔣介石拒絕和談的態度表達得很堅決、很明確。

二、在傅涇波到港之前，司徒雷登已經到過重慶

蔣介石覆宋子文函稱：「此意且已面詳司徒校長矣」，可見在傅涇波到港之前，司徒雷登已經到過重慶，蔣已經向他表達了拒絕和談的態度。

在日本政府和軍部中，支持汪精衛出面組織僞政權是主流意見，但是，也有一部分人不完全贊成，他們主張和蔣介石直接打交道，至少也要促成蔣、汪合作。如先後擔任日本陸軍參謀次長、第三軍司令官、華北派遣軍司令官等職務的多田駿，初任日本北平特務機關長、後任興

亞院華北聯絡部部長的喜多誠一，以及先後擔任近衛內閣陸軍大臣、中國派遣軍總參謀長的板垣征四郎等。

一九三八年二月，多田駿授意王克敏，邀請司徒雷登出面，與蔣介石進行和平談判。其條件爲：一、禁止反日運動；二、建立良好的華北行政區；三、經濟合作；四、賠款。⑤同月廿六日，司徒雷登偕傅涇波離平。三月十一日，抵達漢口，見到蔣介石。當時武漢正處於火熱的抗戰氣氛中，司徒雷登發現沒有任何調停希望，便沒有向蔣轉達日方通過王克敏提出的條件。⑥回到北京後，司徒將所得印象告訴王克敏，王要求由他安排，將情況報告日本軍方。關於這一過程，司徒雷登回憶說：

> 他是華北有名無實的政府首長，早就彷徨不定自己是否應該在日本軍閥下面出任這種被認為不愛國的職位。他聽我很高興地談到中國全體人民在蔣委員長感召領導下繼續抗戰的堅決意志，然後問我是否願意由他替我安排，讓我把這種情形告訴當地最高日本軍官。日方自然早已知道我的旅行經過，但無法阻止一個中立國的國民。王克敏的提議倒是令人難決的，但我終於接受了。同往的還有一向伴隨著我的傅涇波和我的勇敢譯員。此後每次旅行的時候，我更事先大膽通知日方當局，並問他們是否有什麼事要我辦。⑦

一九三九年七月，司徒雷登受喜多誠一的委託，再到重慶，將駐華北日軍的和談條件轉達給蔣介石，蔣的回答是：一、日本必須將其部隊、僞組織、企業撤往關外；二、所有和談活動排除汪精衛的參與；三、如果日方和王克敏有誠意，將考慮派張群前往會晤。八月中旬，司徒會見王克敏，聲稱「蔣擬與日本直接謀求和平，對汪是要徹底予以破壞，但並非不要和平。」⑧九月十四日，司徒雷登再次會晤王克敏，聲稱：「這一工作的背後有英、美對蔣的壓力（指停止援助），它意味著爲了使蔣不走向共產及防止蘇聯勢力的擴張，希望蔣和日本相互妥協，恢復中國的和平。」⑨喜多誠一對此感到興趣，建議將對汪精衛的工作推遲到九月份。但是，由於蔣堅持的談判先決條件還是「恢復盧溝橋事變以前原狀」，照此辦理，日本將失去一九三七年七月以來所有的侵華成果。同時，汪精衛認爲這是重慶方面的謀略，要求停止接觸。日本參謀本部情報部長樋口稱：「司徒雷登之流是撒謊的慣犯，如今對汪若採取無視的態度，日本的武士道就成了廢物。」⑩這樣，司徒雷登的此次斡旋就無果而終。

一九四〇年一月，日本駐華北派遣軍司令官多田駿通過王克敏，建議司徒雷登再到重慶，向蔣介石轉達兩點：一、如蔣有誠意，根本變更容共抗日政策，肅清重慶政府共產分子，而與汪先生合作，汪先生或可接受。二、蔣對於收拾時局若有意見，最好與汪徑談，否則王可從中傳達，並派渝密使來談。⑪周佛海和汪精衛都同意多田的意見。同年二月廿四日，司徒雷登到上海，與周佛海會晤。周託司徒到重慶見蔣時轉述：「（南京）中央政府勢必組織，但決不爲東京、重慶間講和障礙。」同時勸蔣「勿因日本困難，過於輕敵，勿因個人恩怨決定大計」，

⑫那意思是說：戰勝日本並非易事，不要因爲和汪精衛的個人恩怨放棄「和平」機會。

廿六日，喜多誠一專程返日向陸相畑俊六彙報，說明司徒提出的和平原則共八項：一、日本必須以蔣委員長爲和談的對象。二、以近衛三原則作爲和平之基礎條件。三、華北、蒙疆之防共仍是必要措施（非指駐兵）。四、日本必須調整經濟合作的範圍。五、文化合作可以接受，但必須改編教科書。六、原則上日本必須撤兵，惟華北、蒙疆可以暫時駐留。七、設置委員會，促進經濟合作。八、對歐美仍須維持友好關係。其中所謂「近衛三原則」，指「善鄰友好、共同防共、經濟合作」。

一九三八年一月，由於蔣介石拒絕德國大使陶德曼的調停，日本首相近衛發表聲明，聲稱將「不以國民政府爲對手」。同年十一月三日，近衛再次發表聲明，對愚蠢、僵硬的第一次聲明有所修正，表示如國民政府能拋棄「錯誤政策」，則日本政府亦可「不加拒絕」。十二月廿二日，發表第三次聲明，提出中、日、「滿」三國「建設東亞新秩序」以及所謂對華「三原則」。爲了誘使重慶國民政府上鉤，近衛甚至以「尊重中國的主權，允許考慮交還租界，廢除治外法權」相誘。蔣介石對近衛的三次聲明都持反對和批判態度。在近衛提出所謂「三原則」之後的第四天，蔣介石即公開發表談話，指出「這是敵人整個的吞滅中國、獨霸東亞，進而以圖征服世界的一切妄想陰謀的總括，也是敵人整個的亡我國家，滅我民族的一切計畫內容的總暴露」。⑬第七天，蔣介石又在日記中寫道：「發表駁斥《近衛宣言》對敵之影響如何？足使敵知所警戒，打破其變換威脅或計誘之妄念乎？」⑭因此，蔣介石不可能以「三原則」作爲和平的基礎條件。喜多聲稱上述八項條件爲司徒「所知」的蔣介石的和平原則，其實，這不過是司徒雷登的想法而已。

司徒雷登不贊成日本製造汪政權。他在上海時曾對周佛海表示：「對重慶工作並不是英美大使及王克敏的意願，而是日本渴望和平，希望恢復到七七事變以前的狀態，所以放棄『新政府』較爲妥善。」一月廿七日，畑俊六得到報告，得知司徒的有關言論，大發雷霆。⑮

三月初，司徒雷登到達重慶，會見蔣介石。他向蔣介石表示：不僅他個人，而且美國政府和人民都盼望中日之間有建立於共同利益之上的關係。美國關心中國的自由、領土完整和政治獨立。蔣介石則表示，除非經由美國總統，他將不考慮與日本的和平談判。這是由於，他相信美國對中國的友誼及其對國際道義的認知，也是由於對羅斯福總統個人的尊重，但是，蔣又表示：他現在還不準備要求總統出面調停。讓日本人違背自己的利益，放下架子，走出侵略熱狂，進入談判過程，還有很長的路。中國寧願繼續戰鬥，直到和平條件成熟，中國獲得自由。日本人必須從長城以南撤退全部軍隊，和中國討論滿洲問題，或者雙方坦率認可，將這一問題擱置。⑯蔣認爲，滿洲問題較難解決，因此，將中國的抗日分爲兩步。第一步恢復盧溝橋事變前原狀；第二步，以外交手段，通過談判收回東北。蔣這裏向司徒雷登表述的，就是他的第一步計畫。⑰蔣並稱：中國有決心依靠自己的力量打下去，三年、五年在所不計。目前的困難在於財政，因此，進一步的外國貸款成爲抑制通貨膨脹，鼓舞抗日信心的重要措施。四月五日、十日，司徒分別寫信給燕京大學美國托事部和羅斯福總統，彙報上述情況。在致羅斯福總統函中，他呼籲總統採取實際行動幫助中國。例如，對日本實行經濟封鎖，進一步給予中國以財政援助，減少其通貨膨脹的危險等。他認爲，這種做法，所冒風險甚小，而利益，即使從美國自身利益出發，都是巨大的。⑱

在和司徒雷登的會見中，蔣介石已經將他對日本「誘和」的態度及其抗戰決心表述得很清楚，因此，自然沒有再見其助手傅涇波的必要。如本文一開頭所述，傅想通過宋子文的關係打開重慶之門，自然要遭到蔣介石的拒絕。

四月底，司徒雷登到達上海，向日本議員田川大吉郎傳達與蔣介石的會晤情況稱：

一、雖然重慶方面也想以《近衛聲明》爲基礎，而日本方面卻不實行此聲明，看不到實行此聲明的證據。日本要壓服中國，幾乎沒有承認中國獨立和尊重中國主權的意思。

二、蔣介石沒有說日本不撤兵就不答應和平解決，也沒有說不撤兵中國就不能實現和平，也沒有說不撤兵就不進行談判。

三、蔣介石希望根據《近衛聲明》處理時局，但是，日本是一副佔領者的姿態，不尊重中國的獨立和自由。蔣介石對於《近衛聲明》的內容還有模糊之處，但對其宗旨是明瞭的，希望做到名實一致。

四、蔣介石希望達成和平協定，並相信早日和睦地合作建設東亞新秩序是符合中日兩國的利益的。

五、司徒雷登認爲，給人的印象是日本戰勝了，但暫時必須有所控制。現在需要的是雙方都站在平等地位，謀求東亞的永久和平與親善，即可實現和平。

六、蔣介石對蒙疆及華北抱達觀的態度。⑲

這六條，和上述司徒本人在致羅斯福總統函中彙報的情況不符，也和蔣介石對中日談判及《近衛聲明》的一貫態度不符，因此，只可以看作司徒本人的態度，或者是司徒為勸誘日本人而有意編造的辭令。

在未到上海之前，司徒雷登曾兩次捎信給周佛海，表示急盼與周見面，使得周佛海感到「蔣先生有和意」，因而興奮異常。同月廿八日，周佛海從特務李士群處得知，「蔣今仍逞意氣，不顧大局，實為可嘆」。同日，周與司徒雷登談話，司徒安慰周稱：「美國出面調解，蔣或可接受。」但周已經絕望，批評說，「蔣對汪仍不諒解，未免意氣用事」。二人雖相約共同努力，但周佛海當日還是在日記中寫下了一句話：「恐前途仍屬悲觀」。⑳

汪精衛等雖在日本侵略者扶持下成立了偽政權，但是，並無多大信心，因此，也期望「汪蔣合作」，藉以擺脫叛國投敵的困境。五月一日，周佛海與陳公博、汪精衛商討司徒雷登出面斡旋情形，陳提議周佛海赴滬，邀請與蔣介石有深厚關係的銀行家周作民赴重慶助力。周稱：「蔣先生仍意氣用事，全面和平前途遼遠，至吾輩對重慶說話，似乎尚早，必須做出幾件事，表示吾輩並非無辦法，然後再與之談。」陳公博同意周的意見，但汪精衛則稱：「不妨同時並行。」㉑四日，陳公博訪問周作民，周稱：「蔣無和意。」㉒廿四日，周佛海會見汪精衛，汪稱：「蔣先生表示，即打至緬甸，亦不願與吾輩合作。」周佛海自感計窮力竭，嘆惜道：「余

數月來已用盡方法，向渝方表示誠意，並表示如全面和平可期，吾儕雖亡命，亦所不惜。今蔣竟如此，吾儕之心盡矣。」㉓

在汪精衛、周佛海等謀劃與蔣「言和」的同時，司徒雷登偕同傅涇波再到重慶，繼續斡旋，但仍以無果而終。今井武夫回憶說：「南京國民政府剛剛成立的五月，司徒雷登校長同傅涇波教授相偕去重慶，王克敏和華北日軍首腦間進行密切聯繫，期待他們的答覆。可是，司徒雷登校長卻一時難回，唯有徒耗時日而已。一隔數月之久，帶回的只不過是作爲蔣介石意圖的抽象的回答。」㉔今井認爲，其原因在於「汪兆銘政權的成立，使重慶政府對日軍談判的熱情突然降低了」，其實，今井講得並不正確。六月四日，蔣日記云：

聞王克敏、周佛海派人來求和。彼輩妄想由漢奸為橋樑而談和議，並以較低條件為誘餌。彼輩心理，以為先立偽組織，再求中央諒解，以圖合流，所以造成漢奸罪惡，而敵閥受其愚弄至此，尚不覺悟，匪夷所思，又來誘和，亦太不自量矣！敵在此時，如有理智與常識，果為愛國，應真正無條件撤兵，以挽救其頹勢，然而敵必冒險狂妄，非激起其國內變亂與崩潰，中倭必無和平之望也。㉕

日本侵略者認爲，通過王克敏、周佛海等一類「中國人」出面，實現汪、蔣合流，並且降低條件，以爲這種做法較易收效。今井等沒有想到的是，這一時期，重慶方面正瀰漫著強烈的反漢奸、反投降氣氛，日本人的做法只能遭到蔣的鄙視。蔣並非不想「和平」，但他的條件是：日本從中國「真正無條件撤兵」。蔣認識到，日本侵略者的特點，一是「冒險」，二是「狂妄」，不到窮途末路，是不會放棄其侵華方針的。

汪僞政權成立後不久，王克敏的後臺喜多誠一被調回日本。六月七日，汪政權發表命令，准王克敏辭去本兼各職，由王揖唐接任僞華北政務委員會委員長。下臺後，王克敏退居青島，宣稱「靜心養痾，閉門謝客」，但仍暗中活動，伺機再起。一九四〇年十一月，國民黨中統在天津的地下機關得到資訊：「近聞在長崎之王克敏，受日本之意，擬與中央發生關係，進行中日問題之解決，其間係經司徒雷登居中轉圜。」又云：「近王克敏託人，急欲尋求與中央有直接關係者，向總裁傳達一切。」㉖這就說明，王克敏始終沒有忘記利用司徒雷登這一線索爲日本侵略者的「誘和」策略服務。

三、司徒雷登再赴重慶

日本侵略者始終不放棄對蔣介石的誘和。一九四〇年七月，近衛文麿第二次組閣，松岡洋右出任外相。他決定收回原由軍部等牽線的對華秘密談判，統歸外務省辦理。同年十一月，他通過原中國交通銀行董事長錢永銘等與蔣介石聯繫，達成初步協定：日本無限期延緩對汪僞政權的承認，無條件從中國撤兵。日本內閣會議本已同意，但是，事隔一日，又在軍部等力量的反對下否決。蔣介石覺得受到欺騙，認爲對日本這種「無禮無信之國，不可再理」，指示錢永銘對日「決絕」。㉗此後，松岡洋右仍企圖挽回，重建與重慶國民政府的聯繫。

十二月，松岡派外務省東亞局第一課課長山田專程到北平，動員司徒雷登再次出面斡旋。同月九日，二人見面，山田稱：外相松岡洋右經過努力，已獲批准，直接與蔣介石談判，並且已經派東亞局局長赴香港，希望在承認汪精衛政權之前完成談判。山田詢問司徒，何以蔣介石拒絕會見日本代表。司徒雷登以一九四〇年三月與蔣見面時蔣對此的解釋作答：（一）由於日方代表的既往表現，他無法信任他們；（二）他無法確信日方來使的言論能真正代表整個日本的國家政策。司徒雷登稱：汪政權爲日本軍事當局製造，受日本軍事當局直接、間接的控制，因此，日本承認汪政權並無真正意義。日本的唯一出路是，從中國領土撤退所有的武裝力量，保證中國獨立，這樣，日本代表才能與蔣介石會見，討論和平問題。司徒告訴山田，日本解決中國問題，有兩種政策：一是繼續實行武力政策，征服並控制整個中國，二是改取友好關係，尊重中國領土和主權完整，獲取合法利益。如果日本採取第二種政策，將能重建與美國的友好關係。他說：美國的基本利益是保持太平洋地區的穩定與和平，爲此就必須有一個強大、獨立的中國。隨後，司徒雷登提出十個問題，讓山田轉交日本當局。㉘

司徒雷登曾將與山田會談的情況寫成信件，寄給英國駐華大使，建議轉呈蔣介石，函稱：

去年十二月九日，余與山田約晤，……此人係日外務省東亞局第一科長。山田初則詳述松岡外相如何努力尋求與重慶正式直接談判之機會，並曾遣派東亞局長田尻赴港作此活動，希望於必須承認汪政權以前能有眉目……山田亦承認松岡不過姑妄試之，並未寄過大之希望…山田繼則對於蔣委員長何以不願商談和平，甚表惶惑不解……山田又詢蔣委員長何以不願接見任何日方代表，余稱當余最近見委座時得悉有兩種理由：觀於日人過去之行為，無法對彼等發生信任，而此項人員能否真正代表其舉國之意見，亦無確切把握。㉙

司徒雷登在此前和蔣介石的會談中，已經對蔣的有關想法一清二楚，寫此函，主要爲報告情況，觀察蔣的反應，故未提出具體意見。

日本中國派遣軍總參謀長板垣征四郎急謀與中國謀和。一九四〇年六月至七月，派賈存德、蔡惠到重慶，與孔祥熙接洽。㉚同年八月，板垣甚至出具親筆保證書，企圖到爲中國軍隊所控制的長沙，實行與蔣介石見面的「巨頭會談」。㉛在這些企圖先後失敗後，板垣又於一九四一年一月邀請司徒雷登前往南京會商，聲稱願在任何地方，甚至在國民黨統治區內與蔣介石或他的代表進行私人會晤。

二月十三日，司徒與板垣二人在上海會面。板垣稱：有十八位日軍將領在南京軍事會議上一致表示，渴望結束中日戰爭，「承認蔣介石」，爲此，將撤退關內全部日軍，以保證中國國家獨立。板垣並表示：願意接受美國的調解，所有問題都將在中、日、美三方參加的會議中解

決，期望羅斯福總統能採取主動，找到使彼此都滿意的解決辦法。㉜

二月廿四日，司徒雷登托人告訴周佛海，他得到新近從重慶回來的美國友人消息，「渝無意和平」。㉝四月初，司徒雷登乘參加教育文化基金會議之便，再次赴重慶。行前，日本使館參贊向司徒探詢由美國出面調停、結束中日戰事的可能性。司徒答稱：他個人的意見是，如果中日都提出要求，如果中國得到日本撤軍保證，願意談和，美國將出面調停，並參加三方討論。㉞到重慶後，司徒三次會晤蔣介石，並與孔祥熙、何應欽等長談。他得到的印象是：蔣介石對日本和談條件不感興趣，在重慶感覺不到對日求和的趨向。五月七日，他到上海會見周佛海與陳公博稱：「蔣目前無意和平，須俟世界戰爭總結束後解決中日問題。」「日本不能持久，故最後勝利必屬於我。」㉟

同年，不少日本政治家，以至高級軍官都意識到解決中日戰爭的必要性，主張：一、和蔣介石談判；二、從中國領土、領水撤退全部武裝力量；三、美國參與。連王克敏都認爲，日本不能堅持過這一年。㊱大概就在這一時期，司徒雷登曾寄宋美齡一函，中云：

> 前信已述及，日本甚願與委員長直接講和，現在亦然，但可使委座願意談判之條件距離尚遠，加以現在國際局勢進展於中國有利，委座堅拒和議，無疑的甚為合理，故只有聽其自然，不可強求，果熟自然蒂落，為時恐亦不遠矣。㊲

從一九三八年起至一九四一年止，司徒雷登數次出入武漢、重慶，企圖說服蔣介石和中國政府接受他的和平斡旋。本函稱「委座堅拒和議，無疑的甚爲合理」，可見被說服的不是蔣，而是司徒雷登。

太平洋戰爭爆發後，司徒雷登就受到日本華北軍事當局的拘禁。一九四五年七月，日本侵略者覆亡前夕，日本政府派河相達夫、外務省官員永井洵一、參謀本部官員山崎重三郎到北平訪問還在拘禁中的司徒雷登，說明日本所面臨的絕境，表示應不講任何條件，立即結束戰爭。司徒雷登提醒說：「七月廿六日的波茨坦會議曾經聲明結束戰爭的條件是『無條件投降』，而蔣委員長也已經表示同意。因之，我同任何人都不能有所作爲，只有勸導日皇與日本新閣從速接納。至於頑強的軍部縱仍提出反對，亦可不予顧及，因爲他們的愚蠢已使國家蒙受慘重的禍害。」㊳司徒雷登認識到，這個時候，歷史已經不給日本侵略者提供機會了。

司徒雷登是美國人，本與中日戰爭無關，他的多次斡旋純係個人行爲，表現出他反對侵略，期望中日兩國之間能建立和平、友好與互利關係的善良願望。但是，對於日本軍國主義者來說，其「和平談判」或者是侵略的另一種形式，或者是挽救失敗、逃避懲罰的手段。自然，它要受到當時堅持抗戰的中國政府及其領導人的拒絕，司徒雷登的善良願望最終落空乃是必然的。

抗戰勝利前夕，王克敏通過其女婿周澤岐及其弟宗岐自西安致電宋子文，表示擬赴重慶接洽。宋子文致電蔣介石報告，聲稱「彼輩此來，或與北方日軍投降有關，可否飭雨農派人探詢？」㊴這是王克敏再次企圖通過宋子文與重慶政府聯繫。自然，沒有任何結果。一九四五年十二月，戴笠在北京設計，以蔣介石名義邀請王克敏、王揖唐等人「共商華北大計」，當場逮捕。

（原載《中國文化》第二十三期，二〇〇六年秋季號）

①《革命文獻》，《蔣中正總統檔案》，未刊稿，國史館藏，臺北。以下不一一注明。

②傅涇波回憶，見林孟熹《司徒雷登與中國戰局》，新華出版社二〇〇一年版，第廿九頁；關於此事，還有另一種說法，即王致電宋子文商量，宋請示蔣介石後，覆電稱：「奉委座諭，北平事可請叔魯維持」。見文斐編：《我所知道的偽華北政權》，中國文史出版社二〇〇五年版，第五頁、三五一頁，錄此備考。

③《革命文獻》，《蔣中正總統檔案》。

④《日本外交年表與主要文書》下。《文書》第三八一至三八四頁。

⑤*Foreign Relations of the United States (FRUS)*,1938,Vol.3,p.109.

⑥*FRUS*,1938,Vol.3,p.124.

⑦李宜培等譯：《司徒雷登回憶錄》，臺灣《大華晚報》一九五四年印本，第七十九頁。

⑧日本防衛廳防衛研究所戰史室著：《中國事變陸軍作戰史》第三卷第一分冊，中華書局一九八一年版，第廿六頁。

⑨同上。

⑩同上，第廿九至三十頁。

⑪蔡德金編注：《周佛海日記》，一九四〇年二月十二日，中國文聯出版社二〇〇三年版。

⑫《周佛海日記》，一九四〇年二月廿四日。

⑬《揭發敵國陰謀，闡明抗戰國策》，《先總統蔣公思想言論總集》，《演講》，一九三八年十二月廿六日，臺北中國國民黨黨史會一九八四年版。

⑭《困勉記》，稿本。臺北國史館藏。

⑮《畑俊六元帥日記》，轉引自臺灣國防部史政編譯局譯印《歐戰爆發前後之對華和戰》，第二一六至二一七頁。

⑯*FRUS*，1940，Vol.4.pp.315-316,324.

⑰參閱本書《蔣介石親自掌控的對日秘密談判》。

⑱同上。

⑲《中國陸軍事變作戰史》第三卷第二分冊，第四十七頁。

⑳《周佛海日記》，第二八六至二八七頁。

㉑《周佛海日記》，第二八八頁。

㉒《周佛海日記》，第二八九頁。

㉓《周佛海日記》，第二九九頁。

㉔《今井武夫回憶錄》，中國文史出版社一九八七年版，第一七一頁。
㉕《困勉記》，一九四〇年六月四日，未刊稿，國史館藏，臺北。
㉖《趙支誠致朱家驊電》，一九四〇年十一月五日，朱家驊檔，臺北中研院近史所藏。
㉗《困勉記》，一九四〇年十一月廿八日。
㉘*FRUS*,1940,Vol.4,pp.466–467.
㉙《特交檔案》。
㉚參見本書《蔣介石對孔祥熙謀和活動的阻遏》。
㉛參見本書《蔣介石親自掌控的對日秘密談判》。
㉜*FRUS*,1941,Vol.6，pp.36–37.
㉝《周佛海日記》，一九四一年二月廿四日。
㉞*FRUS*.1941,Vol.6,pp.117–118.
㉟《周佛海日記》，一九四一年五月七日。第四六〇頁。
㊱*FRUS*,1941,Vol.6,pp.322–323.
㊲《特交檔案》，《蔣中正總統檔案》。此函原未繫年。
㊳《司徒雷登回憶錄》，第九十一至九十二頁。
㊴宋子文文件，第五十八盒，美國史丹福大學胡佛研究所藏。

論「恢復盧溝橋事變前原狀」與蔣介石「抗戰到底」之「底」

抗戰時期，蔣介石在公開談話或與日方的秘密談判中，曾以「恢復盧溝橋事變前原狀」作爲條件或「抗戰到底」之「底」。部分學者對此的解讀是，蔣準備放棄、出賣東三省，因此他們對蔣在抗日戰爭中的作用持嚴厲批判態度。但是，批判者實際上並不瞭解這一問題提出的過程及其來龍去脈，往往好從既定觀念出發，對之加以解讀、引申，因此，有關批判也就很難準確。

歷史學應該是一把最公平的秤。人們對某一個歷史人物的好惡可能因種種原因而不同，但是歷史科學應該力求還原歷史本相，並給予正確解釋，不離開歷史真實去有意拔高或貶低任何人，要做到愛之不增其善，憎之不益其惡，是其所是，非其所非。「恢復盧溝橋事變前原狀」是關涉蔣介石和當時國民政府對日抗戰的大問題，要重建科學的、真實的中國抗日戰爭史，必須研究清楚。

一、為《九國公約》布魯塞爾會議準備的預案

提出「恢復盧溝橋事變前原狀」這一問題，有其特殊的歷史環境，也有較長時期的發展過程。

一九三七年七月，日軍製造「盧溝橋事件」，中國軍隊奮起抗戰。此後，中國政府一面堅決抵抗日本的軍事進攻，一面仍對和平解決抱有希望。七月十日，國民政府外交部照會日本駐華大使館，要求該館迅速轉電華北日軍當局，「嚴令肇事日軍撤回原防，恢復該處事變以前狀態，靜候合理解決。」①十二日，中國外交部長王寵惠接見日本駐華使館參事日高信六郎，要求：一、雙方出動部隊各回原防；二、雙方立即停止調兵。②十五日，外交部再次照會日本使館，重申十二日照會內容，要求日方「將此次增派來華之日軍悉數撤回，並將本案肇事日軍撤回原防，恢復事件以前之狀態，靜候合法解決。」③至此，恢復「事變以前狀態」只是解決盧溝橋事變中雙方軍事衝突的方法，尙非解決中日兩國戰爭的外交原則。

七月十七日，蔣介石在廬山談話中提出：在和平根本絕望之前一秒，我們還是希望和平的，希望由和平外交方法，求得盧事的解決。但是，我們的立場有明顯的四點：（一）任何解決，不得侵害中國主權與領土完整。（二）冀察行政組織，不容任何不合法之改變。（三）中央政府所派地方官吏，如冀察政務委員會委員長，不能要求任人撤換。（四）第二十九軍現在所駐領土，不能受任何約束。蔣稱：這四點立場，是弱國外交的最低限度。蔣的這些主張，已經超出盧溝橋這一具體事件的範圍，發展爲解決中日兩國間衝突的一般原則，成爲後來提出

「恢復盧溝橋事變前原狀」的思想基礎。

盧溝橋事件後，蔣介石和國民政府一如既往，將問題提交國聯，以爭取國際的支持和援助。九月十三日，國聯在日內瓦開會。會議將問題交給國聯遠東諮詢委員會。遠東諮詢委員會指責日本「訴諸武力」的行爲，但拒絕宣布日本爲侵略者，建議在比利時的布魯塞爾召開《九國公約》簽字國會議討論。會前，列強的設想是：通過有關國家的共同幫助，「在中國和日本之間，以斡旋或調停的方法達成一項和平解決的辦法」。爲此，列強希望在中日兩國軍隊之間達成停戰或停火，同時邀請日本參加會議，直接對話，勸導日本接受調解。當時，中國駐法大使顧維鈞通過其駐倫敦和華盛頓的同僚們已經瞭解到，有關國家「把重點放在先實現停止敵對行動，然後通過斡旋或調解取得迅速解決」。④但是，現地「停戰或停火」對中國並不利。盧溝橋事變發生以後，日軍已經迅速佔領北平、天津以及河北省的廣大地區，上海也正處於日軍的包圍中。現地「停戰或停火」將意味著首先承認日本侵略者的這些「戰果」。

爲準備參加《九國公約》會議，爭取對中國最有利的結果，中國政府曾在國內外的少數智囊人士中徵求意見，從而形成了一份文件，題爲《關於九國公約會議之初步研究》。該文件提出，無條件的「先行停戰」對中國不利。文件稱：

> 會議之時，或先提出一要求雙方停戰，留出時間以便接洽……日本方面若不允停戰，應付極易，但慮日本方面軍事或到利於停戰之時，未嘗不可允許，果爾，中國

方面地位極感困難，因中國方面立足在自衛二字，無拒絕停戰之理由、……但先行停戰，除軍事上或有作準備之利益外，皆有害無益。

因此，智囊人士建議，中國外交人員應提早與英、美、法、蘇等國暗中接洽：「聲明如有先行停戰之要求，至少須附有『日本軍隊應迅速退還盧溝橋事變前原狀』一條件，否則事實上無異幫助日本壓迫中國也。此點爲會議前應暗中請英、美等國諒解之一重要點。」⑤智囊人士的意見是正確的。如果「恢復盧溝橋事變前原狀」作爲中日兩國軍隊之間「停戰或停火」的條件，那就意味著剝奪日軍在盧溝橋事變以來所取得的各種「戰果」（包括已經佔領的土地），是一個有利中國而且易於爲國際社會理解和接受的方案。

當時，中日之間的最大問題是日本已經佔領了中國東北廣大土地，並且建立了一個傀儡政權——滿洲國。怎樣面對這一現實呢？智囊人士在另一份文件中提出：

吾人共同最後之希望，固在收復東三省暨其他一切失地，及廢除一切不平等條約，但若不先在一強有力中央政府統治之下，完成經濟、社會、軍事上之新建設，似尚不足以言此，故吾人認為：一、在此會議，不必堅持收復東三省失地及修訂條約兩問題；二、於日本要求，應慎重考慮，不必一概予以拒絕，且須以具體對策應付之。⑥

智囊人士認為，收回東北三省及其他一切失地，廢除一切不平等條約是中國的奮鬥目標，但這兩個問題的解決有賴於中國的強大，《九國公約》會議作用有限，因此，不應在會上提出它所無法解決的問題。

智囊人士的意見顯然得到蔣介石的肯定。十月廿一日，陳布雷代表蔣介石致電顧維鈞，對出席《九國公約》會議的中國代表作出指示：一、促動蘇俄參戰決心，並設法減免其未能決心之憂慮。二、繼續運動各參加國政府及社會，加緊對日一致之經濟壓迫，務使國聯譴責日本之決議事實化。三、向參加各大國請求戰費借款及軍械貸款。同時，陳布雷要求代表們於會前先向英、美、法、蘇等國說明「最要各點」：

（一）調解方案未妥協前，無條件之先行停戰，於中國大不利，至少必須有「日本軍隊應退還盧溝橋事變前原狀」一條件。

（二）華北已成為中國國家最後生命線，……不能容任日本所謂「特殊化」之組織存在。

（三）必須設法令日本將在中國之駐兵及軍事特務機關完全撤退。⑦這樣，「恢復盧溝橋事變前原狀」就成為中國代表參加《九國公約》會議的預案。

《九國公約》簽字國會議於十一月三日在布魯塞爾會議召開。中國代表不僅會前做了相應的工作，而且也在會上提出了這一問題。十一月六日，顧維鈞偕中國駐德大使程天放會見美國首席代表戴維。此前，日本政府已經向德國駐日大使狄克遜提出，要求德國政府出面斡旋，因此。戴維詢問程天放：如果德國真想提出願意為中國調停，中國是否接受調停？什麼樣的條件中國方面可以接受？程天放當即回答：「任何調停應有先決條件，即須恢復七月七日以前之狀態。」⑧

根據以上敘述可見，在提出「恢復盧溝橋事變前原狀」方案的同時，蔣介石及其智囊人士並未準備放棄東北，而是準備將這一「老大難」的問題留待適當時機，以免干擾當前較易解決問題的解決。此後，蔣介石和國民政府在很長時期內一直採取這一策略。

二、在陶德曼「調停」過程中的運用與蘇聯政府的支持

一九三七年十月，日本四相會議決定，以軍事和外交雙管齊下的辦法，迫使中國政府取消抗日政策，放棄抵抗。⑨廿二日，日本參謀本部派馬奈木敬信上校到上海，邀請德國駐華大使出面「調停」中日戰爭。十一月二日，陶德曼會見蔣介石，威脅蔣接受德國在第一次世界大戰期間的教訓，及時結束戰爭，不要落到「無條件投降」的悲慘下場。十一月三日，德國駐日大使狄克遜致電陶德曼，轉述日本外務省提出的七項和平條件：內蒙建立自治政府，與外蒙國際地位相等；沿「滿洲國」邊境至平津以南一線設立非武裝區；擴大上海的非武裝地帶；停止排日政策；共同反共；降低日華關稅稅率；尊重外國權益。日方同時聲明：如日本被迫延長戰事，則條件必數倍苛刻。⑩同日，德國外長牛賴特訓示陶德曼，將上述條件轉告蔣介石並勸其

接受。

十一月五日，陶德曼會見蔣介石及孔祥熙，轉告日本條件，再次警告蔣：「千萬不可到了精疲力竭的時候再想主意」。蔣介石當即提出恢復盧溝橋事變前原狀問題。他說：只要日本不恢復原狀，他就不會接受日本任何條件。至於具體條件當然可以討論，但首先必須恢復原狀。⑪可見，蔣提出這一問題，目的仍在剝奪日本盧溝橋事變以來的「戰果」，抵制日方以其武力勝利爲基礎所提出的新的侵略要求。蔣自感當天的談話很強硬，在當日日記中自述云：「敵陶德使傳達媾和條件，試探防共協定爲主，余嚴詞拒絕。」⑫

十二月二日，蔣介石在會見陶德曼時重申：「中國在華北之主權與行政必須不變，並須保持其完整。」「如德國元首向中日兩方建議停戰，作爲恢復和平之初步辦法，則中國準備接受此項建議。」⑬當日，蔣介石決定將談判情況通知英、美、法、蘇四國。⑭十二月廿一日，日本內閣會議提出「基本條件」（新四條），要求中國放棄容共和反抗日、滿政策，在必要地區設置非武裝地帶，在日、滿、華三國間，簽訂密切的經濟協定，對日本賠款。⑮中國政府認爲「上項條件無考慮之餘地」。廿八日，蔣介石密囑楊杰，將上項條件密告蘇聯政府並聽取意見。⑯

當時，中國和蘇聯在反對日本侵略上有共同利益。十月廿二日，蔣介石致電正在莫斯科訪問的中國軍事代表團團長楊杰，命其向蘇方詢問，如《九國公約》會議失敗，中國用軍事抵抗到底，蘇俄「是否有參戰之決心與其時期」。⑰十一月，伏羅希洛夫、史達林在會見楊杰和張沖時都表示，在緊急關頭，蘇聯將參戰。⑱但是，蘇方的答覆不過是一種表態。因此，當南京危急，蔣介石要蘇聯「仗義興師」時，蘇聯卻借詞推脫了。

十二月五日，史達林、伏羅希洛夫致電蔣介石，聲稱「假使蘇聯不因日方挑釁而即刻對日出兵，恐將被認爲是侵略行動，日本在國際輿論的地位將馬上改善。」史達林等開出的「參戰」條件是：《九國公約》簽字國全部或其中主要國家的允許和最高蘇維埃會議的批准。電中，史達林等表示，在上述條件未能滿足時，蘇聯將用種種途徑及方法，極力增加對中華民族及其國民政府的技術援助，同時，支持蔣介石在和陶德曼談判中的立場。電稱：「日本如撤回其侵華中及華北之軍隊，並恢復盧溝橋事變以前的狀態時，中國爲和平利益計，不拒絕與日本實行和平談判。」⑲

這樣，將「恢復盧溝橋事變以前原狀」作爲中日談判的前提，就不僅是蔣介石和中國政府的主張，而且也成了蘇聯政府的意見。

三、蔣介石在對日談判中一貫堅持的先決條件

陶德曼「調停」因中國政府的婉拒而失敗，但是，日本政府和軍方都仍然「戰和並用」，一面軍事進攻，一面暗中談判，蔣介石對日本，事實上也採用同樣的對策。在公開的聲明和演講中，蔣介石多次批判與日本的談和、妥協活動，他對孔祥熙通過多種管道和日方的聯繫

也常持嚴厲的批評、阻遏態度，但是，在日本多次伸出「和平」觸角時，蔣介石也曾「姑妄試之」，小心翼翼地親自掌控過和日方的幾次秘密談判。在這些談判中，蔣介石始終堅持非「恢復盧溝橋事變前原狀」不可。它既是與日方的談判條件，也是談判的前提。

一九三八年九月，蕭振瀛與和知鷹二在香港談判。九月廿三日，蔣介石在漢口主持彙報會，決定「倭必先尊重中國領土、行政、主權之完整，與恢復七七事變前之原狀，然後方允停戰。」⑳廿七日，蕭振瀛在談判中強調：「現在日軍進攻武漢，大戰方酣，中國方面不能作城下之盟，故目前最要之著，為停止軍事，恢復七七前之狀態。」㉑當時，和知鷹二以同意「恢復盧溝橋事變前原狀」為餌，要求與中國簽訂軍事與經濟協定。廿八日，蔣介石致電蕭振瀛，要求蕭向日方堅決表明：「原狀未復，誠信未孚，即未有以平等待我中國之事實證明以前，決不允商談任何協定。」㉒十月八日，蔣介石在對參加談判的另一人員雷嗣尚「面訓」時再次指示：「談判重點應集中於恢復七七事變前原狀。」㉓十九日，何應欽又向蕭轉達蔣介石指示：「關於經濟合作與軍事佈置等事，必須待恢復原狀後，以能否先訂互不侵犯協定為先決問題。又無論何項合作，必以不失我獨立自主之立場而不受拘束為法則，請於此特別注意。」㉔

蕭與和知的香港談判中，中國方面曾準備了一份宣言，中稱：「中國所求者，惟為領土、主權、行政之完整，與民族自由平等之實現。日方誠能如其宣言所聲明，對中國無領土野心，且願尊重主權、行政之完整，恢復盧溝橋事變前之原狀，並能在事實上表現即日停止軍事行動，則中國亦願與日本共謀東亞永久之和平。」㉕在這段文字下面，蔣介石曾經以紅筆加寫了一段：

我政府對於和戰之方針與其限度，早已屢次聲明，即和戰之標準全以能否恢復七七以前之原狀為斷。蓋始終以和平為主，認定武力不能解決問題也。

中方草擬的《停戰協定》規定：「停戰協定成立之同時，兩國政府即命令各該國陸、海、空軍停止一切敵對行動，日本並即撤兵，在本協定簽字後三個月內（恢復）七七盧溝橋事變以前之原狀。」㉖

關於「滿洲國」問題，中方認爲，此爲「中日間之瘤」，此問題若不能成立諒解，預示未來解決之趨向，以後各項合作協定，均難簽訂成立，因此，蕭振瀛等提出「相機應付」的三條原則：（一）日方自行考慮，以最妥方式及時機，自動取消「滿洲國」，日本保留在東北四省一切新舊特權，但承認中國之宗主權。（二）中國承認東四省之自治，而以日本取消在華一切特權爲交換條件（如租界、領事裁判權、駐兵、內河航行等等）。（三）暫仍保留，待商訂互不侵犯條約時再談。㉗其中「待商訂互不侵犯條約時」爲蔣介石親筆所加，可見，蔣介石主張先爲其易，後爲其難，將東北問題留待未來解決。

一九三九年一月九日，蔣介石研究「和平原則」，確定：「甲、領土、行政、主權之完整。乙、以《九國公約》與國際聯盟爲保證有效。丙、非先恢復七七以前原狀無恢復和平之可言。（**以恢復七七戰前原狀為恢復和平之先決條件**）」㉘同年，在軍統局人員杜石山與萱野長知、小川平吉等人的談判中，蔣介石仍然堅持「恢復盧溝橋事變前原狀」這一原則。當年三月四日，蔣介石致杜石山電云：「萱野翁不辭奔勞，至深感佩。惟和平之基礎，必須建立於平等與互讓之基礎之上，尤不能忽視盧溝橋事變前後之中國現實狀態。」㉙十七日，柳雲龍、杜石山在與萱野長知的會談中提出七項條件，其中第三條即爲「恢復盧溝橋事變前狀態」。同年五月，小川平吉通過杜石山致函蔣介石，要求蔣「快刀斬亂麻」，迅速解決中日談判問題。廿七日，蔣未拆閱即將原函退回，並且禁止杜石山等與小川往來。小川從辛亥革命時期即和中國革命關係密切，蔣的舉動使小川極爲生氣，宣稱將於六月二日回國，但蔣仍不加理會。六月二日，陳布雷致張季鸞函云：「如彼果延期回國，可知其前所稱欲回國者，全爲裝腔。請注意。兄函中有休戰二字，以後如有接談時，應特改變，以我方於未恢復七七戰前原狀之先，決不允其休戰也，亦請注意。」㉚陳布雷當時是蔣介石的侍從室第二處主任，代表蔣指導張季鸞的工作，此函當然代表蔣的主張。

在秘密談判中，蔣介石雖然提出以「恢復盧溝橋事變前原狀」作爲先決條件，不過，蔣介石並未對此抱有過大期望。一九三八年九月，武漢會戰正酣，蔣介石分析形勢，於三日自述云：「倭寇軍閥不倒決無和平可言。惟有中國持久抗戰，不與言和，乃可使倭閥失敗，中國獨立，方有和平之道也。」㉛五日又自述云：「敵將於武漢未陷以前，求得一停戰協定而罷兵乎？此則無異城下之盟也，應嚴防。」㉜

四、從談判先決條件變化為「抗戰到底」之「底」

對如何解決東北問題，蔣介石有一個漫長的搖擺、矛盾、反覆的過程。

一九二九年，日本曾向蔣介石提出，希望取得在中國東北的「商租權」，即爲了商業和農業需要，日本人可以在東北購買土地。蔣介石覺得可以借此暫時緩和其侵略野心，擬予同意，但受到國民黨其他大員反對，未成。一九三一年十二月，蔣介石因丟失東北，在內外各方指責聲中下野。次年一月，日本陸相荒木貞夫以支持蔣介石復出爲誘餌，要求蔣贊同日本在東三省的「商租權」，並且假意表示中國可以駐兵。蔣介石即明確表示拒絕。日記云：

> 荒木甚畏共黨，亟願余主持國事，共同防共，而其商租權，是不欲明訂駐軍，以有限數，不致不能駐兵也等語誘余。倭奴卑劣，亦視余為可欺也，誠不知中國尚有人也。㉝

同年五月十六日，蔣勉勵自己：「對俄外交，當不能放棄外蒙；對日外交，不能放棄東三省。」㉞隨後，他並制訂對朝鮮和東北的工作計畫，指派齊世英聯絡東北，滕傑、黃紹美聯絡朝鮮。㉟六月，蔣決定迅速派定東北義勇軍指導員，並致函張學良，囑其出兵熱河，一面與東三省各義勇軍打成一片，一面威脅山海關日軍。㊱同月，他在牯嶺聽翁文灝談東北三省煤礦，幾占全國百分之六十以上，鐵礦占百分之八十二以上，自悔此前決策錯誤，日記稱：「驚駭莫名！東北煤鐵如此豐富，倭寇安得不欲強佔。中正夢夢，今日始醒，甚恨研究之晚，而對內、對外之政策錯誤也。」㊲同年九月十三日，他日記稱：「預期十年以內恢復東三省。凡為中華人民血氣之倫，當以此奮勉。」十八日，蔣介石在漢口聽到日本人在租界鳴炮奏樂，慶祝佔領東北，蔣介石受到極大刺激，在日記中表示，期望能於一九四二年以前，「在中正手中報復國仇，湔雪此無上之恥辱。」㊳這些，都反映了蔣介石思想中確有捍衛東北主權的一面。但是，日本軍國主義者一施壓，中日兩國形勢一緊張，他又軟弱、動搖。一九三三年四月三日，他回憶一九二九年的舊事時寫道：

> 民國十八年，明知應與俄復交，而老朽阻礙。倭寇欲東三省之商租權，余欲以此而暫緩其侵略野心，老朽目短，無識如番人，強持反對。及至蘇俄進攻吉林，張氏屈服，則倭寇野心益熾，致成今日內外交迫之局。及至胡朽事出，宋子文弄權，國益紛亂，是皆余自無主宰之所致也，何怨何尤，惟自承當耳。㊴

從這頁日記看，蔣在一九三一年一月拒絕荒木提出的在東三省的「商租權」後，至一九三三年四月，又有所動搖。不過，應該指出的是，這次動搖為時短暫。蔣介石寫下上述日

記之後的第廿二天，他就又「研究對倭戰略」，認爲「與倭決最後之勝負，惟在時間之持久耳」。㊵

日本侵佔東北，特別是扶植溥儀成立所謂滿洲國後，曾多次向中國政府提出，希望通過談判解決有關問題，但蔣介石大都拒絕不談。其原因，在於蔣認爲這種談判只能使中國「喪權辱國」，不如不談；即使談判成功了，日本政府並沒有控制、約束其軍方的能力，談了也等於白談。㊶一九三七年七月，盧溝橋事變爆發，蔣介石認爲「犧牲已到最後關頭」，決心應戰。他預估：再有兩年時間，將可恢復盧溝橋事變前原狀；十年後，不只收復東北全境，而且可以收回臺灣，扶持朝鮮獨立，自信必「由我而完成」！㊷八月五日，胡適和陶希聖聯名給蔣介石上條陳，主張放棄東三省，承認「滿洲國」，以此換得日本讓步，從根本上調整兩國關係。蔣介石即表示：日本沒有信義，「以爲局部的解決，就可以永久平安無事，是絕不可能，絕對做不到的」。㊸次年二月二日，他在日記本中寫道：如去年乘國內統一，對倭形勢較優之時，急謀解決東北問題，或割讓，或策封保留宗主權，而不出於承認形式，非特勢所不能，即使解決一時，以彼倭少壯派軍人之侵略思想，與其政府之不能控制，不能守信，則一二年間仍必向關內侵佔，絕非根本解決之道也。」㊹此後，蔣介石在三月廿二日、廿三日的日記中都寫過類似的話。一言之不足而反覆言之，這就說明，在國民黨內部，持此說者非止一人。

當時，蔣介石正籌備召開臨時全國代表大會，蔣在提前寫作的演講要旨中寫道：「和戰問題。降不如戰，敗不如亡。若我不降，則我無義務，而責任在敵，否則敵得全權，而我全責。

民不成民，國不成國，則存不如亡也。」並說：「敵國政府，無權失信。若我放棄東北，徒長敵寇侵略之野心，永無和平之一日。」㊺當年九月十八日是東北淪陷的第七個年頭，蔣介石自我反省云：「收復失土，痛雪國恥，全在一身，能不自強乎？」㊻

不過，蔣介石雖然希望收復東北，但在相當長的一段時期內，他又不準備，甚至反對採用戰爭的手段。在國民黨臨時全國代表大會的演說中，他說：「『兵凶戰危』，古人常說『不得已而用之』。凡是真正懂得軍事的人，一定不願輕於作戰，尤其自本黨當政以來，一向以和平為職志，決不願輕啓戰爭，這是一定的道理。」話題轉回現實之後，蔣介石表示：「我們這幾年，一方面抱定保持我獨立生存的決心，同時對於和平，始終為最大的努力，也不但是東北問題，就是其他中日之間的懸案，我也常常表示，只要經過正當、合法的外交方式，只要無害於中國國家的獨立生存，我都可以負責解決。其理由就是保持和平為我們固有的理想，所以百事應著眼於民族久遠的利害，而不在乎計較一時的恩怨得失。」㊼國民黨臨時全國代表大會是一次標示國民黨轉變政策，確立抗戰建國方針的會議，但是，即使在這時，蔣介石對解決東北問題的底牌也仍然是「經過正當、合法的外交方式」。

一九三九年一月十六日，蔣介石在國民黨五屆五中全會發表演講《外交趨勢與抗戰前途》，將這一解決東北問題的「底牌」表達得更明確：一方面，他堅決表示：「外蒙有自治之可能，而滿洲完全是中國人，絕對不能獨立。」接著，他解釋「抗戰到底」之「底」時說：

我們要解釋「到底」兩字的意義，先要檢討這回抗戰起頭是在什麼地方，才可以得到結論。我們這次抗戰是起於盧溝橋事變。凡是一種戰爭，要有目的，要有限度的。如果隨便瞎撞，會使國家民族自趨滅亡。我們這次抗戰的目的，當然是要恢復盧溝橋事變以前的狀態，如果不能達到這個目的，就不能和日本開始談判，假使能夠恢復盧溝橋事變以前的狀態，可以開始談判，以外交的方法，解決東北問題……若在盧溝橋事變以前的狀態沒有恢復，即與日本談判，便是我們最大的失敗。……這是我抵抗的機會，也是我們不能不抵抗的時候。這時候我們無論如何只有和他拚命。……若恢復了平津，我們再不以外交政治的方法與日本談判，也是自趨滅亡之道。㊽

在這一段演講中，「恢復盧溝橋事變前原狀」仍然是與日本談判的條件和前提。如前述，在特定條件下，這一主張有其正確的、策略性的一面，是一個有利於中國而不利於日本的方案。但是，蔣介石將收回東北的希望只寄託在「外交的方法」，說什麼「若恢復了平津，我們再不以外交的方法與日本談判，也是自趨滅亡之道」，這就有問題了。外交的方法，談判的方法，可以是方法之一，但是，要讓日本侵略者將已經進口的肥肉吐出來，在一般的狀況下，「外交的辦法」難於濟事。因此，還必須準備另一手，即武力收復，將日本侵略者趕出東北。然而，在蔣介石看來，這就是「自取滅亡之道」。顯然，這是危言聳聽。此事說明，自盧溝橋事變起，全面抗戰爆發已經一年半，但蔣介石的對日恐懼症仍然很嚴重，對將抗日武裝鬥爭進行到底，既缺乏信心，也缺乏決心，反映出蔣介石在對日鬥爭中特殊的軟弱性。

五、蔣介石對「抗戰到底」之「底」所作的新解釋

如前述，將「恢復盧溝橋事變前原狀」作為中日談判的先決條件是可以的，但是，作為「抗戰到底」之「底」則不妥。蔣介石不久改正了這一錯誤。

一九三九年七月七日，蔣介石發表《抗戰建國二週年紀念告日本民眾書》，指責日本侵略中國，搶奪中國東北領土，建立偽滿洲國等行為：「把一大群人看成奴隸了，反要說是給了自由；把中國一部分領土佔據了，反要說是建立了獨立國。」㊾同日，蔣介石發表《告世界友邦書》，指出「今日國際間一切無法律、無秩序之無政府狀態，實由一九三一年之九一八，日本強佔我東北四省始作之俑所造成」。文告表示：「在敵人未徹底放棄其侵略政策以前，我國抗戰，無論遭受如何犧牲與痛苦，決不有所反顧或中止也。」㊿這裏「抗戰到底」之「底」就被說成日本「徹底放棄其侵略政策」，較之「恢復盧溝橋事變前原狀」前進了。

當年十一月十八日，蔣介石在國民黨五屆六中全會上發表講話，批判國民黨內要求變更抗戰建國方針，及早結束對日戰爭的錯誤思想。他說：「如果我們國家民族一天沒有得到獨立自由平等，抗戰就一天不能停止，而我們的犧牲奮鬥和努力，也就一刻不容鬆懈，更絲毫不容有徘徊觀望、半途而廢的心理，幻想苟且和平！否則抗戰失敗，國家滅亡，我們就作了中華民族

千古的罪人！所以現在如有人以爲敵人已無法進犯，他的侵略之技已窮，我們可以乘此機會與他講和，或者以爲友邦都不可靠，不如自己早些設法和平，這就是陷入與汪精衛同樣錯誤危險的心理。」蔣介石主張：「一面堅持抗戰，一面抓緊建國，再要埋頭苦幹三五年，非獲得徹底的勝利和成功，使敵人根本放棄其侵略政策，決不能停戰言和。」

講話中，蔣介石對對抗戰到底之「底」作了新的解釋。他說：

> 所謂「抗戰到底」究竟是怎麼講呢？我們抗戰的目的，如何乃能達成？我們抗戰的目的，率而言之，就是要與歐洲戰爭——世界戰爭同時結束，亦即是中日問題要與世界問題同時解決。我在五中全會說明抗戰到底，要恢復七七事變以前的原狀，是根據以中國為基準的說法。若以整個國際範圍來論斷中日戰爭的歸趨，就一定要堅持到世界戰爭同時結束，乃有真正的解決。

他強調：「如果那一個國家想單獨調停或想藉此謀他一國的利益，不論出於何種方式，結果都必然失敗。」[51]這裏，蔣介石所說中國「抗戰到底」的「底」就和世界反法西斯戰爭結合起來，擴大了視野，提升了要求，因而糾正了前說的錯誤。

蔣介石的這一變化和國際形勢的發展密切相關。蔣介石早就認爲，中日戰爭是國際問題，它的解決也有賴於國際形勢的變化。一九三八年五月廿六日日記云：「不能引起世界大戰，恐不易使倭國失敗也。」52 七月廿七日日記云：「中倭戰事問題，實為國際問題，非有國際干涉，共同解決，則決不能了結。否則，直接講和，則中國危矣。」53 當時，蔣介石已在研究，如歐洲戰爭爆發，則中國將與英、法、俄共同作戰。日記云：「速謀與英、法、俄進行共同作戰之計畫，以期中倭問題得到根本解決。」又云：「向英、法政府懇切商談，使國際盟約中之制裁條款為有效條款，藉以號召多數國家共同制裁，且須同樣運用於歐亞三洲之戰爭。」54

一九三九年九月一日，德軍進攻波蘭。同月三日，英、法對德宣戰，第二次世界大戰全面爆發。這一形勢使蘊藏於蔣介石心中的期待成為現實，因此，他才能在五屆六中全會的報告中，將中國的抗日戰爭和世界戰爭聯繫起來，並對中國抗戰目標作了修正和提升。

六、「最大之成功」與「最小限度之成功」

歐戰的爆發燃起了蔣介石的希望，使他敢於公開昌言中國「抗戰到底」之「底」與世界戰爭之「底」同步，但是，歐戰最初並不順利，法軍和英軍相繼戰敗。一九四〇年六月，法國向德國投降，英軍撤出歐洲大陸。同月，法國宣布封閉滇越鐵路。七月，英日之間達成妥協，宣布封鎖滇緬路。中國最重要的對外通道先後斷絕。蘇俄則因準備對德國作戰，拒絕對中國的進一步援助。在此情況下，蔣介石不得不繼續對日本採取戰與和的兩手策略，同時相應地將抗戰目標區分為「最大之成功」與「最小限度之成功」兩種類型。

當年八月，日軍積極謀劃南侵，向東南亞進軍，力圖結束對華戰事。在這一形勢下，蔣介石曾準備利用時機，爭取與日本實現於中國相對有利的談判。同月，在蔣介石指導下，張群、張季鸞與陳布雷等起草過一份《處理敵我關係之基本綱領》，中云：

最大之成功為完全戰勝，收回被佔領掠奪之一切，不惟廓清關內，並收復東北失土；最小限之成功，則為收復七七事變以來被佔領之土地，完全規復東北失地以外全國行政之完整，而東北問題，另案解決之。以上兩義，前者戰勝之表現，後者則為勝敗不分，以媾和為利益時之絕對的要求。

關於「最小限度之成功」，《綱領》說：

滿洲偽國與蒙、藏不同，其地本為普通行省，其人民最大多數本與各省人民完全屬於同一之民族系統，故其解決之方法，應不同於外蒙、西藏。惟該地被日本侵佔已久，在我國不能用兵力收回之過渡期間，應視為與外蒙、西藏相類之懸案。扶助溥儀之偽政府，第一步使取得滿洲內政上自治之政權，使該地漢、滿、蒙人民先脫離被佔領地人民之境遇，第二步，與溥儀直接協商，先求得一過渡的解決之辦法，而最後與外蒙、西藏同為聯邦之一，完全復歸於中國。

這一方案的核心是，將希望寄託在溥儀身上：扶助其「自治」，使東北與外蒙古、西藏作爲「聯邦」之一回歸中國。

《綱領》又將東北問題的解決分爲甲案與乙案：

> 東北問題：一、甲案，現在不提，戰後另作交涉。二、乙案，現時先取得一種諒解，約期交涉。關於此點，我方又分兩案：（一）要求日本承認我國在東北之主權，而中國承認東北之自治。我中央派駐滿指導長官一人，常駐長春，代表中央，但不干預其通常施政。（二）要求日本先行改革滿洲制度，使溥儀之政府確有施政用人之自由，廢除日籍官吏制度，還政東北人民。此項改革完成之後，我中央得與溥儀之政府直接協商以求東北懸案之解決。
>
> 在此項協商開始以前，中日可訂臨時辦法，以便利關內外人民之交通與經商。我方尤當注意要求日本善遇我東北同胞，廢棄九一八以來仇視、賤視我人民之政策。

蔣介石等估計，和日本談判時，日本可能提出承認「滿洲國」事，《綱領》強調：「我國應聲明不能承認。」「東北問題，須待和平完全恢復後另案交涉，現在不能提議（但熱河不在東北範圍之內）。」《綱領》規定：「我國爲被侵略國家，故和議之發起，必須出自敵方……

應深切考查，其條件是否無背於我建國原則，而足以達到我最小限之成功，必須在確認爲我作戰目的已得最小限之貫徹之時，始允其開始和平之交涉。」張季鸞等還在起草的初稿中提出召開停戰會議的原則：一、（日本）凡作戰而來之軍隊，完全撤退；二、凡所佔領長城以內及察綏之土地完全交還；三、不平等條約定期取消。」[55]上述原則表明，「恢復盧溝橋事變前原狀」仍然是中日談判的一項前提條件。

該方案先後有幾種稿子，名稱和內容都不盡相同。《中日恢復和平基本辦法》規定：「日本政府保證永不將東北各省劃入日本領土，或採取其他行動使各該省在名義上或事實上成爲日本之保護國。」《中日恢復和平協定要點》規定：「東北問題即滿洲問題之懸案，於恢復和平後一年以內特開會議，另案解決。」《對敵策略的幾個疑點》規定：「我國既不能收回（東北），又不容放棄，故利在延擱不決。」又稱：「實質的收回，在將來爲可能，此當在我國防完成，而敵人有求於我之時，或敵人在國際戰敗之時，因此，我又決不可自棄東北，以失去將來實質收回之根據。」上述資料表明，蔣的抗戰方案有「最大之成功」和「最小限度之成功」、「軍事」和「外交」兩種。當他著眼於「最小限度」時，也沒有放棄爭取「最大成功」的希望。

九月十八日，蔣介石發表《「九一八」九週年紀念告全國同胞書》，明確宣告，將收回東北列爲「抗戰到底」之「底」。文稱：「我們到今天，還不能解放我們東北的同胞，收復我們的失土和主權，這就是沒有達到我們抗戰的目的，無以安慰已死的英靈。」他明確宣布：「我們九年來忍苦奮鬥，三年來奮勇抗戰的目的，就爲要恢復我們國家的主權和領土，要解救我們三千餘萬的東北同胞。」又稱：「我們四萬萬同胞和東北三千餘萬的同胞是一脈相承的黃帝子孫，是手足同氣、呼吸相通的兄弟。爲了拯救國家，我們大家都負有相同的責任；爲要解救我們水深火熱中三千餘萬的東北同胞，我們在關內四萬萬同胞更覺得犧牲奮鬥是自己的責任。」「我們今天多抗戰一天，就是恢復我們國家獨立自由和達到我們雪恥復仇目的日子更接近一天，也就是收回東北和解救東北同胞的日子更接近一天。」⑯九月廿九日，蔣介石在日記中寫道：「東北被侵已足九年，但願爲收回東北開始之日也。」⑰次日，蔣介石檢閱舊日記中預期收回東北、臺灣等地的文字時寫道：「以天意與最近時局之發展及上帝護佑中華，不負苦心人之意與力測之，自有可能。」⑱

七、反對蘇、美兩國的妥協、錯誤主張，力保東北主權

歐戰爆發，英、法作戰不利，原爲西方殖民地的東南亞成爲「真空地帶」。日本眼紅該地的富饒資源，叫嚷「不要誤了公共汽車」，力謀冒險南進。這種情況，使英、美更多地關心中國戰場。一九四一年三月，美國羅斯福總統發表廣播演說，聲明一定要「援華到最後勝利爲止」。在此情況下，蔣介石的抗戰信心日漸增強。日記云：「此後只要我能自強奮勉，則十年困難，四年苦鬥，……不惟恢復失土已得有把握，而太平洋之和平，亦從此奠定，要在我之自

力更生耳。」[59]但是，國際風雲變幻莫測，一個月之後，就發生蘇聯與日本簽訂《中立條約》事件。

當時，德軍進攻蘇聯在即，蘇聯爲全力對德，避免兩面作戰，力圖穩住在東方的日本。一九四一年四月，蘇聯與日本在莫斯科締結《中立條約》。蘇聯保證尊重「滿洲國」的領土完整和不可侵犯性，日本保證尊重「蒙古人民共和國」之領土完整。十四日，蔣介石自我檢討云：「竟未想到其互認滿蒙之領土，此乃余對事理未能究其至極之過也。」[60]十五日，國民政府外交部長王寵惠發表聲明：「東北四省及外蒙之爲中華民國之一部，而爲中華民國之領土，無待言贅。中國政府與人民對於第三國所爲妨害中國領土行政權完整之任何約定，決不能承認。」[61]廿四日，蔣介石密電各戰區將領及各省黨部、省政府稱：「只要我能獨立自強，戰勝暴敵，則收回失土，恢復主權，勢所必至，理亦當然。區區蘇、日一紙不法之聲明，豈能永爲我領土與主權完整之障礙！」[62]同年九月一日，重慶國民政府在被日機炸毀的禮堂廢墟上舉行「紀念週」，蔣介石自勵云：「此乃余前年所謂即在瓦礫中，亦在重慶國府原址作紀念週之決心也。安知吾於廿一年立志，欲於卅一年收復東北之志不能貫徹乎？」[63]

這以後接踵而來的消息有如噩夢連連。九月十二日，蔣介石得到情報，美日達成妥協，美國已同意日本佔領中國的華北與滿洲。蔣介石日記云：「今日問題，權操在我，非美國默認所能解決。今日中國政府絕非甲午戰爭時之政府可比，在此不惟美國之自殺政策，乃爲美國之不利，而於我抗戰政策根本不變之下，顧無損也。」[64]十八日，蔣借東北淪陷十週年之機，發表《告全國軍民書》，文稱：「我們非完全驅逐寇軍於我們的國境以外，徹底消滅他侵略的野心，我們的抗戰，是決不能停止的。我們若非使東北同胞獲得真正的自由，東北的失地完全恢復，在我們神聖的抗戰，亦決不會停止的。」「我們東北同胞與全國同胞的生命是整個的，東北四省的土地與全國的土地，也是完全整個不容有寸土分割的。我們整個民族和整個領土，是存則俱存，亡則俱亡，生則同生，死則同死，這是我們天經地義的道理。」㊺蔣介石的這篇文章，明為「告全國軍民」，實為對國際的宣告。同年十二月六日，蔣介石與拉鐵摩爾顧問談話，囑其轉告羅斯福總統：「中國決不能放棄東北，否則新疆、西藏皆將不保，外蒙亦難收復。」㊻此後，拉鐵摩爾即成為蔣介石這一主張在美國的積極宣傳者。㊼

一九四一年十二月，日本偷襲珍珠港，太平洋戰爭爆發，英、美對日宣戰，中國由單獨抗戰進入與同盟國聯合作戰階段，國際形勢對中國越來越有利，蔣介石保護東北主權的意識也就越來越強烈。

還在太平洋戰爭初起時，蔣介石就積極研究同盟條約，確定對英、對俄、對各國要求：「東四省、旅順、大連、南滿，要求各國承認為中國領土之一部分。」㊽一九四二年三月，蔣介石設想，在日本「北進」，進攻蘇聯之時，中國軍隊乘機與日本決戰，「收回失地，恢復舊有領土與民族固有地位，以為解放亞洲各民族之張本。」㊾十五日，他甚至樂觀地設想，將於一九六一年之前完成自蒙古庫倫至東北滿洲里之間的北疆鐵路。同年八月三日，蔣介石與羅斯福總統代表居里談話，得知美國方面有人主張東北由國際共管，作為日本與蘇聯之間的「緩衝國」。這對蔣介石說來，宛如「晴天霹靂」，感到「國際誠無公道與是非可言，實足寒心」，⑩但他立即聲明：「中國東北爲中國領土之一部分，絕無討論之餘地。此實爲中國抗戰之基本意義。蓋我抗戰若非爲收復東北失地，早可結束矣。」蔣要求居里盡一切可能糾正美國人的上述包含極大危險的錯誤觀念，讓他們明白，中國民眾之所以甘於忍受重大犧牲與各種困苦，支持抗戰，其原因就在於要收復東北。他並進一步向居里透露中日談判中的許多機密：日本曾表示，只要中國允許日本保留東北，可以接受中方的一切條件；又曾提出，中日共管東北亦可商量。蔣稱：這些都遭到中國政府的堅決拒絕。爲了讓居里記憶明晰，蔣用三句話概括說：一、我等已作一切犧牲抵抗日本侵略，唯一目的在收復東北。二、我等之所以尚須繼續抗戰，因尚未收復東北。三、東北四省就歷史、法律、人種、事實各方面言，五百年來皆爲中國不可分之一部。蔣要求居里轉請羅斯福發表聲明，重申東北是中國的一部分。蔣強硬表示：「倘此問題不解決，則平等、自由以及其他一切悅耳之名詞，皆無意義可言。」⑪

次日，蔣再次與居里談話，態度更爲強硬，他說：「倘和平會議席間，不能返我東北失地，仍爲我不可分割領土之一部分，我人仍將繼續抗戰，即招致國家之毀滅，亦在所不惜。凡不承認東北爲我領土之一部分者，皆爲我仇。」⑫五日，蔣介石再與居里談話，仍然表示「整個東北爲中國之一部，望羅總統早日聲明。」⑬在蔣介石的一再堅持下，美國政府於九月十八日發表聲明，承認東三省爲中國領土，蔣介石感到欣慰，日記云：「此乃由余對居里所提問題之一也。」⑭同年九月，羅斯福派威爾基作爲總統特使訪華。三十日，蔣介石研究與威爾基談話要點，其第二條即爲：「東北爲中國領土之一部，必須完全歸還中國。」⑮十一月九日，因宋美齡赴美在即，蔣介石研究須與美國商討事項，有長期同盟；東三省與旅大完全歸還中國；臺灣歸還中國；外蒙歸還中國，予以自治等。⑯這以後，蔣介石日記中頻繁地出現關於東北問題的記載。一九四三年三月一日，蔣介石日記云：「僞滿傀儡組織，至今恰九年矣。」⑰五月四日日記云：「溥儀昨日到安東州，汪奸本日六十一歲生日，皆爲國家之羞恥也。」⑱廿五日，蔣介石研究美國訪蘇代表戴維談話，日記云：「其提及旅順爲自由港一點，是越出余之主張矣。」⑲

八、在開羅會議上與英國爭論，要求明確聲明，將東北、臺灣等地歸還中國

太平洋戰爭爆發後，形勢急轉直下。一九四二年十一月，蘇軍在斯大林格勒戰區組織反攻，英、美軍隊在北非登陸。一九四三年九月，義大利投降，世界反法西斯戰爭取得重大勝利。十一月廿二日至廿六日，美、英、中三國首腦在開羅會議，商討聯合對日作戰計畫及戰後如何處置日本等問題。

爲準備參加開羅會議，蔣介石於一九四三年七月起草擬各項文件。當月九日，蔣介石研究與羅斯福會談後的共同宣言要旨，提出「必須獲得無條件之勝利」，這就將中國抗日戰爭和世界反法西斯戰爭目標提到了一個前所未有的高度。⑳八月九日，蔣研究與羅斯福談話要點，其

中第一個問題就是「東北問題」。十五日，蔣介石研究戰後中國國防建設，日記云：「東北收回後則維持其原有之工業與國防，以其餘力充實我本部之建設。」㉛廿四日，研究對美策略，認爲「戰後在臺灣與旅順之海、空軍根據地應准與美國共同使用。」㉜十一月九日，蔣介石研究與羅斯福、邱吉爾談話要點，問題之一爲「東北」。十四日，研究與羅斯福商討日本無條件投降後的處理方案，確定「日本在九一八以來所侵佔中國地區所有之公私產業應完全由中國政府接受」。十八日，確定會談應注意之重大問題，其內容之一爲「東北與臺灣應歸還我國」。㉝廿二日，再次研究會談要旨，「東北與臺灣、澎湖應歸還中國」仍爲重點之一。

在蔣介石指導下，軍事委員會爲開羅會議所準備的文件提出：日本應自其在九一八起所佔領之中國及其他聯合國之地區撤退；將旅順、大連兩地一切公有財產及建設，以及南滿鐵路與中東鐵路無償交還中國；將臺灣與澎湖列島交還中國；承認朝鮮獨立；賠償中國自九一八起一切公私損失。國防委員會所準備的文件提出：「收復一八九四年以來日本所取得及侵佔之領土。」十一月廿三日，國防最高委員會秘書長王寵惠在預擬的政府方面提案中提出：日本自九一八事變後自侵佔之中國領土，包括旅大租界地及臺灣、澎湖，應歸還中國。

開羅會議開幕後，蔣介石在與羅斯福總統討論中提出：「東北四省、臺灣、澎湖群島應皆歸還中國。㉞討論確定的原則爲：日本攫取中國之土地應歸還中國，應使朝鮮獲得自由與獨立，戰後日本在華公私產業完全由中國政府接收等。十一月廿四日，開羅會議公報草案提出，日本由中國攫取之土地，例如滿洲、臺灣等，當然應歸還中國。討論中，英國代表賈次干企圖將中國主權模糊化，提出將草案改爲：「日本由中國攫去之土地，例如滿洲、臺灣與澎湖列島，當然必須由日本放棄」。王寵惠認爲，英國的這一修改，「不但中國不贊成，世界各國亦將發生懷疑」。他說：「世界人士均知此次大戰，由於日本侵略我東北而起，而吾人作戰之目的，亦即在貫徹反侵略主義。苟其如此含糊，則中國人民乃至世界人民皆將疑惑不解。故中國方面對此段修改文字，礙難接受。」他表示：「如不明言歸還中國，則吾聯合國共同作戰，反對侵略之目標，太不明顯。」美國代表支持王寵惠的意見，英國草案被否決。

廿六日，草案送請正在討論的羅斯福、邱吉爾和蔣介石審閱，得到一致贊成。會議定稿的公報宣稱：「三國之宗旨，在剝奪日本在一九一四年第一次世界大戰開始後在太平洋上所奪得或佔領之一切島嶼，在使日本所竊取於中國之領土，例如東北四省、臺灣、澎湖列島等，歸還中國。」公報稱：「我三大盟國將堅韌進行其重大而長期之戰爭，以獲得日本之無條件投降。」這樣，中國對日作戰的目標就進一步提升，遠遠超出「恢復盧溝橋事變以前原狀」了。

一九三八年四月一日，國民黨召開臨時全國代表大會，蔣介石曾傳達孫中山的遺志：「恢復高臺，鞏固中華。」蔣解釋說：「中國要講求真正的國防，斷不能讓高麗和臺灣掌握在日本帝國主義者之手。中國幾千年來是領袖東亞的國家，保障東亞民族、樹立東亞和平是中國義不容辭的責任。爲要達成我們國民革命的使命，遏止野心國家擾亂東亞的企圖，必須針對著日本積極侵略的陰謀，以解放高麗、臺灣的人民爲我們的職志。」[85]現在，這些理想都已納入開羅會議宣言，實現在即，蔣介石很興奮。於一九四四年元旦發表《告全國軍民同胞書》，內稱：「在這次開羅會議中，英、美兩國和我們中國一致同意，要剝奪日本第一次大戰後所奪得或佔領的太平洋上一切島嶼，要將日寇逐出於其以武力貪欲所攫取的土地，要歸還東北四省和臺灣、澎湖等島嶼與我們中華民國，要使朝鮮自由獨立。……這不但使熱望歸還祖國懷抱的臺灣、澎湖同胞聞而興奮，使我們淪亡十二年以上的東北同胞鼓舞奮發，使不堪日寇奴辱的朝鮮國民聞風興起，而且也是亞洲所有被日寇欺凌壓迫的海上、陸上一切民族，都感到解放之有期，共同爲消滅敵人而奮鬥。這樣一個重大而有力的共同決議，可以說在十年以前我們只是一個志願，而到了今天已成爲事實了。」㊱

九、國民政府為完全收回東北主權所作的鬥爭、讓步與代價

《開羅宣言》雖然明確宣布，將東北、臺灣、澎湖列島歸還中國，但是要將紙上的宣言轉化爲現實並不是容易的事。其關鍵的關鍵是要擊潰日本的強大軍事力量。

依靠國民黨的軍隊嗎？一九四四年三月至一九四五年一月，中國駐印軍和中國遠征軍雖然在緬北等地的戰鬥中取得勝利，挫敗日軍精銳師團，但是，卻在豫湘桂戰役中潰敗。自一九四四年四月日軍渡過黃河，進攻河南始，至當年十二月，佔領貴州獨山止，八個月之內，日軍長驅兩千餘公里，佔領中國二十多萬平方公里土地。這一切，使羅斯福感到，國民黨的軍隊當時還不具備擊潰日軍的力量。倚靠美國人嗎？在太平洋戰爭中，美國軍隊和日軍實行逐島

爭奪與越島作戰，已經付出了慘重的犧牲，羅斯福不願付出更大的犧牲。為了爭取世界反法西斯戰爭的徹底勝利，羅斯福企圖利用蘇聯紅軍的力量。

一九四五年二月，羅斯福、邱吉爾、史達林在雅爾達秘密決定，蘇聯在德國投降和歐洲戰事結束時，協助中國對日宣戰。但是史達林提出，必須滿足蘇方下列要求：一、外蒙古人民共和國之現狀應加以保存；二、蘇聯應恢復以前俄羅斯帝國之權利，此權利因一九〇四年日本之詭譎攻擊而受破壞者：（1）南庫頁島及其毗連各島應歸還蘇聯。（2）大連商港應闢為國際港，蘇聯在該港之優越權利應獲保障，旅順仍復為蘇聯所租用之海軍基地。（3）中東鐵路以及通往大連之南滿鐵路，應由中蘇雙方共組之公司聯合經營，蘇聯之優越權利應獲保障，中國對滿洲應保持全部主權。三、千島群島應割於蘇聯。以上各條，除南庫頁島及千島群島的有關規定外，均嚴重損害當時中國的主權。蔣介石對史達林所提條件強烈不滿，四月五日日記云：

> 關於旅順問題，寧可被俄國強權佔領，而決不能以租借名義承認其權利。此不僅旅順如此，無論外蒙、新疆或東三省被其武力佔領不退，則我亦惟有以不承認、不簽字以應之。蓋弱國革命之過程中，既無實力，又無外援，不得不以信義與法紀為基礎，而不能稍予以法律之根據。如此則我民族之大，憑藉之厚，今日雖不能由余手而收復，深信將來後世之子孫亦必有完成其領土、行政、主權之一日。要在吾人此時堅定革命信心，勿為外物脅誘，簽訂喪辱賣身契約，以貽害於民族，而得保留我國家獨

立、自主之光榮也。㊇

對於與史達林達成交易的美國總統羅斯福，蔣介石也指斥其「賣華」、「侮華」，「畏強欺弱，以我中國爲犧牲品之政策，實爲其一生政治難滌之污點」。㊈他擔心羅逝世後，「美國對華政策恐將比現在更壞」，於五月廿三日致電時在美國的代理行政院長宋子文，轉告美國新任總統杜魯門，要求其向史達林說明：「美國必堅持其對遠東一貫政策，使中國之領土、主權與行政完整不受損害，凡在華領土之內，不能有任何特權之設置也。」㊉

六月三日，蔣介石在重慶接見蘇聯駐華大使彼得洛夫，說明「本人希望蘇聯早日參加對日作戰」，「希望蘇聯能幫助中國的獨立、行政與領土之完整，希望恢復東三省領土主權完整與行政獨立」。他一方面表示，如蘇聯幫助中國恢復東三省領土，中國將在東三省的鐵路、商港等方面，給予蘇聯便利，蘇方如有軍港需要，亦可與蘇方共同使用。但是，蔣又以委婉語氣表示：「我全國人民咸認不平等條約、領事裁判權及租界等事爲國家的恥辱，一致痛恨，吾人爲革命黨人，自應注意人民之心理與要求，而期其要求之實現。」⑩這實際上又在提醒蘇聯，不要將新的不平等條約強加給中方。

六月六日，蔣介石指示宋子文，旅順至少限度必須中俄共同使用，「若俄提歸其獨佔，則我必須反對到底，決不許可也。」⑪十一日，蔣介石兩電宋子文，表示可以同意與蘇聯共同使用旅順，但「租界」地名稱「爲我國之歷史恥辱」，「今後不能再有此污點之發現」，「此點非堅持不可」，「否則所謂東北領土主權與行政仍不完整，仍非獨立也」。92十二日，彼得洛夫向蔣介石提出締結中蘇友誼互助條約的五項先決條件，其第一條即是「恢復旅順港之租借」，他表示，蘇聯是一個太平洋沿岸國家，需要有不凍港。蔣介石堅決反對，他從歷史角度說明，此例不可開，蘇聯不應使中國成爲「不平等的國家」。93

六月三十日，蔣介石派宋子文訪蘇，會見史達林，史達林表示旅順可不用「租借方式」，但堅持中國必須承認「外蒙獨立」。宋子文根據蔣介石的指示，企圖將這一問題「擱置」。但是，史達林的態度極爲強硬，毫不讓步。七月六日，蔣介石指示宋子文：「若蘇聯能協助我對日抗戰勝利，對內切實統一，則爲蘇聯與外蒙以及我國之共同利益與永久和平計，我政府或可忍此犧牲。」94

七月七日，蔣介石兩次指示宋子文，在蘇聯保證中國東三省領土、主權及行政之完整，今後不再支持中共與新疆「匪亂」的條件下，可以同意蘇聯要求。七月十日，蔣介石接到宋子文轉來的蘇聯方面所提大連、旅順、中東鐵路、南滿鐵路等多項條件，認爲比一八九八年（**光緒二十四年**）清政府與沙俄所訂條約還要「苛刻」，日記云：「明知其爲討價，而寸衷刺激不堪，所受侮辱亦云極矣。」95七月十九日，蔣介石接見蘇聯駐華大使彼得洛夫時再次強調：「外蒙獨立，則於我國犧牲極大」，蘇聯必須同時「協助我東三省領土、主權與行政權的完整，及解決國內共產黨的問題，和新疆變亂的解決。必須這三點做到，我才可排除一切，解決外蒙問題。」96他堅持：「兩條鐵路和兩個海港的中國主權，一定要完整的。」

八月六日，美國向日本廣島投下第一顆原子彈；八月八日，蘇聯對日宣戰，數十萬蘇軍攻入中國東北。八月十四日，國民政府外交部長王世杰與蘇聯外交部長莫洛托夫在莫斯科簽訂《中蘇友好同盟條約》：中國政府承認外蒙古獨立、中東鐵路及南滿鐵路改名爲中國長春鐵路，主權屬於中國，由中蘇兩國共同經營；大連闢爲自由港，行政權屬於中國；旅順口由「兩國共同使用」，民事、行政權屬於中國旅順政府。在《條約》所附照會中，蘇聯政府承認「東三省爲中國之一部分，對中國在東三省之充分主權重申尊重，並對其領土與行政之完整重申承認。[97]同日，日本正式宣布投降。

蔣介石並非不懂得，中國的抗日戰爭必須首先建立在自力更生基礎上。一九三八年八月十五日，他就表示過：「戰事只有自力爲可恃耳。」[98]但是，蔣介石在事實上無法做到，他還是只能將希望建立在外力上。當蔣介石決定接受史達林的條件時，中國雖已躋身「四強」，但是，名強而實不強，外強而內不強。國民政府自身無力全部殲滅日寇，收回東北，爭取抗日戰爭的徹底勝利，不得不仰仗外力，而其結果是付出了巨大代價。

綜觀抗戰八年的歷史，蔣介石兌現了自己「抗戰到底」的諾言，他爲此確定的「底」也逐漸變化，從「恢復盧溝橋事變前原狀」，發展爲收復包括東北、臺灣在內的所有失地，解放朝鮮等東亞被侵略民族，再發展爲與盟國共同作戰，爭取世界反法西斯戰爭的「無條件之勝利」。這種情況，當然有蔣的個人作用在內。對於這種作用，人們應該承認而不應該抹煞，但是，我們又要看到，這種情況的發生，主要是中國抗戰國內外環境的變化，特別是世界反法西斯戰爭勝利形勢日益明朗的結果。

（原載《中國文化》第廿二期，三聯書店二〇〇六年五月出版，略有修訂）

① 《外交部致日本駐華大使館》，中華民國外交問題研究會編：《盧溝橋事變前後的中日外交關係》，第二一一頁。

② 《王寵惠與日高信六郎談話記錄》，《盧溝橋事變前後的中日外交關係》，第二三三頁。

③ 《外交部致日本駐華大使館》，《盧溝橋事變前後的中日外交關係》，第二一二頁。

④ 《顧維鈞回憶錄》第二卷，第五八九頁。

⑤ 《蔣中正總統檔案·特交檔案·和平醞釀》，國史館藏，臺北，以下簡稱「蔣檔」。

⑥ 《中日兩國在九國公約會議所採取之態度及應取之辦法》，「蔣檔」。

⑦ 《應令顧大使等注意要點》，「蔣檔」。

⑧ 《顧維鈞等致外交部》，一九三七年十一月六日，《盧溝橋事變前後的中日外交關係》，第三九六至三九七頁。參見《顧維鈞回憶錄》第二卷，第六一七頁。

⑨ 《日本四相會議關於處理中國事變的綱要》，《年表及文書》，下卷，第三七〇頁。

⑩ 《德國調停案》，《外交部案卷》，00062A，0556。

⑪ ADAP,Serie D (1937-1941),Bd.1,No.516，中譯文參見中國史學會編《抗日戰爭》，《外交》上，四川大學出版社版，第一六四頁。

⑫《蔣介石日記》（手稿本），一九三七年十一月五日。

⑬陶德曼十二月二日電，《德國調停案》，《外交部案卷》，同上。

⑭《困勉記》，一九三七年十二月二日。

⑮《日本內閣會議議決的日本外務大臣致德國駐日大使覆文》，《年表及文書》，下卷，第三八〇頁。

⑯《王寵惠致楊杰電》，《德國調停案》，外交部案卷，同上。

⑰《蔣委員長致蔣廷黻轉楊杰養電》，《對蘇外交》，蔣中正總統檔案，國史館藏，第四十六頁。

⑱《蘇中關係（一九三七～一九四五）》俄文版，第一冊，第一一一號、一一二號文件，第一三八、一五六頁。

⑲《對蘇外交》，蔣中正總統檔案。

⑳《蔣介石日記》（手稿本），《參見事略稿本》，未刊稿，國史館藏。本稿正陸續刊行中。本文所引，凡注明冊數者為已刊，反之為未刊。

㉑《此次談判經過》，一九三八年九月三十日，「蔣檔」。

㉒《九月廿八日覆蕭仙閣電》，「蔣檔」。

㉓《面訓要點》。「蔣檔」。

㉔何應欽《致蕭振瀛皓午電》，「蔣檔」。

㉕《中國宣言原文》，「蔣檔」。

㉖《停戰協定原文》，《蔣中正總統檔案．特交檔．和平醞釀》。

㉗《關於「滿洲國」問題之考慮》，《蔣中正總統檔案・特交檔・和平醞釀》。
㉘《蔣介石日記》（手稿本），一九三九年一月九日。
㉙小川平吉文書，抄件，日本國會圖書館憲政資料室藏。
㉚陳布雷致張季鸞函，《蔣中正總統檔案・特交檔・和平醞釀》。
㉛《蔣介石日記》（手稿本），一九三八年九月三日。
㉜《蔣介石日記》（手稿本），一九三八年九月五日。《事略稿本》引用本日日記時多出數語：「如無國際變化或英美向倭壓迫，則中倭決無和議可言。即使敵國承允恢復盧溝橋事變以前狀態，亦決無實現之可能。國家存亡，革命成敗，皆在於我之能否堅忍不拔，勿為和議之說所搖撼耳。」
㉝《蔣介石日記》（手稿本），一九三二年一月七日。
㉞《困勉記》。
㉟《蔣介石日記》，一九三二年五月廿九日、三十一日；參見《事略稿本》第十四冊，國史館印行，第五一七至五二〇頁。
㊱《蔣介石日記》（手稿本），一九三二年六月四日、六月十五日；參見《事略稿本》，第十五冊，第九十五頁。
㊲《蔣介石日記》（手稿本），一九三二年六月十七日。
㊳《蔣介石日記》（手稿本），一九三二年九月十三日、十六日。
㊴《蔣介石日記》（手稿本），一九三三年四月三日。

㊵《蔣介石日記》（手稿本），一九三三年四月廿五日。
㊶《對日抗戰與本黨前途》，《先總統蔣公思想言論總集》，中國國民黨黨史會一九八四年版，卷十五，第一九三頁。
㊷《蔣介石日記》（手稿本），一九三七年七月廿五日。
㊸參見拙著《楊天石文集》，上海辭書出版社二〇〇五年五月版，第四六七至四六八頁。
㊹《民國二十七年雜感》，《蔣介石日記》（手稿本），一九三八年。
㊺《蔣介石日記》（手稿本），一九三八年三月廿三日。
㊻《省克記》，一九三八年九月十八日。
㊼《先總統蔣公思想言論總集》卷十五，第一九八至一九九頁。
㊽《國民黨五屆五中全會速記錄》，國民黨黨史館藏。
㊾《先總統蔣公思想言論總集》卷三十，第八十頁。
㊿《先總統蔣公思想言論總集》卷三十，第一〇二至一〇三頁。
51《中國抗戰與國際形勢——說明抗戰到底的意義》，《先總統蔣公思想言論總集》卷十六，第四七四至四七九頁。
52《蔣介石日記》（手稿本），一九三八年五月廿六日。
53《困勉記》，一九三八年七月廿七日。《事略稿本》係於一九三八年七月廿八日條下。
54《蔣介石日記》（手稿本），一九三八年九月十八日。

55 下有劃線的文字為蔣介石所加。

56 《先總統蔣公思想言論總集》，卷三十一，二二〇至二二八頁。

57 《蔣介石日記》（手稿本），一九四〇年九月廿九日。

58 《蔣介石日記》（手稿本），一九四〇年九月三十日。

59 《蔣介石日記》（手稿本），一九四一年三月三十一日。

60 《蔣介石日記》（手稿本），一九四一年四月十四日。《省克記》引本日日記時尚有二語：「此過不改，必致誤國。」

61 《新華日報》，一九四一年四月十五日。

62 蔣介石：《蘇日中立條約之檢討》，機密。國防最高委員會檔案，003/2081，臺北中國國民黨黨史館藏。

63 《蔣介石日記》（手稿本），一九四一年九月一日。

64 《困勉記》一九四一年九月十二日。此後，蔣介石也曾反對英國的類似態度。其一九四二年十二月廿一日日記云：「（英國）不僅明示日本在東三省保有其經濟權，而且以鄰國二字使俄國對我東三省有同等權利。嗚呼！其用心之險惡可謂極矣！」

65 《先總統蔣公思想言論總集》，卷三十一，第二六八頁。

66 《民國三十年雜錄》，《蔣介石日記》（手稿本），一九四一年。

67 《中華民國重要史料初編——對日抗戰時期》，第三編，《戰時外交》（一），中國國民黨黨史會一九八一年版，第六八〇頁。
(68)《困勉記》，一九四一年十二月十八日。
(69)《困勉記》，一九四二年三月十四日。
(70)《蔣介石日記》（手稿本），一九四二年八月三日。
(71)《戰時外交》（一），第六八〇至六八二頁。
(72)《戰時外交》（一），第七〇一頁。
(73)《蔣介石日記》（手稿本），一九四二年八月五日。
(74)《蔣介石日記》（手稿本），一九四二年九月十八日。
(75)《蔣介石日記》（手稿本），一九四二年九月三十日。
(76)《蔣介石日記》（手稿本），一九四二年十一月九日。
(77)《蔣介石日記》（手稿本），一九四三年三月一日。
(78)《蔣介石日記》（手稿本），一九四三年五月四日。
(79)《蔣介石日記》（手稿本），一九四三年五月廿五日。
(80)《蔣介石日記》（手稿本），一九四三年七月九日。
(81)《困勉記》，一九四三年八月十五日。
(82)《困勉記》，一九四三年八月廿四日，參見《蔣介石日記》（手稿本），一九四三年八月十五日。
(83)《蔣介石日記》（手稿本），一九四三年十一月十八日。

84 《蔣介石日記》（手稿本），一九四三年十一月廿三日。

85 《對日抗戰與本黨前途》，《先總統蔣公思想言論總集》卷十五，第一八七頁。

86 《先總統蔣公思想言論總集》，卷三十二，第五十至五十一頁。

87 《蔣介石日記》（手稿本），一九四五年四月五日。

88 《蔣介石日記》（手稿本），一九四五年三月十五日、四月十三日、三十日；參見《困勉記》相關記載。

89 《戰時外交》（三），第五四七頁。

90 同上書，第五四九至五五〇頁。

91 同上書，第五五四頁。

92 同上書，第五五八頁。

93 同上書，第五六一頁。

94 同上書，第五九四頁。

95 《蔣介石日記》（手稿本），一九四五年七月十日。

96 《戰時外交》（三），第六三七頁。

97 同上書，第六五六頁。

98 《事略稿本》，一九三八年八月十五日。

吳開先等與上海統一委員會的敵後抗日工作

——讀臺灣所藏朱家驊檔案

抗日戰爭，除了戰場上硝煙瀰漫的廝殺，還有隱秘深藏的敵後地下鬥爭。關於前者，史家已多有研究；關於後者，至今尚少論述。茲就臺灣中研院朱家驊檔案所藏，參以「孤島」時期的上海報紙，闡述國民黨系統在上海地區的部分敵後工作情況。

一、上海黨部委員紛紛變節，蔣介石大為震怒

上海於一九三七年十一月淪陷。一九三九年，汪精衛自重慶逃出後，於五月八日抵達上海，即以之爲基地，大肆鼓吹「和平運動」，緊鑼密鼓地籌備組織僞國民黨和僞國民政府。蔣介石認爲「上海陣地不能丟」，計畫加強上海工作。①當時，國民黨雖在上海設有地下市黨部，但由於原書記長蔡洪田、常務委員汪曼雲率先變節，爲虎作倀，一時間，除主任委員、原暨南大學教授童行白等二、三人尚能保持氣節外，其他委員和職員居然攜帶卷宗、印信，集體投逆。②這種情況，使蔣介石大爲震怒。六月七日，蔣介石手令國民黨中央秘書長朱家驊等人稱：「上海黨部實在無成績表現，其無能力與無辦法可知，應特別設法改良爲要！」③三日，

陳立夫也致函朱家驊，建議「集商改進方案」。④

重慶國民黨中央很快決定派候補中央執行委員鄭亦同去上海，以中央組織部代表名義負責考察當地黨務。八月廿三日，鄭亦同致電朱家驊報告：上海黨務既無下層基礎，上層幹部「變節者變節，消沉者消沉」，必須「徹底改組」，方能「重奠革命之基礎」。他並推薦，以中央組織部副部長吳開先擔當此任，其理由是，上海的這幫動搖失節之輩，與吳「有甚深切之歷史關係」。只有請他出馬，才能「多盡勸導之責，或於殘局不無小補」。⑤

吳開先出生於上海近郊的青浦，畢業於上海法科大學，其後曾先後擔任國民黨上海市黨部組織部長、常務委員會主席等職，可以說是上海通。鄭亦同推薦他回滬主持地下工作，不無道理。鄭亦同的建議也正是朱家驊的想法，於是，很快就決定了。和吳開先同時奉命赴滬的還有軍事委員會委員長駐滬代表蔣伯誠。

二、正邪、忠奸、人鬼的搏鬥

一九三九年八月廿八日，吳開先抵達上海。當時，汪精衛正在上海極司非爾路七十六號召開「國民黨第六次全國代表大會」，組織僞國民黨。一場正與邪，忠與奸，人與鬼的搏鬥正在上海灘上展開。

報紙是社會喉舌，可以造輿論，洗腦筋，影響和左右人心。汪精衛、周佛海等都是國民黨內的文化人，長期做宣傳工作，自然深諳此點。他們到上海後，一面通過《中華日報》鼓吹「和平運動」，一面威脅、恐嚇各抗日報刊。六月十七日，汪僞武裝特務襲擊《導報》館，迫使該報停刊。同時，投降汪僞的原國民黨特務丁默邨、李士群等，則以「中國國民黨鏟共救國特工總部」名義，向上海各抗日報刊負責人投遞恐嚇信，聲稱如再發現有反汪、擁共、反和平之記載，「決不再作任何警告與通知，即派員執行死刑」。七月廿二日，汪僞特工夜襲《大晚報》社。八月三十日，暗殺《大美晚報》副刊《夜光》版編輯朱惺公。其後，暗殺事件即層出不窮。

在抓報紙的同時，汪僞又大力抓學校。其辦法是拉攏部分教育界敗類成立所謂上海市教育委員會，遊說各校校長發表擁汪通電。九月二日，上海女子大學校長吳志騫因致函《中美日報》，痛斥汪精衛的「和平」謬論，宣稱「頭可斷，志不可屈」，被汪僞特務暗殺。⑥接著，大海中學校長聶海帆也遭到毒手。其後，各校校長紛紛接到前述「鏟共救國特工總部」的恐嚇信，聲稱如再堅持不肯參加「反共和平運動」，「執迷不悟，甘心附共」，將以同樣手段對付。⑦因此，一部分校長、教導主任們不得不表態擁汪。⑧

吳開先離開重慶時，攜有蔣介石致虞洽卿等人函五件，孔祥熙致上海銀行界李銘等人函十數件。吳開先抵滬後，即與蔣伯誠分頭訪問或宴請上海各界頭面人物，特別是工商界巨頭，傳達抗戰國策。在淪陷兩年之後，上海人士突然見到了這兩位來自重慶的舊相識，因此，一時頗爲興奮。八月三十日，吳開先致電陳果夫、朱家驊等稱：「環境雖確甚惡劣，然事尚可爲，決以最大之努力挽此頹勢。」⑨九月十日，蔣伯誠、吳開先又聯合致函朱家驊稱：「汪逆失敗，在滬利用敵人之金錢，威脅利誘，無所不爲。對忠實同志屢加殺害，喪心病狂，較之暴敵，尤爲殘酷。惟汪逆無論金錢、暴力，如何兇殘，但是非猶在，清議尚存，順逆忠奸之辨，孩童皆知。故無論黨內黨外，忠貞不二、持正不阿之士，所在皆是。」函件表示，上海潛在力量非常廣大，將廣泛聯絡各界及各民眾團體，「使全滬民眾不爲利誘，不爲威屈，造成強固之不合作運動，以爲消極之抵抗。」⑩後來的事實表明，蔣、吳二人的這些壯語雖沒有完全實現，但在打擊敵僞方面還是做了一些工作。

汪僞和日寇很快就得知吳開先已經返回上海並重建地下組織。九月九日，汪僞《中華日報》刊出吳開先到滬的消息。同時，丁默邨懸賞五萬元捉拿吳開先。九月十九日，日方制訂應予撲滅的中國秘密機關計畫，首列「吳開先集團」。⑪

三、成立上海敵後工作統一委員會

到達之後不久，蔣伯誠、吳開先很快發覺，上海地下市黨部的被破壞情況，遠比原來估計的嚴重。二人函告重慶稱：「市黨部因二三叛徒破壞，無異臨陣倒戈，牽動甚大。」主任委員童行白雖然艱苦撐持，但人面過熟，險遭敵僞暗殺，行動、居處都極感困難，因此，已不能留滬工作，市黨部必須根本改組。函件同時也提到，上海原有特工組織均已崩潰，應即統一力量，重加組織，派遣重要人員來滬主持。函稱：「叛徒一有制裁，則同志之勇氣自增，而觀望之徒有所顧忌，更不敢爲非作歹矣！」⑫當時，重慶方面在上海從事地下抗日工作的系統有好幾個，政出多門，互不相關。九月三十日，吳開先再次致函朱家驊，說明中央在滬工作人員尙未取得密切聯繫，「工作既未集中，經費尤爲奇缺」。他要求朱家驊報告蔣介石，「將全滬工作化零爲整，以堅強之組織與敵僞相抗」。⑬

一九四〇年夏，吳開先返渝彙報工作，國民黨中央採納吳開先、杜月笙等人建議，決定組織上海敵後工作統一委員會，以杜月笙、蔣伯誠、戴笠、吳開先、吳紹澍爲常務委員，以杜月笙爲主任委員，吳開先爲書記長。同時，改組上海市黨部，以吳紹澍爲主任委員，兼三青團上海支團主任。統一委員會成立後，吳開先指定杜月笙留在上海的管家萬墨林爲總交通，以原中央通訊社上海分社主任馮有真等人爲專員。⑭在上述五個常務委員中，杜月笙和戴笠都不在上海，因此，統一委員會的工作主要由吳開先、蔣伯誠、吳紹澍三人負責。

上海統一委員會成立後，部分國民黨人和文教界人士紛紛變節的情況得到扭轉，上海市黨部、三青團上海支團的工作呈現起色。「孤島」的報紙不斷出現上述組織的宣言、公告，街頭也不時出現國民黨系統散發的抗日傳單。

四、爭取失足分子，穩定動搖分子

在汪精衛的追隨者中，有一部分是鐵杆漢奸，有一部分則是一時失足者。吳開先到上海後，所做的第一件工作就是爭取失足分子，制止文教界正在蔓延的附逆趨勢。一九三九年九月十一日，吳開先致函朱家驊說：「抵滬後，對丁逆所脅持分子已救出周斐成，張詠春、蘇頑大、顧蔭千、柴子飛等十餘人，均爲租屋，另行居住；盲從而悔悟願歸者，亦有封光甲等十餘人（均為中小學校長）。」⑮這可以說是蔣伯誠、吳開先等到滬後的最初成績。

一九四〇年一月初，在萬墨林策劃下，高宗武、陶希聖二人離開汪僞集團，出走香港。蔣伯誠、吳開先即於七日致電朱家驊，要求迅速向蔣介石彙報，轉命駐港工作人員「聯絡撫慰，以拆汪僞團體」。⑯十四日，朱家驊批示將電報抄送蔣介石的侍從室，同時指示：「汪逆正謀傀儡登場之際，忽與其重要幹部凶終隙末，我方自可及時利用。」⑰

高、陶到香港後，在杜月笙等策劃和支持下，向報界公開了汪僞和日本所簽訂的賣國密約，並陸續發表了《致大公報函》、《新中央政權是什麼》等討汪文章。以此爲契機，全國各地紛紛掀起討汪運動。一月廿三日，吳紹澍對記者發表談話，通過滬報公開聲討汪精衛的賣國行爲。談話特別提出：「汪之末日已至，日人之政治陰謀已窮」，號召「受汪逆一時誘惑者，從速猛醒，戴罪圖功」。⑱同時，吳開先則分別致函附逆分子。函稱：

慨自汪逆叛國，匿跡滬西，謬倡和平，行同盜匪。影響所至，環境日惡，生活日高，全滬人士咸蒙其害。諸君或被利誘，或遭威脅，雖不能與「認賊作父」、「為虎作倀」者同日而語，要亦信念不堅，交友不慎，有以致之。在先或惑於謬論，或醉於利祿私圖，執迷不悟，莫可理喻，方今高、陶遠走，密約揭露，諸君雖不與謀，亦屬附和，務望及時憬悟。

函末，吳開先並號召失足分子刺殺汪精衛：「若能刺逆來歸，將功贖罪，我中央不特不咎既往，且將厚事賞賚也。」該函於廿八日在上海《申報》、《新聞報》、《中美日報》、《大美晚報》等多家報紙同時刊載。[19]

高宗武、陶希聖公佈汪日密約後，汪僞集團極爲狼狽，僞國民黨中央秘書長陳春圃狡辯說：高、陶所公布的密約是「日人片面提出之條件」，「並非最後折衝之結果」。[20]廿七日，在吳開先等勸導和安排下，僞社會部秘書程寬正等十五人決定反正，脫離汪僞控制。三十一日，程寬正等發表公開函件，反駁陳春圃的狡辯，說明「自高、陶宣布密約，乃知所謂『和平運動』，實漢奸運動之變相。」[21]其後，程寬正並發表長文，揭露丁默邨等脅迫他落水並逼他參加汪僞「六大」的經過。[22]周樂山等也發表文章，譴責汪精衛「假和平之名，行屈膝之實。」[23]二月六日，吳紹澍致電葉楚傖、朱家驊稱，自吳開先發表文告後，「奸僞內部頓呈動搖」，「滬市人心殊見興奮」，云云，[24]雖有誇大成分，但確係事實。

除分化敵人，爭取失足分子外，統一委員會又嚴密注視上海頭面人物的動向，特別注意監視動搖分子，及時採取措施。

汪精衛等成立僞府前後，多次誘脅虞洽卿出任僞職。統一委員會得到消息，立即緊急集議，決定假冒吳鐵城名義致電虞洽卿，聲稱：「奉總裁諭，上海情形複雜，安全堪虞，請即來渝。」一九四〇年秋，虞洽卿離開上海，經香港轉赴重慶。㉕統一委員會的此一舉措，有效地防止了虞洽卿爲敵所用。

一九四一年十二月八日，日本偷襲珍珠港，向英美宣戰，佔領上海租界。黃金榮受日僞誘惑，準備出任租借維持會會長。統一委員故伎重演，送去一份蔣介石具名的電報，表示對黃近況的關念，詢問其身體狀況，勸其多加養息，廿三日，吳開先致電朱家驊，報告這一做法，電稱：「此老如能懸崖勒馬，而不爲敵用，對於滬上一切，或究可稍好也。」㉖結果，在整個抗戰時期，黃金榮和日寇雖有周旋，但始終沒有出任僞職。

上海有巨大的人力資源，爲敵所用，將極大地不利於抗戰。上海統一委員會爭取失足分子，穩定動搖分子的工作雖然無法完全阻遏少數敗類的投敵，但對分化敵人，限制敵僞利用上海的人力資源，顯然有一定作用。後來，吳開先在回憶中曾不無自豪地說：「終汪逆之世，上海所有銀錢業較知名之士，無一敢冒不韙而參加敵僞之金融組織者。」㉗

五、肅反、鋤奸

爲了對付汪僞的恐怖政策，蔣伯誠、吳開先於一九三九年九月五日致電朱家驊，告以「汪逆恐怖政策，日益加厲」，要求「速派妥員來滬，主持肅反工作，鼓勵民氣，堅強陣線。」㉘其後，軍統上海區先後處置了汪偽特工總部大隊長趙剛義、機要處副處長錢人龍、青幫大亨張嘯林、偽上海市長傅筱庵等人，起到了部分鎮懾作用。

資料顯示，重慶方面曾企圖通過上海統一委員會暗殺汪精衛。同年十一月十四日，蔣伯誠、吳開先致電朱家驊稱：「賜電奉悉。囑破壞汪逆偽組織事，弟等不避艱險，多方設施，政治方面，曾向平方策動反汪，已見成效。現仍積極進行。滬上各方，在弟等聯絡及監視之下，各界均亦不敢勾結參加。」同電並稱：「行動方面，曾積極計畫，俟機實施，惟逆賊防衛嚴密，不易接近爲慮。」㉙電報所稱「向平方策動反汪」，指的是利用華北漢奸集團反對汪精衛，製造其內部矛盾。所稱「行動方面」，則顯指暗殺汪精衛。

上海統一委員會暗殺汪精衛的計畫未能實行，但是，在偽南京國民政府成立之前，他們還是處置了幾個小漢奸。二月廿八日，在吳紹澍等指揮下，上海同日發生三起暗殺案：日偽《新申報》記者許申，偽京滬、滬杭甬兩路黨部委員薛顯揚，上海市商會委員馬少荃遭到槍擊。不過，許申未能致命，而馬少荃則當時並無顯著附逆行跡，統一委員會對他採取行動，主要是嚇唬，促使他離開上海，轉赴重慶。

六、推行崇尚廉恥運動

蔣伯誠、吳開先到上海後，除聯繫各界頭面人物外，還曾聯絡了部分民眾團體。一九三九年十月，在蔣、吳等鼓勵和支持下，上海工商、教育、慈善等各界人士組織上海市民廉恥運動委員會，發起崇尚廉恥運動，其內容爲：「自己立誓，不與聞無恥之事業，不受無恥之金錢，共同對無恥之徒，口誅筆伐。」㉚十二月十二日，委員會發表宣言，號召「孤島市民，刻苦淬礪，堅忍奮鬥，以復河山。」㉛此後，陸續發表《告教育界同仁書》、《敦勸金融界書》、《勸告婦女界書》、《告上海市民書》、《告工友書》等文件，宣導守廉厲節，圖強發奮，雪恥復仇。㉜

一九四〇年三月十一日，廉恥運動委員會發佈宣傳要點，指責汪僞曲解孫中山的言論以行其奸，嚴肅聲稱：「凡曲解三民主義者，不但爲總理之叛徒，且爲千秋萬世之罪人。」㉝廿九日，汪僞成立漢奸政府前夕，廉恥運動委員會再次發佈宣傳要點，尖銳地提出一系列問題：「你接受無恥金錢嗎？你參加無恥事業嗎？」㉞三十日，汪僞政權成立之日，委員會又發表文告，提出「應益堅氣節」。㉟這些，顯然都具有批判民族敗類、砥礪氣節的作用。廉恥委員會後來曾發展到各業各界，在上海活動了很長一段時期。

在統一委員會活動期間，上海工商、知識各界的群眾工作有一定發展。當時發端於重慶的「春禮勞軍運動」、「節約勞軍救難運動」、「一元救難運動」等，都曾得到上海市民的積極回應。其中「春禮勞軍運動」，上海各團體原擬募集代金五十萬，二十天不到，各業認捐額即達六十萬。㊱

當然，上述群眾運動是多種社會力量，包括共產黨在上海的地下組織共同推進的結果，但其中有統一委員會的努力則是無疑的。

七、揭穿汪精衛偽造民意的鬼把戲

在汪偽之前，日本帝國主義先後培植了華北、華中兩個漢奸集團。汪精衛等自重慶出逃之後，日寇即準備以之爲中心，成立統一的漢奸政府。一九四〇年二月，汪偽開始製造「還都」輿論，謀劃在南京成立偽府。其手段之一是偽造民意。當月，《中華日報》以上海一百多個同業公會的名義發表「擁護和平通電」，藉以欺騙社會。爲了揭穿汪偽玩弄的鬼把戲，國民黨上海市黨部分別動員各同業公會登報否認。三月十九日，上海醬園業、古玩業、地貨業、雜糧油餅業等同業公會首先在《申報》發表啓事，聲明「本會以維護同業爲職志，越此範圍，概不預聞。」在此基礎上，《申報》並進一步刊登消息，說明《中華日報》所登啓事，「其中六十五個，係未經正式成立，甚至根本無此名稱者，其中四十一個，已陷停頓者，至於確有此種名稱而在活動中者，對於此事，事前實一無所聞。」㊲自此，各種否認聲明絡繹不絕。至三月三十日，各同業公會發表聲明者達一百五十餘起。各界發表聲明者每日數起。㊳這些聲明，有力地揭穿了汪偽的鬼蜮伎倆。

八、反對成立偽府

汪僞集團在一再延期之後，決定於三月三十日「還都」。爲了加緊反汪鬥爭，三青團上海支部於廿九日通電全國，聲稱：「我國人心未死，公義尙存，豈能容此無恥巨奸，靦顏人世，以貽民族之羞！」㊴同日，上海市各區黨部督率全體黨員上街張貼標語，進行了一次突擊宣傳。據報導，南京路商業區，以至曹家渡、徐家滙等地區，「均有大量小型彩色討汪傳單散發」，「人行道上之電杆木上，均有極整齊之討汪標語張貼。」㊵後來，吳開先曾回憶說：「每年元旦或國慶日，均由黨部工作同仁在先施、永安、大新諸公司之遊樂場上，擲下大批紙質國旗黨旗，以喚起民心。汪僞組府時，並印大批傳單說明汪之漢奸行爲，以昭告國人，亦由高處擲下。」㊶

三月三十日，汪僞爲了製造氣氛，盜用英法兩租界華人納稅會名義，以紀念台兒莊戰役爲名通知各商店懸旗。上海市黨部得知這一消息，立即商請各晚報刊登消息，揭穿陰謀，並加印《大美晚報》八千份，調動學生五十人分頭送報，並向各商店說明。因此，當日除外灘日本銀行及虹口、滬西一部分商店外，英法兩租界內絕無一家商店懸旗。㊷同日，上海學生協會、上海學生討汪運動總會等紛紛發表宣言，聲稱：「現在更偉大、更艱巨的反汪任務，放在我們肩上來了，我們只有更英勇更堅決地發揚我們的傳統，擔負起我們的使命，集中我們的火力，萬眾一心，從日寇汪僞的進攻中發動全面決死的總反攻。」㊸

當日，三萬學生舉行全市大罷課。各校學生在風雨中分別舉行討汪宣誓：「余誓以至誠，決不參加僞組織，以最大之決心，打倒賣國組織，並否認賣國密約，決以全力擁護中央，擁護抗建國策。」㊹會後，各校宣傳隊到租界各馬路散發反汪傳單，高呼反對成立僞府口號，因此被捕數十人。這是淪陷區的一次大規模的群眾性行動，發生了較大的影響。當日，蔣伯誠即致電重慶，報告有關情況。四月二日，朱家驊覆電表示滿意。電稱：「滬市討汪工作，由兄主持，頗著績效。原電已譯呈總裁鑒核，仍請督導諸同志加緊進行。」㊺

九、宣示抗戰國策，拒絕德國人轉達的日本和平條件

日軍侵華，原以爲可以在短時期內滅亡中國，但是，卻陷入了中國人民持久抗戰的泥潭中。日本侵略者不得不通過多種管道向重慶國民政府誘和，以求取得在戰場上無法得到的東西，從侵華戰爭中拔出腳來。

一九四〇年十月十五日，德駐華使館代辦密告蔣伯誠與吳開先：日本華北軍司令長官多田駿等對汪精衛甚爲輕視，認爲中日問題非與蔣介石洽商，無法解決。德代辦稱：日方現應以優越之條件給予中國政府，但日方亦應有所得。德代辦暗示，德國將以第三國姿態出面保證實行。蔣、吳二人沒有堅決表示拒絕，同意將談話經過報告蔣介石。朱家驊對此不滿，覆電稱：「此次抗戰，中途言和，可招亡國之禍。」「戰事擴大，正我所期待。英美合作既成，則共同

制日，步步加緊，對我援助日有進步，前途希望愈增，我抗戰亦勝利愈近，此時我方決不可稍動搖。」㊻

德國企圖再次調停中日戰爭的消息很快爲英、美得知。十月廿六日，吳開先以中央駐滬人員名義對英、美記者發表談話：「中日戰爭，非俟日本有真誠之覺悟，放棄侵略之決心，達到委員長所提恢復中國領土之完整，國家之獨立、自由，則任何和平方法，余知中央決不願予以考慮也。」㊼朱家驊認爲這一談話「頗爲得體」，於廿九日覆電表揚，電稱：「欲謀世界秩序之恢復，和平之重見，各國必先聯合，共同制日。我三年餘抗戰，對世界，尤其太平洋有關各國，貢獻良多。此後當更盡最大之努力剪滅此世界禍首也。」朱家驊指示，如外國人繼續詢問，即按上述意思回答。㊽

一九四一年，太平洋戰爭爆發。同年十二月，日軍佔領上海英法兩租界，統一委員會的工作轉入隱蔽待機，但是，日方仍然多次輾轉向吳開先表示謀和之意。一九四二年二月上旬，德國海通社社長美最時會見吳開先，轉達日方求和意圖，打聽中方條件。吳開先答以「我方現在絕無謀和之意，條件無從談及。」十二日，美最時再次約見，出示日本海軍方面的五條意見，主要內容爲：一、日本承認中國尚未擊敗，希望避免繼續流血，願接受中國之和平條件。二、中國應盡速參加東亞新秩序，取得其應得之地位，則中日兩國，將爲亞洲之兩平等國家。三、日方決定大權，掌握在東京二三領袖手中，日本海軍與之有最接近之聯繫，因此中國無須與其他日人談判。四、此次機會，稍縱即逝，望中國方面及早圖之。有了前次的教訓，這次吳開先的回答就乾脆了：中國已在二十六國宣言上簽字，不能單獨媾和，「事無百一之望」。㊾廿四日，朱家驊覆電，指示稱：「我國單獨抗戰，四年有半，百折不撓，已獲勝利基礎。」「太平洋戰事發生以來，我一躍而躋爲四強之列，爲世界大戰中之主角，同時亦爲世界各民族共認之領導者，國際地位既已提高，此乃千載一時萬不可失之良機，正宜及時加緊努力，以竟全功，斷無中途言和之理。敵在太平洋上初期勝利，本爲意中之事，最後勝利仍屬於我，敵必慘敗，已無疑義，今其謀和之心愈切者，亦爲此也。」朱家驊並稱：「德人建議，弟意不宜轉陳，因總裁必大生氣也。」㊿

十、統一委員會工作的停頓

一九四二年三月，吳開先被捕。五月六日，統一委員會的秘密電臺被破獲，吳紹澍避居宜興西南的張渚。此後，又適逢蔣伯誠中風，因此，上海統一委員會的工作陷於停頓。除營救吳開先外，就沒有做過多少事了。

自吳開先等到上海敵後工作到吳開先被捕，前後不到三年。在此期間，吳開先等始終沒有能將上海的敵後工作真正統一起來，其工作範圍也僅限於工商界、新聞界、教育界，和社會下層缺少聯繫。同時，他們還有和共產黨鬧磨擦的一面，反映出國民黨雖一面聯共抗戰，一面仍不能忘情於反共。但是，吳開先等人和上海統一委員會的主要鬥爭矛頭是指向日本侵略者和汪僞集團的，因此，基本上應予肯定。

（原載台北《傳記文學》一九九七年一月號，修訂稿發表於南京《民國檔案》一九九八年第四期。）

①吳紹澍《記上海統一委員會》，《文史資料選輯》第廿九輯，第八十二頁。
②李子孝《致朱秘書長函》，（一九三九年）五月廿四日。朱家驊檔，臺灣中研院藏，以下所引資料凡未註出處者，均同。
③蔣介石《機秘（甲）第二八九五號手令》。
④陳立夫《致朱騮先函》。
⑤鄭亦同《致騮先秘書長電》。
⑥參見《吳志騫來函表白》，《中美日報》，一九三九年八月廿九日。
⑦《中美日報》，一九三九年九月十二日。
⑧錢俊瑞等《汪偽在上海各界活動的真相》，黃美真等編《汪精衛國民政府成立》，上海人民出版社版，第二四二至二四七頁；參見展鴻圖：《忠奸搏鬥中的教育界》，《新華日報》一九三九年，一月十九日。
⑨吳開先《致果公、立公、楚公、騮公、厲公、庸公、布公電》。
⑩蔣伯誠、吳開先《致騮兄秘書長函》，一九三九年九月十日。

⑪《第十三軍工作要領》。
⑫《致騮兄秘書長函》，一九三九年九月十日。
⑬吳開先《致騮公函》，一九三九年九月三十日。
⑭吳紹澍《記上海統一委員會》，《文史資料選輯》第廿九輯，第八十二頁。
⑮《朱家驊檔》。
⑯蔣伯誠、吳開先《致朱部長騮兄電》。
⑰朱家驊《條諭》。
⑱《黨部主委吳紹澍氏在香港發表談話》，《大美晚報》，一九四〇年一月廿三日。按吳紹澍當時實在上海，談話稱「在香港」，係為迷惑敵人。
⑲各報文字小有不同，此據《中美日報》。
⑳《中華日報》，一九四〇年一月廿三日。
㉑《程寬正等跳出火坑，公開函質》，《大美晚報》，一九四〇年一月三十一日。
㉒《從禍水中躍登彼岸》，《大美晚報》，一九四〇年三月二十日。
㉓《周樂山等公開函》，《大美晚報》，一九四〇年三月十九日。
㉔吳紹澍《致楚公、騮公電》，一九四〇年二月六日。
㉕吳紹澍《記上海統一委員會》，《文史資料選輯》第廿九輯，第八十六至八十七頁。
㉖吳開先《致騮公電》，一九四一年十二月廿三日。

㉗吳開先《抗戰期中我所見到的杜月笙先生》，恒社編：《杜月笙先生紀念集初集》，第十八頁，一九五二。
㉘蔣伯誠、吳開先《致騮公電》。
㉙蔣伯誠、吳開先《致騮兄電》。
㉚《申報》，一九三九年十月十七日。
㉛《申報》，一九三九年十二月十二日。
㉜《申報》，一九四〇年一月一日。
㉝《申報》，一九四〇年三月十一日。
㉞《申報》，一九四〇年三月廿九日。
㉟《大美晚報》，一九四〇年三月三十日。
㊱《申報》，一九四〇年二月廿二日。
㊲《捏名通電，各公會均否認》《申報》，一九四〇年三月廿一日。
㊳蔣伯誠《致騮兄密電》。
㊴《三青團上海支部通電全國討汪》，《大美晚報》，一九四〇年三月廿九日。
㊵《本市學生反對偽組織》，《大美晚報》，一九四〇年三月三十日。
㊶《滬上往事細說從頭》，臺灣《傳記文學》，一九八七年十二月號。
㊷《致朱家驊電》，一九四〇年三月三十日。

㊸端木衣虹《大上海青年反法西斯鬥爭底繪卷》，《新華日報》，一九四一年十一月三十日。
㊹同上。
㊺朱家驊《覆蔣伯誠電》。
㊻朱家驊《覆蔣伯誠、吳開先》。
㊼吳開先《致朱部長騮公》。
㊽朱家驊《覆吳開先電》。
㊾吳開先《致騮公電》。
㊿朱家驊《覆吳開先電》。

打入日偽內部的國民黨地下工作者

——略談何世楨、陳中孚與陸玄南

打開《民國人物詞典》，有兩個人物，一爲江蘇吳縣人陳中孚，一九三八年任南京偽維新政府行政院長梁鴻志顧問，一九四一年任汪偽國民政府委員，後又任汪偽國民黨中央監察委員。一爲安徽望江人何世楨，一九三九年任汪偽國民黨中央執行委員會常務委員，曾被重慶中央宣布開除黨籍，明令通緝。按二人職位，理應列入漢奸行列。但是，此二人在抗戰勝利後都沒有受到懲罰。不僅如此，何世楨還在上海參預接收日偽財產。一九四八年並被選爲行憲國民大會代表。這就奇了。

翻查有關檔案、文獻，二人也確乎有「劣跡」。如：一九三九年九月十五日，何世楨曾致電蔣介石等稱：「國家民族已至最危急時期，黨既不能成爲有主義、有精神之黨，政府亦復不能爲負有責任有能力之政府，全國人民已陷於水深火熱之中，諸公猶以國家民族爲孤注一擲，將置國家民族於萬劫不復之境，此則誠可痛心疾首長太息者也。深望諸公幡然悔悟，以大無畏精神向國人公開謝罪，光明的主和，切實團結全國國力，共爲光榮和平之奮鬥。」此電刊於汪偽《中華日報》，當時，汪精衛等人正在上海全力「主和」，何世楨在電報中卻要求蔣介石和重慶方面「幡然悔悟」，放棄抗戰方針，「向國人公開謝罪」，「共爲光榮和平之奮鬥」。這不是明顯的漢奸言論嗎？據說，何世楨還曾租用飛機在上海及重慶上空散發此電。他們在抗戰勝利後何以未受到懲罰呢？

一九九六年，我在臺灣所藏朱家驊檔案中讀到了葛覃、吳任滄、騰珂三人寫給重慶方面的一份報告，專談何世楨、陳中孚情況，部分解答了我的疑問。

一、一九三八年秋，陳中孚、何世楨奉孔祥熙、于右任、居正三人囑咐，探討「中日和平途徑」。適值陳立夫派陳惠到上海作「重要政治情報工作」，經藤珂介紹，與陳、何聯繫，「便中偵察日方對華政治動向，隨時報告中央」。陳惠在上海組織民眾黨，出版《民力》週刊，公開反對汪精衛，同時與陳中孚、何世楨聯手，打擊汪精衛的「和平運動」。後陳惠被汪方通緝，被迫離滬。

二、汪精衛初到上海時，首先拉攏陳中孚、何世楨，計畫在廣州組織偽國民政府，爲陳、何拒絕。同時，北方的王克敏、南方的梁鴻志也多方誘迫何世楨參加偽府，許以司法院長高位和二十萬元的經費。陳、何態度未定，騰珂等多方勸阻，二人遂加以拒絕。

三、一九三九年，汪精衛到北平，企圖勾結吳佩孚。陳、何得到消息，立即北上，勸吳以國家爲重，不要受汪精衛的愚弄，吳遂拒絕與汪會晤。

四、汪精衛聯吳失敗後，回上海組織中山學會，旋改稱「中央黨部」，準備成立偽國民政府，陳、何即組織中國新同盟會相抗。汪精衛在上海召開偽國民黨第六次全國代表大會，推何世楨爲主席團成員，繼又推爲偽國民黨中央常委，許諾何爲立法院長，均遭拒絕。因此，汪精衛非常痛恨何世楨。當重慶國民黨中央宣布開除何世楨黨籍之時，汪精衛也在上海襲擊了何主持的持志學院。

五、汪精衛到上海後，向日方誇耀，重慶國民政府五院院長、張發奎、陳銘樞等都同情他的和平主張，但所言不驗；而且陳、何也不肯與汪合作。日方因此感到，汪沒有解決時局的能力。陳、何乘機策動日方，「欲謀和，非向中央進行不可，否則徒受汪愚。」汪政權之所以一再喧嚷，而遲遲不能建立，與陳、何的策動有關。

六、陳、何不僅運用日方倒汪，而且不時運用南北兩個偽政權刁難汪精衛。汪精衛政權之所以難產，此一重要原因。

七、一九三九年春，日本軍部小野寺來華，與陳、何續談和平，陳、何再次提出：「汪無解決時局能力，欲謀和惟有求諸中央。小野寺贊同這一觀點，立飛東京，與近衛、平沼商量；再返滬，向陳、何稱：日方要人多數贊同與重慶方面談判，任國府指定地點，重慶、昆明、桂林、新加坡、小呂宋均無不可，近衛或平沼均可參加。其他如軍部的適原、海軍的野村中將、現任海軍司令津田中將均持同一主張。日方人員多次向陳、何表示：「如中央有意談判，則日方條件均可從優，否則惟有支持汪政權矣！」

八、自高宗武、陶希聖在香港發表日汪密約後，海內大嘩。陳、何表示：「即無日汪密約吾人亦不與汪合作；有此賣國協定，更非倒汪不可！吾人之中國新同盟會與和平救國會亦準備結束。」

九、一九三九年三月初，陳、何向騰珂等表示：現在日方的松岡洋右一派，如石井、小川等及日海軍宇垣大將等發表新主張，高唱解決中國問題，除東北四省既成事實外，餘均無條件恢復七七事變以前狀態。此說在日本國內甚爲有力。軍部的小野寺、適原，海軍之野村、津田、岩村等，均持同一主張。彼等尤其反對支持汪政權，使之成爲中日和平的障礙。北平的熹多、南京的原田，武漢的村杉也堅決反對支持汪政權。何稱：陳中孚擬於汪政權成立後，開始其倒汪活動。屆時，汪政權的弱點即將全部暴露，陳、何將聯合日方海陸軍中之反汪派，推倒米內內閣，促成宇垣、松岡洋右、小野寺等之抬頭，並向日方之政黨、議會發動倒汪攻勢，從而轉變日方支持汪僞政權的國策，俾向吾人就範。「吾人更一面在抗戰軍事予以若干次重大打擊，一面支持日方反汪分子之活動，以擾亂其侵華陣容，則抗戰之前途不難於有利之條件下達到中央預期之目的也。」函末，騰珂等建議，恢復外交部駐滬辦事處，派專人主持，聯絡陳、何，使之「作有利於中央之活動」，「發動對日之外交攻勢」。同函並稱：「汪僞政權成立期近，陳、何效力中央，頗具誠意，時機迫切，稍縱即逝。」

從騰珂等人的報告看，陳中孚、何世楨是有意打入敵人內部的國民黨的特殊工作人員，其主要目的是作倒汪活動。一方面在「和平」陣營內作汪精衛的反對派，一方面支持日本人內部的反汪派。一言以蔽之，阻撓和破壞汪精衛組織僞政權。

筆者的這一判斷並不是孤證。吳紹澍在《記上海統一委員會》一文中回憶說：「上海持志大學校長何世楨與李擇一、陳中孚與日寇也有勾結，而同汪精衛僞組織並不合流，卻想另搞一套。當時統一委員會對何也發出了警告。何就託人解釋，說與重慶有聯繫。」可見，何世楨、陳中孚是打著「和平運動」旗幟的反汪派。上海統一委員會是國民黨在上海的地下抗日組織，吳紹澍是它的主要成員之一，其回憶自然比較可靠。

何世楨、陳中孚原來都屬於以胡漢民爲首的西南派，是堅決的反蔣分子。他們是如何轉而成爲重慶方面的特殊地下工作者呢？關於此，胡道靜老人等回憶說：「抗日戰爭爆發後，何的持志學生徐明誠，時任軍令部東南辦事處，即上饒辦事處主任，勸何以國家利益爲重，對蔣拋棄過去的個人恩怨，與日方接觸，以瞭解日方動態，利用各方關係和他們之間的矛盾，爲民族戰爭作出貢獻。何接受了這意見，因而何到了重慶，接受我調查單位之請，返回上海，與日僞秘密接觸，從而探知敵方很多秘密。一九三九年九月，重慶政府發佈對何的通緝令，使他更受日僞之信賴。何世楨在抗戰期間成爲提供敵方情報最多貢獻的人員。」

這段回憶清楚地說明了，重慶方面派何世楨回滬從事秘密工作的情況。陳中孚是何世楨的搭檔，其情況當亦類似。

何世楨不僅爲國民黨工作，而且也爲共產黨工作。胡道靜等又回憶說：何世楨秘密擔任國際問題研究所駐上海的負責人。中共地下黨利用何的關係，在汪僞周佛海的中央儲備銀行搞到一個透支戶，組織公司，實質上是新四軍的後勤供應站。因此，一九七九年上海市公安局在何世楨的復查結論中明確寫道：「何歷史上與我黨組織有過關係，曾做過有益於人民的工作，是有貢獻的。」胡道靜等還回憶說：「何世楨與阜豐麵粉廠廠長孫伯群有親戚關係，在孫廠內的住宅內設立秘密電臺，另一秘密電臺設在何的家中。在杭州亦有一秘密電臺設在何的學生勞鑒劭家中。有一時期，上海居民糧食緊缺，何曾請孫伯群設法一些麵粉幫助地下工作人員生活。」

除在「和平運動」中反汪外，一九四四年，何世楨還曾和近衛文麿的弟弟水谷川忠麿等聯繫，介紹徐明誠代表重慶方面和日方談判，提出要求日本全面從中國撤軍等三項條件。日方稱之爲「何世楨工作」。同年九月廿九日周佛海日記云：「徐某來，半年前曾見過一次，據云係渝軍令部東南辦事處下之負責人，奉軍令部電令向日海軍接洽者，提出前記之和平條件三項。蓋日海軍前曾由何世楨傳達，擬倒東條內閣以對渝表示誠意，而東條果倒，故內地電徐經何提出也。」據此可知，何世楨確曾在日方內部工作，挑動其內部矛盾。

何世楨、陳中孚的經歷都很複雜。關於何，筆者所知略多：他於「文革」期間被隔離審查，寫過幾十萬字的交代資料。一九七二年十月十三日撤銷隔離，同月十七日去世。關於陳，則所知極少。他大概後來去了美國，組織第三種力量。

還要談一談陸玄南。《朱家驊先生年譜》稱：「（民國二十八年）此時佈置南京地下黨部，發現委員陸玄南同時擔任僞組織的南京市黨部委員，因他事前沒有向中央報告用兼僞組織的職務作掩護的手續，既格於規定，先生不得不將他免職。但他免職之後仍能一秉初衷，繼續爲中央工作，非常出力。結果被僞組織發現逮捕，壯烈就義。」顯然這也是一位忠貞的愛國者。他的實際職務是南京市地下黨部成員，公開職務則是汪僞國民黨南京市黨部委員，爲此，他受到重慶方面的處分，最終則犧牲在地下工作的崗位上。

我曾見到過陸玄南寫給重慶方面的幾份秘密報告，知道他化名鍾平，在南京「專任汪方之反間及情報工作」，「儘量離間，使其內鬥」。他最初在汪偽「中央通訊社」工作，後來偕同其他兩個同志混入偽南京市黨部。他曾利用特殊身分在當地組織了十二個地下工作小組，也確曾向重慶報告過汪偽集團的許多情報，例如，其一九三九年提供的情報就有：汪偽新政權成立延緩，汪防範、戒備情形，汪派人員之摩擦益甚，汪建立武力情形，最近汪外交動向等。不過由於資料不足，他在南京的全部工作及其被捕犧牲情形，一時還難以釐清。

（原載《抗日戰爭研究》一九九九年第一期。）

關於宋美齡與美國總統特使威爾基的「緋聞」

一九八五年，美國人邁可・考爾斯（Gardner Milk Cowles）出版了一本回憶錄，題名《邁可回顧》（*Milk Looks Back*），其中寫到，一九四二年十月，美國總統羅斯福的特使溫德爾・威爾基（Wendell Lewis Willkie）訪問重慶時，宋美齡曾與之有過「風流韻事」，蔣介石發覺後，氣憤地率領手持自動步槍的士兵前往捉姦。由於考爾斯是威爾基當年訪華時的隨員，因此，上述情節很容易取信於人。

一九八六年，香港《九十年代》雜誌十月號譯載了考爾斯的有關回憶。一九九五年，李敖等在其合著的《蔣介石評傳》中加以引用，並作了詳細的論證和分析。其後，李敖又單獨署名，寫作《宋美齡偷洋人養洋漢》、《蔣介石捉姦記》、《宋美齡和誰通姦》等文，陸續發表於《萬歲評論叢書》、《真相叢書》、《烏鴉評論》、《李敖電子報》、《李敖大全集》等處。近年來，大陸出版的某些圖書、刊物以及網站，也都樂於傳播此說，競相宣揚。某著名編劇甚至寫到了電視劇劇本中。

如果是里巷兒女之間的偷情，並不值得重視，但是，事情發生在中美兩國的三個重要歷史人物之間，又經過上述出版物的渲染，就不得不認真加以考察了。

一、考爾斯細緻、生動的回憶

爲了考察方便，並利於讀者思考、判斷，筆者不得不首先引述考爾斯的有關回憶。《邁可回顧》一書寫道：

我們旅程的下一站是中國。宋子文——蔣介石夫人的哥哥的那棟現代化的豪華巨宅，是我們在重慶六天的總部。六天的活動相當緊湊，有威爾基和蔣介石委員長——國民政府領導人之間的數次長談；有政府官員的的拜會活動；還有委員長和夫人每晚的酒宴。其中，夫人的儀態和風度，令我和溫德爾兩人都感到心神蕩漾。

有一晚在重慶，委員長為我們設了一個盛大的招待會。在一些歡迎的致詞之後，委員長、夫人和威爾基形成了一個接待組。大約一小時後，正當我與賓客打成一片時，一位中國副官告訴我，溫德爾找我。

我找到威爾基，他小聲告訴我，他和夫人將在幾分鐘後消失，我將代替他的地位，盡最大的努力為他們做掩護。當然，十分鐘之後，他們離開了。

我像站崗似地釘在委員長旁邊。每當我感到他的注意力開始遊蕩時，就立刻慌亂地提出一連串有關中國的問題。如此這般一小時後，他突然拍掌傳喚副手，準備離開。我隨後也由我的副手送返宋家。

我不知道溫德爾和夫人去了那裏，我開始擔心。晚餐過後不久，中庭傳來一陣巨大的嘈雜聲，委員長盛怒狂奔而入。伴隨他的三名隨身侍衛，每人都帶了把自動步槍。委員長壓制住他的憤怒，冷漠地朝我一鞠躬，我回了禮。

「威爾基在那？」禮儀結束後他問。

「我不知道，他不在家。」

「威爾基在那？」他再次詢問。

「我向你保證，委員長。他不在這裏，我也不知道他可能在那裏。」

我和侍衛們尾隨其後，委員長穿遍了整棟房子。他檢查每個房間，探頭床底，遍開櫥櫃。最後，他對兩個人的確不在屋裏感到滿意後，一個道別的字都沒扔下就走了。

我真的害怕了，我見到溫德爾站在一排射擊手前的幻影。由於無法入眠，我起身獨飲，預想著可能發生的最壞的事。清晨四點，出現了一個快活的威爾基，自傲如剛與女友共度一夜美好之後的大學生。一幕幕地敘述完發生在他和夫人之間的事後，他愉快地表示已邀請夫人同返華盛頓。我怒不可遏地說：「溫德爾，你是個該死的大笨蛋。」

我列舉一切的理由來反對他這個瘋狂的念頭。我完全同意蔣夫人是我們所見過的最美麗、聰明和性感的女人之一。我也瞭解他們彼此之間巨大的吸引力，但是在重慶的報業圈已經有足夠多關於他們的流言蜚語了。我說：「你在這裏代表了美國總統；你還希望競選下屆總統。」我還表示屆時他的太太和兒子可能會到機場接他，夫人的出現將造成相當尷尬的場面。威爾基聽了氣得跺腳離去。當時我已經非常疲倦，於是倒頭便睡。

我八點醒來時，威爾基已在用早餐，我們各吃各的，半句話沒說。九點鐘他有一個演講。正當他起身準備離開時，他轉身對我說：「邁可，我要你去見夫人，告訴她她不能和我們一起回華盛頓。」

「那裏可以找到她？」我問。

他靦腆地說：「在市中心婦幼醫院的頂層，她有一個公寓。那是她引以為傲的慈善機構。」

大約十一點。我到醫院要求見夫人。當我被引進她的客廳後，我愚鈍地告訴她，她不能和威爾基先生一起回華盛頓。

「誰說不能？」她問。

「是我，」我說，「我告訴溫德爾不能隨你同行，因為從政治上來說，這是非常不智的。」

在我還沒有搞清楚怎麼回事之前，她的長指甲已經朝我的面頰使勁地抓了下去。

她是這麼的用力，以致在我臉上整整留下了一個星期的疤痕。

考爾斯曾任美國明尼蘇達州《明尼亞波里斯論壇報》（*Minneapolis Tribune*）和愛荷華州《狄盟市註冊報》（*Des Moines Register*）記者，後來創辦《展望》（*Look*）週刊，應該說，他的這段故事寫得很細緻、很生動，但是，這實在是一個破綻百出，編造得非常荒唐，非常拙劣的故事。

二、威爾基在重慶的日程足證考爾斯「回憶」之謬

威爾基於十月二日由成都到達重慶，七日下午離開重慶，飛赴西安，其間行程斑斑可考。爲了以確鑿的證據揭露考爾斯所編「緋聞」的荒唐，筆者現依據當時重慶《大公報》的報導及相關檔案，將威爾基與考爾斯在重慶的活動排列於下：

十月二日　威爾基等一行於下午三時四十六分，由成都抵達重慶。旋即驅車入城參觀市容。六時許至旅邸休息。

十月三日　上午九時起，在美國大使高斯陪同下，威爾基偕其隨員考爾斯（當時翻譯為高而思）、白納斯、鮑培，陸續拜會中國外交部副部長傅秉常、行政院副院長

孔祥熙，軍委會總參謀長何應欽。

十時四十分，拜會時任軍事委員會委員長的蔣介石及其夫人宋美齡，談至十一時十五分。

十一時三刻，威爾基、考爾斯、白納斯、鮑培赴國民政府，拜會國民政府主席林森。

十二時，林森設宴招待威爾基。出席者有居正、于右任、孔祥熙、美國大使高斯、考爾斯、白納斯、梅森少校、皮耳少校等。

下午三時半，威爾基參觀中央訓練團，發表演説，長達一小時餘。

五時至六時，美國大使高斯假座重慶嘉陵賓館舉行茶會，招待威爾基，到孫科、于右任等中外來賓三百餘人。六時許散會。

晚八時，蔣介石及宋美齡假軍委會禮堂設宴歡迎威爾基。參加者有威爾基及其隨員考爾斯、白納斯、梅森少校、皮耳少校、美國大使高斯、史迪威將軍、陳納德司令、蘇聯大使潘友新、英國大使薛穆及澳、荷、捷克等國外交使節與夫人。中國方面參加者有宋慶齡、孔祥熙夫婦、孫科夫婦、居正、于右任、王寵惠、吳鐵城、馮玉祥、何應欽等多人。

十月四日　晨，威爾基由翁文灝陪同，參觀重慶工廠。中午，翁在中央造紙廠設宴招待。下午，威爾基返城。

同日下午四時，宋美齡以美國聯合援華委員會名譽會長名義假外交部舉行茶會，歡迎美國總統代表、美國援華會名譽會長威爾基。出席宋慶齡、孔祥熙、孫科、史迪威及威爾基隨員考爾斯、白納斯、皮耳海軍少校、梅森陸軍少校及中外記者百餘人。威爾基首先參觀兒童保育院及抗屬工廠作品展覽，宋美齡為之「一一加以說明」。參觀後，茶會開始，由兒童保育院兒童表演歌舞及合唱。進茶點後，宋美齡致歡迎詞，威爾基作答。六時散會。晚，蔣介石與威爾基長談三小時半，宋美齡任翻譯。

一月五日　上午九時，威爾基由顧毓琇陪同，參觀中央大學、重慶大學、中央工業專科學校及南開中學。十二時返城，參加教育部長陳立夫舉行的宴會。下午至晚間，蔣介石、宋美齡繼續與威爾基晤談。同日，受到威爾基接見的還有史迪威、胡霖、張伯苓、周恩來等人。

十月六日　上午九時，威爾基由俞大維陪同，參觀兵工廠。中午，何應欽在軍委會設宴招待威爾基。

午後四時，中美、中英、中蘇、中法文化協會等十八個團體在嘉陵賓館舉行聯合茶會，歡迎威爾基一行。到美國大使高斯、蘇聯大使潘友新及王世杰、馮玉祥等三百餘人，由吳鐵城致歡迎詞。

五時五十分，國防最高委員會秘書長王寵惠訪問威爾基。

午後七時，孔祥熙以行政院副院長及中美文化協會主席的身分在重慶范莊私邸設宴招待威爾基，宋美齡、宋慶齡、孫科、周恩來、鄧穎超、馮玉祥等及美國大使高斯、史迪威、陳納德，威爾基的隨員白納斯、皮爾、梅森等一百餘人參加。席設范莊草坪，所用為「新生活自助餐」。

十月七日　晨，蔣介石、宋美齡共同接見威爾基，同進早餐。

九時，威爾基舉行記者招待會，向新聞界發表談話，並回答提問。

十時，威爾基由董顯光陪同，參觀婦女指導委員會，宋美齡出面招待，導往各辦公室參觀。至十一時結束。

下午四時半，由重慶飛抵西安。

綜觀上述日程，可見整個威爾基訪渝期間，由蔣介石主持，宋美齡參加的歡迎宴會只有十月三日晚一次。這次，威爾基和考爾斯都參加了，但是，値得注意的是，這是一次宴會，而不是考爾斯回憶中所說的會後還需要回到宋宅補進「晚餐」的「招待會」。會後也不如考爾斯所述，客人們分散談話，以致威爾基可以乘機和宋美齡相約，溜出去偷情。

關於宴後情況，重慶《大公報》報導說：宴畢，由中央廣播電臺表演國樂。「音樂節目進行時，威氏傾耳細聽，極爲注意。每一節目奏畢時，威氏即向蔣夫人詢問甚久，蔣夫人則詳加解釋。」「全部音樂節目完畢，威氏即登臺參觀樂器。各大使亦繼其後。威氏對每一種樂器均詳加研究，蔣夫人以極愉快之情逐予解說。蔣夫人並親撫古琴以示威氏，威氏嘆爲觀止。」

「十時半許，一夕盛會盡歡而散。」這其間，有威爾基與宋美齡調情、相約、出溜的機會嗎？

重要的是，威爾基來華前，和宋美齡從未謀面，到重慶後，三日中午，和蔣氏夫婦僅有三十五分鐘的談話。晚宴時，威爾基和宋美齡之間的感情怎麼可能迅速升溫，達到互相默契，外出偷情的高熱度呢？

人的記憶常常不很準確。是不是事情發生在其他日子，考爾斯的回憶發生部分誤差了呢？也不是。

四日。這一天，宋美齡爲威爾基舉行歡迎茶會，考爾斯是到會者之一。有無可能，偷情發生在這一天晚上呢？然而，檔案記載，當晚，蔣介石與威爾基談話，宋美齡任翻譯。雙方長談三小時半，不可能發生威爾基要考爾斯掩護，自己和宋美齡開溜的事。

五日。根據檔案記載，蔣介石、宋美齡與威爾基之間的談話自下午五時十五分起至八時十五分止，地點在重慶九龍坡蔣介石官邸。談話後，同至曾家岩進晚餐，飯後繼續談話，宋美齡始終在場，也不可能發生和威爾基共同開溜之事。

六日。孔祥熙在私邸草坪設宴歡迎威爾基。此次宴會取「自助餐」形式，有點兒像考爾斯回憶所述的「招待會」了，然而，這次宴會，蔣介石並未參加，考爾斯也未出席，自然，不可能產生威爾基要考爾斯打掩護，糾纏蔣介石以分散其注意力一類情節。據《大公報》報導，當日的情況是，孔祥熙致歡迎詞。八時十五分，威爾基致答詞，其後即在范莊向中國全國發表演講詞。詞畢，繼續進餐。餐畢，放映電影。八時許，宴會結束。又據威爾基自述：晚飯吃過之後，他即受宋美齡之邀，一起入室，與宋藹齡「大聊特聊」，一起談到晚上十一點，然後是孔祥熙進來，加入「龍門陣」。這是威爾基等在重慶度過的最後一個晚上。第二天下午，威爾基等就離開了。

可見，在威爾基停留重慶的六天中，不可能發生考爾斯「回憶」所述的一類情節。

此外，現存的蔣介石和威爾基之間的談話記錄表明，他們之間的關係一直都很融洽。根據蔣介石本人的統計，他和威爾基的談話時間長達十幾個小時之多，分別之前，蔣並友好地向威爾基表示，將來旅順、大連可由中美共同使用。這種情況也表明，他們之間不存在任何隔閡。

三、考爾斯「回憶」的其他明顯破綻

考爾斯的「回憶」還有其他不少明顯的破綻。

第一，蔣介石舉行的「盛大招待會」，來賓眾多，蔣介石要一一會見、寒暄的高貴來賓也很多。考爾斯只是威爾基的一介隨員，怎麼可能用「一連串有關中國的問題」纏住蔣介石達「一小時」之久？

第二，蔣介石僅僅在「招待會」上一時不見了威爾基與宋美齡，何以就輕率地斷定二人出外偷情，以致於「盛怒狂奔」，率領持槍衛兵衝進威爾基住地，親自搜查？蔣介石手下特務無數，要瞭解威、宋何在，何須親自操勞？此類事情，越秘密越好，蔣介石帶著衛兵，當著考爾斯的面搜查，一旦果有其事，當場捉出，一個是羅斯福的特使，一個是自己的夫人，蔣介石將何以善其後？

第三，蔣介石身為軍事委員會委員長，是中國方面的最高軍事統帥，又在盛怒中，怎麼可能先向考爾斯「一鞠躬」？

第四、威爾基是美國共和黨的領袖，羅斯福的特使，考爾斯怎麼可能謾罵他：「你是個該死的大笨蛋」？

第五，宋美齡作為蔣介石夫人，出訪美國是件大事，中美雙方都需要做很多準備，簽證也需要時間，威爾基預定十月九日離華，怎麼可能邀請宋美齡「同返華盛頓」；宋美齡作為蔣介石夫人，自然懂得她的出訪並非小事，數日之內不可能倉促啓程，怎麼可能在聽說不能與威爾基同行之後，就用「長指甲」朝考爾斯的面頰「使勁地抓下去」？

第六，考爾斯對威爾基說：「在重慶的報業圈已經有夠多的關於他們的流言蜚語了。」威爾基在重慶停留的時日不過六天，即使威、宋之間有什麼「風流韻事」，報業何從知曉？傳播何能如此之快？如此之「足夠多」？

以上六條，條條足以證明，考爾斯的「回憶」是編造的，而且編造得極為拙劣、低下。

四、宋美齡訪美並非肇因於威爾基

威爾基於一九四二年十月十四日回到美國。同年十一月廿六日，宋美齡相繼抵達，開始了對美國的長達七個多月的訪問。此事是否肇因於威爾基呢？答案是否定的。

根據檔案記載，邀請宋美齡訪美的是羅斯福總統夫婦，一九四二年八月廿二日，羅斯福致電蔣介石，表示他本人及夫人都非常盼望「蔣夫人能即來敝國」。九月十六日，羅斯福夫婦再次致電蔣介石，重申這一邀請。這兩次邀請都在威爾基訪華之前，可見，宋美齡訪美，既非肇因於威爾基，也不需要依賴威爾基的力量。

威爾基確曾積極推動宋美齡訪美。根據威爾基的回憶《天下一家》（*One World*）等資料，可知十月五日，威爾基在和宋美齡的談話中，曾建議宋美齡去美作親善訪問。十月六日晚，威爾基在和孔祥熙談話時，又說明其理由是：美國人亟需瞭解亞洲與中國，中國方面有頭腦以及有道德力量的人，應該幫助教育美國人。蔣夫人將是最完美的大使，她有極大的能力，會在美國產生極爲有效的影響力。他說：憑藉蔣夫人的「機智、魔力、一顆大度而體貼的心，高雅美麗的舉止與外表，以及熾烈的信念，她正是我們需要的訪客。」威爾基回美後，還曾向羅斯福轉達過宋美齡希望訪美的口信。但是，威爾基的這些舉動，都是在執行羅斯福總統的政策和指示。在很長時期內，美國採取孤立主義政策，漠視中國正在進行的艱苦卓絕的抗戰。威爾基反對日本侵華，對中國友好，積極主張援助中國抗日。一九四〇年，他在競選美國總統時，就主張「應予中國以經濟上之援助」。一九四二年，他多次發表演說，指責日本「以野蠻手段肆意侵略較弱之國家」，認爲「日本爲吾人之敵」，而「中國爲吾人之友」。他高度評價中國抗戰，認爲「過去五年來，美國人民甚少能認識中國抗戰對於吾人全部文明之重要意義者。」在這些方面，他和羅斯福是完全一致的。

至於宋美齡訪美，則一是爲了向美國人宣傳中國抗戰，爭取美援，二是爲了治病。抗戰爆發後，宋美齡即積極投身對外宣傳，特別是對美宣傳。她積極利用報紙、雜誌、廣播、接見外國記者等多種形式，宣傳中國抗戰。她的宣傳受到美國輿論的重視和高度評價。一九四二年秋，中國抗戰還處於艱難時期，自然有進一步爭取美國支持的必要。同時，這一時期，宋美齡的健康狀況惡化，也迫使她下決心赴美治療，抗戰初期，宋美齡到淞滬前線勞軍，突遇日機空襲，宋美齡的座車在匆忙躲閃中傾覆，宋美齡不幸受傷。自此，宋美齡即長期多病。一九四二年十月下旬，宋美齡的身體狀況日差，蔣介石擔心宋患有癌症，決定命宋赴美治療。同月廿七日，蔣介石日記云：「妻體弱時病，未能發現病因，甚憂。」廿九日日記云：「妻子體弱神衰，其胃恐有癌，甚可慮也。」三十日日記云：「恐妻病癌，心甚不安，決令飛美就醫，早爲割治。」

可見，宋美齡訪美也與她和威爾基之間的所謂「私情」完全無關。

五、這一階段，蔣介石、宋美齡之間並無感情危機

如果宋美齡和威爾基之間確有「風流韻事」，蔣介石又曾「發怒狂奔」，率兵搜查，那末，

他們二人之間一定會發生感情危機，但是，現存蔣介石日記（未刊）卻看不出任何蛛絲馬跡。

宋美齡訪美啓程前，蔣介石依依不捨，愁腸百結。如：

十一月二日日記云：「為妻將赴美，此心甚抑鬱，不知此生尚能有幾年同住耶？惟默禱上帝保佑而已。」

十一月十七日日記云：「下午與妻到聽江亭廊前談對美總統談話要領十項後回寓。夫妻依依，甚以明日將別為憂也。」

十一月十八日日記云：「五時醒後不能安眠，默禱妻此行平安成功……九時，送妻至九龍鋪機場，同上機，送至新津大機場，換大機……十二時，送妻登機，見其機大……別時妻不忍正目仰視，別後黯然銷魂，更感悲戚。並願上帝賜予生育子女，默禱以補吾妻平生之不足也。」

宋美齡啓程後，蔣介石倍感惆悵，十一月十九日日記云：「『平時不覺夫妻樂，相別方知愛情長。』別後更覺吾妻愛夫之篤，世無其比也。」

宋美齡抵美後，蔣介石仍然思念不已。如：

十一月廿八日日記云：「妻於二十六日平安飛到美國，並據醫者檢查，決無癌症，此心甚慰。」

十一月廿九日日記云：「妻於十八日赴美，臨別悽愴，兒女情長，今又獲一次經驗也。」

十二月一日日記云：「本日為余夫婦結婚十五週年紀念日，晨起，先謝上帝保佑與扶掖成全之恩德。接妻祝電。晚，往孔宅大姊處舉葡萄酒恭祝余妻康健。」

十二月三十一日日記云：「惟以妻在美不能共同團圓爲念。」一九四三年二月四日日記云：「今日爲舊曆除夕，孤身獨影，蕭條寂寞極矣。」類似的記載還很多。如果宋美齡與威爾基有私情，蔣介石又確有所覺，他能寫得出上述日記嗎？

在蔣介石和宋美齡漫長的婚姻生活中，有過兩三次感情危機。例如，一九四〇年十月，宋美齡赴香港養病，曾長期拒絕回渝。次年二月四日，蔣介石日記云：「接妻不返渝之函，乃以夫妻各盡其道覆之。淡泊靜寧，毫無所動也。」這段日記表明，蔣宋之間發生了某種矛盾（**關於此，筆者有另文分析**）。而蔣在宋美齡赴美前後的日記表明，二人之間當時不存在任何隔閡。

六、考爾斯「回憶」的由來與宋美齡在美國所打「誹謗官司」

考爾斯並非威、宋「緋聞」的始作俑者。早在一九七四年，美國人艾貝爾（Tyler Abell）整理、出版的其父皮爾遜日記（*Drew Pearson Diaries*）的上冊中就有記載。該書談到，威爾基以羅斯福總統特使名義訪問重慶時，與蔣夫人有染，蔣委員長盛怒之下，帶憲兵到南岸官邸去捉姦，並無所獲。威爾基臨行去向蔣夫人辭行，閉門二十分鐘才出來。等等。考爾斯所述正是皮爾遜日記有關說法的細緻化。

皮爾遜是美國著名的專欄作家。其人文品不佳，專門挖人陰私，曾被羅斯福斥爲「習慣造謠的人」。威爾基訪華期間他並不在重慶，更與威爾基沒有密切關係。其日記始於一九四九年，止於一九五九年，所述宋、威之間的風流韻事，完全是事隔多年的道聽塗說，本無多大價值。然而，由於其事具有「商業價值」，所以日記出版後，迅速受到注意，被美國的每月書會列爲重點推薦書目。該會當月的書訊在介紹該日記時，不僅刊出威爾基與宋美齡的並列照片，而且下題「匆匆的結合」（A hasty liaison）。事爲臺灣駐紐約新聞處主任陸以正發現，上報臺灣新聞局，新聞局不敢再繼續上報，但宋美齡已讀到了一位好事的美國老太太寄來的書訊，大爲震怒，指令陸以正在美國《紐約時報》等十大報紙刊登全頁廣告闢謠。陸以正經過反覆考慮，並經宋美齡同意，先向該書的出版公司交涉，要求更正，遭到拒絕。其後，陸以正即收集證據、證詞，代表宋美齡向紐約州最高法院提出民事訴訟，要求出版公司與艾貝爾賠償宋美齡的名譽損失三百萬美元。經過一年多的談判磋商，出版商最終接受三項條件：一、公開道歉；二、承諾在本書重版時，將誹謗的文字刪除。三、律師費由雙方各自負擔，被告方賠償起訴方訴狀費、送達費、存證信函費等共七百多美元。此三項條件經宋美齡批准。

後來，《皮爾遜日記》上冊再未重印，中、下兩冊則胎死腹中，永未出版。

以上情況，俱見陸以正所著《微臣無力可回天》一書，臺北天下文化書坊二〇〇二年四月出版，茲不贅述。

七、考爾斯反覆無常

據說，按英美制度，提出誹謗訴訟，原告如爲公眾人物，有責任提出對方誹謗不能成立的證據。陸以正代表宋美齡控告皮爾遜日記的出版者及編者，就必須設法證明該書所述純屬子虛。在找尋證據的過程中，陸以正找到了考爾斯（陸書譯作柯爾斯）。其情況，陸書寫道：

> 我去見柯爾斯，他沒想到事隔三十年，還有人記得他曾在戰時到過重慶，相談甚歡。我問他《皮爾遜日記》所提的故事是否正確，他大笑說：「這是不可能的事，絕對沒有！」我說可否請他給我一封信，以當年陪伴威爾基訪華記者的身分，說明絕無此事。他馬上喚女秘書進來，口授了一封信，簽名交給了我。這樣豪爽的個性，至今令我難忘。

陸以正無論如何沒有想到，大概也一直沒有發現，當年這位保證「絕對沒有」此事的「證人」，十一年後又在「回憶」中，以當事人的身分，活靈活現地描述了本文一開始引錄的那段「風流韻事」。怎樣理解考爾斯的反覆無常呢？看來，只能用「商業價值」來解釋了。爲了吸引讀者，考爾斯在寫作自己的回憶錄時，終於覺得那段「八卦新聞」還是很有用；而且，即使再爲臺灣方面發現，也沒有什麼了不起，《皮爾遜日記》的官司不是七百多美元就了結了嗎？

（原載臺北《傳記文學》二〇〇三年五月號，《百年潮》二〇〇三年第十期）

宋美齡的巴西之行與蔣介石的「婚外情」傳說
——兼析其事與美國人要蔣交出軍權之間的關係

一九四四年七月九日，中國抗日戰爭最艱難的時候，宋美齡突然離開重慶，去巴西休養，自此長期不歸。直到一年後抗戰勝利，宋美齡才翩然回國。關於此事，許多宋美齡的傳記和相關著作都認爲其原因是：蔣介石在重慶有了「婚外情」，宋美齡因此一怒而去。

事實是否如此呢？

一、可疑的送別茶會

蔣介石的《事略稿本》（未刊）一九四四年七月五日條云：

約集各院院長及各部會高級幹部與歐美友好，計共六十人，舉行茶會，為夫人餞行，並坦白說明外間之流言蜚語與敵黨陰謀之所在。繼夫人亦起而說明對公人格之信仰，措辭均極有力也。而居正、戴季陶等各院長亦各先後發言，僉謂公之為人，厚重嚴謹，久為眾所敬服也。①

這段記載很含糊。考察有關史籍可知，當年七月，宋美齡即將離開重慶去巴西養病。「爲夫人餞行」云云，說明會議主題是爲宋美齡送行。會上，蔣介石坦白說明了「外間之流言蜚語與敵黨陰謀之所在」。接著，宋美齡起而發言，表示相信蔣的「人格」。又接著，居正、戴季陶以及國民政府各院院長紛紛幫腔，對蔣的「品格」大唱讚美歌。這就奇怪了，餞行會爲何變成爲蔣介石辨誣的「闢謠會」呢？所闢之「謠」爲何？

查蔣介石日記當年七月四日條云：

下午，回林園，與妻商談，約幹部與友好聚會，說明共產黨謠諑，對余個人人格之毀譽無足惜，其如國家與軍民心理之動搖何！乃決約會，公開說明，以免多加猜測。②

這則日記說明，會議是在七月四日與宋美齡商談之後決定的，目的在於闢謠，謠言內容有關蔣的「人格」。至於謠諑來源，《事略稿本》僅模糊地說明出於「敵黨陰謀」，而這則日記則點明是「共產黨」。蔣介石長期敵視中共，所以並未調查，也未加論證，就武斷地確定是「共產黨謠諑」。

再查當年七月六日蔣介石的日記，中云：

妻近接匿名信甚多，其中皆言對余個人謠諑、誹謗之事，而惟有一函，察其語句文字，乃為英國〔美〕人之筆。此函不僅詆毀余個人，而乃涉及經、緯兩兒之品格，尤以對經兒之謠諑為甚，亦以其在渝有外遇，且已生育孳生，已為其外遇之母留養為言。可知此次蜚語，不僅發動於共黨，而且有英美人為之幫同，其用意非只毀滅我個人之信譽，且欲根本毀滅我全家。幸余妻自信甚篤，不為其陰謀所動，對余信仰益堅，使敵奸無所施其挑撥離間之技倆。可知身修而後家齊之道乃為不變之至理，安可不自勉乎哉！

從這則日記看，謠言出於寫給宋美齡的「匿名信」，內容不僅「詆毀」蔣個人，還涉及蔣的兩個兒子，特別是蔣經國。「似爲英國〔美〕人之筆」，據此，蔣介石認爲，「不僅發動於共產黨，而且有英、美人爲之幫同」。蔣稱，宋美齡充分相信自己，不受煽動。

再查蔣介石七月八日日記：

據妻近日所言，其所接中外人士之匿名信，各種捏造是非，無中生有之誣詞，甚於其往日之已言者。反動者此次造謠作用，其第一目的在挑撥我夫妻情感，先使我家庭分裂，然後毀滅我人格，則其他目的皆可迎刃而達矣。惟妻對余篤信不疑，已在餞別時發表其篤信之演詞，以粉碎反動共匪一切之陰謀。是此次茶會之功效在此，其他外人對之信與不信，皆所不顧也。

從這天的日記可知，「匿名信」的內容是挑撥蔣介石與宋美齡的「夫妻情感」，其目的在於使蔣「家庭分裂」，進而毀滅蔣的「人格」。

蔣介石到底蒙受了什麼樣的誹謗，要在宋美齡出國前隆重召開有「高級幹部和歐美人士」參加的會議，鄭重「闢謠」？

二、蔣、宋同場表態

查王世杰一九四四年七月五日日記云：

蔣先生今日約黨部、團部、幹部同志三四十人暨中外基督徒若干人在山洞官邸茶會。在會中，蔣先生宣布兩事：一、蔣夫人將赴巴西養疴，休養畢將訪若干友邦；二、外間近有人散佈謠言，誣衊蔣先生私德，謂其有外遇等等情事者，有人欲藉此類造謠以搖動同志與軍隊對彼之信心。蔣夫人亦有演說，指述此類誣衊之用意，與彼對蔣先生之敬信。③

蔣介石的日記吞吞吐吐，欲言又止，而王世杰的日記則寫得比較坦率，「謂其有外遇」，原來，是一則有關蔣介石私德的「緋聞」。王世杰當時擔任三民主義青年團中央監察會監察，第三屆國民參政會主席團主席，顯然，他是參加了「闢謠會」的。

至此，問題算是解決了，然而又沒有完全解決。美國史丹福大學胡佛檔案館收藏的《史迪威檔》中藏有一份「闢謠會」的會議記錄，可以解決我們的大部分疑問。記錄爲英文打字稿。其一爲《委員長在七十五位客人參加的會議上的講話》，現譯爲中文：

在我的妻子因神經衰弱出發去巴西之際，我決定為她舉行送別會。你們都是我的朋友。我想坦率地説明某些事情的時刻已經到了。我覺得這樣做很重要，它將成為維護革命的手段。可能在座的中國朋友會認為我不應該説得如此坦率，但是，這是必需的。

最近，在重慶社交圈裏有不少謠言，有些牽涉我。你們已經聽到，但是，除了我的妻子之外，只有一位朋友告訴我這件事。他是真正的朋友。所有我的朋友都在此，當他們聽到此事時應該告訴我。這個謠言説我的個人行為不光明，説我和一個女人有不正當關係，説我和一位護士有非法關係，並且生了一個兒子。

當我的朋友告訴我此事時，他建議我不要費心去說明任何事。我知道這些謠言已經一個月。它們已經傳播開來，不僅在社交圈，而且也在黨內同志中成為閒談的話題。我想這是很大的恥辱。如果這些謠言在人群中得到限制，這是一回事；當這些謠言在同志中流傳時，就是另一回事。這是一件很嚴重的事。有些同志已經嘲諷地談論此事。在高級訓練班裏，說我不能樹立一個好的榜樣，說我已經請別人做我的工作，說我不到辦公室。

記錄稿稱：「說到這裏，委員長詳陳他每週所做的固定工作，以及投入大量時間接聽電話，閱讀文件。」蔣接著說：

> 沒有一個地方我既能工作，並且適合於大家。我沒有一小時能輕鬆。我不能休息。除了橫膈膜附近有傷，我只能坐在沙發裏。當我坐在椅子上，我感到非常累，疲乏，這就是我為什麼不去辦公室並且不能在會議上長時間停留的原因。顯然，我的品格還沒有足夠偉大，使每個追隨者都絕對相信我。
>
> 民國二十三年，我的妻子和我提倡新生活運動。由於這種道德力量，我們得以成功地反對共產主義並抵抗外國侵略。如果我像傳說所稱那樣，我的真誠何在？我的將來和中國的將來相聯繫。作為領導者，任何對我的污辱就是對國家的污辱。我們必須

詢問自己，我們的道德標準是否足夠高。如果我的道德標準被玷污了，我如何面對國家？我怎能成為中華民國國民政府的主席？

我為什麼說這些事情？我懇請諸位瞭解我的人格。敵人找不到摧毀我們的辦法，所以他要讓我們丟臉。他不能摧毀我們，只能使我們丟臉。這些謠言並非指向我，而是指向國家。所有我的朋友長期和我患難與共，艱危相濟。我必須讓他們知道這些情況。我很慚愧。我自覺個人品格還沒有高尚到使你們絕對相信我。在這樣的時刻，我很遺憾，諸位不能培植對我的信任。

我國是弱國。如果我們企圖引導戰爭走向最後勝利，就必須通過鍛煉，使道德完善臻於正直。我們不應該逃避這些事。我們必須做每一件事情，才可能掌握真理。這是擊敗邪惡企圖的唯一辦法。

在上一個十年中，如果我曾經有過一些貢獻，這就是道德上的貢獻。我是一個基督徒。相信它的戒律並且絕對服從。假如我不遵從這些戒律，我就是異教徒。朋友們，你們的生活和命運完全和我相連。為了你們的緣故，我不敢做任何錯事。我過去五年的記錄是一本公開的書。假如你們不相信我，可以詢問我的服務人員，並且調查我的舉止。我做的每一件事都有記錄。我和妻子的感情絕對純潔。我們的關係中沒有任何污點。我的生活裏沒有任何事情不能公開。如果謠言所傳是事實，那就稱呼我為偽君子就是了。我召開此次會議，是為了挫敗敵人的有害目的。只有當所有人都已經達到道德的高標準，我們才能面對公眾；只有我們能引導戰爭走向勝利的時候，我們才能面對孫逸仙的在天之靈。

蔣介石的這份講演稿說得很清楚：謠言的內容是他和一位護士有不正當的關係，並且生了一個兒子。蔣介石力辨絕無此事。他是基督徒，以教義自律；又是新生活運動的提倡者，對自己有很高的道德要求。他和妻子的感情絕對純潔，沒有任何污點。

蔣講話後，宋美齡接著表態。她說：

委員長提到的謠言已經遍傳重慶。我已經聽到這些謠言，收到許多就這一問題寫給我的信。不是作為妻子，而是作為真誠的愛國者，我覺得使委員長知道這些謠言是我的職責。

但是，我希望說明，永遠不可能讓我為這些謠言低首彎腰；我也不會向他詢問，這些謠言是否真實。如果我懷疑委員長，將是對他的侮辱。我相信他是如此正直，相信他的品格和他的領導。我不能為任何事情侮辱他。我和他結婚已經十七年。我和他共同經歷了所有危險，嚴重者如西安，所以我瞭解委員長性格的每一面，他在世界上獨一無二。瞭解他的性格，我完全相信他的正直。我希望，沒有一個人會相信這些惡意的誹謗。

昨天，當委員長告訴我，他正在召集朋友們到一起，我的第一個反應是：「不要麻煩，謠言會自行消亡。」他回答說，這不是對個人的誹謗，通過誹謗他，他們正在誹謗作為一種道德力量的中國。這些惡意的誹謗應該立即消除。中國對世界的貢獻不是經濟，不是軍事，不是工業。中國的貢獻是道德力量。

委員長的領導正在朝向更高的目標。不斷追隨主的腳步，那時，他是中國的力量。

宋美齡的講話強烈表達了她對蔣介石道德上的信任，並且將是否相信這些提升到是否愛國的高度。

國民參政會參政員、婦女月刊（《婦女爭鳴》）編者陳逸雲說：她第一次聽到這些謠言在三個月以前，深受打擾。她覺得，任何相信這些謠言的人都是叛國者。

戴季陶說：應該信任委員長。多年以前，當我在東京和日本戰爭部長共餐時，我因認爲中國有能力堅持，而被反覆嘲笑，視爲笑柄。但是現在，在委員長的領導下，中國已經戰鬥了七年。（戴先生的評論被隨意弄亂，這裏不是正確的引用。）

委員長最後說，本項活動不公布。④

據記錄，本次茶會參加者包括政府高級官員、教士、婦女指導委員會委員，等等，共七十五人。地點在歌樂山總統官邸。

以蔣、宋二人談話爲主體的這份會議記錄不僅有英文本，而且有中文本。吳稚暉就曾收到過國民政府軍事委員會蕭自誠的一份來函，內稱：「茲奉上委員長、蔣夫人七月五日林園茶會講演辭各一份，敬懇察收存閱，並懇勿向外發表爲禱！」可見，有些沒有到會的人也接到了記錄稿。⑤

三、蔣介石「闢謠」之言可信嗎？

蔣介石爲個人生活「緋聞」召開如此隆重的「闢謠」會，這是罕見的。其原因，當然在於這一謠言在重慶，特別在國民黨黨內流傳甚廣，嚴重影響蔣介石的個人威信。其次，適當宋美齡即將赴巴西休養，也容易給人「謠言」屬實的印象。當年，日本軍隊在河南發動一號作戰，中國軍隊節節敗退，正處於中國抗戰的關鍵時期，作爲抗戰統帥的蔣介石的私人道德自然與抗戰相關。蔣介石召開「闢謠」會的目的很容易理解。

那末，蔣介石的「闢謠」可信嗎？這須要從多方面嚴謹地加以分析。

一、蔣介石不僅在公開會議上「闢謠」，而且在其日記上多次否認此事。

早在一九四四年五月八日，蔣介石就在日記中寫道：「共匪倒〔搗〕亂，造謠中傷誣衊，甚至以敗德亂行之污穢謠諑，想入非非之匪〔誹〕語加諸吾身，以圖毀滅吾身家。此種誣衊與橫逆之來，自民國十五年以來，雖非一次，然至今更烈，所謂道高一尺，魔高一丈者，乃由今日經歷所得，更覺其真切也。然余自信此種謠言，一經證明其誣妄，則增益余品性之時，故毀言之來，賢者實以爲福也。」這是蔣介石日記中關於此項「緋聞」的第一次記載。

一直到一九四五年末，蔣介石仍念念不忘去年他所經歷的「私德」風波。其年終《雜錄》云：「共黨破壞我個人之信譽，毀滅我個人革命之人格，造作我私生活不道德、各種各樣不同之方式謠諑，使全國民眾對我絕望而爲之遺棄不齒，以達其傾陷領袖奪取抗戰領導權的目的。」又云：「離間我夫妻，污蔑我父子，傷害我家庭，夫婦、父子、骨肉之愛情，以期滅絕我血統，非使我國亡種滅而不止。」⑥蔣介石的日記身前並未發表，也無發表打算。在公開的場合，蔣介石有意說謊，欺騙公眾，可以理解；在自己不打算發表的私人日記裏說謊，自我欺騙，似無必要。

二、蔣介石「緋聞」的最大衝擊者是宋美齡。作爲蔣的妻子，宋美齡不會容忍蔣在個人感情上對她的背叛與欺騙。即使她爲了維護蔣作爲抗戰統帥的形象而委曲求全，但也決不會輕易出席茶會，和蔣介石同步發表上述鮮明而堅決的聲明。這一時期，她對於蔣介石必然怨憤有加，衝突勢所難免。然而，宋美齡不僅出席茶會，而且堅決「闢謠」，可見宋美齡不相信所傳屬實。

三、蔣介石早年的生活確實荒唐，但是，他努力以儒家的道德修養規範自己，致力於「存天理，去人欲」。在經過漫長的自我反省和鬥爭後，漸見成績。在他加入基督教和提倡新生活運動後，特別是他承擔國民黨和國民政府的要職之後，仍然繼續履行儒學的修養工夫。這一方面，他的日記多有記載。如：

一九三九年二月四日日記云：「妄念惡意與邪心時起，如何能掃除淨盡，如何能為全民表率？應嚴制而立克之。」

同年二月廿三日日記云：「污穢妄念，不能掃除淨盡，何以入聖？何以治人？豈非自欺欺人之濁狗乎？」

同年五月廿八日日記云：「妄想惡念，滋生不絕，何能作聖，應痛改之。」

一九四〇年一月三日日記云：「克念作聖，至今邪念妄想，尚不能克洗。何以對聖靈？何以成大業？戒之。」

同年二月十一日日記云：「邪念不除，何以為人？」又曰：「年逾五十，尚不能不動心，其能有成乎？」

同年三月十六日日記云：「妄念、欲心雖漸減，而未能絕也，究不可以作聖。」

同年四月十三日日記云：「不能節欲，焉能救國，戒之。」

從這些日記中可見，蔣要求自己成爲「全民表率」，以「入聖」自期。因此，他在思想中不斷進行「天人交戰」，狠鬥自己的「妄念」、「邪心」和「欲心」，其自我修養有很嚴格的方面。例如，他要求自己早起，一旦過時，就一再反省，自我譴責。又如，他生活淡泊，不抽煙，不飲酒，基本不喝茶，一旦違反，也會反省、自譴。他不僅要求自己的行爲符合儒學標準，而且，狠鬥私字一閃念，「察毫微於一念之間」。上引一九三九年二月廿三日日記表明，蔣當日僅僅因爲「污穢妄念，不能掃除淨盡」，竟狠罵自己是「自欺欺人之濁狗」！

蔣的上述日記「邪念」、「妄念」，其具體內容是是什麼，我們不能任意猜測，但顯然包括他青年時代的痼疾「好色」在內。在另外一些日記內，蔣把這一內容表達得很清楚，如一九四〇年四月十日日記云：「人欲、性欲，應節制自愛。」這些日記表明，抗戰以來，蔣介石對自己的「私德」有相當嚴格的要求。在這種狀態下，他與某一護士發生不正當的關係，並且育有私生子的謠言當然不可信。

四、宋美齡患病是事實，醫生要她遷地休養也是事實。宋美齡長期多病。一九四二年十月廿九日，蔣介石日記云：「妻子體弱神衰，其胃恐有癌，甚可慮也。」三十日日記云：「恐妻病癌，心甚不安，決令飛美就醫，早爲割治。」這是宋美齡抗戰期間第一次赴美的主要原因。到美國後，經檢查，發現並無癌症，但是，身體仍然不好。蔣介石日記中關於宋美齡疾患的記載很多，如一九四三年：

八月十三日日記云：「妻病未痊，甚念也。」

十二月五日日記云：「妻近日心神不安，故目疾、痢疾交發，痛苦甚劇。」

十二月七日日記云：「妻病痢與目疾，恐難速癒，彼實爲國爲家集中心力於此一點，以期完成革命也。惟其心急憂甚，故爲劇增，奈何。」

十二月十四日日記云：「妻痢疾已癒，而目疾未見進步，無任憂慮，此總由妻子幽憤之故，應使之心神寬裕爲第一也。」

當月，蔣介石偕宋美齡飛赴埃及參加開羅會議，宋美齡一直在病中，特別是宋氏家族許多成員共有的皮膚病，嚴重地困擾著宋美齡。對此，早在一九三六年八月廿二日，蔣介石就記載：「妻病皮膚，甚苦癢，可憐也。」⑦

進入一九四三年末，記載日漸增多。如：

十二月十八日日記云：「夫人皮膚病復發，其狀甚苦，至深夜二時方熟睡。」

十二月十九日日記云：「本日夫人目疾略減，而皮膚病、濕氣爲患更劇，以氣候轉熱關係故也。」

十二月二十日日記云：「在機上，晚餐時，見夫人目疾與精神較昨爲佳，不料夜間在機上，其皮膚病復發，且甚劇，面目浮腫，其狀甚危，幾乎終夜未能安眠。以左醫生新來，不知其體質，誤用其藥乎？心甚憂慮。」

十二月廿六日日記云：「今日吾妻自上午十一時往訪羅斯福商談經濟回來，直至晚間霍浦金辭去，在此十小時之間，幾乎無一息暇隙，所談皆全精會神，未有一語鬆弛，故至晚十時，見其疲乏不堪，彼目疾未癒，皮膚病又癢痛，而能如此，誠非常人所能勝任也。」

開羅會議後，蔣氏夫婦回到重慶，但重慶氣候潮濕，多霧多雨，進入一九四四年，宋美齡的病情日益加重，蔣介石不得不強制她去昆明休養。其情況，蔣介石當年二月廿九日日記云：

昨日妻濕氣更重，手股發腫，痛癢難熬，終夜不得安息，乃決催其赴昆明休養，彼終依依不肯捨家，情篤不可言喻。余不忍其再受如此痛苦，乃準備飛機，強其赴昆，以重慶氣候與水分只有增加其病症也。下午三時十五分，送至九龍鋪機場起飛。六時前聞妻安全到昆，病亦稍癒為慰。

又，《本月反省錄》云：「妻病濕氣更劇，痛苦異甚。」

宋美齡到昆明休養後，病情不僅毫無好轉，反而更重了。一九四四年三月十日，蔣介石日記云：「妻到昆明養病，已逾十日，其病益劇，聞終夜不能安眠，恐成神經衰弱不能久支之象。近日憂慮以此爲甚，奈何！」

同月十五日，宋自昆明回到重慶，病情一度略好，[8]但沒過幾天，又進一步加劇。三月三十一日，蔣介石日記云：「近日妻病時劇，其痛癢之勢，不可形狀，夜間又不能安眠，乃至悲泣。」這裏，蔣介石用「不可形狀」來記述宋美齡的「痛癢」，可見其嚴重程度。「乃至悲切」，說明宋本人已無法忍受。

又，同年五月三日蔣介石日記云：「妻病『風疹瘰』已半年餘，近更嚴重，每夜幾乎不能睡眠，其能安睡二、三小時之夜，已爲難能可貴之事。此種痛癢，誠非身歷者不能想像其萬一。若上帝不速加憐憫，使之早痊，如此失眠痛苦，神經決難忍受，其病必深入神經矣。今日彼之心神萎頓沉悶，更為可慮也。天乎！」

此後，蔣介石日記常見他對於宋美齡的病況的憂慮。如：一九四四年三月廿五日日記云：「妻病亦未痊可，更覺沉悶。」三月廿七日日記云：「妻病沉滯，甚覺可慮。」五月中旬，宋美齡的病曾略有好轉，⑨但因日軍發動「一號攻勢」，河南戰局緊張，宋美齡的病很快又變壞。五月廿一日，蔣介石日記云：「近時余妻及庸之皆因憂成疾矣。」蔣介石六月九日日記云：「惟妻病甚憂。」六月十三日日記云：「晚回林園，妻病日弱，誠家國兩憂集於一身矣。」可見，宋美齡皮膚病確實很嚴重，易地治療確有必要，並非無病呻吟。

至於為什麼遠赴巴西，筆者二〇〇七年在美訪問期間，曾詢問宋氏家族的曹琍璇女士，琍璇女士向其夫、宋子安之子宋仲虎先生及宋藹齡之女孔令儀作了調查，據稱，當時聽說巴西有個醫生善治皮膚病，又因得到巴西總統邀請，所以就去了巴西。琍璇女士的這一說法在蔣介石的日記中可以得到部分佐證。當年六月廿九日，蔣介石日記云：「預定：一、寫巴西總統信。」七月一日，蔣介石在《本星期工作課目》中列入「妻往巴西養病」。由此可以得知，宋美齡的巴西之行是蔣介石通過巴西總統安排的。

五、蔣宋之間這時不存在嚴重衝突，甚至可以說二人之間的關係相當不錯。

一九四四年二月廿九日，蔣介石日記云：「上午，披閱軍事公文，以妻病懸念不置。」

三月四日日記云：「下午，寫妻信及手抄《真美歌》，祝妻四十六歲誕辰。」

三月六日日記云：「晚以夫人誕辰，獨自飲食，感慨不置。」

三月十一日《上星期反省錄》云：「本月六日，即二月二十二日（舊曆），爲妻四十六歲誕辰，其濕氣與失眠症甚重，在滇休養，心甚不安，獨居寡歡，寂寞蕭條極矣。」

宋美齡自昆明回重慶後，蔣介石經常陪宋美齡散步、遊覽、散心。

三月十六日日記云：「晚傍，與妻往聽江亭遊覽。」

三月十九日日記云：「下午，與妻遊覽林園後回寓。」

三月廿七日日記云：「四時與妻遊覽林園，精神略舒。」

五月廿二日日記云：「傍晚回林園，與妻遊覽白市驛。」

六月三日日記云：「下午，與妻乘車郊遊後回園。」

這一時期，蔣介石爲宋美齡的疾病擔憂，宋美齡則爲蔣介石的勞累操心。當時，由於戰況緊急，蔣介石從凌晨三時起就以電話指揮河南軍事，宋美齡很爲蔣憂慮。五月五日，蔣介石日記云：「妻甚以余上午三時起而通電話爲慮，然此無其他方法可代也。」七月二日，宋美齡決定去巴西養病，當日深夜，二人話別，頗有前途難測，依依不捨之慨，據蔣介石日記云：

今日子刻與寅刻，余妻以即欲飛往巴西養病為念，發生悲戚心情。彼甚以最近國家形勢甚危殆，而其精神與夢寐之間，皆多各種不利之徵兆，甚以此去恐不能復見為慮。彼云：須君牢記世界上有如我愛汝時刻不忘之一人乃可自慰。又云：君上有天父之依託，而下有汝妻為汝竭誠之愛護，惟此乃可自慰也。余心神悲戚更重，不能發一言以慰之。惟祝禱上帝保佑我夫妻能完成上帝所賦予吾人之使命，使余妻早日痊癒，榮歸與團聚而已。⑩

宋美齡去巴西之後，蔣介石不斷給宋美齡打電報。根據現有資料，自當年八月四日起，至同年九月十一日宋美齡轉往美國，入紐約長老會就醫前夕止，蔣約致宋電九通。這些電報尚未全部公布，但已有部分可以見到，舉例如下：

一九四四年八月十日，第四〇三號。巴西中國大使館蔣夫人：「國內戰事與物價較前已佳。」

七月二十日，四〇五號。「共黨所提條件另報。」

一九四四年八月廿六日，第四一〇號。「羅（總統）私人代表哈雷等本月內可以到重慶，甚望吾愛能早日痊癒，回國襄助也。」

一九四四年九月二日，第四一一號。「現在美國召開和平組織會議。中美英會議未閉幕以前，似暫緩赴美為宜。」

一九四四年九月，第四一二號。「何日飛美？甚念。加拿大仍應如約訪問，不宜令其失望。如何盼覆。今日已見哈雷與史迪威，情形較預想者為佳。」⑪

從上述電報看，蔣介石如常向宋美齡通報國內情況，甚至向她提供有關中共的機密情報，並且關心宋美齡的身體狀況，對她的外交活動提出建議，並無任何芥蒂。

綜合以上五點，筆者認爲，蔣介石的「闢謠」之言可信。

四、無風不起浪

謠言有多種形式。一種是毫無根據，一種是有某些影子，在流傳中逐漸變形、扭曲，在不同程度上背離事實，甚至面目全非，所謂「無風不起浪」是也。

上引蔣介石所記，當時重慶流傳的關於蔣經國的「緋聞」：「在渝有外遇，且已生育孳生，已爲其外遇之母留養」云云，顯指其與章亞若的戀情及生育孝嚴、孝慈一事，只不過將發生在贛州的事移到重慶了。同樣，蔣介石在重慶時期的「婚外情」也有某些「影子」。

一是戴季陶在重慶時曾公開聲言，他和蔣介石在日本時共同喜愛一位日本女子，蔣緯國即爲蔣介石與該日女所生。據紀雲所寫《戴季陶解蔣緯國身世之謎》一文，一九四三年十一月十二日，戴在重慶中央政治學校的孫中山誕辰紀念會上曾痛自懺悔稱：

> 到了東京離開中山先生的監護，我和校長（指蔣介石——筆者）共居一室，雇一日本下女服侍生活。那日本下女供奉得我們非常體貼，於是我們兩個青年人竟然遏制

不住自己，就和她同居了。我因為過去在滬長期縱欲，已經染上惡疾，喪失了生育能力，所以翌年下女生一男孩，就是校長的二公子緯國。我看到校長連得經國、緯國，而我猶是伯道無兒，常自恨自悲。幾十年來每想到「不孝有三，無後為大」，就痛恨自身青年時期的荒唐。⑫

作者當時擔任會議記錄，會後曾將記錄稿發表於該校的內部刊物《南泉新聞》上。事隔多年，作者的回憶有若干混亂、謬誤之處，例如，戴季陶並非沒有生育能力，另有一子名安國，不會有「無後」之嘆，等等，但是，蔣緯國的身世長期不明，戴季陶關於緯國爲蔣介石早年與日本下女所生的說法自然會在重慶流傳開來，並逐漸演變爲蔣介石在重慶時與某護士生子的「緋聞」。

蔣介石「婚外情」另一「影子」是陳潔如自上海來到重慶，蔣介石與之重修舊好的傳言。對此，陳潔如的女婿陸久之曾函告著者的同事嚴如平教授說：「當年轟動山城傳說紛紜的『陳小姐』，原來就是陳潔如。」據事後嚴所撰文章稱：

一九三七年七七事變後，抗日戰爭全面爆發。經過激烈的淞滬會戰，上海於十一月十三日淪於日本之手，租界成為孤島。隱居於法租界巴黎新村（今重慶南路一六九弄八號）的陳潔如，是一個民族意識相當強烈的愛國女性，她居安思危，猶如臨淵履薄，更是深居簡出。一九四一年十二月中旬的一天，她與弟婦龐定貞同去南京路惠羅公司購物，不料竟與陳璧君、褚民誼在電梯中邂逅。陳潔如一九二四至一九二五年與蔣介石在廣州居住時，與這位「國民主席」夫人是相識的，但如今的陳璧君，已是賣國投敵的大漢奸了，在日偽統治下的上海炙手可熱；褚民誼也是汪偽政府行政院副院長兼外交部長。陳潔如惴惴不安之餘強作鎮靜，虛與委蛇；陳璧君則猶如捕獲到一個獵物，當即邀陳潔如同去對面的匯中飯店敘舊共餐，飯後並以車送其歸寓。陳璧君從此得悉了陳潔如的位址，常來巴黎新村串門，最後還提出了要陳潔如也跟著她一道「曲線救國」，出任汪偽政府的僑務委員會副主任。以民族大義為重的陳潔如婉言相拒，她為逃脫魔掌，當即毅然隻身秘密離開上海，潛去抗戰的大後方。

陳潔如抵達重慶後，被秘密安置在山洞（地名）離陸軍大學蔣介石官邸不遠的吳忠信公館裏。吳忠信是蔣介石二十多年前的拜把兄弟，互相知根知底，如今受此重託，遂將陳藏於密室而重禮厚待。蔣舊情復熾，經常去吳忠信公館與陳幽會。雖然行蹤秘密，但終究逃不過宋美齡的耳目，一時醋海興波，鬧得不可開交。傳說蔣被宋打了一個耳光，又一說蔣的臉都被宋抓破了，致使蔣無法接見外國來賓。素來對宋美齡依順有餘的蔣介石，這次居然我行我素。宋美齡十分氣惱，竟於一九四二年十一月出走美國云云。這一來，蔣介石和陳潔如之間的活動也就方便自在多了。據傳有一段日子，陸軍大學的游泳池常有陳潔如的身影，而蔣則坐在池邊觀看。當時蔣演出的這樁風流故事不脛而走，人言嘖嘖，盛傳「委員長另有新歡」，人皆稱之為「陳小姐」，在山城成了人們茶餘飯後的熱門話題。然而人言言殊，以訛傳訛。有的又說是蔣寵愛的這位「陳小姐」是陳布雷的女兒，有的又說是陳立夫的侄女，多少年來神秘莫測，殊不知乃是當年的校長夫人鴛夢重溫而已。⑬

陸久之在抗戰勝利後與陳潔如的養女陳瑤光結婚，與陳潔如關係密切，所言當出於陳潔如口述，自有相當的可靠性。⑭不過，正像所有回憶都不可避免地存在年代模糊等局限一樣，陸久之將宋美齡負氣離開重慶的時間定爲一九四二年十一月是錯誤的，因爲那年宋美齡訪美，源於懷疑自身患有「癌症」，需要檢查和治療，當時，蔣、宋關係良好。⑮這樣，有了蔣介石與「下女」生子的情節，有了在游泳池邊常常出現的蔣介石與「陳小姐」的身影，有關傳說在重慶不脛而走就不難理解了。

宋美齡對蔣陳關係很敏感。一九三二年六月十九日，蔣介石收到陳潔如自美國的一封來信，爲宋美齡所見，蔣於慌亂中將陳函撕毀，宋美齡一氣之下，於第二天晚上回滬。⑯六月廿一日，蔣介石趕忙給宋美齡與宋藹齡寫信解釋，事情才得以緩解。抗戰期間，蔣介石與陳潔如再度相晤，宋美齡有較強烈的反應是必然的。

陳潔如到達重慶的時間說法不一。王舜祁《蔣氏故里述聞》稱：陳潔如第一次到重慶時，曾參加軍需署署長周駿彥的悼念活動。當時在侍從室爲蔣收發電報的周坤和回憶，他在貴賓室發現蔣的身邊有一位「中年婦女」，不是宋美齡，而是陳潔如。周駿彥逝世於一九四〇年七月三十日，故陳此前必已到達重慶。陳的到來激起了蔣的感情波瀾：

一九四〇年十月五日日記云：「最近每夜失眠，回憶青年時代往時，更自慚愧悔恨，而今於性欲舊情，亦時發現不忘，可知此心惡根未盡，何能望其與聖靈交感相通耶！戒之。」⑰

同年十月《反省錄》云：「心神較安，對於交感上帝之修養，似有進步，但雜念與性欲時有發現，以舊日孽緣太多，不易滌蕩盡淨耳！」⑱

同年十一月十四日日記云：「性欲漸起，舊念重生，應以靈性制之，不可使其放縱。」

上述日記中，「性欲舊情」、「舊日孽緣」、「舊念重生」云云，應該指的就是他和陳潔如的一段老關係。陳潔如在重慶住到什麼時候已不可考，但是，根據周坤和的回憶，一九四三年，陳潔如第二次到渝，周曾目睹她出席「中美之友社」的成立大會。陳先來，蔣後到。

沒有可靠的資料能夠說明蔣、陳的「老」關係發展到了什麼樣的「新」程度，但是，卻有蛛絲馬跡可以說明，蔣、宋關係因之發生裂痕。

宋美齡一九四二年十一月開始的訪美之行獲得巨大成功。一九四三年七月，宋美齡回到重慶。初時，蔣、宋感情不錯。當月七月五日蔣介石日記云：「昨日下午四時回寓，見妻已到寓，病臥榻上，頸頭疼痛，不能搖動矣。孫、孔二夫人與經、緯兩兒皆聚集一堂，甚覺難得。親戚辭去後，夫妻二人晤談別後經過。妻又報告留美經過要務，殊感欣慰。晚餐後再談，睡前靜坐、禱告如常也。」七月十一日《上週反省錄》云：「本週夫人平安回國，結果勝利，其病體歸來第三日幾乎痊癒無恙。夫妻精神療治，非任何藥石所能比較也。」可見二人久別重逢後的親密狀況。但是，到了八月十二日，蔣介石日記中就出現了蔣獨住重慶黃山官邸，而宋住到新開寺孔祥熙宅「留醫」的記載。八月十六日，宋美齡病癒，夫妻二人同住黃山，但是，不知什麼時候，宋美齡又單獨住回孔宅。九月十四日，蔣日記自稱：「心緒鬱結。」十五日，蔣的日記起首部分被蔣本人罕見地塗去了五行。這被塗去的部分，應是蔣有不願告人的秘密。⑲日記末段云：

禱告畢，默然就寢。自覺今日之忍痛、抑悲、制憤、茹苦，可謂極矣。

這一則日記顯示出，蔣當日精神上受到很大衝擊而又不能發作。有誰能擁有如此巨大的本領呢？除了宋美齡，恐怕沒有第二人。

次日，蔣日記又云：「觀月獨坐，意興蕭然。」九月十九日，蔣又將日記起首部分塗去三行。這以後，蔣的日記中連續可見「獨到黃山休息」、「獨自靜觀自然」的記載，足證蔣、宋之間發生矛盾，處於分居狀態。聯繫上文陸久之所述相關情節考察，這應是宋察覺蔣、陳之間「新」關係的結果。

九月廿七日，蔣介石日記云：「正午到新開寺孔寓，與妻談話後即回。」這一段記載頗可玩味。夫妻之間的一般談話，沒有記載的必要；特別記載而又不記述內容，說明其中有秘密。

至十月三日，蔣介石日記又云：「本晚靜坐後，與妻同往新開寺孔宅敘談，即宿於此。」這則日記說明，蔣宋之間達成和解，蔣介石的獨居生活結束了。

陳潔如畢竟是蔣介石的前任夫人，因不願當漢奸而投奔大後方，蔣介石自然要加以接待並妥善安置。蔣介石此舉，名正言順，理由正當。至於是否「鴛夢重溫」，這是無從確證之事。所以宋美齡對蔣、陳的重會雖然不高興，但也不能過加指責。「醋意」不能沒有，但畢竟不能成「海」。經蔣「談話」解釋之後，也就煙消雲散了。不久以後，蔣介石成爲國民政府主席，宋美齡榮膺主席夫人，自然更不能揪住蔣、陳舊情不放了。

一九四四年五月至七月流傳於重慶的蔣介石的「緋聞」，所謂與某護士的「不正當關係」，所謂「私生子」云云，對於局外人也許新鮮，對於宋美齡來說，自然不屑一聽。她之所以能在「闢謠會」上慷慨陳詞，爲蔣介石的「私德」背書，其原因在此。

五、對蔣介石「婚外情」故事最感興趣的是美國人，和當時要蔣交出軍權的圖謀緊相配合

七月九日，蔣介石送宋美齡上飛機。七月十三日，中央社自巴西里約熱內盧發電報導：宋美齡於十三日到達當地，同行者有孔夫人宋藹齡等。宋等一行受到美國駐巴西大使及巴西高級官員的歡迎。宋將下榻關納巴拉灣內的波羅柯伊奧島的旅館，預計將在此休息數週。十四日，中國駐美大使館在華盛頓正式宣布：

蔣夫人已抵里約熱內盧。夫人自美國返國後，即感違和。若干時日以前，即擬離渝，但因華萊士副總統訪華之行而暫緩啓程。其離渝前數日，曾在私邸宣布決赴巴西休養。蔣主席曾親自機場送行。

十六日，《中央日報》發佈消息：「屏除工作，易地養病，蔣夫人抵巴西」。該社稱：「蔣夫人於本月九日離渝赴國外養病，業於十三日下午到達巴西首都里約熱內盧。本社有關方面探悉：蔣夫人從自去年訪美加歸來以後，以工作關係，迄無休息機會，致健康未能全復。據診治之醫生言，渝地氣候不宜，必須易地療養，且屏除工作完全休息，則最近期內即可全癒云。」

儘管中央社和駐美使館陸續發佈上述新聞，但是，傳言並未止息。八月十九日，蔣介石披閱有關情報，日記云：

最可憂者，美國朝野對我個人生活之謠諑層出不窮，尤關於我夫婦家庭間之猜測亦未已。此次吾妻出國養病，為於公於私，皆有損失，然虛實是非，終有水落石出之時。無稽荒謬之談，必不能盡掩天下耳目，而且美國內亦有主持公道者，故余並不以此自餒也。⑳

可見，「謠諑」的最大市場在美國。不僅美國民間社會（野），連美國政府（朝）都關注此事。

文獻證明，首先向美國傳播「謠諑」的就是美國駐重慶大使館的工作人員。當年五月十日，使館秘書謝偉思（Jack Service）曾以《蔣家庭內的糾葛》爲題向美國國務院報告，中稱：「關於蔣家庭發生內部糾葛的消息在重慶真是傳說紛紛，幾乎每個人都能爲已普遍爲人接受的消息提供一些新的細節和說法，即委員長找到一個情婦。」報告繪聲繪影地描寫宋美齡對蔣介石的怨恨：

> 夫人現在談到蔣委員長時只是用「那個人」。
>
> 有一天，夫人走進委員長的房臥室間，發現床下有一雙高跟皮鞋，就從窗口丟了出去，並打中衛士的頭。
>
> 委員長一度有四天沒有會客，因為在同夫人的一次爭吵中，他的頭的一側被一隻花瓶擊傷了。㉑

自此，美國的媒體、輿論就大炒特炒蔣委員長的「緋聞」，使蔣覺得臉面無光。一九四五年初，英美社會甚至流傳蔣氏夫婦已經離婚的說法，使得蔣多次慨嘆「對余夫妻之謠諑如故

也」。㉒

美國人爲何要這樣做？這和當時美國方面企圖讓蔣介石將軍權交給史迪威的圖謀緊密相關。

美國軍政兩方早就對蔣介石及其政府不滿。一九四四年日軍發動「一號作戰」以後，國民黨軍兵敗如山倒。當年七月，馬歇爾向羅斯福提出，中國局勢頹落，必須讓蔣介石將其對中國軍隊的指揮權交給美國將軍史迪威。同月，羅斯福晉升史迪威爲上將，並於七日致電蔣介石，提出這一要求。十五日，再次電蔣催促。中國的抗日戰爭有賴於美國的援助，蔣介石不敢得罪羅斯福，企圖以拖延時日的方式軟磨。羅斯福於八月十日、廿三日，兩電蔣介石，要他立即採取必要措施，讓史迪威及早指揮中國軍隊，並且威脅他：稽延拖拉，「容有嚴重之後果」。隨後，美國特使赫爾利、納爾遜及美國駐華大使高斯先後出面，對蔣介石施加壓力。羅斯福再次警告蔣介石，「務希立採行動，方能保存閣下數年來英勇抗戰所得之果實，及吾人援助中國之計畫」㉓話說得很清楚，你要是不聽話，就別想再得到美援了。然而，蔣介石就是不爲所動。在這種情況下，美國人自然樂於傳播並擴展蔣介石的「緋聞」，把他搞臭，促其下臺。

謝偉思的報告寫得很清楚：「批評委員長的人認爲，這一切都證明他的基督徒信仰和新生活運動不過是口頭上的道德，而另一方面的跡象表明，不要太久，他終會成爲一個舊式的『軍閥』。」報告還有一段話值得注意：「如果性格傲慢而又拘守宗教戒律的夫人與她的丈夫公開決裂，蔣氏王朝就會崩潰。」㉔瞭解此點，就可以理解爲什麼宋美齡會收到「許多」人，包括一些美國人的來信。

進入一九四五年，蔣介石終於恍然悟到美國人在其中的作用。他在《民國三十四年大事表》中寫道：「去年一年間，中共與美國駐華大使館協以謀我之陰狠，實有非人想像所能及者，今春美國大使館之失火，其內容乃爲滅絕其對我各種陰謀文書，故而故意縱火也。思之寒心。」同年末，他感慨地寫道：

以如此毒辣、卑狠、陰險之行動，以常理論之，決無倖免之理，而且已見其大效。美國且已斷絕我接濟，各地國民亦已信謠諑以為真，幾乎街談巷語皆以為資料，尤以五、六月間美副總統華萊士來華時為極點，而美國自其大使高斯拜辭（十月間）回去後，直至十二月方派哈雷接任，但其政府仍不令其提國書，竟至卅四年一月方提國書，中美國交至此方得初步恢復。言念及此，誠不寒而慄矣。㉕

蔣介石以上兩段話，有許多不正確的部分。一是毫無根據地將中共牽扯在內，一是過於誇大了此事對於中美關係的影響。不過，美國人確實不能完全脫開干係。其證據：一是如上述給美國國務院寫報告的美國使館秘書謝偉思，一是那些積極給宋美齡寫信的美國人，一是熱衷於炒作「緋聞」的美國部分輿論界。這些人爲何如此？很簡單。其中固然有對「婚外情」的道德義憤和對那時國民黨政權已經充分表現出來的腐朽的憎惡，也和美國方面企圖逼迫蔣介石交出軍權的圖謀有關。當然，他們當時沒有可能準確地調查出事情的真偽，而是以訛傳訛。在政治鬥爭中要打擊對手，常常並不需要準確的事實。這種情況，歷史上實在太多了。

（原載上海《世紀》雜誌，二〇〇八年第一期。）

①臺北國史館藏。
②蔣介石日記（手稿本），美國史丹福大學胡佛研究院藏，以下均同。
③《王世杰日記》，臺灣中研院近史所影印本。
④Stilwell，53-9。胡佛檔案館藏。
⑤吳稚暉檔案微捲，Roll，28。
⑥《一九四五年雜錄》，《蔣介石日記》（手稿本），一九四五年。
⑦《蔣介石日記》（手稿本），一九三六年八月廿二日。
⑧《蔣介石日記》（手稿本），一九四四年三月十五日、十八日。
⑨蔣介石一九四四年五月廿六日日記云：「本日心神略安，妻病亦較前減輕。」
⑩《蔣介石日記》（手稿本），一九四四年七月二日。
⑪《蔣介石總統家書》，臺北國史館藏。
⑫原載《鍾山風雲》，此處引自 http://ckb.hebnews.cn/2000516/ca484340.htm。
⑬原載南京《民國春秋》雜誌，後收入《陳潔如回憶錄》附錄，團結出版社二〇〇二年版。

⑭有關蔣介石與陳潔如在抗戰期間在重慶重修舊好的說法，也見於奉化王舜祈先生的《蔣氏故里述聞》一書，該書稱：「一九四三年。一天，周坤和接到第四戰區司令長官張發奎發到侍從室的一份電報，內云夫人陳潔如已與太虛法師一起從南洋經香港到達廣東。電報用密碼拍發，陳潔如、太虛之名都用了代號，有關文字也用了暗語。侍從室的回電是『令四戰區派人護送』。太虛回到了重慶（當時太虛在重慶北碚縉雲山主持佛事，外出講經仍回原處），陳潔如則去了上海。那時，宋美齡正在美國治病，同時向美國各界宣傳中國抗戰形勢，要求增加援助。不久，蔣介石趁此良機，決定與陳潔如重敘舊情。」見上海書店一九九八年版。不過，王書也沒有將有關史事的年月考證清楚。這是傳說類著作的通病。

⑮參見本書《關於宋美齡與美國總統特使威爾基的「緋聞」》。

⑯蔣介石一九三一年六月二十日日記云：「美妻今晚回滬。昨日之函，不應撕碎，應交其閱，則不致疑，而我之心地亦大白，但見信即恨，故一時心忙，不問是非，立即撕碎，是出於真心，並無他意。」，見胡佛所藏手稿本。

⑰手稿本。

⑱蔣介石：《二十九年、三十年要事雜記》（手稿本），胡佛檔案館藏。

⑲蔣日記被塗的情況有兩種，一種是胡佛研究院開放前審讀者所塗，蓋有二〇〇六或二〇〇七印記，三十年後將開放；一種是蔣本人所塗，無印記。

⑳《蔣介石日記》（手稿複印本）。一九四四年八月十九日。

㉑約瑟夫．W．埃謝里克：《在中國失掉的機會》，國際文化出版公司一九八九年版，第九十四頁；參見Sterling Seagrave: *The Soong Dynasty*,Happer & Row Publishing, New york,1985，p.379.

㉒蔣介石一九四五年一月五日日記云：「畢範宇來談，英、美謠傳余夫妻離婚之說，余一笑置之。此為英人所造也。」又，一月三十一日日記云：「共匪對吾妻又發動謠諑，以期喪失吾夫妻之信譽，並期離間吾家庭至感情。」二月三日「《上星期反省錄》云：「俄國對我態度漸有好轉之象，故中共交涉亦已接近，然而對余夫妻之謠諑如故也。」

㉓《戰時外交》（三），六五八至六五九頁。

㉔《在中國失掉的機會》，第九十三至九十四頁。

㉕《雜錄》（一九四五年），《蔣介石日記》（手稿本），一九四五年。

揭開民國史的真相　卷五

蔣介石真相之二　奮起：抗戰及戰後

作者　楊天石
出版者　風雲時代出版股份有限公司
出版所　風雲時代出版股份有限公司
地址　105台北市民生東路五段一七八號七樓之三
風雲書網　http://www.eastbooks.com.tw
官方部落格　http://eastbooks.pixnet.net/blog
電子信箱　h7560949@ms15.hinet.net
服務專線　（○二）二七五六－○九四九
傳真　（○二）二七六五－三七九九
郵撥帳號　一二○四三二九一
執行主編　朱墨菲
封面設計　風雲時代編輯小組
法律顧問　永然法律事務所　李永然律師
　　　　　北辰著作權事務所　蕭雄淋律師
版權授權　楊天石
出版日期　二○○九年十月初版
定價　新台幣三八○元
總經銷　成信文化事業股份有限公司
地址　台北縣新店市中正路四維巷二弄二號四樓
電話　（○二）二二一九－二○八○
行政院新聞局局版台業字第三五九五號
營利事業統一編號二二七五九九三五

國家圖書館出版品預行編目資料

追尋民國史的真相／楊天石 著. -- 初版. -- 臺北市：
風雲時代, 2009.08
冊；公分

ISBN　978-986-146-589-0（卷一：平裝）. --
ISBN　978-986-146-590-6（卷二：平裝）. --
ISBN　978-986-146-591-3（卷三：平裝）. --
ISBN　978-986-146-592-0（卷四：平裝）. --
ISBN　978-986-146-593-7（卷五：平裝）. --
ISBN　978-986-146-594-4（卷六：平裝）. --
ISBN　978-986-146-595-1（卷七：平裝）. --

627.6　98013675